中国刑法学研究会
北京师范大学刑事法律科学研究院 | 联合主办

2021年 第1卷 [总第34卷]

刑法评论

赵秉志 主编

法律出版社
LAW PRESS · CHINA | 北 京

图书在版编目(CIP)数据

刑法评论. 2021 年. 第 1 卷 : 总第 34 卷 / 赵秉志主编. -- 北京 : 法律出版社, 2023
ISBN 978 - 7 - 5197 - 8085 - 2

Ⅰ. ①刑… Ⅱ. ①赵… Ⅲ. ①刑法 - 研究 - 丛刊 Ⅳ. ①D914.04 - 55

中国国家版本馆 CIP 数据核字(2023)第 125437 号

刑法评论 2021 年第 1 卷(总第 34 卷)
XINGFA PINGLUN 2021 NIAN DI-1 JUAN (ZONG DI-34 JUAN)

赵秉志 主编

责任编辑 黄倩倩 杨悦芊
装帧设计 李 瞻

出版发行 法律出版社
编辑统筹 学术 · 对外出版分社
责任校对 李慧艳
责任印制 陶 松
经 销 新华书店

开本 710 毫米 × 1000 毫米 1/16
印张 19.5 **字数** 297 千
版本 2023 年 8 月第 1 版
印次 2023 年 8 月第 1 次印刷
印刷 北京虎彩文化传播有限公司

地址:北京市丰台区莲花池西里 7 号(100073)
网址:www. lawpress. com. cn
投稿邮箱:info@ lawpress. com. cn
举报盗版邮箱:jbwq@ lawpress. com. cn
销售电话:010 - 83938349
客服电话:010 - 83938350
咨询电话:010 - 63939796

书号:ISBN 978 - 7 - 5197 - 8085 - 2 **定价**:79.00 元
凡购买本社图书,如有印装错误,我社负责退换。电话:010 - 83938349

刑法评论

2021年第1卷（总第34卷）

目录

域外法治

全国刑法学术年会

理论探索

●危害公众福利犯罪:缘起、辨析与立场
——基于美国刑法中危害公众福利犯罪的思考*

许忠剑　赖早兴**

为强化公众福利的刑法保护,自十九世纪中叶始,美国通过立法规定了危害公众福利犯罪。该类犯罪属于轻罪,法定刑主要是罚金,部分犯罪可以选处较轻的监禁刑。与普通法犯罪不同的是,该类犯罪不强调犯意在犯罪成立要素中的作用,适用严格责任。那么该类犯罪是如何出现的,有何历史背景?该如何界定这类犯罪?其性质如何?有哪些显著特征?面对我国的社会现状,我们应当如何看待并在立法上应对这类犯罪?本文试图对此作粗略探讨。

一、危害公众福利犯罪之缘起

在美国,危害公众福利犯罪出现在十九世纪中叶。这一时期美国处于第一次工业革命中,社会发生了巨大变化:机械化生产规模化,产品种类丰富、产量大增,城市交通迅速发展,城市人口快速增长。与此同时,一些危害公众福利的行为也大量出现。“在新发现的能源的驱动下,机械生产日益复杂和强大,工业革命大大增加了面临伤害的工人数量,这就对雇主提出了更高的注意要求。如果汽车的所有人和驾驶人不遵守新的规范和统一化的行为,汽车的车速、排量、闻所未闻的行为种类将使行人承受

* 本文系最高人民法院2021年度司法研究重大课题“新形势下宽严相济刑事政策贯彻问题研究”(项目号:ZGFYZDKT202104-01)的阶段性成果。

** 许忠剑,对外经济贸易大学法学院博士研究生;赖早兴,湘潭大学法学院教授、博士研究生导师。

无法忍受的交通事故危险。当食品、饮料、药品的配送者不遵守合理的质量标准、披露标准和注意标准时，商品的广泛配送就成了危害广泛配送的手段。诸如此类的危险日益导致大量详细规范的出现，以提高特定工业、商业、财产所有者或行动者的义务，因为他们在影响公众健康、安全或福利中处于控制地位。"①这种社会状况的变化，要求社会治理理念、方式和手段的变革。

工业革命中，"以拓荒的、农业的乡村社会正向定居的、工商业的，甚至是城市化的社会转变，这一转变要求法律思想的新秩序"②。法律思想的变化引领法律制度的变革。"十九世纪上半个世纪，我们的普通法体制是以美国农村社区为基础的，当时的情况与十九世纪末和二十世纪我们的法律制度以对大城市社区努力实施司法职能的情况大相径庭。"③这种法律制度的变化在刑事领域，就体现在立法者在制定法中规定危害公众福利犯罪。正如有学者所指出的："在工业革命时期，为给予影响公共健康、福利、安全的特定工业、贸易、财产或行为相关的那些人施加更严格的责任，危害公众福利犯罪就产生了。"④

工业革命给社会带来的新问题只是说明了社会需要新的法律措施对此加以应对，至于为什么会通过设立危害公众福利犯罪这样的应对方式则还有其他方面的原因。这主要体现在以下几个方面：首先，国家亲权理论得到肯定。虽然从十八世纪末到二十世纪初美国实行自由市场经济体制，政府奉行不干预经济的信念，充当"看门人"或"守夜人"的角色⑤，但"政府有时候有避免公众损害自身利益的使命"，政策制定者会强制实施一些家长式作风的政策。⑥ 这种家长式作风的政策有国家亲权理论的支

---

① Morissette v. United States, 342 U. S. 246, 254(1952).

② [美]罗斯科·庞德：《普通法的精神》，唐前宏、廖湘文、高雪原译，法律出版社 2018 年版，第 10 页。

③ 同上书，第 85 页。

④ Catherine L. Carpenter, *On Statutory Rape, Strict Liability, and the Public Welfare Offense Model*, 53 Am. U. L. Rev. 313(2003).

⑤ 参见厉以宁：《工业化和制度调整——西欧经济史研究》，商务印书馆 2010 年版，第 510 页。

⑥ 参见[美]查尔斯·韦兰：《公共政策导论》，魏陆译，格致出版社、上海三联书店、上海人民出版社 2014 年版，第 206～207 页。

撑。“普通法中的国家亲权制度起源于英格兰”①,这种理论的发展使国家成了公民人身、财产、安全利益的保护者。“不管人们喜欢或不喜欢,国家都有理由为了使人们获得自身的好处而实行强制。”②由于社会形式发生了重大变化,对政府家长式的管制,社会经历了从反抗到欢迎的过程。“我们的父辈正发出强烈抗议反对政府的家长式统治的作风,而现在这种情况有了很大程度的改变了”,“我们已开始呼唤被称为‘政府中心主义’去适应我们广大城市社区的情况”,“以保障每个人在现代城市环境中在道德和社会生活中的利益”。③ 其次,国家警察权理论日益被重视。在十八世纪后期,美国国家警察权理论也得以发展,认为国家作为一个主权者,拥有充分的制定法律和法规以保护公众的健康、安全、福利的权力。最后,法律保护的重心开始由个人主义向集体主义转变。自启蒙时期以来,社会的整体观念日益强调对个人利益的保护,十九世纪仍然如此。正如有学者所言:“十九世纪是个人利益占主导地位。为防止对作为个人的被告人造成可能的不公正,刑事法律设置了大量的拦阻措施。”④“100 年以前(十九世纪——引者注),法律要解决的问题似乎是如何保持实施因果报应以及保护个人免受以相关借口进行的压制,而不是如何使刑法成为保障社会利益的有效力量。”⑤但十九世纪中叶后,这种情况逐渐发生变化,社会利益慢慢地受到重视。“社会开始远离个人主义而朝一种新的重要的集体利益主义趋势发展。”⑥保护个人利益的重心大大地向保护公众和社会利益转移,为危害公众福利犯罪立法的出现和增加铺平了道路。⑦

---

① 徐国栋:《普通法中的国家亲权制度及其罗马法根源》,载《甘肃社会科学》2011 年第 1 期。

② 参见[美]J. 范伯格:《自由、权利和社会正义——现代社会哲学》,王守昌、戴栩译,贵州人民出版社 1998 年版,第 47 页。

③ 参见[美]罗斯科·庞德:《普通法的精神》,唐前宏、廖湘文、高雪原译,法律出版社 2018 年版,第 89 页。

④ Francis Bowes Sayre, *Public Welfare Offenses*, 33 Colum. L. Rev. 55 (1933).

⑤ [美]罗斯科·庞德:《普通法的精神》,唐前宏、廖湘文、高雪原译,法律出版社 2018 年版,第 84 页。

⑥ Francis Bowes Sayre, *Public Welfare Offenses*, 33 Colum. L. Rev. 55(1933).

⑦ David M. Turchetta, *Modernizing Public Welfare Offenses in Massachusetts* (*Go to Jail-Go Directly to Jail*), 28 New Eng. L. Rev. 783(1994).

二十世纪监管立法的"爆炸",意味着受监管领域中的犯罪的爆发性增加。关于健康、安全、环境保护等的每一部法律的出台,都规定了对违法行为的制裁。① 违反这些法律的规定,危及公众安全、健康、福利的行为,就可能构成危害公众福利犯罪。危害公众福利犯罪慢慢扩展到麻醉品销售、伪劣食品销售、赌博设备的持有与运输、酒类运输、向酒鬼出售酒、交通违规、违反建筑工程规定等领域。现在,危害公众福利犯罪不仅存在于违反联邦立法、州立法或城市条例的行为中,而且存在于违反行政法规的行为中。②

除了立法上的变化,司法实践中法院对犯意在犯罪成立要素中作用的观念在当时也发生了变化,立法上对危害公众福利犯罪的惩罚得到了法院的支持。自十九世纪中期以来,"法院开始改变其关于犯意是限制刑罚触角的重要工具的观念,转而赞同严格责任的适用,至少对相对轻微的罪是如此"③。美国联邦最高法院对危害公众福利犯罪的立场代表了司法实践部门的态度。该法院在 United States v. Balint④ 和 United States v. Dotterweich⑤ 等案件中认可了《麻醉品法》《食品、药品和化妆品法》中设立的危害公众福利犯罪,危害公众福利犯罪立法的合宪性问题得到了解决,司法实践中该类犯罪的判决日益增加。

① Lawrence M. Friedman, *Crime and Punishment in American History*, BasicBooks, 1993, p. 282 – 283.

② Paul J. Larkin, Jr., *Strict Liability Offenses, Incarceration, and the Cruel and Unusual Punishments Clause*, 37 Harv. J. L. & Pub. Pol'y 1076(2014).

③ Paul J. Larkin, Jr., *Strict Liability Offenses, Incarceration, and the Cruel and Unusual Punishments Clause*, 37 Harv. J. L. & Pub. Pol'y 1065(2014).

④ 258, U. S. 250(1922). 本案中,被告人 Balint 因销售了衍生的麻醉剂和古柯而没有在相应表格上登记,被指控违反 1914 年美国《麻醉品法》。被告人反驳称起诉书没有指明他明知这些物品是《麻醉品法》上列举的物品。联邦最高法院认为,违反《麻醉品法》而构成非法销售麻醉品犯罪,无须销售者知道麻醉品的特性。

⑤ 320 U. S. 277(1943). 本案中,被告人 Dotterweich 被指控违反了美国 1938 年《食品、药品和化妆品法》。该法禁止将掺假和假冒商标的药物运到各州在州际销售,任何人违反这一规定,都将构成犯罪。被告人是药业公司的总裁和总经理。他本人并没有将药品贴标签或运送货物,也不知道这些情况的存在,他主张自己不应当被定罪。但联邦最高法院维持了对被告人的有罪判决。

二、危害公众福利犯罪辨析

(一)什么是危害公众福利犯罪

虽然美国刑事法领域中,学者们大量使用危害公众福利犯罪(public welfare offense)这个概念,但很少有学者对其下一个精确的定义。有学者认为:“危害公众福利犯罪是一种侵犯公众福利的犯罪,与侵犯个人的犯罪相对。”①这个定义只是从犯罪侵犯的对象或客体的角度,将危害公众福利犯罪与侵犯个人利益的犯罪区别开来。有人认为,危害公众福利犯罪是一种轻微的犯罪,它不涉及道德过错,立法者只是为了公众的利益、实现行为的高效管理而禁止这种行为。② 还有学者认为,危害公众福利犯罪是指即使无道德过错,只要严重影响大多数公众的健康、安全和福利,也可以构成犯罪的行为。③ 这两种定义揭示了该罪侵犯的客体,并且展现了该罪与传统犯罪在犯意是否为犯罪成立要素上的差异。

危害公众福利犯罪这一概念中的核心词汇是“福利”(welfare)。美国学者对 welfare 解释是:一种健康、幸福、快乐、安乐的良好状态。④ 因此,public welfare 就是公众的健康、幸福、快乐、安乐的良好状态;public welfare offense 即侵害公众健康、幸福、快乐、安乐良好状态的行为。“这些犯罪多数情况下并不直接或立即对个人人身或财产造成伤害,而仅仅是形成法律力图最小化的危险或危险的可能性。”⑤

或许,从学者对危害公众福利犯罪特征的概括中,我们更能明确该罪与传统犯罪的差异。有学者认为,危害公众福利犯罪具有以下特点:(1)它们规制的通常是涉及危险或有害的装置、产品或令人反感的废弃物的行为;(2)它们强化了影响公众健康、安全或福利的特定工业、贸易、财物所有者或行为者的管控责任;(3)它们的成立只需有禁止的作为或不作

---

① Francis B. Sayre, *Public Welfare Offenses*, 33 Colum. L. Rev. 55(1933).

② *Black's Law Dictionary*, St. Paul: Thomson Reuters, 2009, p. 1188.

③ Joshua Dressler, *Understanding Criminal Law*(5th ed.), Matthew Bender & Company, Inc., 2009, p. 147.

④ *Webster's New Twentieth Century Dictionary of the English Language*(2nd), William Collins Publishers, Inc., 1980, p. 2007.

⑤ Morisseette v. United States, 342 U. S. 246, 251(1952).

为,而无须心理要素。①

从危害公众福利犯罪所涉的领域看,传统上它主要包括:(1)酒精饮料的非法销售和运输;(2)掺杂、掺假食品的销售;(3)假冒商标商品的销售;(4)违反精神药品规定的行为;(5)刑事滋扰行为;(6)违反交通法规的行为;(7)违反机动车辆法规的行为;(8)违反有关社区安全、健康和福利的其他警察规范的行为。② 由于新的危险行为不断出现,公众的安全、健康等受到新威胁,立法者就不断制定新的法律加以应对,危害公众福利犯罪的数量也日益增加。正如有学者所指出的:"随着现代社会的发展和法规的增加,危害公众福利犯罪的种类和数量也不断增加。"③特别是环境污染方面,危害公众福利犯罪大量存在。

(二)危害公众福利犯罪到底是不是犯罪

美国刑法中"犯罪"用 crime 和 offense(有时也用 criminal 和 offense)表达。通常情况下,它们可以互换使用,但两者仍有区别。crime 是犯罪,offense 包括各种犯罪和违法行为,因此后者含义比前者广泛。由于危害公众福利犯罪用 public welfare offense 表达,那么危害公众福利犯罪到底是犯罪还是违法?

我们先来看看美国《模范刑法典》的态度。该法典没有涉及危害公众福利犯罪这个概念,但规定了与危害公众福利犯罪密切相关的严格责任(称为"绝对责任")问题,并将适用严格责任的犯罪都归于法典第 1.04 条中的 violation。根据美国法学会的解释,violation 包括基于严格责任的法定犯罪;它与 crime 不同,不产生有罪认定所引起的限制能力或法律上的不利,仅可以处以罚金、没收或其他民事制裁。法典第 1.04 条的标题是"Classes of Crime"和"Violations",由此看来,法典实际上是将危害公众福利犯罪排除在传统意义的犯罪之外。

这是否说明危害公众福利犯罪就是违法而不是犯罪?我们再来看看其他学者的观点。有学者将真正犯罪(true crime)与危害公众福利犯罪

① Russell L. Weaver, John M. Burkoff, Catherine Hancock, *Criminal Law*, West, 2011, p. 98.

② Francis Sayre, *Public Welfare Offenses*, 33 Colum. L. Rev. 55(1933).

③ Catherine L. Carpenter, *On Statutory Rape, Strict Liability, and the Public Welfare Offense Model*, 53 Am. U. L. Rev. 313(2003).

(public welfare offense)区别开来,[①]认为真正犯罪可以用拉丁词汇 Malum in se 表达,即本质上就是错的、罪恶的;而危害公众福利犯罪可以用拉丁词汇 Malum prohibita 表达,即本质上并非错误或罪恶的,而是法律上禁止了这种行为才成为罪。如此看来,这里学者并非认为危害公众福利犯罪不是犯罪,而是与传统犯罪有差异,但仍然是犯罪。或许这种观点代表了大多数人的态度:"危害公众福利犯罪是一种轻微的犯罪。"[②]

这些观点表明危害公众福利犯罪不是一般的行政或民事违法,是一种犯罪,但这种犯罪与传统犯罪有区别。

(三)危害公众福利犯罪有何特殊之处

危害公众福利犯罪的特殊之处主要体现在以下几个方面:

首先,这种犯罪都是法定犯。从形式上来看,法定犯就是当被法律禁止的行为在有法律之前或脱离法律后,不具有不法性时的犯罪。[③] 从实质上来看,法定犯概念下的行为并非本质上的恶而被刑法禁止,而是立法者为实现其他目的才被刑法禁止。一般认为危害公众福利犯罪"不涉及道德过错",是立法者为了实现高效管理、保护公众利益而禁止这种行为。为什么危害公众福利犯罪不涉及道德过错?这是因为该类犯罪的成立不问行为人主观上是否有过错,只要行为人的行为引起了法定的危害后果,就成立犯罪。例如,在 United States v. Hanousek[④] 案中,被告人是公司的一名管理人员,负责监督一个采石项目。在项目实施过程中,某天晚上(被告人可能在床上睡觉),因一根 700 英尺长的油管被挖土机操作员挖断,1000 ~ 5000 加仑的燃油泄漏到了河里。被告人被指控违反了《清洁水法》,构成犯罪。被告人认为该法要求刑事意义上的"疏忽"才构成犯罪,而他只是一般的疏忽。法院认为《清洁水法》是公众福利法律,在该法下一个具有刑事责任能力的人应当为他普通的疏忽行为承担刑事责任,被告人被判构成犯罪。"通常情况下,公众福利立法只要求控方证明被告人

① David M. Turchetta, *Modernizing Public Welfare Offenses in Massachusetts* (*Go to Jail-Go Directly to Jail*),28 New Eng. L. Rev. 783(1994).

② *Black's Law Dictionary*,Thomson Reuters, 2009,p. 1188.

③ 参见[美]道格拉斯·胡萨克:《过罪化及刑法的限制》,姜敏译,中国法制出版社 2015 年版,第 163 页。

④ 176F. 3d1116(9th Cir. 1999),cert. denied,528U. S. 1102(2000).

有责任并且有权利和能力阻止对法律的违反,而无须证明被告人有意违反法律,甚至不要求证明被告人知道其违反了法律。”①

其次,这种犯罪实行严格责任。普通法一直主张行为构成犯罪必须有行为人的自愿行为和犯意,无犯意即无犯罪是美国刑法中的一个传统原则,因此犯罪心理因素从来就是犯罪成立的要素。② 但“在危害公众福利犯罪中这一个普遍接受的规则有了例外。在这类犯罪中,犯意证据的通常要求被免除了,适用的是严格责任”③。一般认为,从犯罪成立要素上看,如果行为人对行为的一个或多个要素缺乏犯意亦成立犯罪,应当承担刑事责任,那么实行的就是严格责任。为什么要对危害公众福利犯罪适用严格责任呢?有学者认为,对诸如交通肇事、食品和酒类销售等危害公众福利犯罪适用严格责任是为了帮助在蓬勃发展的城市中针对不断增长的刑事指控而减少其指控的障碍。在谴责时必须同时具备危害行为和犯意,这不适用于都市生活中出现的大量轻微犯罪。④还有学者认为,严格责任理论适用于危害公众福利犯罪主要有以下几个方面的理由:一是该理论能将危害行为的风险转移给了那些最能防止灾祸的人;二是该理论能确保对特定、高危险的行为作一致的处理;三是该理论减轻了控方在难以处理的案件中承担的证明犯意的责任;四是尽管在特定案件中这种推定是不正确的,但立法者认为这种风险与社会需要的保护和一些案件中指控的效率相比,后者更重要;五是该理论有吸引力,因为它是立法机构代表公众对某种行为无法忍受的有力表达。⑤ 危害公众福利犯罪模式下,其适用严格责任的合法性在于以下四个指标之间的动态平衡:(1)实施作为严格责任规定的行为时,行为人承担违法处置的危险性;(2)在社区中具有保护公共和社会利益的重要性;(3)该罪配置的法定刑相对较轻;

---

① Joseph E. Cole, *Environmental Criminal Liability—What Federal Officials Know (or Should Know) Can Hurt Them*, 54 A. F. L. Rev. 1(2004).

② 参见赖早兴:《证据法视野中的犯罪构成研究》,湘潭大学出版社 2010 年版,第 10 页。

③ Johnson, Claire D., *Strict Liability Crimes*, 33 Neb. L. Rev. 462(1954).

④ Francis B. Sayre, *Public Welfare Offense*, 33 Colum. L. Rev. 55(1933).

⑤ Laurie L. Levenson, *Good Faith Defenses Reshaping Strict Liability Crimes*, 78 Cornell L. Rev. 401(1993).

(4)贴上此罪的标签无关紧要。①

值得注意的是,在美国刑法中,并非实行严格责任的犯罪都是危害公众福利犯罪。例如,强奸罪就是实行严格责任的犯罪。一个男性与一个未达到法定年龄的女性自愿发生性行为,即使他无过错地相信该女性达到了足以作出性交决定的年龄,也成立强奸罪。但很显然,这种犯罪是对个人利益的侵犯,而不是对公众福利的侵犯。②

再次,这种犯罪的刑罚整体上较轻。有学者指出,适用于普通法犯罪的"刑罚可能严厉,也可能不严厉,这取决于犯罪的程度与性质。但适用于危害公众福利犯罪的刑罚不会很严厉"③。之所以对这些犯罪规定较轻的刑罚,主要是因为它实行的是严格责任。美国《模范刑法典》强调,对实行严格责任的犯罪只能配置轻刑。结合该法典第1.04条和第2.05条的规定,对严格责任犯罪仅可以处以罚金、没收或其他民事制裁。正因如此,美国学者强调"《模范刑法典》禁止监禁刑适用于严格责任犯罪,哪怕一天都不行"④。不过,从立法上看,美国法律规定中危害公众福利犯罪也有监禁刑的配置。美国联邦最高法院认为,对危害公众福利犯罪可以适用短期的监禁刑,而不能适用长期的监禁刑。⑤ 在 Staples v. United States 案中,美国联邦最高法院认为,如果立法中给某罪配置严厉刑罚(如重罪的刑罚)或者可以适用超过"罚金或短期监禁"的刑罚,那么就强烈

---

① Catherine L. Carpenter, *The Constitutionality of Strict Liability in Sex Offender Registration Laws*, 86 B. U. L. Rev. 295(2006).

② 许多学者都认为法定强奸罪不是危害公众福利犯罪。例如,有学者认为:"从犯意的构罪要素观点看,危害公众福利犯罪和诸如重罪谋杀或法定强奸都是严格责任犯罪,因为不管行为人对犯罪成立的实质要件是持什么心理状态,都会被裁定有罪。"[See Alan C. Michaels, *Constitutional Innocence*, 112 Harv. L. Rev. 828, 840(1999)]又如,美国学者哲斯勒教授在其专著中将严格责任犯罪分为危害公众福利犯罪和非危害公众福利犯罪,并将法定强奸罪列入后者。他认为非危害公众福利犯罪但实行严格责任的,这些罪配置的刑罚都非常重,而且这些罪本质上是错的、恶的(*malum in se*)[See Joshua Dressler, *Understanding Criminal Law*(5th ed.), Matthew Bender & Company, Inc., 2009, p. 147 – 148.]

③ David M. Turchetta, *Modernizing Public Welfare Offenses in Massachusetts (Go to Jail-Go Directly to Jail)*, 28 New Eng. L. Rev. 783(1994).

④ Michael Bohan, *Complicity and Strict Liability: A Logical Inconsistency*, 86 U. Colo. L. Rev. 631(2015).

⑤ Whit Davis, *Water Criminals—Misusing Mens Rea and Public Welfare Offense Analysis in Prosecuting Clean Water Act Violations*, 23 Tul. Envtl. L. J. 473(2009).

表明国会意图在本罪中要求犯意,这当然就不是危害公众福利犯罪。[①] 从实际情况看,有的危害公众福利犯罪配置的监禁刑并不低。例如,美国《清洁水法》对违反规定构成水污染犯罪的,法定最高刑是3年监禁;美国《烟草调节法》规定,烟草厂家违反报告义务的,可判处最高5年的监禁。

最后,这种犯罪多为不作为犯罪。危害公众福利犯罪多表现为行为人没有尽到自己注意的义务而导致危害的产生。有学者指出:"危害公众福利犯罪本质上并不是积极的侵犯,而是忽视法律的要求或没有履行法律规定的义务。"[②]法律出于对公众福利的保护规定了特定主体的作为义务,但行为人忽视了法律的规定,而没有积极地按法律的规定行动,以致客观上对公众福利造成损害。例如,为保证合格产品在市场上销售,法律规定生产者、销售者、运输者(企业或自然人)应当尽谨慎的义务确保符合质量要求的产品进入市场,而且这些主体也有能力尽相关的义务。但实践中,行为人有时却没有尽到义务,损害了公众福利。

三、我们的立场

危害公众福利犯罪是美国刑法中的概念,我国立法中尚未出现这一用语,学界也少有学者对之加以分析探讨。笔者认为,法律的演进有社会背景的因素;在不同的国家,当社会背景相同或相似时,法律的借鉴就不可避免。从我国社会现状看,机械化生产的规模、产品种类和产量的丰富程度、城市交通发展状况、城市人口所占比重均是工业革命时的美国不可比拟的,危害公众福利的行为亦大量存在,确实有必要考虑借鉴危害公众福利犯罪立法,以强化公众福利的保护。

(一)关于危害公众福利犯罪概念的引入

我国学者使用的"公害犯罪"与危害公众福利犯罪概念相似。有学者认为,公害犯罪是违反国家规定,对自然环境、公共医疗卫生环境、市场经济环境等人类紧密依赖的环境要素进行破坏,产生公害媒介,足以致使恶害广为传播,对公众的生命、健康、生活舒适度以及公私财产造

---

① Staples v. United States, 511U. S. 600, p. 616(1994).

② Morisseette v. United States, 342 U. S. 246, p. 251(1952).

成严重侵害或威胁的一系列犯罪行为。① 这个概念主要强调的是行为对"环境要素"②的破坏,这或许与传统意义上"公害"的定义有关。对公害犯罪理论研究和法律实践都处于前列的日本对公害的界定,就强调环境污染的内容。日本学者原田尚彦给公害的定义就是:"由于日常的人为活动带来的环境污染,并由此所产生的对人和物的损害。"③日本《环境基本法》第 2 条第 3 款对公害也作了法律上的界定:公害是指随企事业单位的活动及其他人为活动而发生的相当范围内的大气污染、水质污染、土壤污染、噪声、震动、地面下沉及恶臭等,造成的与人的健康或生活环境相关的损害。诚然,环境污染是我们面临的一个损害公众福利的问题,环境治理也已为我们社会广泛关注,政府亦采取各种措施应对环境污染,刑事立法中甚至将"重大环境污染事故罪"改为"污染环境罪",且降低构罪门槛,但公众福利犯罪的危害并非专注于环境污染或其他与环境有关的要素,其危害的客体要广泛得多。

当然,也有一些学者不将公害犯罪完全定位于环境污染犯罪,而将其拓展。日本学者藤木英雄就将"各种有害制品犯罪"纳入公害犯罪中。④我国也有学者在具体列举公害犯罪时将下列犯罪囊括其中:破坏环境资源保护罪,危害公共卫生罪,生产、销售伪劣商品罪,危害公共安全罪、与公害犯罪相关的渎职犯罪⑤。因此,公害犯罪已经不是传统意义上的环境污染犯罪,其范围更广。

危害公众福利犯罪与公害犯罪(广义上的)都不是具体的罪名,而是类罪名;两者都是对公众生命、健康等权益的侵害或威胁,与直接侵害或威胁个体权益的犯罪有异。但两者仍不可等同或相互替代。从概念上看,公害犯罪只是指明了该类犯罪侵害或威胁权益的公众性或公共性⑥,至于其侵

① 参见李兰英:《公害犯罪研究》,法律出版社 2016 年版,第 18 页。

② 论者将"环境"作广义理解,认为它涵盖自然环境、公共医疗卫生环境以及市场经济环境。参见李兰英:《公害犯罪研究》,法律出版社 2016 年版,第 34 页。

③ 冷罗生:《日本公害诉讼理论与案例评析》,商务印书馆 2005 年版,第 24 页。

④ 参见[日]藤木英雄:《公害犯罪》,丛选功、徐道礼、孟静宜译,中国政法大学出版社 1992 年版,第 2 页。

⑤ 参见李兰英:《公害犯罪研究》,法律出版社 2016 年版,第 21 ~ 23 页。

⑥ 其实任何犯罪的危害都有公共性,这是犯罪与民事侵权的重要区别。因此,有学者认为:犯罪"通常是对于公共利益有特别危害而不仅仅是践踏纯粹个人性的权利的行为"。参见[英]J. C. 史密斯、B. 霍根:《英国刑法》,李贵方等译,法律出版社 2000 年版,第 21 页。

犯或威胁的是何种权益，至少从概念本身是没有体现的。而危害公众福利犯罪在概念上就表明其侵害或威胁的权益不但具有公众性或公共性，而且它侵害或威胁的是公众福利。

许多人认为，福利是一种照顾、补助甚至是救助性质的利益。有观点认为："福利，生活上的利益；政府、企事业单位对人民或员工在生活上的物质照顾和经济补助。"①这种观念的出现，或许是受"福利国家"概念的影响。"二十世纪，尤其是第二次世界大战之后的阶段，能够被相当贴切地描述为'福利国家时代'。"②而现代社会对福利国家直观的理解，包括政府在贫困救济、教育、住房和健康保健领域里的活动。③ 但实际上，如前所述，原本意义上的福利强调的是一种健康、幸福、快乐、安乐的良好状态。危害公众福利犯罪就是对公众这些良好的状态造成了危害。

或许有人会认为，我国刑法中对严重危害公众福利的行为已经犯罪化了，引入危害公众福利犯罪这一概念已无必要。引入危害公众福利犯罪这个概念的目的并非强调犯罪化，而是要将现有立法中部分较轻的危害公众福利犯罪明确出来，对其适用严格责任，以强化对公众福利的保护。从我国司法实践来看，一些严重危害公众福利的犯罪行为人可能被定罪量刑，而一些较轻的危害公众福利行为往往没有被当作犯罪处理。其原因主要在于控方难以证明行为人的主观心态，将大量的司法资源用在这些轻微的犯罪上，司法成本过高。如果引入危害公众福利犯罪概念，对较轻危害公众福利的行为适用严格责任，不仅可以减轻控方的证明责任，提高司法效率，打击犯罪行为，而且可以强化行为主体的注意义务，最终达到保护公众福利的目的。

（二）危害公众福利犯罪在我国刑法中的性质

如前所述，美国《模范刑法典》中将犯罪（crime）分为重罪、轻罪和微

---

① 宋子然主编：《100 年汉语：新词新语大辞典（1912 年 -2011 年）》（上卷），上海辞书出版社 2014 年版，第 124 页。

② ［英］Ian Gough：《福利国家的政治经济学》，古允文译，台北，巨流图书公司 2000 年版，第 2 页。

③ 参见［美］尼古拉斯·巴尔、大卫·怀恩斯主编：《福利经济学前沿问题》，贺晓波、王艺译，中国税务出版社 2000 年版，第 8 页。当然，也有学者从更宽泛的意义上理解福利国家，认为"福利国家是社会在基本需求方面为其成员的福祉承担法定的，因此是正式的和明确的责任的制度表征"。参见［德］费兰茨 - 克萨韦尔·考夫曼：《社会福利国家面临的挑战》，王学东译，商务印书馆 2004 年版，第 13 ~ 14 页。

罪,还有一类是 violation。我国多数学者将 violation 译为违警罪①。这大体借用了大陆法系刑法(特别是法国刑法)中违警罪的概念。对于大陆法系刑法中违警罪的性质,有学者认为:“违警罪一般都不被视为犯罪而纳入警察行政处罚的范畴。”②但也有学者对此持不同意见,认为:“这一说法显然不尽准确。在法国为代表的传统大陆法系国家,违警罪依然被视为刑事犯罪、整体纳入刑法体系,其所受处罚依旧是刑罚(当然是刑罚中程度最轻的违警罚)。”③

我国行政法非常发达,行政处罚的方式也多种多样。美国刑法和大陆刑法中的违警罪所规制的行为确实有相当部分在我国可以作行政处罚处理,而无须上升到犯罪的程度。但我们也应当注意到,美国刑法中的危害公众福利犯罪的法定刑并非均是美国《模范刑法典》中所限定的罚金刑,监禁刑也大量存在,有的监禁刑期还比较长。因此,制定法中的危害公众福利犯罪并非都是违警罪。在我国,笔者也不赞成将所有的危害公众福利的行为作犯罪处理,只有那些具有严重社会危害性的行为才能作犯罪处理。根据我国《刑法》第 13 条的规定,那些情节显著轻微、危害不大的不构成犯罪,构成行政违法的,让其承担行政违法的责任即可。所以,在我国,严重危害公众福利的行为刑法明文规定为犯罪的,应当作犯罪处理。

(三)危害公众福利犯罪范围的确定

危害公众福利犯罪范围的确定涉及两个方面的问题:一是哪些种类的犯罪可以纳入危害公众福利犯罪中;二是哪种程度的犯罪可以纳入危害公众福利犯罪中。

首先,从种类上看,下列犯罪应当纳入该类犯罪中:(1)成瘾性产品(如酒精、精神药品)的销售行为;(2)假冒伪劣产品的销售行为;(3)侵犯知识产权类产品的销售行为;(4)环境污染行为;(5)危害公众卫生、防疫的行为;(6)违禁物品的持有;(7)侵犯公有财物的行为。

---

① 参见储槐植、江溯:《美国刑法》(第 4 版),北京大学出版社 2012 年版,第 4 页;《美国模范刑法典及其评注》,刘仁文、王祎等译,法律出版社 2005 年版,第 8 页。

② 李海东:《刑法原理入门(犯罪论基础)》,法律出版社 1998 年版,第 23 页。

③ 参见卢建平:《法国违警罪制度对我国劳教制度改革的借鉴意义》,载《清华法学》2013 年第 3 期。

其次,从程度上看,只有配置较轻法定刑的上述犯罪才能纳入危害公众福利犯罪。因为危害公众福利犯罪适用的是严格责任,在诉讼中控方无须证明被告人的犯意。如果既推行严格责任又配置重刑,显然可能会危及被告人的重大权益。至于法定最高刑为多重的犯罪可以纳入危害公众福利犯罪中,值得探讨。从美国刑法中危害公众福利犯罪法定刑的配置看,多数是罚金,部分是罚金或监禁刑(选处制),而监禁刑最高不超过5年。从我国《刑法》对危害公众福利犯罪法定刑的配置看,部分罪名中以独处制的方式规定了罚金刑,部分罪名中以选处制的方式配置了罚金或有期徒刑。当然,要在立法中实现法定刑配置的区别化,还得明确哪些具体的罪名属于危害公众福利犯罪,并在刑种和刑度配置上针对性地对相关罪名的法定刑加以修正。

(四)危害公众福利犯罪中严格责任的支持

一些危害公众福利的行为者主观意图难以查清,在个人利益与公众利益冲突时,为了保护公众利益、提高诉讼效率,在追究危害公众福利行为者的刑事责任时,应当不考虑其主观心态,实行严格责任原则。我国学者在二十世纪九十年代开始讨论美国刑法中的严格责任问题,针对的就是危害公众福利犯罪。现在已经有部分学者主张刑法中应当接受严格责任原则。例如,有学者认为在一定情况下适用严格责任是必要的,因为“在一些特殊情况下,行为人的心理状态很难判明,而根据常理,行为人又往往存有过错,此时若拘泥于传统的举证责任原则,由起诉方来负责证明被告人的主观过错,确实很难”①。还有学者认为我国刑法中已经在适用严格责任犯罪,并认为“它们都是危害公共利益,涉及多人的生命、健康、财产以及人类生存环境。这一点,与国外刑事立法中严格责任的范畴相吻合”②。这种观点不但支持我国刑法中存在危害公众福利犯罪,而且认为这些犯罪适用的就是严格责任。笔者认为,支持危害公众福利犯罪适用严格责任的态度是可取的,但我国现行《刑法》总则中只承认犯罪故意和犯罪过失两种心态,还没有严格责任的立足之地。笔者主张修改《刑法》总则的规定,引入严格责任,并在分则中明确哪些罪属于危害公众福

---

① 刘仁文:《刑法中的严格责任研究》,载《比较法研究》2001年第1期。

② 李文燕、邓子滨:《论我国刑法中的严格责任》,载《中国法学》1999年第5期。

利犯罪,以便于严格责任的适用。另外,考虑法定最高刑为5年有期徒刑的危害公众福利犯罪也适用严格责任原则,如果完全剥夺被告人关于犯意的辩护权利,有可能导致错误的有罪判决侵害其重大权益,笔者主张允许可能被判处3年以上5年以下有期徒刑的被告人提出事实错误、法律错误、善意相信等辩护,以解决因严格责任导致定罪不公平的现象。①

四、结语

美国刑事立法对部分危害公众福利行为的犯罪成立要素作出修正,除去犯意要素,实行严格责任,减轻了控方的证明责任,提高了诉讼效率,强化了公众福利的保护。我国在引入这个概念后应当作出立法的安排,在《刑法》总则中明确危害公众福利犯罪的范围并规定严格责任,分则中对相应罪名的法定刑重新配置;在《刑事诉讼法》中允许对法定刑较高的危害公众福利犯罪提出事实错误、法律错误、善意相信等辩护,以防止严格责任的适用侵犯被告人的重大权益。

① 这也是美国刑法学者改造严格责任的方式之一。参见赖早兴:《美国刑法中的严格责任犯罪:争议、解决方案及其启示》,载《环球法律评论》2018年第3期。

论法定犯背景下的违法性认识问题

刘晓航*

一、问题的提出

我国目前已逐步转变为风险社会,作为一种新的社会类型,其具有全球性、难预测性和不特定性等特质。为了应对风险社会所带来的"制度化"风险,我国刑法应当具有前瞻性,使刑事法律体系能够契合社会现代化转型这一基本趋势。正因如此,我国刑法中法定犯的数量增速迅猛,立法者期望通过刑罚防控社会治理所面临的不稳定风险。但是,这也使决定法定犯成立的双重违法性、违法性认识错误等问题无可避免地成为实践和理论中的争议点。因此,法定犯作为衔接前置法与刑法的犯罪类型,如何防止将不属于刑法规制的行为纳入其中,便成为重中之重。为了避免刑法规定与现实正义之间产生鸿沟,有必要重申犯罪的违法性认识,通过引入违法性认识,将其作为构成法定犯的必备要件,以期对具体的刑法规定作出符合刑法体系的解释,实现法定犯司法判决所应具有的正义导向。

二、违法性认识内涵之厘清

违法性认识源于罗马法"不知法不免责"的格言,其目的在于警告人们如果实施了违反法律的行为,不能以自身不知道其行为是否违法来作为免责事由。该格言延伸出了违法性认识的问题,并作出了否定性评价,以此来扼杀企图通过以不清楚法律为由来逃脱惩罚的情况。此后,否定

* 刘晓航,北京师范大学刑事法律科学研究院博士研究生。

违法性认识必要性的观点被广为推崇。甚至这一观点被适用于刑事法领域之中。随着社会文明的进步,人们的行为类型逐渐丰富多样,为了应对日趋复杂的犯罪类型,法律修订变得逐渐频繁,导致人们可能会在毫不知情的情况下误入刑法所规定的禁地。所以,如果仍固执地按照"不知法不免责"来认定犯罪、执行处罚,必然会导致令人无法接受的不公正结果。特别是在我国法定犯数量迅速增加的当下,"不知法不免责"规则已经失去了适用空间,因此,重新评估传统观念能否适用于当今社会自然成为问题的关键。[①] 考虑在创设违法性认识概念时,其根源"不知法不免责"也仅是在民事领域中被推广,适用对象十分有限,对于一些因自身情况而无法被赋予过高期待值的人群,如未成年人、精神病人、老年人等是无法适用的。[②] 总之,随着法定犯时代的到来,理应再次界定违法性认识的现代内涵。

(一)违法性认识内涵的相关学说

关于违法性认识的内涵在理论界存在较多争论,因此,需要从最广义至狭义的顺序对既存的学说进行评述。

1. 反社会认识说

对违法性认识内涵作出最广义解释的观点是由赫尔曼·曼海姆在其著作《犯罪与刑罚问题》中所提出的反社会认识说,他认为如果行为人明确自己的行为是反社会的,则不再考虑其是否存在认识自己违反社会道德及法律的可能,直接判定行为人具有违法性认识的潜在可能性。[③] 这种观点无限扩大了违法性认识的内涵,盲目地将违法性意识等同于反社会意识,难以适用于具体的实践之中,因此,反社会认识说否定了违法性意识的概念。

2. 实质违法性认识说

基于行为人违反道德或者法律为标准,存在实质违法性认识说与形式违法性认识说两种对立观点。德国学者李斯特提出的实质违法性认识说认为,行为人的违法性认识判定需要依据其对前法律规范是否存在认

① 参见车浩:《法定犯时代的违法性认识错误》,载《清华法学》2015 年第 4 期。
② 参见劳东燕:《"不知法不免责"准则的历史考察》,载《政法论坛》2007 年第 4 期。
③ 参见陈忠林主编:《违法性认识》,北京大学出版社 2006 年版,第 215 ~217 页。

识，因而，该学说也称为违反前法律规范认识说。[①] 李斯特从法益侵害的角度对违法性进行解释，随后，迈耶借助于李斯特的理论提出了文化规范说，并认为法律的实质是特定时期社会文化的规范意识体现，当行为人意识到其行为被当下的社会伦理禁止时，即说明其具有相应的违法性认识。[②]

3. 形式违法性认识说

与上述实质违法性认识说相对应的是形式违法性认识说，该说认为法律规范应区别于其他社会规范，违法性认识的内容应当以法律规范为界限，切忌扩展至伦理道德领域，行为人如果仅认识到行为的反伦理性，是无法认定其存在违法性认识。因此，违法性认识的内涵也被界定为"行为被法所禁止之认识"。[③] 按照该种学说，当行为人认识到其行为违反法律却仍执意实施时，便因违反实定法而具有了对其进行处罚的依据。

4. 违反刑法规范说

基于费尔巴哈的心理强制说，该学说认为违法性认识应当置于刑法视野中进行考察，如果行为人并没有意识其行为违反刑法，相反，只是存在一般违法性认识，则不能认为其具有违法性意识。[④] 因此，当行为人仅意识到自己的行为背离其他法律的规定，而不是刑法所禁止的内容时，则无法依据刑法对其进行处罚。同时，结合趋利避害之本能，刑法以严厉的处罚制度来惩治犯罪行为，进而使得行为人自我判断避免去逾越刑法的禁区。基于此，为了避免出现实施严重违反刑法的行为，但期望受到较轻处罚的纵容犯罪情形，违法性认识的内涵应仅是对违反刑法规范的意识，而不涵盖刑罚可罚性、法定刑的认识。所以，对刑罚可罚性、法定刑的认识错误不属于法律认识错误问题，进而也不存在影响责任的可能性。

5. 可罚的违法性说

关于既存的违法性认识内涵的学说之中，认定最为严格的是可罚的违法性说，该说认为行为人需要同时兼具违反法规的认识和具体的可罚

---

① 参见[德]李斯特：《德国刑法教科书》，徐久生译，法律出版社 2006 年版，第 200 页。

② 参见黄明儒：《论刑法规范的性质与功能》，载《湘潭大学学报(哲学社会科学版)》2009 年第 2 期。

③ 参见张明楷：《刑法学(上)》(第 5 版)，法律出版社 2016 年版，第 318 页。

④ 参见陈忠林主编：《违法性认识》，北京大学出版社 2006 年版，第 215 ~ 217 页。

性认识。① 可罚的违法性说最初由日本学者宫本英修基于刑法谦抑主义发展而来。通过考虑刑罚的威慑能够起到减少犯罪发生的作用,因此,如果将可罚性认识排除在违法性认识的内涵之外,则有悖于刑罚抑制犯罪的目的。具体而言,如果行为人未认识到行为的可罚性,此时便不存在非难可能性。该学说与反社会认识说属于两个极端,过于狭窄的内涵可能使其无法在实践之中得到适用。

(二)违法性认识内涵的应有之义

通过对上述各种学说的介绍,可以发现,在我国现行刑法大量增加行政、环境等类型犯罪的情况下,为了解决法定犯的认定问题,需要以法定犯的视角来对违法性认识的内涵进行分析,而不是抛开问题的前提,擅自进行理论臆想。

1. 违法性认识内涵的既存学说之缺陷

首先,反社会认识说存在明显的不足,其笼统地将违法性意识等同于反社会意识,且不论法律只是治理社会之中违法行为的一种规范,无法将法律视为管理社会各种行为准则的基准,而且反社会意识之中的反社会究竟如何界限?怎么定义社会?这些都是反社会认识说所暴露出的缺陷。其次,实质违法性认识说与形式违法性认识说,都是基于违法一元论而形成的,也即由于不同程度对法律规范的违反,进而被刑法同样认为是犯罪行为。进一步讲,满足刑法意义上构成要件的行为,如果其他法律规范认为其是合法行为,则会阻却该行为的刑事违法性。但是,在违法性认识问题上,不同的法律规范所追求的价值是相异的,如调整、控制、平衡公权力机关与普通公民之间行政关系的行政法规,其将自由与秩序视为价值核心;调整平等民事主体间的财产与人身关系的民法,则以保护民事主体的合法权益,维护社会和经济秩序为价值核心。因此,违法一元论在本质上就存在理论的缺陷,如果违法性认识的内涵包括对民法、行政法等法律的认识,是存在疑问的。最后,在目前社会存在价值相互冲突的背景之下,刑法所涵盖的范围已经超出杀人、盗窃等自然犯领域,行政、环境犯罪等法定犯的立法激增,使刑法条文需要愈加专业的解读。基于此,可罚的违法性说将违法性认识的理论重心转移至刑事责任确定之后的可罚与

① 参见张明楷:《刑法学(上)》(第5版),法律出版社2016年版,第318页。

否,忽略了其实质内涵是行为人是否违反法律规范,并由此产生后续的刑事责任认定问题。如果要求行为人必须具备可罚的违法性认识,则会导致纵容犯罪行为的不利后果。

2. 法定犯视角下违法性认识的内涵限定

通过比较上述各种观点,可以发现,相较于以违法一元论为理论依据的学说,以及过于限缩的可罚的违法性说,违反刑法规范说具有一定的合理性。违反刑法规范说认为违法性认识作为判断是否成立犯罪的因素,理应以刑法规范作为主观意识内容,当行为人意识到行为违反刑法之外的其他法律规范时,就不具备刑法处罚的必要。另外,违反刑法规范说将刑罚可罚性、法定刑的认识排除在违法性认识之外,并认为这两种认识并不对责任的认定产生影响。对此,需要了解责任内容的实质。责任内容在理论上存在心理责任论与规范责任论的争议,但是,这两种观点并不是相互对立的,而是基于评价的不同视角所产生的不同理解。心理责任论是从事实层面来分析责任的实质内容,规范责任论则是从规范评价层面来评析责任的具体内容。鉴于我国刑法对故意、过失以及不可抗力的规定之中,已然包含了规范责任论的思想,即故意、过失是行为人在具有期待可能性时,符合"不应当实施不法行为"的规范性评价,而不可抗力则是由于行为人缺乏期待可能性,进而不能对行为人作出相应的规范性评价,①我国刑法所支持的责任内容是立足于规范评价层面的规范责任论。而法定犯作为刑法为适应社会形势发展、贯彻行政措施而规定的特殊犯罪类型,理应遵循我国刑法的基本价值观念。

综上,笔者通过规范责任论厘清责任内容之后,论证了责任实质上是一种依据行为人自身的情况判断其能够实施合法行为的规范性评价,这种评价包含了行为人的故意、过失心理事实以及期待可能性。因此,行为人的刑罚可罚性、法定刑的认识就不在责任的范畴之内,也即不影响对行为人责任的认定,违反刑法规范说所认为违法性认识内涵应排除刑罚可罚性、法定刑的认识也应当成立。回归至违法性认识内涵的阐述,有学者对违反刑法规范说提出了疑虑,即如果将违法性认识的内涵仅限定为对刑事法规的认识,则有可能割裂各个法律规范之间的联系,不当地限缩犯

---

① 参见张明楷:《刑法学(上)》(第5版),法律出版社2016年版,第242页。

罪圈,从而放纵犯罪。这种观点其实忽略了罪刑法定原则,也混淆了刑法的机能。违反刑法规范说所要求的行为人违法性认识仅对刑法规范存在认知,这其实也是罪刑法定原则的内在要求。刑法作为最为严厉的法律规范,兼具惩罚犯罪与保障人权的功能,理应以罪刑法定原则为指导,这就需要刑法条文体现出明确性,从而成为公民的行为指导规范,使得公民在日常生活之中能通过刑法判断其行为是否成立犯罪,而刑法所规定的犯罪构成要件理所应当地成为判定犯罪成立的唯一条件。因此,深究违反刑法规范说的内核,则可发现,其理论支撑正是罪刑法定原则。犯罪的成立与否只能由刑法规定,而行为人关于刑法规范的意识,即是否了解其行为违法,进而成立犯罪便是违法性认识的内涵。可以认为,以违反刑法规范说来理解违法性认识,能够在实践中对法定犯的认定问题提供一种有效的理论思路。

三、违法性认识之于犯罪成立的必要性之争

在当下大量法定犯认定存疑的背景下,行为人自身并无犯罪意图,且不具备违法性认识,但由于客观原因而被追究刑事责任,此情形屡屡出现,对此,行为人成立犯罪是否需要违法性认识问题再次引起理论界的又一轮争论。

(一)违法性认识之必要的理论分歧

有关犯罪成立是否要求违法性认识为必要因素,在理论界抑或司法实践中存在诸多观点。总结而言,各观点依据自身逻辑推演所主张的理由虽能从形式上支撑各学说,但实质上都存在不同程度的不足。

1. 限制故意说及其不足

限制故意说认为故意的成立不要求现实的违法性认识,但要求违法性认识的可能性,因此,该说又称为违法性认识的可能性必要说。[①] 该说将人格责任论作为理论基础,当行为人缺乏违法性认识时,只要存在违法性认识的可能性,就会阻却故意的成立。该说不再单一地以违法性意识来决定非难的程度,而是增加了"可能性的认识",但其背后是以行为人的

① 参见[日]山口厚:《刑法总论》(第3版),付立庆译,中国人民大学出版社2010年版,第263页。

人格形成作为考量基础。例如,对于违法性意识迟钝的行为人,则可能致使故意责任的本质不再是意识到法律规范并违反的行为,而是“人格态度的直接的反规范性”。① 虽然我国有学者认为,在司法实践中存在限制故意说适用的空间,但是,该说凭借“可能性的认识”在与过失相区别的故意概念中加入了“认识的可能性”要素,从而可能造成行为人在不知违法却仅知悉违法可能性时便成立犯罪,这种逻辑实难经得起推敲。

2. 自然犯与法定犯区分说及其缺陷

基于社会责任论的自然犯、法定犯区别说认为,自然犯和法定犯是两种不同的犯罪类型,自然犯由于违反社会道德规范的行为类型,自然不需要存在违法性认识,进而认定故意也不再依靠违法性认识意识,而法定犯则正好相反。② 因此,自然犯本身具有了反社会性,似乎不依赖于刑法规定的构成要件,在人们的潜意识之中已然形成了固定的行为模式,所以,行为人只要认识到行为事实,就已经表征了其反社会的性格。但是,法定犯实质上是依据国家所规定前置法来认定犯罪成立与否,其与是否违反道德伦理并无太大关系,而要求对犯罪行为是否违反法律存在认知。然而,自然犯与法定犯的区分至今仍没有确定的界限,两者之间的区分仍旧模棱两可,如果凭借一种不明确的区分标准来划分是否需要违法性认识则显得过于抽象。特别是该观点认为实践中自然犯的个案中无须考虑违法性认识,而法定犯的违法性认识则决定了故意的认定,所以,需要对每个案件先区别自然犯与法定犯,进而再结合案件事实、行为人自身情况来判断违法性的有无。此种做法完全忽略了法定犯与自然犯界限的不明确性,使所提主张成为理论上的理想化构架,而无法应用于具体案件中。

3. 违法性认识不要说及其劣势

作为我国刑法理论通说的违法性认识不要说,基于“不知法不免责”发展而来,其认为成立犯罪无须强求行为人具有违法性意识,只要存在对犯罪事实的认知即可。③ 可以认为,该说的论证理由,主要是以下几点:首先,该说认为违法性认识在一定程度上等同于社会危害性认识,在之前刑

① 参见张明楷:《外国刑法纲要》(第2版),清华大学出版社2007年版,第247页。

② 参见李涛:《违法性认识的中国语境展开》,法律出版社2016年版,第88页。

③ 参见[日]高桥则夫:《刑法总论》,李世阳译,中国政法大学出版社2020年版,第329~330页。

法中自然犯占据主导地位时,法律与伦理在价值评判上是存在一致性的,因此,对法律的认知并非难事,进而无须额外考虑违法性认识问题;①其次,结合社会治理需要严厉打击犯罪行为的要求,这就需要刑法发挥惩治犯罪和预防犯罪的重要作用,因此,为避免行为人借以不知法为由来为自己开脱,同时实现社会治理的相对稳定,我国司法实践之中一直以不需要违法性认识为主导;最后,结合我国的刑事政策,否定违法性认识实为刑事政策的要求,公民在日常生活中需要履行知法守法的基本义务,当法律颁布实施之后,借助于普法宣传,可以推定公民在正常情况下是知悉法律的。综上,国家在制定法律时,已经综合考虑了公民守法的前提。因此,在国家法律与个人知法义务产生冲突时,应当以法律为尊,无须考量违法性认识即可认定行为人应当接受法律惩处。然而,该说虽然将法律作为不以行为人意志而变更的社会行为规范,但将法律的权威性凌驾于公民的合法权利之上,进而导致过于强调公民在潜意识层面对法律规范的认识,从而扭曲了法律的行为规制机能。

4. 违法性认识必要说及其瑕疵

该说主张违法性的意识属于故意的要素,认定故意需要现实地存在违法性意识,进而,缺乏违法性意识会阻却故意的成立,而在认定过失犯时,如果行为人对于违法性错误存在过失,且刑法已经规定了相应的过失犯罪,则成立过失犯。② 可以认为,违法性认识必要说所提出的违法性意识是作为故意与过失的界限,行为人基于对客观事实的了解,如果达到违法性意识的程度,则会通过自身的考虑,并在正常情况下产生抵制实施违法行为的意愿。是否违反此种意愿,或者违反的程度强弱,是判定行为人承受处罚轻重的因素。针对违法性认识必要说,有学者认为如果缺乏违法性意识,会阻却故意,但是,却无法解释在刑法没有规定过失犯的情况下,如果行为人产生认识错误,就不再认定其成立过失犯的情况。另外,对于实践中可能存在的一些犯罪类型的行为人,他们本就不具备违法性意识,如果再以违法性意识作为认定故意成立的重要因素,则违背了刑法惩治犯罪与保障人权的价值追求。

① 参见劳东燕:《"不知法不免责"准则的历史考察》,载《政法论坛》2007 年第 4 期。

② 参见陈家林:《外国刑法通论》,中国人民公安大学出版社 2009 年版,第 389 页。

（二）法定犯背景下违法性认识必要性的坚持

通过上述分析，可以发现限制故意说盲目地将违法性认识可能性提升至决定故意成立的地位，即违法性认识与认识可能性具有相等性，这在一定程度上存在放纵犯罪之嫌疑，实不可取。而自然犯与法定犯区分说则存在明显的缺陷，由于无法提出清晰的标准来区分自然犯与法定犯，从而使该说的主张完全无法实现。因此，笔者主要针对违法性认识不要说与必要说展开阐述，通过将视角置于法定犯背景之下，来重申违法性认识必要说的合理之处。

1. 违法性认识不要说之检讨

（1）法定犯数量的增加所带来的挑战

回溯违法性认识理论的发展轨迹可知，不要说所坚守的“不知法不免责”已然不适合当今社会。罗马法中的法谚是由当时的社会现状所决定的，罗马时代所创设的公法或私法，基本上都是以自然犯的形式加以规定，几乎所有的犯罪行为都具有明确的危害性，不需要再额外限制违法性认识来增加认定犯罪的困难。但是，我国目前《刑法》中自然犯的规定在社会的转化下显得难以适应，因此，修法频率逐渐加快，法定犯的引入也使《刑法》变得愈加复杂。传统社会基于犯罪事实即可推断违法性的情况已经不再适用，纵使法律专家对于刑法条文也存在各种争论，更不用说普通公民如何能够理解法律的复杂性规定。另外，在我国将舆论监督提升为公民宪法权利之后，公民的舆论监督成为社会监督的重要部分。针对司法审判所作出的违背社会伦理的结果，普通公民会参与讨论，并可能提出案件行为人不知或不认为自己行为违法的理由，这也应当受到审判机关的重视，审判机关不应完全无视该理由。社会的变迁必然会对传统理论产生影响，而处于现阶段我国法定犯数量急剧增加的背景，“不知法不免责”已经失去了赖以生存的空间，需要重新审视违法性认识的内涵及其在理论之中的定位，摒弃对待法定犯的固有观念。

（2）违法性认识不要说否定人权保障

从形式上分析，坚守违法性认识不要说能够创设一种严格守法的景象，以最大限度的处罚制度来督促公民积极学法知法。但是，该说将普法守法的责任全部推向普通民众，忽略了刑法以严厉的制裁依旧无法达到公民知法守法的目的时，其究竟为何。刑法所调整的社会关系是极为广泛的,但凡涉及公民日常生活的社会关系,基本上都被纳入刑法的调整范畴中,这种情况下,如果公民依然不知法,那么是否应该考虑刑法的设定,即增加的法定犯规定是否合理?所以,违法性认识不要说完全倾斜了人权保障的天平,其以人人都知法的推断为前提,将不知法所产生的不利影响的责任全部归结于个人。可以认为,违法性认识不要说将不知法的风险完全划分给个人,过于理想化地要求公民具有知法能力,否定了公民基本权利,破坏了人权保障的基础。

(3)违法性认识不要说存在漏洞

该说虽将“不知法不免责”作为理论渊源,但其所引申出的观点认为,违法性认识本就属于主观认知,难以通过客观事实来进行评判。因此,如果主张犯罪故意的成立需要违法性认识,则会造成定罪的困难,进而在实践中可能出现由于犯罪嫌疑人以违法性认识作为辩护理由,审判机关由于无法作出明确的认定,导致犯罪嫌疑人不成立犯罪的后果。所以,该说否定违法性认识的必要性,并提倡在司法实践中规避这种困难的认定,来保障惩治犯罪的目的。但是,细究之下,则会发现这种观点自身存在逻辑漏洞。

首先,违法性认识不要说不能以证明存在困难而直接否定违法性认识的存在价值,正如违法性认识必要说的观点,违法性认识是现实存在的,无论证明与否,都无法抹去其作为客观因素构成行为人的整体犯罪事实。因此,违法性认识必要说在存在论层面讨论了违法性认识的价值,而违法性认识不要说则直接越过存在性问题,以证明困难来否定其存在,这存在逻辑误区。从本质上来说,法定犯问题要先解决是否成立的问题,然后去讨论如何证明其应当承担的罪责,也即先肯定其存在,再证明其责任。其次,在刑法理论中并非仅有违法性认识存在证明困难,但凡涉及行为人的主观意愿,都会因自身资质的不同而产生认定异议,相应的论证过程也无法被所有人接受认可。但是,这不能成为违法性认识不要说否定违法性认识存在的理由,反而应当寻求一种合理的解决方法,将违法性认识引入法定犯的认定过程中,充分考虑行为人的主观意图,避免客观归罪产生不利影响。因此,针对司法实践中违法性认识证明的困难,笔者认为可以适当地将自身资质作为重要考量因素之一,通过结合行为人所处的环境、所受教育程度、接收信息的途径等多方面来综合考察,从而判定其在具体环境中是否存在违法性认识的可能性。

2. 违法性认识必要说之提倡

(1)对违反刑法规范说的回应

通过上文分析违法性认识的内涵可知,违反刑法规范说实质上是罪刑法定原则的具体映射,而违法性认识必要说所提倡的违法性认识作为认定故意的因素之一,成立犯罪故意必须是行为人现实地存在违法性认识,这正是回应了违反刑法规范说对违法性认识所作的内涵界定,形成了从内涵到定位的一致统一。一方面,由于罪刑法定原则是现代法治国家的基本要求,其明确性与预测可能性更是与公民的日常生活息息相关。虽然我国《刑法》并没有对违法性认识作出明确规定,但通过研析其内涵可以认为,违法性认识要求对刑法规范存在认知,任何犯罪只能由刑法规定。因此,在认定犯罪故意时,只需行为人具有对刑法规范的认知即可,这也是遵循明确性原则的要求。另一方面,对于普通民众而言,刑法不仅作为入罪的行为标准来规制犯罪,也通过严厉的刑罚来保障人民的基本权利免受侵害,因此,罪刑法定原则要求刑法具有预测可能性。这与明确性原则并不冲突。法律的可预测性是为人们独立规划自己行为提供一种规范依据,并在之后实施行为的考虑过程中吸纳法律秩序的要求。行为人通过预测实施合法的行为,就需要对刑法具有一定的认识,这种认识的程度无论强弱,只需通过此种认知产生一定的预测,就可避免实施违法犯罪行为。

(2)落实责任主义原则的必要途径

责任主义要求追究行为人刑事责任时,必须要求其主观上具备故意、过失的主观心态。因此,对行为人追责不仅要考虑客观行为,也要判定其是否具有主观犯罪意图,而主观犯罪意图则包含了违法性认识,这也正是基于道义责任论的违法性认识必要说所主张的观点。道义责任论以意思自由论为基础,主张犯罪都是基于自由意志决定的理性行为,而责任则是对有自由意志者基于其自由意志实施的违法行为所加的道义的非难。所以,对行为人归责是基于其在自由意志之下意识到行为被法律禁止,但仍然执意要实施。刑法无法要求行为人在毫不了解行为违法的情况下而自愿放弃行为,只能是行为人在有责任能力的情况下,存在故意或者过失,以及违法性意识的可能性,才能期待行为人实施适法行为。由此可见,违法性认识不要说忽视行为人主观上的认知情况而推定其对法律规定存在认识,进而造成一些不具备违法性认识的行为人被认定构成犯罪。而违法性认识必要说则避免了上述问题,能够更好地遵循责任主义原则和罪责刑相适应原则。

(3)秉持刑罚轻刑化的观念

在我国历史上,"报应刑罚观"占据了主流,司法实践中重刑主义在民众的观念里也形成了只要犯罪就应对其科处刑罚,唯有如此才能达到惩治犯罪并预防犯罪的目的。但是,在当今社会背景下,我国已经加入了《世界人权公约》,并大力提倡建设法治社会,所以,我国应当改变传统的重刑主义理念,转变为刑罚的轻刑化理念。所谓刑罚轻刑化,是以相对较轻的刑罚应对犯罪,并倡导以尽可能轻的刑罚来惩罚和控制犯罪的理念。目前,法定犯已经成为我国《刑法》的重要内容,其实质为刑法圈的扩张,针对这种扩张,应当以违法性认识作为处罚的前提要素,以此来适应刑罚轻刑化的发展。

需要说明,刑罚轻刑化的提倡并不是毫无根据的遐想,而是通过总结司法实践中的经验所得出的合理化建议;传统刑罚观念所认为的轻刑化会放纵犯罪分子的观点过于片面,没有全面衡量刑罚的惩戒效果与社会效果。大量的司法实践经验表明,机械化地对犯罪分子科处重刑,不仅难以实现刑罚的目的,反而可能使犯罪分子产生与社会相对立、抵触的情绪,进而走向另一个犯罪深渊。因此,刑罚轻刑化不仅能够更好地实现刑罚惩戒与教育的目的,还能秉持将行为人作为权利主体所形成的人道主义观念。而违法性认识必要说正是通过考察行为人当时所处的环境,综合考量行为人自身情况所作出的论断。违法性认识作为行为人出罪的一个理由,不应直接否定其作用,理应根据案件的客观事实作出不同的判定,对重罪重点打击,对轻微犯罪则要轻缓化处理,如果行为人确实不存在违法性认识,应当考虑否定其成立犯罪。

四、违法性认识的具体判定标准

在肯定了违法性认识的必要性之后,若要将其适用于具体的司法实践中,则需要架构一条切合实际的判定标准。违法性认识的内容属于行为人的主观认知,但是,如果完全考虑行为人的认知范围,而不结合社会一般人的标准,可能会失之偏颇。因此,笔者认为对于违法性认识应当首先确立一个参考标准,即同时考量行为人与社会一般人的认知标准。但是,仍然需要注意的是,在结合这两种判定标准时,仍需要以行为人的标准为主,以社会一般人的标准作为补充适用。在确定了判断的前提标准之后,则需要判断行为人在当时情形下的具体情况。

(一)行为人客观上是否存在违法性认识的期待性

在客观上,从外部需要确定能否期待行为人存在违法性认识。具体而言,随着时代的变迁,社会生活方式已经发生了巨大转变,为了回应社会所聚焦的问题,我国《刑法》也随之进行了数次修改。但是,对于普通公民而言,频繁的修法无法使其了解每次修改所作出的变动。因此,针对这种情况,普通人往往是通过社会上所引发的热点案件来了解刑法所作的变动,此时,我们无法期待行为人在客观上存在违法性认识。且不论在一些偏远地区,实际存在通信、网络等传播途径的匮乏,使法律最新的修改无法及时地传播到这些地区,如果强行期待这些地区的行为人具有违法性认识,这显然是不现实的。而在一些发达的城市,公民虽然自身具有知法义务,可以通过网络、电视或者其他途径来履行该义务。但是,如果法律规范自身存在模棱两可的规定,则会严重影响公民正确地理解法律规定。我们无法要求普通公民像法学专家一样,对法律进行研究,并提出合理的解释。因此,针对一些客观上规定模糊的法律,同样无法期待行为人在客观上存在违法性认识。综上,笔者所列举的行为人的固有观念、法律自身的模糊规定以及地区发展不平衡所造成的传播障碍等,这些仅是客观上行为人认知法律障碍较为突出的原因,而对于一些笔者没有列举的原因,仍需要在面对具体案件时进行具体的分析,只有排除了客观上的知法障碍,才能期待行为人客观上存在违法性认识。

(二)行为人主观上是否努力消除错误认识

如果能肯定行为人在客观上不存在知法障碍,则还需要结合其自身情况来考察其是否在主观上努力知晓、认识法律以消除错误认识。具体而言,法律的制定已经提前为公民知法守法预留了空间,公民有义务尽自己的努力去了解学习法律,从而为自己提供一种行为规范。假如行为人尚未明确自己的行为是否违法,仍然冒着违反法律的风险,不消除主观上的疑虑,则可以认为其至少具有违法性认识的可能性。但是,如果行为人主观上已经作出了努力，但仍无法获取准确的信息，从而实施犯罪行为时，则可以认定其不存在违法性认识。具体的努力途径，笔者主要列举以下几种：首先，行为人通过自身所能接触到的途径来学习了解法律；其次，行为人通过向国家政府部门以及司法裁判机关寻求帮助，通过特定人员的解答来获取准确的信息；最后，行为人可以通过各地法院的官方网站寻找信息公开的司法判决。以上三种途径是在日常生活中较为常见的方式，行为人通过信赖权威性的国家机关来消除主观疑虑。而对于其他方式，如向专业的律师或者相关专业的人咨询，由于该类人群都属于民间团体，其不属于对法规范具有解释权的司法工作人员。因此，笔者认为，此类人群的观点只属于个人观点，不具有权威性，也不能将向其咨询作为排除违法性认识的抗辩事由。行为人不能以轻信法律工作者或者学习者的意见作为免责事由。

五、结语

近年来，随着法定犯数量的不断增加，刑法的规制范围也不断膨胀，但是，我国《刑法》始终未对违法性认识的相关内容作出详细规定，致使在司法实践中认定法定犯存在争议。目前，刑法理论对违法性认识的研究应当根据社会的发展作出对应的转换，传统观念“不知法不免责”已经失去了生存的土壤。违法性认识是法定犯出罪的一个重要因素，如果行为人对其行为被法律禁止不存在认知，是不允许对其进行处罚的。但是，在实践中违法性认识没有得到足够的重视，进而产生了一些饱受质疑的热点案件。当下，在我国全面依法治国的背景下，重视违法性认识的理论地位，既能应对社会转型所带来的法定犯问题，也能体现法治社会的基本价值。

●预防刑从宽情节的量刑原理

——以自首不从宽为例

步超凡*

一、问题的提出

自最高人民法院收回死刑案件核准权以来，“保留死刑，严格控制死刑和慎用死刑”成为我国一贯坚持的基本刑事政策。然而与之相伴的是，恶性伤人案件屡见不鲜，尤其是其中致人死亡的案件，每每见诸报道，牵动着社会神经。在这样的社会焦点案件之中，更有一些案件的被告人虽然动机卑鄙、杀伤行为手段残忍、致死后果严重，但存在坦白、自首、立功乃至重大立功等预防刑从宽情节，往往置法院于依法裁判与体察民情的两难境地。

被告人能否因自首等量刑情节从宽处罚，常常是案件的争点。有一些案件，被告人罪行的严重程度是相近的，也都存在自首等预防刑从宽情节，但实际是否从宽处罚却不一致。比如，药家鑫故意杀人案，被告人开车将被害人撞伤，因怕其看见车牌号，持尖刀在被害人前胸、后背等部位连捅数刀，致其死亡。法院认为被告人罪行极其严重，手段特别残忍，虽有自首情节但不足以从宽处罚，因而判处死刑立即执行。① 闫新华故意杀人、盗窃案中，被告人趁被害人熟睡用铁锤猛砸其头部致其死亡，后将尸体肢解抛尸；用铁锤猛打、绳子勒另一被害人杀人未遂；系累犯和自首。法院认为其罪行极其严重，手段特别残忍，主观恶性极深，但因自首得以

---

* 步超凡，中国人民大学法学院博士研究生。

① 陕西省西安市中级人民法院刑事判决书，(2011)西刑一初字第68号。

从宽处罚，判处死缓。[①] 在更多的案件中，即便各级法院对案件事实并无不同认定，也会因为对预防刑从宽情节的把握不同，基于相同的事实作出截然不同的判断。其中，有下级法院判处死刑立即执行，而上级法院改判死缓的，如王志才故意杀人案[②]、李飞故意杀人案[③]。也有下级法院判处死缓，而上级法院改判死刑立即执行的，如李昌奎故意杀人案、强奸案[④]，杨光毅强奸案[⑤]。凡此种种，不一而足。

尽管如此，实务界对自首是否从宽的问题并非没有共识。根据有关司法解释，自首不从宽的情形是被告人罪行极其严重、情节特别恶劣、犯罪后果特别严重、主观恶性极深、人身危险性极大，或者恶意利用自首规避法律制裁。[⑥] 上述裁判文书也普遍在说理部分强调了这一观点。然而，这一判断标准语义较为模糊，同时将各种考量因素等同视之，体系性与层次性尚有不足，给法官的准确量刑带来了较大挑战。实践证明，无论是相似的案件还是相同的案件，这一广受推崇的共识的指导意义仍具有局限性，需要进一步的解释与澄清。而问题的关键在于如何理解自首情节的“可以”型规定，就何种程度的罪行而言，得因何种情况下的自首从宽处罚。推而广之，这一问题同样广泛存在于坦白、立功、退赃退赔等其他预防刑从宽情节之中。鉴于此，本文将以责任与预防为主线，首先对当下主流的量刑思路进行反思，尝试提出责任主义下以报应量为标准的量刑思路；其次分析预防刑从宽情节的性质，总结出预防刑从宽情节的“可以”型特征；再次在前述量刑思路中，通过比较绝对报应量、预防刑从宽情节的从宽程度和法定最高刑的关系，对自首从宽与否的具体情形进行详细描述；最后对可能面临的质疑作出力所能及的回应。

---

① 参见最高人民法院刑事审判一至五庭编：《中国刑事审判指导案例 1（刑法总则）》，法律出版社 2017 年版，第 220～224 页。

② 王志才故意杀人案，最高人民法院指导案例 4 号（2011 年）。

③ 李飞故意杀人案，最高人民法院指导案例 12 号（2012 年）。

④ 云南省昭通市中级人民法院刑事判决书，（2010）昭中刑一初字第 52 号；云南省高级人民法院刑事判决书，（2010）云高法终字第 1314 号；王妍：《滇高院再审李昌奎案：改判死刑》，载《新华每日电讯》2011 年 8 月 23 日。

⑤ 广西壮族自治区高级人民法院刑事判决书，（2020）桂刑再 6 号。

⑥ 参见《最高人民法院关于审理故意杀人、故意伤害案件正确适用死刑问题的指导意见》第 5 条、《最高人民法院关于贯彻宽严相济刑事政策的若干意见》第 17 条、《最高人民法院关于处理自首和立功若干具体问题的意见》第 8 条。

二、责任主义下的量刑方法

（一）量刑的三种思路及评价

自2010年最高人民法院推行量刑规范化改革以来，司法实践大致呈现出具体办案机关、最高人民法院和刑法理论界三套不同的量刑话语体系。①

在量刑规范化改革以前和改革初期，具体办案机关的量刑方法可谓“综合估量法”，即法官分析全案情况，借助过去的办案经验和个人对法律的理解，综合估量的量刑方法。② 综合估量法简单易行、一步到位，但比较依赖法官的经验与直觉。更重要的是，此种方法关注的量刑情节有限，“且主要是与行为严重性相关的报应性变量，但它们却最终决定了裁量者对刑种的选择和对刑度的确定”。③ 这就导致具体办案机关的量刑变为一个“以确定行为严重性为导向的，仅对有限变量进行笼统评估的简洁化过程”，④与公正司法、精准量刑的目标尚有差距。当然，在量刑规范化改革启动以后，此种量刑思路受到了有力的纠正，但作为一种一贯以来的思考方式，仍潜移默化地影响着法官的量刑活动。前述“被告人罪行极其严重、情节特别恶劣、人身危险性极大”等自首不从宽的模糊规定就是在估量思维下产生的，这种方法应当舍弃。

最高人民法院推行的量刑方法可谓“基准累加法”，即首先确定基本的参考量刑，然后以此为基础根据各种量刑情节进行加减的量刑方法。⑤ 最高人民法院自2008年开始推行此种量刑方法，并在2010年《人民法院量刑指导意见（试行）》中提出了依次确定量刑起点、基准刑和宣告刑的量刑步骤。这一量刑步骤一直沿用至最新版的2021年《最高人民法院、最高人民检察院关于常见犯罪的量刑指导意见（试行）》（以下简称《量刑指导意见》）。基准累加法确立了确定基准刑并调节的具体操作规范，迈

---

① 参见周光权：《量刑的实践及其未来走向》，载《中外法学》2020年第5期。

② 参见唐亚南：《量刑方法类型化研究》，方志出版社2016年版，第13～14页。

③ 参见赵书鸿：《论刑罚裁量的简洁化——量刑活动的经验性研究结论》，载《中外法学》2014年第6期。

④ 同上。

⑤ 参见郑高键、孙立强：《量刑规范化理论与实务研究》，法律出版社2017年版，第28～29页。

出了量刑规范化的第一步,应当得到认可,然而其也存在一些缺点。第一,调节基准刑的情节既有责任刑情节也有预防刑情节,且没有区分各自地位和作用,将二者等量齐观,缺乏责任刑对预防刑的限制。第二,采用"同向相加、逆向相减"①的方式调节基准刑,刑期可因各种情节不断向上累加,可能导致刑罚出于预防的目的突破责任的限度,最终按照法定最高刑判处刑罚。第三,缺乏选择刑种的方法论,"依法应当判处无期徒刑以上刑罚……的,应当依法适用""依法应当判处无期徒刑以上刑罚的除外",②回避了无期徒刑和死刑的裁量问题,削弱了这一方法对严重案件的量刑规范化功能。这样,在可能判处无期徒刑、死刑的案件面前,法官又不得不回到从前的综合估量法,量刑规范化改革的意义也就大打折扣。

刑法理论界主张的量刑方法可谓责任刑与预防刑区分法,这种方法在犯罪人有责的不法限度之下考虑预防目的的需要,最终裁量宣告刑,可谓之有力说。③ 有责的不法包含两方面,一是法益侵害性,二是非难可能性,二者共同决定了犯罪行为的不法有责程度。不法有责的犯罪行为成为确定基准刑的首要因素,一般预防和特殊预防在此之后才能发挥作用。④ 此方法的至要就是恪守了消极的责任主义原则,树立起了责任刑的量刑"天花板"机能,这也是其与前述量刑方法的根本区别。但是,学界往往将责任刑默认为一个具体的刑期或刑种,进而展开理论检讨。如此,在责任刑之下裁量预防刑,犯罪人稍有预防刑从宽情节,宣告刑即应低于责任刑,即便责任刑是法定最高刑也应从宽。这使得几乎没有"顶格判刑"的可能,似与常理相悖,与司法实践相违。为此,有必要对区分法进行适当的修正。

---

① 参见《最高人民法院、最高人民检察院关于常见犯罪的量刑指导意见(试行)》第2条第2款第2项。

② 参见《最高人民法院、最高人民检察院关于常见犯罪的量刑指导意见(试行)》第2条第3款第5项、第4条第2款第1项第3目等。

③ 详细的量刑方法,参见张明楷:《刑法学(上)》(第5版),法律出版社2016年版,第583~600页。其他认为应在有责不法限度之下考虑预防需要的论述,参见赵秉志:《当代中国刑罚制度改革论纲》,载《中国法学》2008年第3期;黎宏:《刑法学总论》(第2版),法律出版社2016年版,第337页;陈兴良:《规范刑法学(上册)》(第3版),中国人民大学出版社2017年版,第309页。

④ 参见周光权:《量刑基准研究》,载《中国法学》1999年第5期。

（二）以报应量为标准的量刑思路

1. 对责任刑和预防刑的量化：报应量概念的提倡

一直以来，刑罚的正当化根据存在报应刑论和目的刑论的争论。报应刑论认为，"因为有犯罪而科处刑罚"，刑罚是针对恶行的恶报，与犯罪人有责任的不法行为相适应。目的刑论认为，"为了没有犯罪而科处刑罚"，刑罚是为实现预防犯罪的目的，以犯罪人和社会上的一般人不再犯罪为限。报应刑论和目的刑论各有其优劣，将二者的观点综合折中，诞生了优势互补的并合主义理论，即"因为有犯罪并为了没有犯罪而科处刑罚"。报应刑论将报应作为唯一的刑罚正当化根据，因而又称绝对报应刑论；并合主义同时考虑报应的正义要求和预防犯罪的需要，因而又称相对报应刑论。① 现在，相对报应刑论已被世界各国广泛采纳，我国刑法也采取了以报应为主、预防为辅的相对报应刑论。

报应刑论主张的刑罚是一种痛苦，是对犯罪行为恶害的恶报。根据刑种、刑度的不同，犯罪人承受刑罚感受到的痛苦也呈现出不同的程度，这种程度如经量化便是报应量。也就是说，报应量是一种衡量犯罪人所受刑罚程度的指标。刑法理论曾提出过定量分析的数学量刑方法，即将各种量刑情节用数学语言表述出来，并将之分为若干等级，换算为若干刑档，在量刑时根据犯罪人的各种情节找出对应的刑档，判处相应的刑罚。②笔者受此量化思想的启发，结合我国以报应为主的刑罚观念，提出报应量的概念。事实上，无论是刑罚的量化还是量刑情节的量化，其背后都是犯罪人所作恶行和所受痛苦的量化，其内涵有二：一是基于报应刑论的量化，即犯罪行为的不法有责程度，包括法益侵害性和非难可能性。这一报应量与犯罪行为之恶相当，可称之绝对报应量。二是基于目的刑论的量化，即认罪悔罪的程度以及再犯可能性。在绝对报应量的基础上，考虑犯罪人特殊预防的必要性进行调整，可称之相对报应量。最后，根据相对报应量确定宣告刑。根据消极的责任主义原则，只能在绝对报应量之下根据预防刑情节裁量相对报应量，即便存在预防刑从重情节（如累犯），也不得在绝对报应量之上判处刑罚。简言之，绝对报应量（不法有责程度，对

① 参见张明楷：《刑法学（上）》（第5版），法律出版社2016年版，第504～508页。

② 参见唐亚南：《量刑方法类型化研究》，方志出版社2016年版，第24页。

应责任刑的概念)——相对报应量(预防刑情节调整)——宣告刑的报应量量刑思路,即为本文所提倡。具体而言,使用报应量的概念有如下理由:

第一,报应量能够对特殊的量刑情节作出解释。在各种量刑情节中,绝大多数是体现犯罪行为不法有责程度的责任刑情节和体现犯罪人预防必要性大小的预防刑情节,但不排除有极个别量刑情节无法体现责任和预防,却是法官在量刑时不得不考虑的第三类情节。侦查程序中的违法行为就是其中典型一例。犯罪人在侦查期间受到刑讯逼供,虽然不能使其责任与预防必要性减少,但司法工作人员的不当行为使其在身体上与精神上遭受了不必要的痛苦,因而应当从宽处罚。[①] 犯罪人所承受的严重痛苦超出了法律规定的范围,具有处罚的相当性,致使报应刑的必要性明显减弱。[②] 上述观点提出,犯罪人受到刑讯逼供作为从宽情节的原理是其已经感受到了不必要的、与刑罚相当的痛苦。这一原理在责任刑与预防刑体系中无法得到合理解释,但如果把责任刑置换为绝对报应量就能圆满地解决。犯罪人因为犯罪而要承受一定的痛苦作为报应,一般情况下,这种与报应量相当的痛苦就是刑罚。在刑讯逼供的情况下,犯罪人已经受到的严重痛苦足以减轻其绝对报应量,就好像"刑罚的预支"[③]一样。因而裁量绝对报应量时应当减少,宣告刑应当从宽。

第二,报应量能够解决虽有预防刑从宽情节但不予从宽的问题。刑法理论提出责任刑与预防刑的概念,通常是以刑期作为刑罚的量化指标,但如前所述,容易出现不得判处法定最高刑,必须因预防刑从宽情节从宽处罚的理论困境。有论者认为,"不管罪行与责任刑的轻重,只要被告人具有减少预防刑的情节,就必须从宽处罚"[④]。诚然,此种观点重视特殊预防的量刑功能,但忽略了刑法对自首、立功等预防刑从宽情节"可以从轻处罚"的普遍规定。必须从宽处罚的主张显然与可以型量刑情节相悖,并不是遵从刑法规定的合理解释。笔者主张的报应量是一种抽象的数量

---

① 参见张明楷:《责任刑与预防刑》,北京大学出版社 2015 年版,第 376 页。

② 参见[日]城下裕二:《量刑理论的现代课题》(增补版),黎其武、赵姗姗译,法律出版社 2016 年版,第 119、132、143 页。

③ 同上书,第 146 页。

④ 张明楷:《责任刑与预防刑》,北京大学出版社 2015 年版,第 365 页。

指标,不是具体的刑期或刑种。如果用绝对报应量代替责任刑,用相对报应量代替经预防刑调整后的宣告刑,则量刑过程的中间结果不会受到法定最高刑的制约,仅是宣告刑不能超出法定最高刑而已。

2. 报应量的基准和累加方式

除刑罚的量化思想外,绝对报应量—相对报应量—宣告刑的量刑思路,与学界提倡的责任刑—预防刑—宣告刑的量刑思路在本质上没有差别。因此,报应量的基准和累加方式与责任刑和预防刑的裁量也没有很大不同。在量刑基准也即责任刑的存在形式问题上,德日刑法理论存在幅与点的争论。幅理论认为,责任刑是一个幅度,在该幅度内的所有刑罚都与责任相适应。点理论认为,责任刑是一个确定且唯一的点,而不论人类能否准确把握这个点。幅理论以认识困难说或事物本质说抨击点理论,点理论虽然主张责任刑在本质上是点,但面临如何确定这个点的难题。① 笔者支持点理论中的点下之论,即责任刑是点,且只能在该点之下考虑预防的需要。首先,犯罪行为是特定的,故其不法有责程度是一定的,责任刑就应当是一定的,认识上的困难不能否定责任点的客观存在,因此幅理论的批评难以成立。其次,如果认为只能在责任刑幅度内考虑预防刑,则不可能因无预防必要性而免除处罚,这不但导致必罚主义,更与刑法的规定相违背。② 最后,消极责任主义原则的要求不能超越责任点而判处刑罚,因此点理论中的点周围论应当被舍弃。采用点下之论不但坚持了消极的责任主义原则,还能满足司法实践中从轻、减轻、免除处罚的需要。据此,本文主张的报应量及其基准也应是一个点,不论人类能否准确认知。事实上,人类总能通过各种方法不断优化对事物的认知,使认识逐渐接近事物的本质。

有论者指出,量刑起点应根据犯罪常态来确定,常态犯所对应的刑罚就是基准刑。在此基础之上,将具体犯罪与常态犯罪进行比较,进而确定

① 参见李冠煜:《量刑基准的研究——以责任和预防的关系为中心》,中国社会科学出版社 2014 年版,第 170 ~ 197 页。

② 例如,犯罪较轻的自首,可以免除处罚;重大立功,可以减轻或者免除处罚;犯贪污罪或者受贿罪,数额较大或者有其他较重情节,在提起公诉前如实供述自己罪行、真诚悔罪、积极退赃,避免、减少损害结果的发生的,可以从轻、减轻或者免除处罚;等等。

其责任刑。[1] 报应量的计算方式也是如此。首先,根据罪名的犯罪构成和常态犯罪所具有的责任刑情节,确定常态犯罪的绝对报应量;其次,将具体犯罪的责任刑情节与常态犯罪进行比较,确定具体犯罪的绝对报应量;最后,根据预防刑情节,在绝对报应量之下进行调整,确定相对报应量,进而确定宣告刑。笔者认为,常态犯罪的绝对报应量即基准只能通过实证研究来确定,而不能简单地采取中线论或个案推导论等方式。实证研究表明,常态犯罪的刑罚一般对应法定刑中间偏下的位置,而且通常靠近起点。[2] 例外的是,故意杀人罪等故意引起死亡结果的犯罪或许并非如此。尤其在我国,杀人偿命的报应观念甚为强烈,以一般死缓(不限制减刑)为报应量的基准或许更为合适,致两人以上死亡则可以考虑判处死刑立即执行。[3] 对于具体犯罪,考虑其危害结果、特殊身份、行为对象、行为手段、时空环境、罪过程度、目的动机等责任刑情节,对基准报应量加重或减轻,确定具体犯罪的绝对报应量。但是,不能把犯罪的常态评价为情节恶劣,如不能认为用刀砍一两下砍死一人就加重其报应量。之后,可以根据预防刑情节所反映出的被告人再犯可能性的大小,在绝对报应量之下裁量相对报应量。

在确定报应量所对应的刑期上,拘役与有期徒刑是比较容易的,报应量与刑期直接对应即可。比如,7 年的报应量对应 7 年的刑期。管制所对应的报应量稍难一些,根据我国《刑法》第 41 条先行羁押 1 日折抵 2 日管制的规定,3 个月到 2 年的管制可以计为 45 日到 1 年的报应量。当然,判处管制刑更应考虑犯罪人的预防必要性问题。比较困难的是无期徒刑和死刑的报应量大小。笔者认为,无期徒刑和死缓(包括死缓限制减刑)的报应量应当通过实证研究的方法确定,即绝大多数被判处无期徒刑或死缓的犯罪人实际服刑的时间范围就是该刑罚所对应的报应量范围。有论者指出,无期徒刑一般实际执行 15 年到 16 年,死缓一般实际执行 17 年到

---

① 参见张明楷:《责任刑与预防刑》,北京大学出版社 2015 年版,第 315 页。

② 参见张明楷:《责任刑与预防刑》,北京大学出版社 2015 年版,第 315 ~ 316 页。

③ 参见王越:《故意杀人罪死刑裁量机制的实证研究》,载《法学研究》2017 年第 5 期;刘雪斌、钱伟强:《死缓适用影响情节的实证研究——以 614 份故意杀人罪一审死刑判决书为分析样本》,载《法制与社会发展》2018 年第 2 期;王复春:《故意杀人罪死缓限制减刑的适用状况实证研究》,载《法学家》2020 年第 6 期。

18 年，[1]如事实果真如此，二者的报应量也应对应此范围。据此，死刑立即执行的报应量可对应为 19 年以上。当法官认为 19 年以下的刑罚不足以满足报应与预防的需要时，在不违反《刑法》规定的情况下，即可判处犯罪人死刑立即执行。当然，实际情况并不一定像 19 年一样低，此处意在举例说明而已。

（三）绝对报应量与法定最高刑的关系

1. 立法对法定刑幅度的分配

早年间，有论者通过分析报应刑论和目的刑论提出，法定刑分配的依据是社会危害性和人身危险性，[2]但现在来看，使用这样模糊的概念并不合适。笔者认为，法定刑幅度的分配主要考虑犯罪行为的不法有责程度，次要考虑一般预防的目的，而不考虑特殊预防的需要。首先，法定刑分配以报应刑论为基础。刑罚起源于远古时期“善有善报、恶有恶报”的朴素正义观念，即便现代国家早已抛弃了“以牙还牙”的等同报应法，如今的报应观仍然强调刑罚与犯罪的等价性。[3] 另外，国民对犯罪与刑罚的等价观念决定了对某种犯罪应适用何种刑罚。[4] 以犯罪报应为法定刑的基础，在我国国民的规范意识上有其合理性与必要性。其次，法定刑分配适当考虑一般预防。一般预防包括消极的一般预防与积极的一般预防，其威慑功能和教育功能主要是通过刑事立法实现的。但是，与其说为了一般预防而立法，不如说立法有一般预防的功效，这是因为报应刑论的考量已能基本满足一般预防的需要。一般来说，罪行的严重程度直接决定了一般预防必要性的大小，为了实现一般预防的威慑效应，需要刑罚轻重与罪行的严重程度相当。[5] 最后，法定刑分配无法考虑特殊预防。法定刑幅度针对抽象个罪的犯罪构成而确定，并不考虑具体的犯罪

---

① 参见赵秉志：《当代中国刑罚制度改革论纲》，载《中国法学》2008 年第 3 期。当然，该文的发表时间过于久远，在《刑法修正案（八）》大幅提高无期徒刑、死缓的实际执行期限，并规定死缓限制减刑制度之后，无期徒刑和死缓对应的报应量范围应相应提高。此处仅作举例说明使用。

② 参见周光权：《法定刑研究——罪刑均衡的建构与实现》，中国方正出版社 2000 年版，第 19 ~ 40 页。

③ 参见张明楷：《责任刑与预防刑》，北京大学出版社 2015 年版，第 245 页。

④ 参见阮齐林：《中国刑法上的量刑制度与实务》，法律出版社 2003 年版，第 3 页。

⑤ 参见储槐植、梁根林：《论法定刑结构的优化——兼评 97’刑法典的法定刑结构》，载《中外法学》1999 年第 6 期。

人。犯罪构成是犯罪行为的违法有责类型,其中不包括犯罪人的再犯可能性大小,不承担刑罚个别化的机能。特殊预防的功能主要通过累犯、自首、立功等量刑情节实现,而这些情节独立于法定刑之外。总之,法定刑分配的主要依据是犯罪行为的不法有责程度,而一般预防必要性的大小常常依附于前者。也就是说,法定刑的幅度主要是由犯罪行为的绝对报应量决定的。某一罪状所对应的法定刑幅度,通常表现了这一犯罪行为的绝对报应量,比如3年到7年的法定刑幅度通常对应3年到7年的绝对报应量。

2. 绝对报应量可能超出法定最高刑的报应起点

尽管理想状态下,法定刑幅度按照犯罪行为的不法有责程度进行分配,但实际上,绝对报应量可能超出法定最高刑的报应起点。首先,犯罪行为的不法有责程度容易变化。犯罪的实质内涵常随社会状况和价值观念的变化而浮动,因此刑法对罪名和法定刑的分配在总体上必定是后续性的。从长远来看,法定刑的配置会变得与社会发展和刑罚观念不相匹配。"为使刑罚制度在社会中有效运作,刑罚必须得到国民规范意识的印证。"[①]在刑法规范施行一段时间之后,如果国民对某一行为的否定性评价显著增加,原本不那么严重的犯罪行为可能变为十分恶劣的犯罪行为,此时其绝对报应量和刑罚都会提高。试想在立法时,某一犯罪行为应判处法定最高刑,但后来由于社会观念变迁,该行为的不法有责程度显著增加,绝对报应量也会相应增加,进而超出法定最高刑的起点。

其次,责任刑的情节是无法穷尽的。犯罪数额、次数、被害人数、行为手段、时空环境、罪过的强弱、目的动机的恶性等,无不是开放的要素,可以无限地向上累加。这些情节对法益侵害性和非难可能性的加重是无限的,不法有责程度总是上不封顶。只有更严重的犯罪,没有最严重的犯罪。社会生活迅速变化,各种新情势不断出现,总会突破人们的想象,最严重的犯罪永远发生在以后。因此,绝对报应量不会存在上限,完全有可能超出法定最高刑的起点。

虽然绝对报应量可能超出法定最高刑的报应起点,但刑罚必然受到法定最高刑的制约。在宣告刑罚时,只有法定最高刑所对应的报应起点

① [日]前田雅英:《刑法总论讲义》,曾文科译,北京大学出版社2017年版,第11页。

才有参考意义,超出的绝对报应量都将被舍弃。比如,刑法规定非法拘禁罪基本犯的法定最高刑为3年有期徒刑。犯罪人非法拘禁他人,时间特别长,殴打、侮辱次数特别多,其报应量可能超过3年的标准,达到4年。但由于法定最高刑为3年,就只能判处3年有期徒刑。又如,假设死刑立即执行的起点对应30年的报应量,犯罪人出于泄愤在公共场所无差别杀人,造成多人死亡,其报应量完全可能超过30年。因为达到了死刑立即执行的报应起点,可以判处死刑立即执行。

三、预防刑从宽情节的性质

(一)预防刑从宽情节的根据与程度

“基于预防犯罪目的所裁量的刑罚,属于预防刑。”①易言之,预防刑从宽情节就是基于一般预防或特殊预防的目的考量,对犯罪人从宽处罚的情节。在量刑阶段是否考虑以及如何考虑一般预防的需要尚存争议,②受篇幅所限,本文无意讨论一般预防刑的裁量,仅讨论影响特殊预防的从宽情节。本文所称“预防刑从宽情节”也仅指表明犯罪人特殊预防必要性小(其中也包括刑事政策的考量)的量刑情节。

特殊预防的必要性也即再犯可能性,属于未然之罪的范畴,其大小难以确实衡量,只能通过量刑情节来推测。严格来讲,刑法规定的自首、坦白、立功等情节不能确切地说明犯罪人的再犯可能性一定就小。尤其是其中的立功情节,设立初衷就是给予犯罪人刑事政策上的鼓励,③其只能证明犯罪人积极配合,不能证明其认罪悔罪。但是,没有人会否认立功属于预防刑从宽情节,也很难认为犯罪人虽然立功,但不是出于悔罪目的,就绝对不能从宽处罚。这是因为,基于再犯可能性的推定性,预防刑从宽情节天然就与刑事政策(司法经济性)具有紧密联系,利于司法程序的自首、立功等行为很可能说明犯罪人认罪悔罪。在同样的功利主义出发这一点上,目的刑论与刑事政策也相契合。简言之,刑事政策的考量是预防

① 张明楷:《论预防刑的裁量》,载《现代法学》2015年第1期。

② 参见李冠煜、顾家龙:《量刑原理中的罪刑均衡与犯罪预防关系再论》,载《中南大学学报(社会科学版)》2018年第3期。

③ 参见高铭暄、赵秉志编:《新中国刑法立法文献资料总览》(第2版),中国人民公安大学出版社2015年版,第775页。

刑从宽情节的应有之义。由此出发,下文将以自首为例,探讨预防刑从宽情节的根据与程度。

自首能够成为从宽情节有两个原因。一是预防必要性的理由。一般情况下,自首表明犯罪人迷途知返,认罪悔罪,回归了对曾经所为犯罪行为的反对动机,重新回到对法规范的服从,这说明犯罪人的预防必要性较小。二是司法经济性的理由。自首使司法机关能够较为容易地查清犯罪事实,减轻了司法机关的负担,节约了司法资源,提高了办案效率;为了鼓励与瓦解犯罪人,也有必要对其给予从宽的奖励。

自首的不同情形会直接影响预防必要性的理由和司法经济性的理由,根据二者的程度不同,自首从宽的程度自然也不会相同。首先,可以肯定的是,预防必要性的理由要强于司法经济性的理由,所以在自首的动机方面,真诚悔罪的自首比利用自首制度以逃避重罚的自首在处罚上要宽缓得多。其次,在预防必要性的理由内部,一般情况下的自首要宽于走投无路的自首,自发的自首要宽于经亲友规劝的自首,如实供述的内容详细或者较少翻供的自首从宽程度应当更大。最后,在司法经济性的理由内部,犯罪事实、犯罪人未被司法机关发觉的自首要宽于司法机关刚获知犯罪事实或犯罪人的自首,而后者又要宽于司法机关已经布下天罗地网,能够即刻抓获犯罪人的自首。犯罪人和犯罪事实都未被发觉的自首,和犯罪事实被发觉而犯罪人未被发觉的自首也不一样,前者显然要宽于后者。供述的信息价值较高的自首从宽程度也应更大。① 司法解释也有类似的规定。② 总之,自首的情况纷繁复杂,要根据自首从宽的根据进行实质上的判断。

(二)预防刑从宽情节的可以型特征

与酌定情节相比,法定情节更加具体,其内涵和外延更加清晰。从法定情节入手,更容易总结出预防刑从宽情节的特征。根据我国现行《刑

---

① 参见南英主编:《量刑规范指导案例》,法律出版社 2016 年版,第 102 ~ 103 页;陈兴良:《刑法适用总论(下卷)》(第 3 版),中国人民大学出版社 2017 年版,第 481 ~ 482 页。

② 参见《最高人民法院、最高人民检察院关于办理职务犯罪案件认定自首、立功等量刑情节若干问题的意见》第 1 条、《最高人民法院、最高人民检察院关于常见犯罪的量刑指导意见(试行)》第 3 条第 6 款。

法》，对法定的预防刑从宽情节可作如下归纳（见表1、表2）：①

表1　仅表明犯罪人特殊预防必要性小的情节

从宽情节	刑法条文	应当从宽/可以从宽
已满七十五周岁的人故意犯罪	第17条之一	可以
已满七十五周岁的人过失犯罪	第17条之一	应当
自首	第67条第1款、第2款	可以
坦白	第67条第3款	可以
立功	第68条	可以
行贿人在被追诉前主动交待行贿行为	第164条第4款	可以
收买被拐卖的妇女、儿童，对被买儿童没有虐待行为，不阻碍对其进行解救，或者按照被买妇女的意愿，不阻碍其返回原居住地	第241条第6款	可以
尚未造成严重后果，在提起公诉前支付劳动者的劳动报酬，并依法承担相应赔偿责任	第276条之一第3款	可以
非法种植罂粟或者其他毒品原植物，在收获前自动铲除	第351条第3款	可以
犯贪污罪，在提起公诉前如实供述自己罪行、真诚悔罪、积极退赃，避免、减少损害结果的发生	第383条第3款	可以
行贿人在被追诉前主动交待行贿行为	第390条第2款	可以
介绍贿赂人在被追诉前主动交待介绍贿赂行为	第392条第2款	可以

① 其中部分量刑情节的从宽根据尚有争论。对已满七十五周岁的人从宽处罚是出于责任还是预防的考虑，抑或二者兼有？对防卫过当和避险过当、中止犯、胁从犯的从宽处罚有没有特殊预防必要性的考虑？本文姑且作如下表的认定。参见张苏：《量刑根据与责任主义》，中国政法大学出版社2012年版，第160～165、173～174页；张明楷：《刑法学（上）》（第5版），法律出版社2016年版，第214、316、361～364、453～454页。

表2　表明犯罪人不法有责程度小和特殊预防必要性小的情节

从宽情节	刑法条文	应当从宽/可以从宽
防卫过当	第20条第2款	应当
避险过当	第21条第2款	应当
中止犯	第24条第2款	应当
胁从犯	第28条	应当

不难看出,纯粹的预防刑法定从宽情节基本为可以型情节,兼采责任与预防的法定从宽情节均为应当型情节。前者之中,仅有已满七十五周岁的人犯罪区分了不同的罪过形态,即故意犯可以从宽,过失犯应当从宽。这是因为过失犯的非难可能性本就较低,刚性的从宽规定并不会造成罪刑失衡(这一问题将在下文详述)。后者普遍的应当型特征是由责任减轻决定的,法益侵害性和非难可能性都显著减少,使其足以成为应当型从宽情节。在我国的量刑考虑中,报应常常是第一位的,而预防往往成为次要因素,仅出于预防的考虑并不会使之应当从宽。将"已满七十五周岁的人过失犯罪"视为一个可以得到合理解释的特例,综合全部预防刑法定从宽情节来看,可以说,仅表明犯罪人特殊预防必要性小的法定情节具有可以型特征。

其实,《刑法》中曾经有一个应当型的纯粹的预防刑法定从宽情节,即自首且重大立功。1997年《刑法》第68条第2款规定:"犯罪后自首又有重大立功表现的,应当减轻或者免除处罚。"1997年《刑法》增设立功、自首且重大立功的量刑规定,主要是出于刑事政策的考虑,即为了鼓励犯罪分子自首、立功,节约司法成本。[①] 这样的立法初衷应当得到肯定,但实践中容易造成罪刑严重失衡的现象。比如,犯罪人伙同他人抢劫并杀害被害人,得逞之后自首,又协助侦查机关抓捕同案犯,构成重大立功,但毫无悔罪之意。若依1997年《刑法》第68条第2款应当减轻处罚,结局是,最多判处10年有期徒刑。这显然违背了罪责刑相适应原则,因为仅凭司法经济性的理由不足以减免如此多的刑罚。立法部门的论者认为,1997年

① 参见高铭暄、赵秉志编:《新中国刑法立法文献资料总览》(第2版),中国人民公安大学出版社2015年版,第775页。

《刑法》的规定过于古板,法院没有灵活选择的余地,对于论罪原本应当判处死刑或者无期徒刑的犯罪分子,减轻处罚后仅能判处 10 年以下有期徒刑,导致同案犯刑罚相差悬殊,因此应当删除 1997 年《刑法》第 68 条第 2 款的规定。[①] 最终,《刑法修正案(八)》删除了这一规定。据此,即使有自首且重大立功的表现也可以不减轻处罚。1997 年《刑法》第 68 条第 2 款容易造成罪刑失衡的原因,正是应当型的规定过于刚性,不够灵活,难以适应复杂的实际情况,在犯罪行为的不法有责程度极其严重的情况下,很容易使犯罪人逃避罪责。实践中发生的情况,以及立法机关、司法机关的忧虑表明,预防刑法定从宽情节与应当型特征并不能很好地兼容。《刑法修正案(八)》删除了该规定,使预防刑法定从宽情节最终维持了可以型的特征。

纯粹的预防刑法定从宽情节基本上是可以型情节,“酌定情节都是可以型情节”。[②] 易言之,预防刑从宽情节具有可以型特征,法官既可以从宽处罚,也可以不从宽处罚,即犯罪人有受到从宽处罚的可能。这与大多数责任刑法定情节具有的应当型特征显著不同,即犯罪人有受到从宽或从严的处罚的必然性。[③] 必须说明的是,刑法规定可以型的预防刑从宽情节表明了立法者的倾向性选择,法官应当根据法律的规定、量刑情节反映的预防必要性大小和刑事政策,在原则上从宽处罚,在特殊情况下如果不从宽处罚,则需要特别的理由。

(三)可以型特征的成因

预防刑从宽情节具有可以型特征,犯罪人未必会受到从宽处罚。在报应量的量刑思路下,预防刑从宽情节能够减少绝对报应量的大小,此时相对报应量总是低于绝对报应量。但报应量的减小未必能够直观地反映在宣告刑上,未必导致刑罚从宽,这是造成预防刑从宽情节可以型特征的

---

① 参见全国人大常委会法制工作委员会刑法室编:《中华人民共和国〈刑法修正案(八)〉条文说明、立法理由及相关规定》,北京大学出版社 2011 年版,第 29 ~ 30 页。

② 参见高铭暄、马克昌主编:《刑法学》(第 9 版),北京大学出版社、高等教育出版社 2019 年版,第 252 页。

③ 比如,中止犯、防卫过当、避险过当等以责任情节为主的混合情节是应当型的,从犯、未成年犯的从宽情节,以及《刑法》分则中众多因特殊身份、行为对象、行为手段等的从重情节是应当型的。当然,也有小部分责任刑情节是可以型的,如未遂犯、预备犯、限制刑事责任能力等。

根本原因。本文将以自首为例,检讨这种可以型特征的产生机理,以及以报应量为标准裁量自首的从宽与例外。针对自首得出的结论可以拓展至其他预防刑从宽情节之中。

与自首从宽的根据相对应,预防刑从宽情节的可以型成因存在两种解释路径。第一种是预防必要性程度的解释。在我国,报应的观念极为强大,而犯罪预防的观念相对而言弱小得多。在这种情况下,犯罪行为的不法有责程度奠定了刑罚的基本走向,绝对报应量成为刑罚的决定性因素,而预防刑情节只能在绝对报应量之下作较小程度的调节,其范围远不及不法有责程度的影响。如果犯罪行为极其严重,绝对报应量远远高于法定最高刑对应的报应起点,那么,即便存在预防刑从宽情节,能减轻的报应量也十分有限。如果情节的从宽程度本来就较小,则更是如此(比如,不认罪悔罪,仅是利用自首制度以逃避重罚)。倘若调整后的相对报应量仍然在法定最高刑之上,便不足以从宽处罚,依然要判处法定最高刑。预防刑情节的作用较小,使之具有可以型特征,而责任刑情节的作用较大,使之大部分具有应当型特征。第二种是否定司法经济性的解释。如果认为,自首从宽的根据只有犯罪人预防必要性较小一种,那么,司法经济性的理由并不能使犯罪人从宽处罚。也就是说,虽然犯罪人有自首行为,但并不悔罪,甚至恶意利用自首规避法律制裁,则该自首不应对量刑产生任何影响。在这种解释下,预防刑从宽情节的可以型特征仅仅是为了排除实质上不能体现犯罪人预防必要性较小的情况。

虽然第二种解释路径有司法解释部分地予以支持,①但笔者并不赞同。刑法只是规定了自动投案和如实供述的要求(准自首的,如实供述非同种罪名),并未规定自首的同时必须认罪悔罪。换句话说,刑法并不否定司法经济性的理由。立法初衷和司法实践也历来支持从刑事政策的角度对自首犯予以从宽。从鼓励犯罪人的角度出发,司法经济性的理由理应得到肯定。因此,尽管只具备司法经济性的理由,也依然要对犯罪人从宽考虑,只不过程度要小一些而已。笔者赞同前述第一种解释路径,即绝对报应量远远高于法定最高刑对应的报应起点,经预防刑从宽情节减轻,

---

① 参见《最高人民法院关于贯彻宽严相济刑事政策的若干意见》第17条、《最高人民法院关于处理自首和立功若干具体问题的意见》第8条。

相对报应量仍在法定最高刑之上,则只能判处法定最高刑,不予从宽。

四、自首的从宽与例外

(一)过失犯与过失的结果加重犯应当从宽

在违法层面,过失犯与故意犯的危害结果是相同的,比如,过失致人死亡罪和故意杀人罪的危害结果都是人的死亡。然而,犯罪人所应承担的刑事责任是对不法的责任,责任的轻重不同,对相同不法的限定结果就会不同。未成年人、限制刑事责任能力人从宽处罚的根据就是其责任的减轻。故意犯希望或者放任危害结果的发生,而过失犯对危害结果的发生是不自由、不情愿的。“行为人不是有意危害社会,而是不意误犯;行为人在造成危害结果后,往往追悔莫及。”①虽然故意犯与过失犯的结果不法相同,但过失犯无意违反刑法规范,对产生危害结果的行为有反对动机,其非难可能性仅在于认识和避免危险的不谨慎,远低于危害结果的严重性,足以使故意犯和过失犯的不法有责程度产生显著差异。另外,过失犯罪具有偶然性,犯罪人的特殊预防必要性一般较小,且一般会真诚悔罪。刑法规定过失犯不能构成累犯也是一样,将偶然且不情愿的过失犯罪作为初犯或再犯并没有参考价值,不能反映其特殊预防必要性的大小。过失犯虽然结果不法严重,但责任却限制得很小,其绝对报应量显著降低,预防必要性也不大,因此,过失犯的绝对报应量和相对报应量都不大。如果绝对报应量没有超出法定最高刑的报应起点,又有自首情节,直接相应地减轻其报应量即可。此时,相对报应量比绝对报应量低,反映在宣告刑上就是从宽处罚。如果绝对报应量超出了法定最高刑的报应起点,由于过失犯的绝对报应量本来就比较小,相较而言预防必要性的影响力就比较大,经自首情节调整后,应认为相对报应量在法定最高刑之下,依然表现为从宽处罚。总之,过失犯自首应当从宽处罚。

这样的推理在刑法规范上能找到一定依据。其一,对于过失这种排斥危害结果的心理,刑法只处罚造成严重危害结果的过失行为,既不处罚仅造成一般危害结果的过失行为,也不处罚没有造成实害结果的过失行

① 周光权:《过失犯罪法定刑配置研究》,载《四川大学学报(哲学社会科学版)》1999年第6期。

为。与故意犯相比，刑法对过失犯的处罚范围极窄，法定刑偏低，表现出刑法对过失行为宽容、谦抑的态度。因此，当过失犯存在自首等预防刑从宽情节时，更应当贯彻这种态度。其二，《刑法》第 17 条之一对已满七十五周岁的过失犯规定为应当从宽处罚。从正面来讲，该规定可以通过前述过失犯的报应量量刑思路来合理解释。反过来说，《刑法》这样规定从侧面证明，过失犯如有自首等预防刑从宽情节，就应当从宽处罚。

除过失犯以外，过失的结果加重犯也是一样。故意伤害致人死亡、抢劫（过失）致人死亡等过失的结果加重犯，虽然基本犯是故意，但加重结果的罪过形态为过失。即便采危险性说，认为结果加重犯的本质是基本犯的实行行为蕴含很容易引起加重结果的高度危险，[①]也不能否认犯罪人对加重结果的过失心态的责任远轻于故意。因此，过失的结果加重犯自首也应当从宽处罚，但其从宽幅度可以比过失犯稍小一些。

过失犯和过失的结果加重犯自首应当从宽处罚，有指导性案例支持。前者如王友彬交通肇事案，被告人交通肇事后逃逸，致一人重伤一人死亡。法院认为，被告人负主要责任，逃逸情节并非恶劣，存在自首、积极赔偿、被害人谅解等预防刑从宽情节，因而减轻处罚，且适用缓刑。[②] 后者如孔祥峰等非法拘禁案，被告人非法拘禁他人过失致其死亡。法院认为，被告人非法拘禁他人的原因是索取合法债务，曾殴打被害人，被害人因非法拘禁行为死亡，主观心态为过失，存在自首、积极赔偿、被害人谅解等预防刑从宽情节，因而减轻处罚。[③]

（二）故意犯自首的量刑思路

第一种情况，绝对报应量不达法定最高刑的故意犯，这种情况比较简单。绝对报应量没有超出法定最高刑的报应起点，又有自首情节，相对报应量自然比法定最高刑要低，对其从宽处罚不应存在疑问。犯罪人预防必要性减少，相对报应量必须减小。如果以自首是可以型情节为由不从宽处罚，则是过于形式地理解了刑罚规定，没有实质根据。

第二种情况，绝对报应量超出法定最高刑的故意犯，这种情况比较复

---

① 参见［日］丸山雅夫：《结果加重犯论》，成文堂 1990 年版，第 134 ~ 135 页。转引自李邦友：《结果加重犯理论研究综述》，载《法学评论》1999 年第 2 期。

② 参见南英主编：《量刑规范指导案例》，法律出版社 2016 年版，第 183 ~ 189 页。

③ 同上书，第 236 ~ 240 页。

杂,也是司法实务中的难点。其关键在于经预防刑从宽情节调整后的相对报应量是否低于法定最高刑的报应起点,低于则从宽处罚,否则,不予从宽。这又取决于两个因素:一是犯罪行为不法有责程度的大小,即绝对报应量超出法定最高刑的程度。二是预防刑从宽情节的程度,即自首行为能在多大程度上反映预防必要性大小和司法经济性的鼓励,能够减轻多少的报应量。如果不法有责程度没有超出很多,而自首能够反映较大的预防必要性减小,则相对报应量在法定最高刑之下,反映在宣告刑上就是从宽处罚。反之,如果不法有责程度十分严重,而自首只能反映很小的预防必要性减小,则相对报应量仍在法定最高刑之上,反映在宣告刑上就是不予从宽。需要注意的是,根据消极的责任主义原则,累犯不能使刑罚超出绝对报应量,但是累犯可以和自首等预防刑从宽情节在一定程度上相抵消。据此,司法实务上认为,自首不从宽的情形是被告人罪行极其严重、主观恶性极深、人身危险性极大,或者恶意利用自首规避法律制裁等,这应作如下解释:犯罪行为的法益侵害性和非难可能性极大,不法有责程度极大,远超法定最高刑的报应起点,且是累犯或者自首程度反映其预防必要性只有较小减少,且实际上并没有很大程度减轻司法机关的负担,因此对其处以非常严厉的刑罚仍十分必要,虽有自首情节亦不足以对犯罪人从宽处罚。相应地,法官需要注意自首不从宽的决定因素是不法有责程度极大,而不是预防必要性极大。

例如,前述李昌奎故意杀人、强奸案,被告人用手掐晕被害人将其强奸,用锄头打击其头部,又猛击另一年仅三岁被害人的头部,最后将二人勒死,后投案自首,法院对其故意杀死两人的行为判处死刑立即执行。①此案中,手掐、锄头打、勒死的行为都可谓犯罪的常态,不能成为增加其责任的情形,但是其杀害两人,且其中一人年仅三岁,犯罪对象特殊,法益侵害性显著增加。若根据前述实证研究,杀死两人即可判处死刑立即执行,其不法有责程度远远超出这一标准,因此并未因自首而从宽处罚。

又如,杨光毅强奸案,被告人守候年仅十岁的被害人出现,用手掐其颈部致其昏迷,用刀捅刺其双眼,割刺其颈部,后将其强奸,致使被害人死亡,后投案自首。法院认为,被告人奸淫不满十四周岁的幼女,掐颈、用刀

① 云南省昭通市中级人民法院刑事附带民事判决书,(2010)昭中刑一初字第52号。

挑破眼珠、捅刺颈部,迫于侦查声势的巨大压力才投案,到案后无实质性悔罪表现,虽自首不足以从宽处罚,故判处死刑立即执行。[①] 这一判例与本文主张十分契合。奸淫幼女是法定的从重处罚情节,捅刺被害人眼睛和颈部不仅手段非常残忍,更重要的是造成了额外的严重的法益侵害结果,使不法有责的程度显著增加,远超法定最高刑。其自首是迫于侦查压力,程度较轻,且无悔罪表现,预防必要性的减小程度不大。综合来看,判处死刑立即执行是正当的。

再如,闫新华故意杀人、盗窃案,被告人趁被害人熟睡用铁锤猛砸其头部致其死亡,后将尸体肢解抛尸;用铁锤猛打、绳子勒另一被害人杀人未遂;曾犯盗窃罪是累犯;被告人因涉嫌盗窃罪被抓获后如实供述了两起故意杀人的事实。法院认为罪行极其严重,主观恶性极深,但自首情节对侦破案件有重大价值,且从宽处罚有利于贯彻刑事政策,因而判处死缓。[②] 被告人杀人一人既遂一人未遂,其不法有责程度并不比犯罪常态高出很多。即使考虑其肢解尸体的行为,认为其故意毁坏了尸体,有额外的法益侵害性,但是故意毁坏尸体罪的法定最高刑只有三年,能增加的责任很有限。更何况,杀人后肢解行为的可罚性本就存在争议。因此,其不法有责程度不会显著超过法定最高刑。在预防刑情节方面,虽然被告人是累犯,但是其前罪是盗窃罪,后罪是故意杀人罪,二者分属财产犯罪和人身犯罪,类型关系十分遥远,难以认为犯罪人因盗窃受到刑罚处罚后就应当产生强烈的不犯故意杀人罪的反对动机,因此从重处罚的程度应该较小。在司法机关发觉之前,犯罪人如实供述,自首的价值很大,反映其预防必要性也较小,从宽的程度应该很大。因此预防刑情节的总方向也是从宽,且程度较大。综上所述,判处死缓是合适的。

五、对可能质疑的回应

针对本文的一个可能质疑是,报应量是一个抽象的、观念上的概念,难以根据罪前、罪中、罪后的各种情节准确计算其大小,因此这样的刑罚

---

① 参见广西壮族自治区高级人民法院刑事判决书,(2020)桂刑再6号。

② 参见最高人民法院刑事审判一至五庭编:《中国刑事审判指导案例1(刑法总则)》(增订本),法律出版社2017年版,第220~224页。

量化指标欠缺实用价值。诚然,人的认识能力存在不可避免的局限,但不能准确计算报应量的大小不代表完全不能计算。正义、报应与国民规范意识是相适应的,在主观能动性的作用下,仍应肯定人能够对情节、报应量与刑罚的关系有大致正确的认识。如果否认这一点,那么法官也完全不可能判处恰当的刑罚,因为法官不可能准确认识何种程度的刑罚能够恰好满足报应和预防的需要,这显然不合理。换言之,既然法官能够对公允的宣告刑有较为正确的认识,就不能认为法官找不出较为合适的报应量。事实上,目前为止的各种量刑方法都无法准确计算刑罚的大小,至多给出一个裁量的区间,这证明其原因不在方法论,而在认识论,是所有量刑方法共性的问题。笔者认为,通过实证研究找寻情节与报应量的对应关系是比较妥当的,即存在何种情节,则报应量增加或减少多少。这样能进一步提高报应量计算的准确性,即使社会和国民观念发生变化,实证研究也可以给法官指明方向和参照。

另一个可能质疑是,富于经验的法官经过专业判断即可合理裁量自首是否从宽的问题,本文使用报应量的量刑思路迂回辗转,有将简单问题复杂化之嫌。诚然,"法律的生命不是逻辑,而是经验"[①],笔者并不否定法官的经验与正义感对量刑的重要性与适正性,但仅有经验而欠缺逻辑是不够的。法官的经验需要靠经年累月的司法裁判和社会阅历的累积,有经验的法官注定是少数,妄想所有问题都依赖经验者来解决并不现实。这意味着,为了使大量缺乏足够经验的法官同样准确量刑,有必要对其进行方法论上的引导。然而,即使是经验丰富的法官也必须受到刑法理论的指导和制约,否则,其经验不但可能滞后,更可能因背离了刑法原理而失之正当。恰如量刑规范化改革一样,如果完全认同法官的经验性裁量,综合估量法就不可能饱受诟病,《量刑指导意见》就不可能被最高人民法院大力推行;如果不批判地看待综合估量法和《量刑指导意见》,消极的责任主义原则、责任刑与预防刑的区分就难以得到进一步的提倡。从刑法理论的发展及其对刑事司法的指导功能来看,运用更加精细、复杂的思考方式是必然的趋势。正如本文开篇所言,各级法院对自首是否从宽的观

① [美]小奥利弗·温德尔·霍姆斯:《普通法》,冉昊、姚中秋译,中国政法大学出版社2006年版,第1页。

点分歧较大，这显然证明法官的丰富经验尚不足以解决这一问题。事实上，对于自首不从宽的问题，法官的经验呈现出一定的平面性和交织性，恰需刑法理论提炼经验中的合理内容将其立体化、层次化，这只能是化简为繁。最后，本文提出报应量的概念，意在帮助法官优化量刑思维，在刑法理论上为合理的宣告刑提供解释路径。即便从这一角度出发，报应量的量刑思路仍然有其意义。

六、结论

在坚持消极的责任主义的原则下，本文提出了以报应量为标准的新型量刑思路，以期解决对自首等预防刑从宽情节是否从宽以及如何从宽的问题。在量刑时，应以犯罪常态为基准确定绝对报应量的大小，然后根据具体犯罪的责任刑情节确定其绝对报应量，最后根据预防刑情节，在绝对报应量之下进行调整，确定相对报应量，进而确定宣告刑。如果相对报应量在法定最高刑的报应起点之下，则应当从宽处罚，否则不予从宽。据此，过失犯与过失的结果加重犯自首应当从宽。故意犯自首，要比较法定最高刑的报应起点、罪行的不法有责程度大小与自首情节的程度决定是否从宽。对于不法有责程度极大，远超法定最高刑的报应起点，且自首情节的程度较小的故意犯，应不予从宽。除自首外，其他预防刑从宽情节都应如此考虑。

本文无意于深入探讨如何精确计算报应量的大小，如何将报应量大小与刑罚尤其是无期徒刑与死刑相对应。本文仅是抛砖引玉，提出一种观念上的量刑思路，在坚持消极责任主义的前提下，明确解释自首不从宽的条件，而不在于提供一把精密的量刑标尺。至于某一罪行的报应量基准应是多少，某一责任刑或预防刑情节应当对应多少报应量，本文无法给出答案。法官不应成为机械，刑罚应与国民的报应和预防观念相适应，笔者认为，上述问题只能通过实证研究不断深入。

●强迫交易罪客观方面的争议问题探究

单奕铭*

自2018年1月中共中央、国务院发出通知,决定在全国开展扫黑除恶专项斗争之后,强迫交易罪成为扫黑除恶过程中较为常见的罪名。① 原因在于,在市场经济条件下,无论是黑社会性质组织,还是恶势力团伙,或多或少都要采取非法手段攫取经济利益,从而触犯强迫交易罪。根据《刑法》第226条的规定,强迫交易罪客观方面表现为以暴力、胁迫实施的5种行为②。就本罪的认定而言,其准确适用很大程度上有赖于犯罪客观方面的准确把握。在司法实践中,对于本罪的客观方面存在一些争议,本文拟就此进行研究探讨,以就教于学界同人。

一、强迫交易罪中"暴力""威胁"的认定

(一)本罪"暴力""威胁"的分歧与统一

本罪的客观行为,必须以"暴力""威胁"手段实施。如何界定强迫交易罪中的"暴力"和"威胁",认识上存在一定分歧。

一般而言,强迫交易罪的暴力是指对人的身体的打击和强制,如殴打、捆绑、强拉硬拽、卡脖子等,也包括对财产的暴力。威胁,是指精神强

---

* 单奕铭,河南工业大学法学院讲师,法学博士。本文为国家社会科学基金项目"形式理性与实质理性的关系在刑法学中的展开"(项目号:21BFX009)的阶段性研究成果。

① 据公开资料显示,与扫黑除恶关联最密切的五个罪名为强迫交易罪、敲诈勒索罪、寻衅滋事罪、聚众斗殴罪、故意伤害罪。

② 《刑法》第226条规定:"以暴力、威胁手段,实施下列行为之一,情节严重的,处三年以下有期徒刑或者拘役,并处或者单处罚金;情节特别严重的,处三年以上七年以下有期徒刑,并处罚金:(一)强买强卖商品的;(二)强迫他人提供或者接受服务的;(三)强迫他人参与或者退出投标、拍卖的;(四)强迫他人转让或者收购公司、企业的股份、债券或者其他资产的;(五)强迫他人参与或者退出特定的经营活动的。"

制方法,如毁坏财产、揭发隐私等[①]。理论上,对强迫交易罪之"暴力"存在的认识分歧主要在于:一是认为,本罪的"暴力"不能造成人轻伤及以上后果[②];二是认为,本罪的"暴力"以轻伤为限,包括一般殴打行为、致人轻微伤的行为和致人轻伤的行为[③]。第一种观点认为,暴力不能造成轻伤的原因在于致人轻伤以上后果的构成故意伤害罪。这种观点实质上是以暴力程度作为强迫交易罪与故意伤害罪的界限,按照这一思路,《刑法》上所有要求以暴力手段实施的犯罪造成轻伤及以上后果的,都应当认定为故意伤害罪。第二种观点认为,本罪的法定刑设置实际上包括造成轻伤的情况,而且实践中有关判决认定该罪的暴力包括轻伤。相对而言,第二种观点更为合理。联系《刑法》第234条关于故意伤害罪之规定,在致人轻伤构成故意伤害罪的场合,其法定刑与强迫交易罪中"情节严重"的法定刑基本一致,在这种场合,需要联系具体案情,如果是基于强买强卖商品、强迫提供服务等情形而发生的伤害,应认定为强迫交易罪。在强迫交易使用暴力致人重伤的场合,如果认定为强迫交易罪"情节特别严重"的情形,那么要适用"三年以上七年以下有期徒刑"的法定刑档次;如果认定为故意伤害罪"致人重伤"的情形,那么要适用"三年以上十年以下有期徒刑"的法定刑档次,根据法条竞合的基本原理,这种情况下应当适用重法,对行为人以故意伤害罪定罪处罚。

对于本罪"威胁"的成立标准,认识上也有分歧。一种观点认为,强迫交易罪中的威胁与暴力,不需要达到使人不敢反抗、不能反抗的程度,只要使被害人心理上产生"不想做而做、不情愿受而受"的心态,就符合该罪。"不想做而做、不情愿受而受"只是最低要求,如果暴力威胁使被害人产生"不敢反抗、不能反抗"的心态,当然也能认定强迫交易[④]。另一种观点认为,强迫交易罪中"威胁"的程度,应以达到足以使交易相对方产生恐惧心理且足以抑制其反抗为必要。"威胁"应达到严重破坏社会主义市场

---

① 参见华伟:《论强迫交易罪》,载《法律科学》2000年第4期。

② 参见吴学斌、郑佳:《强迫交易罪适用中的几个问题》,载《人民检察》2007年第7期。

③ 参见胡波:《论强迫交易罪实行行为中的暴力和威胁》,载《河南公安高等专科学校学报》2010年第6期。

④ 参见蒋涤非:《强迫交易罪在旅游市场治理中的运用》,载《学术探索》2019年第2期。

经济秩序且具有严重社会危害性的程度。① 比较而言,前者对“威胁”的成立要求较低,后者对“威胁”的成立要求更高。问题在于,实践中的“威胁”很难落实具体标准。参与市场经济的主体个体的身体心理素质、生活环境等主客观因素会对行为人恐惧心理的产生、交易的意愿产生直接影响。有的人的胆子较小,一旦受到些许威胁,即可能产生无法承受的精神压力;而有的人本身就比较强势,不会轻易产生恐惧。而且商品交易行为具有相对性,很难参考“普遍的认识标准和价值观念”予以判定。就此而言,笔者赞同后一种观点,对于是否存在足以压制被害人反抗的“威胁”应当持较为审慎的态度,在具体案件中,将被害人的主观因素与行为人的客观表现相结合进行考察,才能得出合理结论。

强迫交易罪中的“暴力”或“威胁”,必须与交易有不可分割的关系。强迫交易罪中,暴力、威胁行为是手段行为或者原因行为,交易行为是目的行为或者结果行为②。换言之,行为人采用暴力、威胁手段的目的是实现交易。就强迫交易行为的主客观相统一而言,不仅要求有强迫交易的客观表现,而且要求行为人在实施强迫行为时,能够清楚地认识到自己的行为手段、行为目的以及行为性质,即行为人能够预见到以强迫手段迫使他人进行交易违背了对方的交易意愿,并意欲实现这一目的。可以说,交易是强迫交易罪的核心内容,有暴力、威胁行为,不一定成立强迫交易罪;只有暴力、威胁与交易密切相连,才可能构成强迫交易罪。举例来讲,甲从乙处购买一批小商品,后来发现这批商品的价格高于市场价,要求乙退回高于市场价的货款,乙不愿意,由此引发争执、发生口角,甲一时气愤一拳将乙打成轻伤。在这种情形下,甲对乙的暴力行为虽由“退货”引发,但是暴力的实施并非为了退货。换言之,甲将乙打伤的行为与交易行为无关,因而只能评价为故意伤害罪。但是,如果甲要求乙给自己退货,乙不愿意,甲为将货物退回而对乙拳打脚踢、强行要求乙退回货款,那么甲构成强迫交易罪。

(二)本罪的“威胁”与民事胁迫的界分

由于强迫交易行为与当事人之间的民事交易不可分割,应特别注意

① 参见刘宪权:《经济活动中以停止供货相威胁行为性质之司法认定》,载《政治与法律》2015年第8期。

② 参见汪承昊、吴静:《强迫交易罪行为模式研究》,载《中国检察官》2013年第24期。

强迫交易犯罪行为与普通民事纠纷的区别。以胁迫手段进行的民事行为,在民法中属于相对无效的可撤销状态①。民法中的“胁迫”,与刑法中的“威胁”虽然意思相近,但存在力度上的区别。单纯从后果来看,二者都是使被(受)害人丧失自主决定的意志,迫于压力而听任要求。从理论上讲,在直接展示武力或以人身伤害进行威胁的场合,容易认定为使被害人丧失选择权利的“威胁”。然而司法实践中,一些强迫行为并非以明显低价体现,比如以“不是不给钱,只是不按时给钱”相要挟的场合,很难通过价格是否合理判断当事人的意志状态。进一步分析,综合考虑刑法与民法的相关规定,假设当事人在交易中实施了强迫行为,可能会出现以下情况:第一,合同履行顺利,双方当事人都接受合同履行产生的结果。第二,遭遇强迫的一方当事人以胁迫为由向法院提起撤销合同之诉讼,双方经协商达成新合同或者合同被撤销。第三,强迫交易情节严重、严重破坏市场秩序,构成强迫交易罪。这意味着,仅仅从威胁、胁迫角度,往往无法准确判断一项不合理的交易是犯罪还是民事纠纷,在此情形下面临尊重当事人意思自治和运用公权力强势介入的选择。一般而言,民事处理应当作为首选,必要情形下才由刑法进行调整。

进一步分析,“商场如战场”,可谓是一个常识。在市场竞争过程中,当事人之间赤裸裸的暴力是比较少见的。当事人之间的商业洽谈,往往不是一蹴而就,而是不断沟通、讨价还价的过程。在涉及“语言强迫”的情况下,很难清晰界定一些话究竟是正常的交易规则、民法上的“胁迫”,抑或刑法上的“威胁”。因此,不能用“一方采用威胁方法→另一方退出”这种简单公式作为认定退出型强迫交易罪成立的基本逻辑,而应当采用“一方采用威胁方法→结合具体案情,这种威胁足以压迫对方自由交易的意志→另一方退出”作为认定退出型强迫交易罪成立的逻辑路径。要结合具体证据考察具体案件中强迫的程度是否构成刑法上“威胁”,从而准确认定犯罪。市场经济条件下,在民事领域允许不公平对价的存在。但在强迫交易的场合,不公平对价往往从证据层面客观印证“强迫”的存在。对此,在进行判定时,强迫的具体手段与交易行为的不自主性应当相互印

① 《民法典》第150条规定:“一方或者第三人以胁迫手段,使对方在违背真实意思的情况下实施的民事法律行为,受胁迫方有权请求人民法院或者仲裁机构予以撤销。”

证，而不能由不公平对价推出“强迫”，也不能从强迫表现完全推翻已经实际履行的合同。也就是说，在有合同履行的情形下，应注意把握刑法的“保障法”性质，只有在民事手段完全失效的情况下，才有运用刑法手段介入的必要。

二、“特定经营活动”中的强迫交易

《刑法》第226条第5项规定，行为人以暴力、威胁手段强迫他人参与或者退出特定的经营活动的，可以构成强迫交易罪。虽然法条规定了“特定的经营活动”，但刑事立法及相关司法解释并没有进一步明确“特定的经营活动”的含义和内容，由此产生适用上的争议。通行的理解是该条款是一项兜底性条款，也即将前四项中未包括的情形纳入这一条款进行规制，从而有效打击犯罪。这种解释虽然有一定道理，但鉴于兜底条款本身的正当性存疑，应慎重理解和运用。

首先，按照兜底条款理解，直接后果是“特定的经营活动”范围无限扩大，完全超出“特定”一词的原本含义。要清楚定义“特定的经营活动”，一是要明确“特定”的文义。“特定”有“特殊规定”“特别指定”之意，其反义词是“不特定”。很显然，《刑法》及相关解释中对“特定的经营活动”没有“特殊规定”，亦无“特别指定”。但是，“特定”本身也有“具体的某一种或某一个”之意。二是要从法律意义上界定“经营活动”。根据《公司法》规定，经营活动是指企业投资、筹资活动以外的所有交易和事项，包括销售或购买商品、提供劳务、推销产品、接受劳务、广告宣传、缴纳税款等。从概念上讲，经营活动与“非经营活动”是相对的，经营活动以营利为目的；非经营活动则是不以营利为目的的项目，旨在为社会提供非营利性产品、服务或项目，通常不收取费用或只收取少量费用。因此，单纯从文义解释角度分析，《刑法》第226条规定的“特定的经营活动”必须是具有排他性、以营利为目的的市场经营活动，不能过于宽泛。

其次，从《刑法》第226条罪状之间的逻辑关系分析，在该条第1项、第2项情形下，该罪侵犯的法益其实只有一种，即“商品”①。该条第3项、

---

① 虽然《刑法》第226条第1项规定的对象是“商品”，第2项规定的对象是“服务”，但在商品经济中，服务通常被视为一种特殊的商品。

第 4 项是通过《刑法修正案(八)》增加的内容,规定了发生在特定场合的强迫交易行为:一是投标、拍卖;二是转让或者收购公司、企业的股份、债券或者其他资产。发生在特定场合的强迫交易行为,因行为对象、行为方式不同而具有较强的行业性特征。可以说,该罪第 3 ~ 5 项与第 1 ~ 2 项的领域完全不同。如果第 3 ~ 5 项可用第 1 ~ 2 项涵摄,诸多行为都可以用其涵摄,那么第 1 ~ 2 项将沦为口袋项,最终彻底摧毁该罪中体现的罪刑法定原则的明确性要求①。结合刑法立法修正轨迹来看,《刑法》第 226 条不是对原条文规定的明确和细化,而是构成要件及要素的实质变更。②通过《刑法修正案(八)》增加的第 3 ~ 5 项规定,内容和要素均超出修正前强迫交易罪的规制范围,不能被解释为“强买强卖商品、强迫他人提供或接受服务”,正因如此,才通过刑法修正案予以完善。从法条罪状之间的逻辑分析,《刑法》第 226 条第 1 ~ 2 项所指的强迫他人接受商品或者提供服务,以及第 3 ~ 4 项规定的招标拍卖、企业资产转让,在涉及采用暴力、威胁手段强迫交易的场合,都可以解释为“犯罪人与被害人之间的特定经营活动”,但是,如果这几项情形可以解释为“特定的经营活动”,那么《刑法》第 226 条就没有必要设置第 5 项规定,或者没有必要设置第 1 ~ 4 项规定,直接将罪状规定为“以暴力、胁迫手段,强迫他人退出特定经营活动的,处……”就可以了,但是《刑法》第 226 条没有这样规定,而是在第 1 ~ 4 项之外又规定了第 5 项,这表明第 5 项在理解上应当有具体的指向,而不是“口袋”。

最后,举例而言,在建筑工程领域,甲是开发商,乙是具体承揽工程的施工方,在施工部分工程后,甲告诉乙把一部分工程交给丙干,乙知道丙和甲私交甚好,就与丙签订合同,将一部分工程分包给丙并签订施工合同。工程完工后,乙顺利拿到工程款并给丙施工的部分进行结算。后来甲因涉黑犯罪被抓,就这项工程而言,能否认定甲成立强迫交易罪呢?按照正常的逻辑,在此情形下要认定行为人具有强迫交易的“强迫”,必须充分考虑双方当事人的具体行为和合同履行情况分析:如果甲明确以“不按照我的意思转包工程给丙,将不结算工程款”或者造成其他阻碍相威胁,那

---

① 参见王恰、邵新:《强迫交易罪主体范围的再界定——从法发〔2018〕10 号第 13 条切入》,载《法律适用》2021 年第 6 期。

② 参见黄福涛、徐华玲:《强迫他人退出拍卖行为如何定性》,载《人民检察》2013 年第 2 期。

么甲可能构成强迫交易罪；如果甲只是流露出想要丙承包一部分工程的意思表示，没有暴力、没有威胁，施工合同也在正常履行，仅仅是乙出于"担心"甲后期可能不按时结算工程款或设置其他阻碍，而将一部分工程交给丙施工，那么甲明显不构成强迫交易罪。但是，按照通说观点，一旦一方有让另一方服从自己的意思表示，正如该案中甲向乙建议由丙承包部分工程，乙就可以向公安机关报案，并认为该工程是"特定的经营活动"，这不仅达不到保护正常市场秩序的目的，反而可能造成市场秩序的混乱。

综合以上分析，对《刑法》第226条第5项规定的"特定的经营活动"必须作出一定的限制，防止过度强调和运用。虽然我们无法准确给"特定的经营活动"下一个准确的定义，但实践认定中，特定的经营活动必须体现出"特定性"，典型的如行政许可经营活动、特许经营活动①。除此之外，一般应当是要获得一定授权或者符合一定行业标准才可从事的行业，行为人为了自己或他人获取利益，采取暴力、胁迫手段强迫正常经营的市场主体退出，从而影响正常市场秩序运行的，成立"强迫他人参与或者退出特定经营活动"这一法定情形。

三、本罪与相关犯罪的界限问题

（一）与黑社会性质组织犯罪的联系和区别

强迫交易罪与黑社会性质组织犯罪密切相关。涉黑组织向经济领域渗透，采用非法方式控制某些行业领域，如矿业开采、房地产开发、建筑工程、餐饮娱乐等，体现出非法控制特征。其中，强迫交易是一个常用的非法控制方式②。在涉及黑社会性质组织犯罪的场合，应当注意罪名与罪数问题：

其一，组织、领导、参加黑社会性质组织罪与强迫交易罪是性质不同的两个独立罪名。前者是行为犯，只要行为人实施了组织、领导、参加行为之一的，即可构成犯罪。该罪惩治的对象是黑社会性质组织的组织者、领导者、参加者，犯组织、领导、参加黑社会性质组织罪，同时又犯强迫交易罪的，应当数罪并罚。

---

① 特许经营活动，即拥有注册商标、企业标志、专利、专有技术等经营资源的企业（特许人），以合同形式将其拥有的经营资源许可其他经营者（被特许人）使用，被特许人按照合同约定在统一的经营模式下开展经营，并向特许人支付特许经营费用的经营活动。

② 参见罗曦：《强迫交易罪的修改与解读》，载《中国检察官》2011年第5期。

其二,黑社会性质组织必须同时具备组织特征、经济特征、行为特征和非法控制特征。实践中,强迫交易与黑社会性质组织的非法控制特征密切相关,比如"欺行霸市",明显要有发生在商品交易环节的具体活动。但是,作为黑社会性质组织本质特征的在一定区域或者行业内称霸一方的行为,不能等同于强迫交易行为。认定一个犯罪组织是否属于黑社会性质组织,是一种价值判断;认定一个行为是否构成具体犯罪,则是一种事实判断。换言之,行为人构成强迫交易罪,可以在一定程度上作为判定一个组织是否具有非法控制特征的因素,但是黑社会性质组织不一定就必然成立强迫交易罪,这是符合法律逻辑与实践样态的必然结论。

其三,就具体行为而言,强迫交易罪中强迫行为所指向的对象一般是具体的对方当事人。在黑社会性质组织的犯罪中,行为人欺行霸市、控制或垄断某一行业的手段往往是迫使同行接受自己提出的价格或者达成所谓的价格联盟或协议,进行非法垄断,针对的是一定范围内不特定的多数人。在扫黑除恶斗争中,对行为人是否数罪并罚,需要全面把握黑社会性质组织犯罪的构成特征,不能因为行为人人多势众实施了欺行霸市行为就认定其构成黑社会性质组织犯罪。换言之,如果黑社会性质组织四个特征具备,行为人既组织、领导、参加了欺行霸市的黑社会性质组织,又触犯强迫交易罪的,应数罪并罚。如果实施欺行霸市行为的行为人不构成组织、领导、参加黑社会性质组织罪,就只能以强迫交易罪一罪论处。

(二)与抢劫罪的区分

强迫交易罪与抢劫罪的相似之处在于二者都是采取非法手段获取财物。二者的区别主要在于:

其一,要看具体案件中当事人之间是否存在交易或经济往来。根据最高司法机关的相关意见和批复①,存在买卖、交易这一前提,是强迫交易

---

① 2005年6月8日最高人民法院出台的《关于审理抢劫、抢夺刑事案件适用法律若干问题的意见》第9条第2款规定:"从事正常商品买卖、交易或者劳动服务的人,以暴力、胁迫手段迫使他人交出与合理价钱、费用相差不大钱物,情节严重的,以强迫交易罪定罪处罚;以非法占有为目的,以买卖、交易、服务为幌子采用暴力、胁迫手段迫使他人交出与合理价钱、费用相差悬殊的钱物的,以抢劫罪定罪处刑。"2014年4月17日最高人民检察院发布的《关于强迫借贷行为适用法律问题的批复》规定:以暴力、胁迫手段强迫他人借贷,情节严重的,以强迫交易罪追究刑事责任;以非法占有为目的,以借贷为名采用暴力、胁迫手段获取他人财物,符合《刑法》第263条或者第274条规定的,以抢劫罪或者敲诈勒索罪追究刑事责任。

罪与抢劫罪的主要区别所在。实践中,在具有实质内容的交易活动中,行为人为达到交易目的,采取暴力、威胁手段的,一般认定为强迫交易罪,行为人所牟取的非法经济利益明显超出合理对价的,仍可能构成抢劫罪;行为人假借交易之名或并无实施交易的主观意愿,采取暴力、威胁手段强取财物的,认定为抢劫罪。简言之,强迫交易罪的本质在于通过不合理、不对价的交易获取利益;而抢劫罪的本质在于凭借较为原始的暴力、胁迫手段直接夺取他人财物。

其二,暴力行为的对象、实施方式和程度不同。理论上,抢劫罪的暴力对象必须是被害者本人;强迫交易罪的暴力、威胁所指的对象,则不限制为交易相对方。强迫交易罪中的威胁既可以是暴力威胁,也可以是非暴力威胁,抢劫罪中的威胁则仅包含暴力威胁,而且通常是以侵害他人生命、身体健康权相威胁。在刑法中,不同罪的“暴力”含义不同。一般来说,犯罪性质越严重,对暴力、威胁程度的要求就越高,反之就越低。① 按照这一思路,强迫交易罪的暴力、威胁,其程度明显要低于抢劫罪。强迫交易罪的威胁,既可以是当面表示,也可以是第三者转达;而抢劫罪中的威胁必须当着被害人的面以明示的方式实施,由此,强迫交易罪中“威胁”转化为现实危害的可能性较低,而抢劫罪被害人面临的威胁转化为现实侵害的可能性非常高。对于抢劫罪而言,获取的金钱数额不是绝对的因素,关键在于暴力手段的强制程度。比如,抢劫学生或者出租车司机的场合,即使一次劫取的财物只有几元、几十元,也不影响抢劫罪的成立。对强迫交易罪而言,在双方存在现实商品交易或者一方提供了特定服务的前提下,暴力、威胁手段是否达到影响交易成立、是否明显违反公平交易原则对强迫交易罪的认定影响更大。

(三)与敲诈勒索罪、寻衅滋事罪的区分

敲诈勒索罪规定在《刑法》分则第五章,属于侵犯财产的犯罪。同样是“强拿硬要”,强迫交易罪与敲诈勒索罪的明显区分在于是否有交易行为。强迫交易罪要求双方有交易行为,而敲诈勒索罪无交易行为要求,是纯粹的“无本买卖”。从侵害的法益和行为内容分析,强迫交易罪通常发

① 参见周强、罗开卷:《强迫交易罪司法实务问题探讨》,载《法治论丛》2011 年第 2 期。

生在商品、服务交易过程中,必须存在交易行为,其侵害的法益主要是正常的市场秩序。敲诈勒索罪属于侵犯财产罪的一种,其侵害的法益是他人合法财产权,敲诈勒索发生于日常生活中,并不限于商品或服务的交易中,具体表现为行为人对公私财产的所有人、保管人或者持有人进行威胁或要挟,实施精神强制,迫使其向自己交付财物,是没有对价的索取。

寻衅滋事罪规定在《刑法》分则第六章,属于妨害社会管理秩序的犯罪。强迫交易罪中的具体行为可能与寻衅滋事罪无事生非、强拿硬要的行为产生竞合,从而导致认定上的误区。二者的区别在于:一是主观动机不同。强迫交易罪的成立虽然不以获取非法利益为必要,但行为人实施强迫交易活动(无论何种情形)的目的往往具有明显的获利性;对于寻衅滋事罪而言,其判定要求行为人具有破坏公共秩序的心理、蔑视国家法律和社会公德、逞强争胜、寻求刺激等目的,不具有直接的获利性。二是实施手段不同。强迫交易罪对公私财物的占有是有偿的,需要付出一定的对价或服务;而寻衅滋事罪中对公私财物的占有则是无偿的,属于强拿硬要,行为人对交易活动是否定的、破坏性的。三是犯罪对象不同。寻衅滋事罪中行为人的对象具有很大的随意性,行为人事先没有明确的目标,从而更多体现为对社会秩序的破坏;而强迫交易罪中行为人的对象相对特定,一般是与行为人有商品交易、服务关系的人。

四、结语

在市场经济活动中,强迫交易严重违背意思自治原则,在扫黑除恶过程中,及时惩治强迫交易犯罪活动,对于遏制犯罪组织发展、有效打击犯罪是有利的。然而,刑法不仅是法益保护法,也是人权保障法。依法保障公民的合法权益免受刑罚权的不当侵害,是法治社会刑法的基本特征。在解释和认定犯罪的过程中,不能过度强调刑法的惩治犯罪的功能,从而过多理解为"口袋"运用。对于强迫交易罪的认定,必须体现刑法的谦抑性原则,遵守基本的解释原理,反对任意扩张形式性要素的范围,如此才能杜绝随意出入人罪,准确实现对强迫交易罪的定罪量刑。

●"团队计酬"式传销:理论基础、法律性质与司法认定

赵梦园*

一、问题的提出

在我国,传销活动经历了从监管空白到行政法规严格限制再到刑事法禁止的过程。20 世纪 90 年代初,受外国直销公司的影响,直销活动开始出现在我国市场。国家工商行政管理局颁布首部专门规章《传销管理办法》,承认了国际上通行的单层次直销和多层次直销行为的合法性,只是将"直销"称为"传销"。但是,传销作为一种经营方式,具有组织封闭、交易隐蔽、交易者分散的特点,本身就容易被不法分子加以利用。此外,囿于我国市场经济体制的不完善、行业协会自律性较差、经济双轨制管理体制的弊端以及消费者自我保护意识的欠缺,越来越多的不法商人弱化"商品要素",强化收取"入门费"和"拉人头"的环节,导致多层次直销逐渐演变成"金字塔式欺诈销售"。

针对上述情况,1998 年 4 月 18 日国务院发布《关于禁止传销经营活动的通知》(以下简称《通知》),全面禁止所有传销形式,包括单层次直销(传销)、多层次直销(传销)和"金字塔式欺诈销售"。《通知》要求以前获准经营传销的企业,应立刻停止其经营活动,并向工商行政管理机关申请注销登记或者变更登记,转变为其他经营方式。2001 年 4 月 10 日最高人民法院发布的《关于情节严重的传销或者变相传销行为如何定性问题的批复》(以下简称《批复》,已失效)指出,《通知》发布以后,依然从事传销

---

* 赵梦园,北京师范大学法学院硕士研究生。

活动或者从事变相传销活动，扰乱市场经济秩序，情节严重的，应当依照《刑法》第225条第4项的规定，以非法经营罪定罪处罚。对于实施上述犯罪，同时构成《刑法》规定的其他犯罪的，依照处罚较重的规定定罪处罚。在《批复》发布后，司法实践中传销活动以非法经营罪论处为常态，以诈骗罪或者集资诈骗罪论处为例外。2005年8月，为履行《中华人民共和国加入世界贸易组织议定书》中关于加入世界贸易组织3年内须对“无固定地点的批发或零售服务”取消“市场准入限制”和“国民待遇限制”，从经济政策上逐步开放单层次直销和多层次直销的承诺，国务院颁布了两大条例，即《直销管理条例》和《禁止传销条例》。两大条例明确将收取“入门费”、“拉人头”和“团队计酬”的销售界定为“传销”，进而依法予以禁止。两部条例的出台将单层次直销合法化，而将多层次直销即团队计酬方式列为“传销”加以打击。

近年来，随着营销策略与商品市场的逐渐发展，传销活动不再依赖于人员径直售卖货物或者购买商品，而是通过设置门槛和升级代理（缴纳“入门费”）的方式获得相应资格，通过销售人员向下吸收更多的底层销售员，形成层级关系，并且上层销售员的报酬计算以其所发展的底层销售员数量为依据，从而激励发展更多人员加入。这种以发展的人头多少为计酬依据的传销方式，被形象地称为“拉人头”。目前90%以上的传销活动都以这种“拉人头”的形式开展。“拉人头”式传销，没有商品也没有服务，不存在真实的交易标的，事实上没有经营活动，司法实践中很难以非法经营罪定罪处罚，给案件的处理带来难度。[①] 2009年2月28日，《刑法修正案（七）》设置组织、领导传销活动罪，传销有了独立的罪名，其规定收取“入门费”并且“拉人头”的传销活动，以组织、领导传销活动罪定罪处罚。

综上所述，目前在我国仅有单层次直销是合法的，组织、领导传销活动罪仅包括诈骗型传销（“拉人头”并收取“入门费”式的传销）。由此产生的疑问是：介于单层次直销与诈骗型传销之间的“团队计酬”式传销如何定性？“团队计酬”式传销是否违反行政法律法规、是否成立犯罪？如果成立犯罪，构成什么罪？在司法实践中如何认定“单纯的团队计酬式传

---

① 参见黄太云：《〈刑法修正案（七）〉解读》，载《人民检察》2009年第6期。

销”与“非单纯的团队计酬式传销”？

二、“团队计酬”式传销的理论基础

传销活动的组织者或者领导者通过发展人员，要求传销活动的被发展人员发展其他人员加入，形成上下线关系，并以下线的销售业绩为依据计算和给付上线报酬，牟取非法利益的，是“团队计酬”式传销活动。①

团队计酬本质上是一种营销利润分配方式，其主要特征是：第一，从销售方式来看，通过实际经营获得盈利，有实在的商品，存在真实的服务，并且这些商品或者服务的价格与市场价基本一致。第二，从加入条件来看，销售人员的加入是没有任何门槛的，其无须缴纳任何入门费。第三，从组织存在和维系条件来看，企业的生存与发展是由销售业绩和盈利决定的，并不依赖是否有新的销售人员加入。第四，从利润来源来看，其销售人员的利润来源主要分为两部分，一部分是其发展的销售人员的销售业绩，另一部分是其本身的销售收入，后者是主要来源。换句话说，“团队计酬”式传销是以奖励的方式鼓励其销售人员不断发展更多的人加入或参与商品销售，不具有骗取财物的性质，因此很多国家都规定其为合法的经营方式。由于经销商可以形成层级叠加的销售团队，既是消费者又是销售者，一旦上线吸收下线超越实质销售商品的比例，成为获利的主要来源，“团队计酬”式传销就会向“拉人头”、收取“入门费”式的诈骗型传销转变，因而传销组织经常以团队计酬作为外衣掩饰传销犯罪。

团队计酬模式自20世纪90年代传入中国已有30年之久，其存续至今一定存在其自身的经济价值，团队计酬本身所蕴含的经济学原理主要有以下两个方面：

第一，团队生产理论。阿尔钦及德姆塞茨认为，现代化的生产是一种多项投入协同进行的过程，任何一个社员的行为都会对其他社员的生产效率产生影响，但团队生产依然被采用，一个重要原因是团队生产所获得的总产出大于各个成员单独生产的产出之和。在团队中，由于每个成员的边际产出都不可能被直接观察到，也不可能对总的产出精确分解，就会

① 参见最高人民法院、最高人民检察院、公安部2013年11月14日发布的《关于办理组织领导传销活动刑事案件适用法律若干问题的意见》。

出现部分成员偷懒从而拉低整体效率的现象。但是团队的总产出与各个成员单独生产的产出之和相比,其差额足够弥补为了抑制成员偷懒而支出的监督成本。薪酬激励制度和管理制度在商业模式中的重要性不言而喻,团队计酬模式中,销售方式和发展培训销售员的方式,基本上都是通过团队来进行的,薪酬激励制度也要与之匹配,从而采用以团队业绩为计酬依据的获利形式。在我国,许多获得行政许可的直销企业,其薪酬激励制度,本质上都是团队计酬。

第二,风险分担效应。多层次直销企业作为一个理性的经济个体,其设计薪酬制度的原始动机就是激励销售员投入精力于销售中,同时也希望销售员能多分担点风险。在团队计酬的制度设计中,销售员风险偏好程度越高,其在销售过程中有可能获得的奖金比例越高。[①] 团队计酬的薪酬制度是分成制,虽然分成制具有极高的风险,但是企业和销售员能共同分担这种风险,无疑是一种最有效率的销售方式。多层次直销企业的销售模式(省略了营销的许多中间环节)减少了营销成本和费用,又因为大多数都是大企业,生产能力较强,抗风险能力也随之强大,即使一个销售员没有业绩,只要其他销售员有业绩,就能盈利,这种“人海战术”很好地规避了企业本应承担的高风险。销售员之间也有淘汰制,那些本来比较谨慎持风险规避态度的人员,因为在销售过程中存在各种随机因素,根本不会选择加入这种营销模式,而那些一开始觉得这一模式是“低成本、低风险、高收入”而选择加入的销售员,也会在过程中逐渐退出。因而,筛选出来的往往都是“冒险、外向、热情、激进”性格的人员,这类人员也会迅速帮助企业分担风险,扩大销售规模和人员规模。

每种制度都没有固定的好坏之分,它们只是在风险分担与激励效应的冲突中权衡出的最终结果。在销售业绩与个人收益呈正相关关系的薪酬制度中,分成制是可以将对员工的激励效应最大化的机制,但往往会带给销售员个人更大的风险。在多层次直销中,一名销售员需要负责销售中的多个环节,如寻找顾客、洽谈、签约、送货以及退换货等售后服务,包含许多随机因素,任意一个环节出现问题,都需要由销售员自己负责。这

① 参见郭丽敏、聂普焱:《多层次直销薪酬制度及其经济学分析》,载《经济经纬》2010年第6期。

种高风险的销售模式无疑是低效的。根据团队生产理论，分工合作才能产生最高效率和最大产值，团队计酬模式应运而生。这种模式的薪酬激励，会使上线销售员主动去帮助下线销售员提供更好的产品和服务。而且，对于政府管理而言，只需要监管企业，不需要去监管人数众多的销售员，管理成本和难度大大下降。据此，“团队计酬”式传销从经济学角度来说，是市场选择的结果，是有理论依据的。

三、“团队计酬”式传销的法律性质

“团队计酬”式传销以下线销售员的销售业绩为基础，计算并支付上线销售员报酬，是一种经营活动，其以具有特定市场价值的商品为前提，由销售团队进行利润分配，虽然团队领导对其下属销售出的产品的盈利份额享有一定比例的提成，但其本质上依然是一种提供商品或者服务的商业活动。当前法律环境下，团队计酬模式只能在经营型传销中存在。[①]如果真实的经营活动并不存在（通常表现为销售团队并没有真实的商品、服务，或者虽然有商品，但商品没有实际价值或者实际价值可以忽略不计），则可能不属于经营型传销而属于诈骗型传销，应以组织、领导传销活动罪论处。

“团队计酬”式传销的法律性质，与《刑法修正案（七）》生效后《批复》是否有效这一问题息息相关。对此，学界主要有两种观点：第一种观点认为，应以组织、领导传销活动罪来代替非法经营罪，即采取单轨制。仅判断该行为是否满足组织、领导传销活动罪的构成要件，若未满足，则不构成犯罪，不能因其满足非法经营罪的构成要件，而对其以非法经营罪论处。“团队计酬”式传销在《刑法修正案（七）》中没有另加规制就意味着，其既不构成组织、领导传销活动罪也不构成非法经营罪。因此，采取单轨制就意味着，“团队计酬”式传销不构成犯罪，进而可以得出“所有的传销都是非法的，但并非所有的传销都是犯罪”[②]的结论。第二种观点认为，两罪名可以同时适用，即采取双轨制。虽然《刑法修正案（七）》增加

① 参见张学永、李春华：《网络传销的刑法规制研究》，载《中国人民公安大学学报（社会科学版）》2019 年第 5 期。

② 王小青：《组织、领导传销活动罪解析》，载《中国检察官》2009 年第 5 期。

了组织、领导传销活动罪新罪名，但是并没有明确规定不符合该罪构成要件的传销活动是否以非法经营罪予以规制。因而，如果一项传销活动虽然不符合组织、领导传销活动罪的构成要件，但是符合非法经营罪的构成要件，为了严密法网，此时可以以非法经营罪定罪量刑。多数专家学者都持双轨制观点。例如，陈兴良教授指出，《刑法修正案（七）》发布之前，实务中对经营型传销行为，大多按照《批复》的规定以非法经营罪论处，在《刑法修正案（七）》对此类经营型传销行为没有另作规制的情况下，应继续以非法经营罪定罪处罚。① 张明楷教授认为，原始型传销行为（不具备"骗取财物"本质要素）虽然不构成组织、领导传销活动罪，但严重扰乱了经济秩序，依旧为法律所禁止，应以非法经营罪论处。②

"诈骗型传销"与"经营型传销"的分野，似乎确定了罪与非罪的界限，但是，这类传销从行为手段看，同样是金字塔式结构，上级与下线之间存在利益捆绑，于是一些不法商家开始打着团队计酬的幌子从事诈骗型传销活动。为了解决这一问题，2013 年 11 月 14 日，最高人民法院、最高人民检察院、公安部颁布《关于办理组织领导传销活动刑事案件适用法律若干问题的意见》（以下简称《传销案件意见》），似乎将"团队计酬"式传销分为"单纯的团队计酬式传销活动"和"非单纯的团队计酬式传销活动"③两种，前者不作为犯罪处理，后者以组织、领导传销活动罪定罪处罚。"不作为犯罪处理"，指的是既不能以组织、领导传销活动罪论处，又不能以其他罪（尤其是非法经营罪）论处。

在刑法理论上，也有学者认为，《传销案件意见》并不是将"团队计酬"式传销非罪化处理，而是区分了"团队计酬"式直销和"团队计酬"式传销。例如，江溯教授认为，《传销案件意见》中"单纯的团队计酬式传销活动"的特征是"以销售商品为目的、以销售业绩为计酬依据"，这与传销的"以销售商品或者提供服务为名义，以后加入者的钱支付先加入者的利益"本质特征并不相符，其实质是"团队计酬"式直销活动，而不是传销活动，当然不作为犯罪处理。因此，该司法解释只是一个提示性规定，仅仅

① 参见陈兴良：《组织、领导传销活动罪：性质与界限》，载《政法论坛》2016 年第 2 期。

② 参见张明楷：《传销犯罪的基本问题》，载《政治与法律》2009 年第 9 期。

③ 一种形式上采取团队计酬方式但实质上属于以发展人员的数量作为计酬或者返利依据的传销活动。

区分了“团队计酬”式直销与“团队计酬”式传销。[①] 不过，这种观点对直销与传销的关系可能存在一定误解，直销属于传销的一部分，“团队计酬”式传销只有“有”与“无”的区别，要么“是”要么“不是”，[②]并没有“团队计酬”式直销与“团队计酬”式传销的区分，更不存在合法与犯罪之间的界限问题。

本文认为，根据《传销案件意见》，司法实践中，形式上的团队计酬是指销售团队原本设定以销售业绩为基础计算并支付报酬，但是由于奖金计酬模式自身的缺陷、销售团队的操作失误，或者经营过程中出现难以控制的例外情况等，导致销售团队的计酬模式向“以发展人员数量作为主要的计酬或者返利依据”变形，虽然其奖金来源主要还是销售商品，但是人际提成奖金比例较高。根据经济学理论，当销售商品所得预期奖金比例小于推荐新人所得时，销售员作为一个理性人，为了追求利益的最大化，就会把自己有限的精力更多分给“推荐新人”，而忽略商品的销售，因此商业模式呈现出诈骗性。实践中，所有的传销都打着销售商品、提供服务的旗号，因而商业模式并不能作为形式团队计酬与实质团队计酬的区分。

因此，《传销案件意见》中，“非单纯的团队计酬式传销”，并不是“团队计酬”式传销，而是“诈骗型传销”。真正的“团队计酬”式传销只是违反《禁止传销条例》的行政违法行为，既不构成组织、领导传销活动罪，也不构成非法经营罪。原因有以下四点。

（一）从立法目的出发，将“团队计酬”式传销活动以非法经营罪定罪量刑，并不符合立法逻辑

在《刑法修正案（七）》发布前，所有传销活动都是按照《批复》的规定，以非法经营罪论处的，学术界对此大多持反对意见。而《刑法修正案（七）》给传销独立成罪，其立法目的显然是将“诈骗型传销”明确化，将“团队计酬”式传销非罪化。2008 年 8 月《刑法修正案（七）》草案一审稿

---

① 参见江溯：《网络传销犯罪的刑法规制》，载腾讯网，https://xw.qq.com/cmsid/20200228A0BVZ100。

② 参见袁彬：《我国治理传销犯罪的基本逻辑及其展开》，载《经贸法律评论》2020 年第 3 期。

第 4 条①规制的是组织行为,草案中规定的是一种组织罪。但是,2008 年 12 月 25 日草案二审稿第 4 条与一审稿相比有很大的改变。②《刑法修正案(七)》中该罪的最终版本是草案二审稿第 4 条的版本,不仅规定了传销活动的特征,最关键的是将该罪从组织罪改为诈骗性质的传销犯罪。而且第 224 条是合同诈骗罪,第 225 条是非法经营罪,立法者将组织、领导传销活动罪作为第 224 条之一确定下来,也体现其认为该罪本质具有诈骗性的立法本意。

比较草案一审稿第 4 条与最终定稿的区别,我们可以发现以下几个方面存在不同:一是附属的法条不同,前者附属在非法经营罪之下,后者附属在合同诈骗罪之下。由此可见,骗取财物是本质要求,该罪是诈骗犯罪。这样一来,既避免了传销是不是一种经营行为的争议,又体现出传销行为损坏了社会信用,更明确了犯罪性质的认定。二是对于传销犯罪的界定有差异,前者在法条中没有明确规定,只能依据行政法规的相关规定认定,后者在法条中有明确的定义。这一改变体现了罪刑法定的基本原则,可以有效地防止因行政法规变化而造成的刑罚打击面过于宽泛问题,也可以保护人权。三是是否数罪并罚有差异,前者明文规定,另有他罪时应当数罪并罚,后者则无数罪并罚有关条款。立法机关的这种规定,厘清了法律与行政法规之间的边界,并显示出其并无将经营型传销行为纳入刑事法律规制的目的。

(二)从构成要件符合性来分析,"团队计酬"式传销行为并不符合非法经营罪的客观要件

1. 行为方式不同

所谓非法经营罪,是指违反国家规定,从事非法经营活动,扰乱市场

---

① 在《刑法》第 225 条后增加一条,作为第 225 条之一规定:"组织、领导实施传销犯罪行为的组织,情节严重的,处三年以下有期徒刑或者拘役,并处罚金;情节特别严重的,处三年以上七年以下有期徒刑,并处罚金。犯前款罪又有其他犯罪行为的,依照数罪并罚的规定处罚。传销犯罪行为依照法律、行政法规的规定确定。"

② 在《刑法》第 224 条后增加一条,作为第 224 条之一规定:"组织、领导以推销商品、提供服务等经营活动为名,要求参加者以缴纳费用或者购买商品、服务等方式获得加入资格,并按照一定顺序组成层级,直接或者间接以发展人员的数量作为计酬或者返利依据,引诱、胁迫参加者继续发展他人参加,骗取财物,扰乱经济社会秩序的传销活动的,处五年以下有期徒刑或者拘役,并处罚金;情节严重的,处五年以上有期徒刑,并处罚金。"

经营秩序,情节严重的行为。[①] 非法经营罪的客观方面由最开始立法时的三种变为现在的四种[②],其中第四种“其他严重扰乱市场秩序的非法经营行为”的范围如何界定,在刑法学界一直争议不断。由司法机关对此进行司法解释以适应社会的变化,既能弥补立法资源不足的现状,也符合司法传统,因此,讨论第五种类型的司法解释更具有现实意义。笔者认为,司法机关在对此进行解释时,不应过分地进行扩张解释,尤其是司法实务中不能将所有不能由相关罪名规制的违法行为,均以非法经营罪定罪,使其变成“口袋罪”。根据体系解释中同类解释原则,在新认定的行为类型的确违背国家规定的情况下,还需确保新认定的行为类型与立法机构已经明确的四种行为类型具有相同性质。[③] 也就是说,能归类到第五项规定的非法经营行为,或者行为对象具有特殊性,或者经营行为所处的行业具有特殊性,抑或二者兼有。而“团队计酬”式传销,仅仅是多层次计酬方式特别,既不是经营特殊对象的行为,也不是经营特定行业的行为,司法解释不应将非法经营行为类型扩充至包含“团队计酬”式传销。

2. 侵犯的客体不同

非法经营罪的法益或客体问题,一直存有争议,学界主要有三种观点:市场秩序说[④]、复杂客体说[⑤]、市场准入秩序说[⑥]。笔者赞同第三种观点,本罪侵害的法益应当从非法经营罪已经明确列举的前四种行为中提炼,而前四种行为都是对国家限制的经济领域设置了准入门槛,都属于市场准入范畴,因此非法经营罪的客体应限缩为“市场准入秩序”。“团队

① 参见王作富主编:《刑法分则实务研究》(第4版),中国方正出版社2010年版,第818页。

② (1)未经许可经营法律、行政法规规定的专营、专卖物品或者其他限制买卖的物品。(2)买卖进出口许可证、进出口原产地证明以及其他法律、行政法规规定的经营许可证或者批准文件。(3)未经主管部门批准,非法经营证券、期货或者保险业务。(4)其他严重扰乱市场秩序的非法经营行为。

③ 参见陆诗忠:《论非法传销行为的司法定性与立法完善》,载《河北法学》2005年第6期。

④ 参见彭辅顺、陈鹏展:《非法经营罪研究述评》,载《江苏警官学院学报》2005年第6期。

⑤ 参见龚培华:《非法经营罪的立法沿革及其构成》,载《法学》2008年第1期。

⑥ 参见陈超然:《论非法经营罪的法益》,载《江南大学学报(人文社会科学版)》2013年第1期。

计酬”式传销的特殊点在于营销利润分配方式，其依然属于经营型传销的范围，实质上仍然是一种经营活动，其经营行为并不限于国家市场准入资格限制的领域。并且，从《通知》中罗列的传销不符合现阶段国情的危害性表现也可以总结出，传销侵犯的法益应该是社会管理秩序，而不是“市场准入秩序”。

（三）“团队计酬”式传销的社会危害性轻于诈骗型传销

拉人头、收取入门费型的传销活动比团队计酬型传销具有更为严重的社会危害性，拉人头、收取入门费是各国普遍禁止的，但团队计酬在很多国家是合法的。前两种构成符合组织、领导传销活动罪构成要件的，仅仅针对其中的组织者、领导者进行处罚，第三种若按照非法经营罪，则参与者也要受到处罚。“团队计酬”式传销的社会危害性较轻，反而要接受更严重的刑罚显然是不合理的。《刑法修正案（七）》将前两种传销（诈骗型传销）单独规定罪名，体现了刑法在规制传销行为上的轻重有别。对社会危害性较低的团队计酬型传销仅进行行政处罚，既满足政府管理需要，又体现了罪刑均衡。

（四）不将“团队计酬”式传销认定为犯罪，有利于国际经济合作的顺利开展

“团队计酬”式传销属于国外的直销范围，是合法的贸易行为。2001年12月11日，我国正式加入世界贸易组织，在加入世界贸易组织的协议中，我国政府承诺“入世”3年内废除“固定场所的批发和零售服务”的限制，也即准许进行直销活动。虽然《直销管理条例》的颁布基本上实现了这个承诺，但是《禁止传销条例》将团队计酬列入打击范围，可能增加我国与其他国家之间的贸易摩擦，进而增加因误解产生的贸易冲突。为了经济模式与国际接轨，各国政府在运用法律手段规范市场运作时，应更加重视法律规制的合理性、科学性。在此背景下，将“团队计酬”式传销行为排除在犯罪构成之外，对外资直销公司在我国的稳步发展起了鼓励作用，进而有助于我国国际经济合作的顺利开展。

四、“团队计酬”式传销的司法认定

对于“团队计酬”式传销，实践中以非法经营罪处理得并不多，不少案件是以组织、领导传销活动罪定罪处罚的。而在实践中，“团队计酬”经常

成为辩护人出罪的主要抗辩理由。因而,“团队计酬”式传销如何认定,事关罪与非罪,有必要深入分析。

《传销案件意见》针对“团队计酬”式传销有明确规定:“以销售商品为目的、以销售业绩为计酬依据的单纯的‘团队计酬’式传销活动,不作为犯罪处理。形式上采取‘团队计酬’方式,但实质上属于‘以发展人员的数量作为计酬或者返利依据’的传销活动,应当依照刑法第二百二十四条之一的规定,以组织、领导传销活动罪定罪处罚。”该规定的前半段主要作为出罪的情形,后半段主要作为入罪情形。

“以销售商品为目的”“以销售业绩为计酬依据”是单纯的“团队计酬”式传销的两大特征,缺一不可,否则,就不属于单纯的“团队计酬”式传销范畴。在明确这两个特征不是“或”而是“并”的关系后,可以发现它们之间的重要性不同,因而判断是否满足该条件的先后次序也不尽相同。“以销售商品为目的”是主观面,“以销售业绩为计酬依据”是客观面。其中,主观面“以销售商品为目的”是出罪的关键,客观面“以销售业绩为计酬依据”仅仅是判断主观面的依据。① “团队计酬”式传销属于经营型传销的范畴,其目的本来就应该是经营商品,必须“真销商品”,而怀着骗取财物的主观目的的传销活动则容易滑向以人头费、入门费为主要计酬依据的诈骗型传销犯罪活动。因此,这里的“单纯的”团队计酬应当解释成“真正的团队计酬”,即真正的团队计酬才不作为犯罪处理。

(一)主观面的判断

判断主观面,即是否以销售商品为目的,应当以《刑法修正案(七)》和《传销案件意见》为法律依据,结合以市场营销学为导向的商业模式综合判断。具体可以从下面几个方面入手:

第一,是否存在商品、服务。首先要求“商品”是真实存在的,有的企业根本不存在实体意义上的商品,传销只是一种概念,如有的传销企业销售外国的外汇、代客理财等。第二,是否仅仅是“道具商品”。有的传销活动虽然有商品进行销售,但商品没有实际价值或者实际价值可以忽略不计。这类传销活动往往并不是直接索要“入门费”,而是要求购买相当于高入门费的“道具商品”,这些商品并不会被消费使用,造成了大量的资源

---

① 参见印波:《传销犯罪的司法限缩与立法完善》,载《中国法学》2020年第5期。

浪费,其实质还是“入门费”。第三,商品定价是否合理。有的传销活动销售的商品价高质劣,违背市场经济规律,远高于市场上同类同质产品的定价,“消费者”高价购买根本不可能是为了商品本身,而是为了获得入门资格。第四,商品是否流通。对以销售商品为目的的企业而言,产品质量优良和流通渠道的通畅都对销售有着决定性影响。有些传销活动需要新加入的销售员购买商品,但是这一商品根本不在市场上流通,仅仅作为宣传品拉底层新的销售员“入门”,最终的结果就是,所有产品都砸在销售员手里,没有产生任何经济价值。第五,是不是有完善的销售保障机制。商品一旦销售就不能退换或者想方设法给退货的消费者设置障碍的,都不是以销售商品为目的。第六,销售商品是不是收入的主要来源。在计酬方式上,很多企业为了掩人耳目都采用团队计酬的方式,即销售员的奖金来源分两部分,一部分是其发展的销售人员的销售业绩,另一部分是其本身的销售收入,但是前者占比例非常之高。直销公司对直销员的薪酬仅限于直销员个人直接向消费者销售产品的收入,而佣金、奖金、各种形式的奖励以及其他经济好处,不得高于直销员个人直接向消费者销售产品收入的30%。[①] 一旦上线吸收下线超过实质销售商品的比例,成为获利的主要来源,“团队计酬”式传销就有向“拉人头”且收取“入门费”式的诈骗型传销转变的趋势。

(二)客观面的判断

判断客观面,即是否以销售业绩为计酬依据。“团队计酬”式传销属于行政违法行为,在具体认定时,不应过于限缩“团队计酬”式传销的范围。

首先,不能认为只要涉及任何人数因素,就属于“非单纯的团队计酬式传销”。《禁止传销条例》第7条以列举的形式规定了三种类型的传销行为,其中第3项确实涉及发展下线并以下线销售业绩为计酬依据。[②] 在

① 国务院2005年发布、2017年修订的《直销管理条例》第24条规定:“直销企业至少应当按月支付直销员报酬。直销企业支付给直销员的报酬只能按照直销员本人直接向消费者销售产品的收入计算,报酬总额(包括佣金、奖金、各种形式的奖励以及其他经济利益等)不得超过直销员本人直接向消费者销售产品收入的30%。”

② 分别为“拉人头”“收取入门费”“团队计酬”三类违法传销形态,《禁止传销条例》第7条第3项规定:“组织者或者经营者通过发展人员,要求被发展人员发展其他人员加入,形成上下线关系,并以下线的销售业绩为依据计算和给付上线报酬,牟取非法利益的。”

生产模式中，产品销售和员工数量都在增长的情况下，究竟以何种比例呈现才是正常状态，立法上尚不明确。公司的发展，取决于其产品的品质和市场潜力，而正常运营则是以产品品质发展为重点。在有真实商品销售的过程中，人数的增长是常态，不能只要发展等级代理商，就被认定为以人数为计酬依据的“拉人头”式传销。

以“团购消费”为例，“团购消费”是指在庞大的消费人群中，通过“薄利多销，量大价优”的原则，在一定程度上获得了比零售价更低的团购优惠，以及产品单独购买所无法享受到的优质服务。上述情形中，虽然拉拢了一些人员，但由于他们的核心目标依旧是销售商品，因而仅属于“团队计酬”式传销范畴，并不能以组织、领导传销活动罪论处。

其次，不能认为只要出现“入会费”“保证金”，就属于“非单纯的团队计酬式传销”。“团队计酬”式传销行为牟取非法利益的本质是以上下线之间的层级关系，从下线的销售业绩中牟利，从而不断将资金压力转嫁到最底层的消费者身上。对于销售团队来说，要求消费者入会时缴纳小金额的会员费或购买少量符合市场价的商品，有助于提升客户的重复购买率，促进消费者后续消费，创造一个长期稳定的良性市场。不能仅仅因为出现了“入会费”，就将其排除在“单纯的团队计酬式传销活动”之外。例如，有的电商平台使用会员制度，推出九块九充会员就可享受相应折扣以及推荐新人入会的资格。小金额的“会员费”并不会给消费者带来巨大的推荐新人压力，并且“会员费”物有所值，确实能带给消费者超过缴纳数额的优惠，是一种有商业价值的良性销售模式。此时，不能仅仅因为小金额的“会员费”就否认该电商平台经营行为属于“团队计酬”式传销范畴。

立法研究

●"死亡义务论"对安乐死合法化的新启示*

王　红**

一、安乐死的概念构成与分类必要

（一）安乐死的概念与构成

"安乐死"一词滥觞于古希腊文"Euthanasia"，前缀"eu"是表示感情色彩的词"好"，"thanasia"是表示"死亡"的词根，直译过来就是"好死"（good death），还有诸如 Mercy Killing、Voluntary Euthanasia、Death with Dignity 等意译。早在古希腊时期，就出现了处死出生时就存在疾病的儿童以及帮助老人或虚弱者自愿死亡的做法，亚里士多德、柏拉图以及毕达哥拉斯等许多学者都曾认为这是合理的，并表示支持。无独有偶，在东方文明中也存在相类似的做法，比如，古代印度把年迈的老人丢进恒河里淹死，古代中国某些偏远地区把家里超过 60 岁的老人送入"瓦罐坟"，古代日本把丧失劳动能力的老人弃置在山顶上。古代这些源于生产力低下和愚昧思想的做法与现代意义上的"安乐"还存在一定的差距。

现代意义上的安乐死是指对无法救治的病人停止治疗或使用药物，让病人无痛苦地死去。这包含了两层含义：一是消极地停止治疗，安乐地任由病人死去；二是积极地使用药物，致使病人无痛苦死亡。在荷兰，患有不治之症并且正遭受"让人无法承受的痛苦"折磨的患者可以申请"安

* 本文系国家社科基金重点项目"我国人类遗传资源保护的立法机理与制度构建研究"（项目号：19AFX021）的阶段性成果。

** 王红，国家开放大学法学院讲师，法学博士。

乐死”，严格按照规定程序对患者实施“安乐死”的医生将不会受到起诉。① 韩国普遍使用“尊严死”，且在内容上仅包括放弃给患者治疗、任由患者自然死亡的“消极的安乐死”，而不包括注射药物帮助患者死亡的“积极的安乐死”。

尽管当前各国学界对安乐死的概念在文字表述上没有统一，但在实施安乐死的四个必备条件上基本达成共识：其一，实施安乐死的对象必须是身患绝症、临近死亡、极其痛苦的病人；其二，实施安乐死的前提必须基于病人明确而真实的死亡意思表示；其三，实施安乐死主体的主观状态必须出于善良的动机；其四，实施安乐死的方式必须符合社会伦理规范，达到安乐的目的。

（二）对安乐死的分类必要

学界对于安乐死的分类大致有以下两种方式：其一，根据安乐死实施手段的不同，将安乐死分为积极的安乐死（positive euthanasia）和消极的安乐死（negative euthanasia）。积极的安乐死，又称为主动的安乐死（active euthanasia），指的是当濒临死亡的绝症病人无法忍受生命末期的病痛折磨时，医生采取积极的作为措施加速病人死亡，终结病人的生命。在安乐死已经合法化的国家，使用较多的三种方式是注射氰化物、大剂量注射麻醉剂和注射凝血剂。消极的安乐死，又称为被动的安乐死（passive euthanasia），指的是对濒临死亡的绝症病人，不继续给予或者人为中止维持生命的医疗措施，任其自然死亡。司法实践中将病患者身上的呼吸管、血压监测管等医疗设备拔掉是较为典型的消极的安乐死。其二，根据实施安乐死主体的不同，将安乐死分为自杀的安乐死（suicide euthanasia）和助杀的安乐死（help of euthanasia）。前者是病人自行终结生命的方式，后者是由他人帮助，通常由医生基于病人的真诚请求而为之。

这两种分类在安乐死罪与非罪的争论中被反复提及，最终把安乐死合法化的问题推向了高潮。消极的安乐死在医学界开展“放弃治疗、临终关怀”的大讨论下——倡导病人在生命质量极度低下甚至为负价值的情形下放弃医学治疗，转而采取临终关怀的治愈疗法——越来越容易使人们在理性的基础上去接受和认可。实际上，消极安乐死的现象在国内外

① 参见冯坚：《安乐死荷兰合法化》，载《新华每日电讯》2002年4月2日，第3版。

大量存在，国家刑事法律允许在严格的条件下实施消极安乐死已经成为立法趋势。然而积极的安乐死则更多地受到学者的质疑和抨击，因为综合考察其动机、行为和结果，完全符合三阶层犯罪构成论中的第一个阶层——杀人罪的构成要件，已然触及了刑事犯罪；另外，考虑历史上特别是"二战"期间纳粹德国利用"安乐死项目"实施种族灭绝的野蛮行径，[①]更是使积极的安乐死难以与犯罪划清界限。自杀的安乐死因为事实上并没有对第三人、社会造成特别的严重危害结果，因而也能得到社会伦理的宽容和道德上的接受。但是，助杀的安乐死就没有那么幸运了，因为帮助自杀行为仍然是对自然生命法则的践踏和破坏，被害人的死亡承诺难以对抗生命权的不可让渡，所以医生在助杀安乐死行为中仍然可能面临杀人罪的指控。

有学者提出，区分积极的安乐死与消极的安乐死无意义。[②] 本文认为，对安乐死合法化问题进行分类讨论还是有必要的，因为这是各国安乐死合法化历程上的经验之一。各国最初推动安乐死合法化把积极安乐死包含在内，一度遭受到了巨大挫折。1906 年美国俄亥俄州审议一项涉及安乐死合法化的法案，未获通过；1936 年英国起草《自愿安乐死合法化法案》惨遭否决。1951 年至 1972 年，美国先后有 7 个州提出了 8 项法案被否决，英国于 1950 年至 1990 年，否决了 5 种不同的安乐死法案。[③] 后来，各国开始改道自然死的路径，安乐死合法化这才成功获得立法。美国新泽西州最高法院审结的昆兰案、加利福尼亚州通过的世界上第一部《自然死法案》、法国的《莱昂内蒂法》、韩国的《维持生命医疗决定法》等均承认了消极安乐死的合法化。[④] 因此，在立法上有必要区分积极的安乐死和消极的安乐死，在刑法上讨论安乐死的罪与非罪的问题亦有必要对安乐死进行必要的区分，可以说这是安乐死渐次全面合法化的必经阶段。

---

① 纳粹德国曾利用宾丁等人鼓吹的"毁灭不具生命价值的生命"的主张而实施所谓"安乐死计划"，大肆残杀残疾儿童与成年精神患者，甚至最后演变为对犹太民族的种族灭绝。转引自梁根林：《刑事政策视野中的安乐死出罪机制》，载《政法论坛》2003 年第 8 期。

② 参见王植尧：《刑法视域下的安乐死问题研究》，载《中国卫生法制》2022 年第 5 期。

③ 参见黄丁全：《医疗、法律与生命伦理》(上)，法律出版社 2015 年版，第 283 ~ 285、289 ~ 290 页。

④ 参见汪志刚：《善终服务的法律调整模式及选择逻辑》，载《中外法学》2022 年第 4 期。

另外,由于当前学界对于安乐死合法化的争议主要集中在积极的安乐死和医助安乐死上,而对于消极的安乐死和自杀安乐死,社会民众、学界学者、立法机关相对容易达成共识。因此,下文关于死亡权利与死亡义务的论述着重帮助证成积极的安乐死和医助安乐死的合理性与合法性。

二、从死亡权利说到死亡义务论

> 各位先生,我想问问你们,若我不能批准自己去死,那我这个躯壳的主人是谁呢?究竟我的生命是谁拥有呢?
>
> ——一位争取安乐死合法化者的临终呐喊

(一)死亡权利说的争辩

生命这个永恒的伦理与哲学论题无不充斥着对生与死的感悟,未知生,焉知死,恐怕至今未能有人能帮助世人解答这个困惑。纵观安乐死合法化之争,尤其是对于积极的安乐死和医助安乐死采取的罪与非罪的态度,如何看待人的生命与生命权、个人能否自主决定选择死亡,是他们的主要分歧。①

得益于医疗技术水平的迅猛发展,许多过去被视为疑难杂症的疾病如今被治愈的可能性得到了大幅度提升,甚至原来基本上被判定为回天乏术的病人也能够经过轮番抢救,恢复心跳和呼吸。然而,虽然医学理论上我们已经可以利用先进的医疗设备无止境地维持垂危病人相对平稳的生命体征,但是这并不必然表示这些病人的生命能获得有品质的复苏。曾经在医院病房中见到一位在ICU病房抢救长达6个月、全身烧伤面积多达95%的年轻人,他的父母竭尽全力只为保住儿子的性命,可是当年轻人苏醒过来时,只是漠然地对一夜白头的二老说了一句话:你们为什么不让我死?笔者不禁感叹:我们究竟是在延长生命,还是在延长死亡?呼吸机不过是加诸病人身上的披着医学高科技外衣的折磨。或许是时候开始重新认知生命与死亡的意义,并开始思考:病人是否拥有拒绝治疗的自主

---

① 参见张玉堂:《我们有死的权利吗?——对安乐死争议的法理学思考》,载《法学》2001年第10期。

权？是否拥有可以自主选择放弃生命、追求死亡的权利？

赞成安乐死合法化特别是积极安乐死和医助安乐死非罪化的学者，把生命权观念的发展分为三个阶段，从最开始的“生命神圣论”到“生命质量论”再到“生命价值论”，[①]生命权原本是一项天赋人权，神圣不可侵犯，但是人在行之将寂之时该如何优雅的跨越自己生命的终点？[②] 生命之意义，并不仅止于生理上的呼吸、心跳等物理表象存在，而是能够依其个人的信仰、理念、价值观来行使许多精神性权利，死亡权利是追求生命质量和生命价值的必然和结果。基于对死亡权利的确认，个人的自我决定权也就顺理成章包括处置、承诺我们的生命。反对者虽然承认自我决定权的重大意义，但是对自我决定权的自由程度[③]有所质疑：以生命为存在标志的人，没有宪法上或法律上的死亡权利，这是人类宪法对人的生命保护的基本精神，[④]因为生命权是一切权利的根本，皮之不存，毛将焉附？我们现在可以很容易对彻底的反生命的哲学运动勾画出一个详细的计划：从避孕到堕胎到安乐死，一旦生命不再被视为上帝的神圣赐物，一个社会便不可避免地以各种形式拥抱死亡。[⑤] 从权利的视角，无论是生的权利，还是死的权利，两方居然得出了完全相反的结论。

(二)死亡义务论的提出

正当赞成者与反对者对生命权利和死亡权利的悖论以及个体的自我决定权到底能够自由到何种程度这些议题争论地面红耳赤的时候，有一小部分具有前瞻性的学者反其道而行之，开始质疑：基于目前人口加速老龄化，以及医疗资源有限、医疗费用高昂的现实困境，病人是否真的拥有无限制要求继续治疗或者使用超高费用的维生医疗科技的权利？医生、病人家属，或者是社会，有没有权利停止“无效医疗”？尤其当病人已经达到一定的高龄，严重失去身体机能，或者健康状况极度不佳，再加上如若

---

① 参见徐显明：《人权研究》(第8卷)，山东人民出版社2009年版，第204页。

② 参见[日]甲斐克则：《安乐死与刑法》，成文堂2003年版。

③ 参见刘建利：《死亡的自我决定权与社会决定权——中日安乐死问题的比较研究》，载《法律科学(西北政法大学学报)》2013年第5期。

④ 参见念九州：《价值冲突：安乐死合法化的根本障碍》，载《西北民族学院学报(哲学社会科学版)》2000年第1期。

⑤ 参见[美]罗纳德·德沃金：《自由的法——对美国宪法的道德解读》，刘丽君译，上海人民出版社2001年版，第205页。

是由家庭长期担负着老人及慢性病的主要照顾工作,家庭成员常面临生理、心理以及经济上的庞大压力与负担,在这种情况下,有没有可能,当病人的生病状态对于整个家庭或社会造成沉重的负担时,死亡已经不再只是个人选择的权利问题,而是某种道德义务?

美国前科罗拉多州州长理查德·D. 拉姆(Richard D. Lamm)早在1984年便赤裸裸地主张老人有死亡义务,应该为了年轻人的未来适时"腾地",引起舆论恐慌。乍听之下,死亡义务的概念让人觉得残酷、不人道甚至难以设想,因为重病或者老人是最需要受到照顾的群体,怎么反倒主张他们应该去死呢?这种论点又有什么值得我们讨论的呢?

目前安乐死的讨论大多数围绕在生命权与死亡权的冲突以及两者究竟孰先孰后的争论之上,一时之间还未有完全令人满意的答案。我们认为,死亡义务在此时或许能够另辟蹊径,为安乐死议题提出新的论述方向。权利与义务本是法律关系对应的两极,既对立又统一,将对死亡权利的争论焦点转移到死亡义务上来,使得死亡并不再是一个优位权利的选择,而是道德正确的义务实践。生死因此不再取决于我想不想,而是我应不应该,换言之,死亡决定从个人选择转变成道德应然,也就是说,重点不是想不想死,能不能死,而是该不该死。死亡义务论带给我们另一种思考的可能性:不再以权利对抗权利的方式来一争高下,也不再将争论焦点设定为个别病人自身的自主权与生命权的冲突,而是从更高的层次上去论证病人具有保护家人的义务与责任,如此一来,选择死亡就可以成为是对的、应该做的决定。

三、死亡义务论具体内容之展开

死亡义务论(Is there a duty to die?)涉及许多议题,诸如生命末期照顾、医疗资源分配、病人自主决定权、家庭参与医疗决策、病人与家属之间的权益关系,以及对于生命与死亡价值的思考等。本文主要从两个方面介绍美国学者约翰·哈德威(John Hardwig)早年间提出的死亡义务观点,首先,基于普遍联系的哲学观点将个人自主权限定为个人对家庭的责任自主,由此产生死亡义务;其次,转变传统的以病人为中心的医疗决策模式,确立家庭在医疗决策中的优先地位,以家庭为中心的关系自主决定权证成死亡义务之合理性。

(一)个人自主权应包括对家庭的责任自主

John Hardwig 跳出个人对安乐死的传统理解——好死(good death),从家庭、社会更高层面上把它理解为负责任的死(responsible death)。他甚至认为,就算对于死者个人而言有多么平静而舒适,但对家庭、社会而言不负责任的死就不能称为好死。可是我们不禁要问:死亡明明是一件自然且必然的事情,为何需要加以规范与限制?什么样的死亡才是负责任的?什么是死亡义务?为什么人有死亡义务?

个人主义曾是美国国民性格的突出特征,[①]每个人都以为生命是彼此不相连的,其所作所为并不会或不需要影响他人,因此没有义务去考虑个人决定对于他人所造成的影响,进而认为个人即是医疗决策的主体,可以自由地选择自己想要的生活方式,包括生与死的决定。但是,人的的确确活在关系网络之中,人的生命与生活也彼此休戚相关,尤其不可能也不应该忽视家庭关系的连结而过一个完全由己且为己选择的生活。因此,在进行医疗决策时,应该考量自己的决定可能影响到的所有人,包括病人自身及其家庭成员。John Hardwig 打破传统的个人主义自主观,要求我们必须从概念上重新理解病人自主决定权的内涵,将个人与家庭的关系以及基于这份关系而产生的责任内建为自主决定权的价值要求。换言之,当一个心智健全的成年病人在进行医疗决策的时候,必须为他所置身的家庭关系负责,顾及其决定对于其他家庭成员的影响,并且不应该总是以增进个人利益为优先,而是要权衡整个家庭的利益。John Hardwig 认为,自主不仅是个人选择治疗与否的自由或权利,而是负责任地使用自由,倘若个人忽略或逃避此责任,就是对自主的贬损。[②]

目前医患关系基本上把病人的利益置于首要考虑,这隐含着家属的利益在医疗决策中不关紧要或至少不应该优先于病人。我们常认为病人是疾病的受害者,理应受到家人的良好照顾,却忽略了在这种以病人为中心的伦理观下,其他家庭成员也可能受到牺牲。[③] John Hardwig 要我们反思一个普遍受到忽视的问题:为了使病人能够得到想要的治疗,我们到底

---

① 参见张孟媛:《美国个人主义的清教源流》,载《美国研究》2009 年第 3 期。

② John Hardwig, *What about the Family*?, Hastings Center Report, 1990, p. 5 – 10.

③ John Hardwig, *Support and the Invisible Family*, Hastings Center Report, 1995, p. 23 – 25.

可以合理地要求家属牺牲利益到什么程度？我们为什么能够要求家人必须付出所有来照顾我、维持我的生命？他的想法是，家人的确有责任在病中相互扶持与照顾，但所谓的牺牲与奉献必须是合理且有限度的，而不是没有底线的道德承担。John Hardwig 认为，如果我们承认人活在关系网络之中，彼此负有责任，那么就不只是家属对病人有责任，病人也应该对家属负责。尤其，当病人的维生医疗给他所关爱的家人造成沉重的身心与经济负担时，便有责任以自己的死亡来免除家人的负担，维护家人的生活品质。其理由在于病人同样也必须善尽其家庭责任，保护家人不受自己的病情拖累，不该因为个人对生之留恋而使家人承受偌大的负担，自私地活下去。John Hardwig 在以下文字中清楚地指出对于家人的责任如何发展死亡义务：

> 家中有人重病是个不幸，这通常不是任何人的过错，没有人需要为此负责。但我们要选择如何回应这个不幸，这才是责任的起始以及过错可能产生的地方。如果我们有家人与关爱的人，那么我们就总是有义务不要对于自己的生命做出自私或以自我为中心的决定。我们有责任试着保护所爱的人免于重大威胁或极度匮乏的生活品质，有责任不要做出会使他们未来陷入危险或受到损害的决定。若只去做那些我们想要的或是对我们自己最好的事情，这通常都是不对的。我们在选择时应该顾全对所有家庭成员而言最好的考量，无论我们生病与健康，这就是我们的义务。出于上述这些责任，死亡义务于焉发展。

(二)家庭应参与医疗决策

总的来说，John Hardwig 是以个人对家人之伦理责任作为死亡义务的来源基础。正因为有责任维护家人的利益，所以当病人的生病状态已经对他的家人或所爱的人造成沉重的生理、心理、社会与经济负担时，病人不但有义务拒绝治疗，甚至有义务以死亡来免除他们的负担，成全家人未来的幸福。但是，源自责任自主的死亡义务具有合理性吗？这其实已经触碰临床医学照顾上的真实难题：我们应该如何平衡个别病人与家庭之间的权益冲突？在进行医疗决策时，若病人的利益与家庭其他成员的利益相冲突，该如何解决？尤其家庭的整体最佳利益往往并不一定是个别病人的最佳利益，到底谁的权益应该被优先保护？

家庭参与医疗决策是一个重要的医学伦理问题，认为家人作为病人的重要关系人，其在医疗决策过程中应扮演重要角色与地位，大部分学者是同意的，但对于家庭或其他重要关系人究竟可以有多大程度的介入以及在利害冲突时该如何取舍，则看法存在分歧。① 当中许多学者仍然采取以病人为中心的预设，②目的是提高个别病人的健康与照顾品质。③ 然而，John Hardwig 却在 *What about the family*？一文中从根本上质疑此预设，并且基于正义与平等考量，主张家庭利益可以优先于病人利益。

John Hardwig 指出，解决家庭利害冲突问题的方式大抵有两种，但都行不通。第一种方式是将其他家庭成员也看成是病人，将问题重新界定为病人之间的利害冲突，但问题是其他家庭成员不一定是处在同样生病状态的病人。第二种方式是将整个家庭看成一个病人，然而这种看法似乎又太过单纯与简单化，因为家庭之中的利害关系，信念与价值之间往往存在非常复杂的纠葛与冲突。因此，John Hardwig 在他接下来的一系列相关文章中试图改变医学伦理的基本预设，以平等、公平、正义与家庭正义等理念作为价值基础，从病人优先到公平对待家庭成员利益，建立以家庭为中心的医疗决策模式，承认其他家庭成员利益在医疗决策当中的道德相关性，主张在保障病人最佳利益的同时必须公平考量其他家庭成员的整体利益；在某些情况下当维持病人健康或延长病人生命与家属的利益之间有冲突时，为平衡家庭的整体利益或减少家属之牺牲，家庭成员的利益应当凌驾于病人的利益，违反病人最佳利益的医疗设计是道德上可允许且必须的，尤其在病人的长期照顾与巨额医疗费用的压力下。John Hardwig 提醒我们反思过去总是以病人利益为优先考虑的论述的合理性，病人不应该拥有特权，站在医疗机构的角度，要公平考虑病人与家人的利益；同样，作为一个拥有自主决定权的病人，在做医疗决策时也要考虑家人的利益，当其生病状态已经对他所关爱的家人造成沉重负担时，便有责任以自己的死亡来免除其负担，成全家庭成员的整体利益。

---

① R. Gilbar, *Family Involvement*, *Independence*, *and Patient Autonomy in Practice*, Medical Law Review, 2011, p. 198.

② J. Blustein, *The Family in Medical Decision-making*, Hastings Center Report, 1993, p. 6 – 13.

③ M. Minow, *Who's the Patient*?, Medical Law Review, 1994, p. 1173.

综上所述,John Hardwig 首先从个体与家人之间的相互关系出发,把之前一直被人们所忽视的个体对于家庭所应当承担的责任内建为自主决定权的要求,从而转变了个体对待死亡的态度:死亡不再是以己为中心的自主选择,而是基于责任的义务使然;然后立基于以家庭为中心的关系自主,强调病人对于家人或重要关系人之伦理责任,恢复了家庭在医疗决策模式中的优先地位,并以病人对他们所带来的负担作为判断是否有死亡义务的主要原则,证成了死亡义务之合理性。

四、死亡义务论对安乐死合法化的启示

医疗科技的进步已经把生命进程变成了医学干预科目,人们似乎对于死亡的时间与方式有了更多的操控与选择,却也让我们反而不知道该如何作出一个正确的决定。本文以 John Hardwig 的死亡义务作为研究的切入点,最终是要为目前正处于高龄化与医疗成本日益沉重的中国社会在面对死亡议题时提供一些具有参考价值的论述方向。

在中国,家庭在医疗决策中扮演的角色通常是被动的,一个人生病,是全家的事,许多病人,尤其是老年人常会干脆将决定权交给家属,由子女做主,自己不表示意见,以维护家庭整体和谐,家属则常常基于传统的孝道,用尽一切可能的医疗措施与资源救到底,设法延长老人的生命体征。然而大多数的结果却使得病人在生命末期得不到安宁,同时也给家属造成物质和精神上的双重负担。类似这种令病人与家属双方都受苦的困难处境是许多学者经常讨论并亟思解决的议题。而 John Hardwig 正是基于对此的担忧,高屋建瓴,以家庭的整体利益与社会的公共利益为追求目标,提出了死亡义务论。死亡义务虽然一开始听起来觉得可怕,但我们认为比较务实的做法并不是马上先去批判这个提议符不符合传统的孝道、尊老、养老等传统家庭伦理等内涵,而是要看它是否能够为现实处境——老龄化趋势明显、老年扶养比急剧增长①、家庭照顾负担逐渐加重——带来具有启发性的思考。

---

① 国家统计局《2014 年国民经济和社会发展统计公报》公布的数据显示,2014 年中国 13.67 亿人口中,60 岁及以上的老人 2.12 亿人,占总人口比例为 15.5%;65 岁及以上人口数为 1.37 亿人,占比 10.1%。预计,从 2015 年到 2030 年,中国老年人口比例将会增加一倍,达 20%,成为世界上老龄化程度最高的国家之一。全面"二孩"政策到了 2050 年也只能使中国老龄化程度降低 2%。

中国社会表面上是依循着以家庭为中心的医疗伦理思维，但实质上受制于传统的家庭和谐和孝道文化。拒绝生命周期的限定性以及死亡的不可避免性，才会使得子女常常不计成本，使用维生医疗救到底，最终导致末期病人成为无效医疗的牺牲品。这些都是社会群体对死亡的局限认知。而死亡义务论的提出，正在帮助我们矫正历史上的偏见：死亡是符合事物发展的自然规律的，生的愉悦和死的坦然都将成为生命圆满的标志。然而，我们如何才能泰然处之地走向死亡呢？我们的生命天生彼此相互依赖，在普遍联系中，唯一让死亡并非毫无意义的途径就是把自己视为某种更大事物的一部分：家庭、社区、社会、国家。末期病人在自主进行医疗决策时，如果考虑其家人所担负的巨额医疗费用和长期照顾带来的身心耗竭，如果考虑整个社会医疗资源的极度短缺和分配不均，以自身自然且必然的死亡实现整个家庭和社会的整体利益，死亡才最终实现了生命的意义。于个体而言，是生命价值的另一种形式体现；于家庭而言，是对家庭负责、关爱家人的最后契机；于社会而言，是牺牲个体、奉献社会的荣誉仪式。

在死亡义务观点的视角下重新鉴识积极的安乐死和医助安乐死行为，本文认为，在目前正处于老龄化和医疗照顾成本日益沉重的中国社会，实施积极的安乐死和医助安乐死不仅是合乎情理的，也应合乎法律。在情理方面，加速病人死亡的积极安乐死行为和医生帮助自杀行为，首先，均是以病人真诚的死亡意思表示为前提，充分彰显和尊重了病人在医疗情境中的生死态度和自主意愿。其次，帮助病人承担了死亡对于家庭和社会整体的责任和义务，实现了生命的最终社会价值。在法律方面，末期病人基于对家庭和社会的责任和义务所选择的有意义的死亡方式，从根本上并不会对社会造成任何重大的危害结果，国内 1986 年的安乐死第一案①最终也是以社会危害性不大、情节显著轻微为由被宣判无罪。从宏观及长远考量，社会群体能够正视死亡，并且基于对死亡价值的正确理解从而自主选择对于个体、家庭以及社会有所裨益的死亡方式，是不应当被

① 1986 年，陕西汉中某厂职工王某成的母亲夏某文因长期患肝病，病危难愈，主治医生蒲某升在王某成的再三请求下，给病人注射了 100 毫克复方冬眠灵，加速了夏某文的死亡。检察院以故意杀人罪对二人提起公诉，一审法院作出无罪判决，但检察院抗诉，最终二审法院裁定维持原判，二人终被无罪释放。

法律所严格禁止和实际惩罚的。

五、余论

随着中国社会老龄化问题日见突出以及逐渐上升的民众接受度,安乐死合法化的问题将会继续被学界深入讨论。考虑到我国的传统和国情,安乐死在中国的合法化将具有更大的挑战性。① 虽然本文在死亡义务论的启示下,为安乐死的合法化问题寻找到了另外一条妥当的解释路径,但不得不承认的是,安乐死的合法化之路在我国依然任重而道远。中国将迈入中度老龄化社会,当务之急是推进临终关怀组织的发展,对于那些既不愿放弃治疗,又承受巨大病痛折磨的患者,在其生命弥留之际给予鼓励和陪伴,既使患者获得平静,又减轻家属的精神负担。②

① 参见张娇等:《国内外安乐死立法进展研究》,载《医学与法学》2022 年第 4 期。

② 参见付子堂、王业平:《法律家长主义与安乐死合法化的范围界限》,载《法学杂志》2021 年第 3 期。

●骗取贷款罪的修法反思与限缩适用

陈　璐　豆晴晴*

一、引言

骗取贷款罪在设立之初是为了完善我国的罪名体系，弥补规制贷款类犯罪的漏洞。并在2006年通过的《刑法修正案（六）》增设了本罪。但由于在适用过程中未及时出台明确、精细的司法解释，刑法理论界和司法实务界对本罪保护的法益、犯罪性质和构成要件及法条中“重大损失”“其他严重情节”等的理解均存在不同的认识，在无形中导致了司法裁量权的扩张，也造成“同案不同判”的问题。2021年3月1日正式实施的《刑法修正案（十一）》，对骗取贷款罪做了进一步修改。删除了骗取贷款罪第1款中“其他严重的情节”，仅保留了“造成重大损失”的规定。此次修改有必要重新审视该罪的立法宗旨以及衍生的新的理论问题，本文主要分析骗取贷款罪的法益内容、犯罪构成及犯罪性质，从而科学划定本罪的规制范围。

二、法益保护视角下骗取贷款罪的修法反思

《刑法修正案（十一）》对于骗取贷款罪的修改势必会引起保护法益的内容、犯罪构成、犯罪性质等问题的变动。掌握最新变动是如何理解两款法条之间的关系、限制本罪规制范围的基础。因此，有必要对修正后的骗取贷款罪的法理进行梳理。

---

* 陈璐，河南财经政法大学刑事司法学院副教授，法学博士；豆晴晴，河南财经政法大学刑事司法学院硕士研究生。

(一)基于保护信贷资金安全修正骗取贷款罪

《刑法修正案(十一)》出台以前,骗取贷款罪主要是填补法律漏洞。鉴于金融领域蓬勃发展,安全问题日益严峻,而现有法律主要规制行为人在主观上具有"非法占有目的"的犯罪。对于一些为增加企业流动资金,扩大生产经营的企业,申请贷款时虽存在一些违规行为,但是很难界定行为人一开始就具有非法占有金融机构资金的目的。因此,在司法实务中,对于该领域的犯罪规制比较混乱。为了加大对金融犯罪的处罚力度,弥补立法上的不足,增加了本罪。而本罪在适用中因保护法益不明确、构成要件模糊、犯罪性质等方面存在诸多分歧,在规制范围上过于宽泛,并未明显起到预防或者威慑企业的犯罪活动,反而可能更不利于经济的发展。想要确定骗取贷款罪的处罚范围,首先取决于对本罪保护法益的认识,然后才能根据保护法益确定本罪的实行行为,进而解决有关处罚范围等的争议问题。①

刑法理论界对于骗取贷款罪保护的法益主要有以下观点:(1)骗取贷款罪保护的法益是贷款秩序,具体包括信贷资金所有权、信贷资产的安全、贷款使用的整体效益。② (2)金融机构的信贷资金安全是唯一的法益,银行等金融机构是否安全,一看是否造成实际损失,二看是否形成贷款风险(潜在的损失),其最低的入罪标准应限定为形成贷款风险,危及贷款安全。③ (3)以信用为主的金融交易秩序是骗取贷款罪要保护的法益。④ (4)骗取贷款罪保护的法益是,金融机构对贷款资金的所有权。⑤以上观点都有一定道理,但正是因这些观点或多或少都有其存在的依据,而又未及时出台相应的司法解释,才模糊了该罪的认定界限。

修正后的骗取贷款罪更加注重惩治给金融机构造成重大损失的结果,可以解读为本罪保护的法益是信贷资金安全(造成实际损失)。从以下两个方面进行理解:首先,从立法原意的角度讲,立法者旨在限缩本罪

---

① 参见张明楷:《骗取贷款罪的保护法益及其运用》,载《当代法学》2020年第1期。

② 同上。

③ 参见孙国祥:《骗取贷款罪司法认定的误识与匡正》,载《法商研究》2016年第5期。

④ 参见柳忠卫:《骗取贷款、票据承兑、金融票证罪疑难、争议问题研究——兼论我国刑法立法模式的完善》,载《法学评论》2009年第1期。

⑤ 参见郝川、欧阳文星:《骗取贷款罪:反思与限定》,载《西南大学学报(社会科学版)》2018年第3期。

的适用,就要明确本罪的保护法益。犯罪的本质是行为对法益的侵害,而“法益”在刑法学视域内具有明确特定罪名规范保护目的的功能。明确了本罪保护的法益,司法适用的范围自然就得到了限制。本罪删除了“其他严重的情节”,仅保留“造成重大损失”的规定更有利于正确区分违约与违法、违法与犯罪的关系,从而更加审慎处理涉民营企业融资案件,更好地落实党中央、国务院关于完善产权保护制度的规定。① 其次,站在保护民营企业发展的角度看,近几年国家加大保护民营企业的发展。2019 年 2 月 14 日,由中共中央办公厅、国务院办公厅发布的《关于加强金融服务民营企业的若干意见》中,要求积极支持民营企业的融资。2020 年最高人民检察院《关于充分发挥检察职能服务保障“六稳”“六保”的意见》中更是对在办理骗取贷款罪时,哪些情况作为犯罪处理,哪些情况不作为犯罪处理做了规定。这一系列的政策都在为激活企业长久发展做了坚实基础,而明确骗取贷款罪保护的法益在保护企业发展的过程中至关重要。

(二)本罪修改后司法适用中已有或可能出现的问题分析

1.“重大损失”是本罪的构成要件结果

修正后的骗取贷款罪将“造成重大损失”作为本罪的唯一入罪门槛,对于本罪的犯罪构成内容需要重新审视,以便准确定罪。

“重大损失”是不是本罪的构成要件,曾有以下论断:其一,“重大损失”属于客观处罚条件,行为人的骗取行为已能被本罪规制,损失出现与否不影响定罪。② 其二,“重大损失”属于客观超过要素,行为人的主观心态不必与“欺骗手段”相同。③ 其三,“重大损失”属于构成要件结果,只有造成重大损失才是本罪的最终环节,“取得贷款”只代表行为人欺骗手段成功实施。④

通说认为“重大损失”属于客观处罚条件,但不是本罪的构成要件。骗取贷款的行为和造成损失之间不具有直接的因果关系,不能直接导致

① 参见刘宪权:《金融犯罪最新刑事立法评论》,载《法学》2021 年第 1 期。

② 参见张明楷:《骗取贷款罪构造》,载《清华法学》2019 年第 5 期。

③ 参见柳忠卫:《骗取贷款、票据承兑、金融票证疑难、争议问题研究——兼论我国刑法立法模式的完善》,载《法学评论》2009 年第 1 期。

④ 参见周铭川:《论骗取贷款罪的行为构造——兼与张明楷教授、孙国祥教授商榷》,载《中国刑事法杂志》2020 年第 1 期。

重大损失的发生，其结果具有偶然性，在行为人认识之外，不是构成要件要素。持此观点的学者认为，该结果的发生与否不影响行为的不法与责任，当行为人不具备客观处罚条件时，其行为依旧属于犯罪，只是不处罚而已。主张“重大损失”属于客观超过要素的学者认为，本罪在客观方面表现为“取得银行的贷款”，“取得”表明行为已经造成一定的结果，造成重大损失属于法定结果之外的客观超过要素，行为人对造成重大损失的危害结果认识与否不影响其犯罪故意的成立。“重大损失”无论是客观处罚条件，还是客观超过要素，其前提是行为人用欺骗的手段取得贷款就已经在行为人的故意认识之内，只是主张客观处罚条件的学者认为，取得贷款时已成立了本罪；主张客观超过要素的学者认为，“重大损失”并不一定在故意的认识之内，属于法定结果之外的客观超过要素。

此外，有学者对于“重大损失”作为本罪的构成要件结果持不同意见。若将“重大损失”作为骗取贷款罪的构成要件结果会存在以下问题：一是诈骗罪不可能是过失犯罪，骗取贷款罪属于诈骗类犯罪，也只能是故意犯罪，若“重大损失”是构成要件结果，则需要行为人对“重大损失”具有故意，就符合了贷款诈骗罪的主客观要件，两者之间有重合；二是认为在以“取得贷款”为前提的情况下，如果“重大损失”是构成要件结果，就不能说明骗取贷款罪的既遂时间点；三是在“取得贷款”这一背景下，认为若“重大损失”是构成要件结果，不能解释共犯现象。①

对于上述前两种观点的讨论和争议虽然也存在一定价值，但是对修正后的骗取贷款罪来讲，“重大损失”作为基本罪的入罪门槛，是构成要件结果已成为主流观点。对于将“重大损失”作为本罪的构成要件结果是否必须存在故意仍然具有讨论的价值。首先，笔者认为，修正后的骗取贷款罪以保护信贷资金安全为具体法益内容，对本罪的认定并非以行为人取得贷款为基准，而应以骗取贷款后不归还本息的事实为依据。“重大损失”是骗取贷款罪的构成要件结果，行为人的欺骗行为与该结果之间必须具有因果关系，只有给本罪造成实质性的损失才能认定犯罪既遂。② 其次，“重大损失”作为骗取贷款罪的构成要件结果，是过于自信的过失，不

① 参见张明楷：《诈骗犯罪论》，法律出版社 2021 年版，第 1096～1098 页。

② 参见黄汉勇：《骗取贷款罪的法律适用问题探讨》，载《法制论丛》2008 年第 2 期。

一定以故意为基础。比如,我国《刑法》第129条规定的“丢失枪支不报罪”。该罪有两个行为方式,对于“丢失枪支”认为是过失,对于“丢失枪支后不上报”则认为是故意。传统观点认为该罪是故意犯罪,因其具有严重的社会危险性,而且立法者也着重处罚后一种行为。就本罪而言,行为人采用欺骗的手段骗取贷款是故意,对于造成重大损失则出于过失,而损失的出现又与骗贷行为有因果关系,立法者出于对民营企业的保护只处罚后者也是可以理解的,因此,笔者认为并不一定要苛求行为人对“造成重大损失”存在故意。若实务中能够认定行为人对“重大损失”存在故意,完全可以以贷款诈骗罪等罪名进行处罚。并且修正后的骗取贷款罪将认定该罪既遂放在了“造成重大损失”上,则说明仅“取得”而未造成重大损失的情况就不认定为犯罪,这与本罪的立法原意相吻合。

2. 本罪应定性为结果犯

本罪修改后,从保护信贷资金安全的视角,需要重新审视本罪的犯罪性质,并且已有的追诉标准也难以适应新修正的本罪。因此,对于新出现的问题应当及时进行调整,使其与立法和司法在逻辑上保持一致。

本罪在修改前,对于骗取贷款罪的性质有以下观点:(1)有学者认为本罪是结果犯。① 行为人采用欺骗的手段,取得金融机构的贷款就构成本罪的既遂。(2)也有学者认为本罪既是结果犯,又是情节犯。② 除了给金融机构造成损失以外;未造成损失,但有骗取数额较大、多次骗贷等情节的也认定为骗取贷款罪。(3)还有学者认为本罪是行为犯。③ 即只要实施了骗取贷款的行为,无论是否造成损失都已构成了本罪的既遂。

此次修改后,以“重大损失”为构成要件结果,本罪作为结果犯是主流观点。首先,本罪不再是情节犯,《刑法修正案(十一)》删除了本罪第1款中“其他严重情节”,仅保留“造成重大损失”的规定。从犯罪构成的角度讲,本罪的入罪门槛是“造成重大损失”,对于未造成重大损失,但有其他严重情节的犯罪,不再认定为本罪。因此,《关于公安机关管辖的刑事案件立案追诉标准的规定(二)》第27条的规定中,第1、3、4款规定的“数

---

① 参见黎宏:《刑法学各论》,法律出版社2016年版,第131页。

② 参见黄汉勇:《骗取贷款罪的法律适用问题讨论》,载《法治丛论》2008年第2期。

③ 参见徐竹芃:《试论骗取贷款、票据承兑、金融票证罪》,载《法律适用》2008年第1期。

额犯”“情节犯”等应作进一步修改，与立法宗旨保持一致。其次，本罪也不可能是行为犯。所谓行为犯是指只要实施了构成要件行为就构成犯罪既遂。① 从立法原意讲，对本罪的修改旨在限制规制范围，防止司法裁量权进一步扩大。若行为人采用欺骗的手段，并未取得贷款或者造成金融机构重大损失，就不宜认定为骗取贷款罪。最后，骗取贷款罪定性为结果犯，与本罪保护法益内容相契合。若以行为犯或者情节犯定性，势必会扩大本罪的惩治范围，违背立法宗旨，也会导致司法认定上的混乱。

3. 修正后的两款法定刑之间不存在逻辑冲突

本罪删除了“其他严重情节”后，改变了两款法定刑之间对应平衡的关系。因此，产生新的疑问是：第1款与第2款在适用上是否存在逻辑上的冲突？抑或是否可以直接适用第2款中“或者其他特别严重情节”的规定？毕竟“重大损失”作为基本罪的唯一入罪门槛，以结果为要件，但是第2款中并未删除“其他特别严重情节”的规定，适用时是否会产生矛盾？在笔者看来，“重大损失”作为本罪的入罪条件，以结果为要件，第2款中的加重情节也应是结果犯，“其他特别严重情节”是建立在“造成重大损失”的基础之上。即骗取贷款罪的行为必须造成重大损失，然后在此基础上，进一步考虑损失的大小、骗取贷款次数的多少等因素，加重对行为人的处罚。② 对于实践中未造成金融机构重大损失，但是具有骗取金额较大、多次骗贷等情节的，不认定为本罪。将“重大损失”作为骗取贷款罪的定罪条件，无论是否有其他特别严重的情节，均无法构成该罪的基本犯，更不能直接适用加重的法定刑，因此不能直接以本罪第二档刑罚中的“有其他特别严重情节”定罪处罚，③从而将一些未造成重大损失的情节犯排除在本罪之外，也正好与立法者旨在限缩本罪适用上的理念相契合。

三、骗取贷款罪的限缩适用

立法机关增设“骗取贷款罪”时旨在填补法网的漏洞，但无形中也扩

---

① 参见高铭暄、马克昌主编：《刑法学》(第8版)，北京大学出版社、高等教育出版社2017年版。

② 参见肖中华：《骗取贷款罪的司法困境及立法完善建议》，载《法治研究》2020年第6期。

③ 参见孙谦：《〈刑法修正案(十一)〉的理解与适用》，载《人民检察》2021年第8期。

大了刑事法网的惩治范围。如果对所有骗取贷款的行为一律以本罪定罪处罚,可能会让本罪沦为宽泛的“口袋罪”。刑法作为现代社会惩治犯罪最后且严厉的手段,要避免过度化的倾向。《刑法修正案(十一)》对骗取贷款罪的修改,目的是更加准确规制本罪的惩治范围,限缩本罪的适用,防止公权力干涉私权。

(一)提供足额真实担保不宜入罪

骗取贷款罪侵害的法益为金融机构的信贷资金安全,认定骗取贷款罪应以本罪保护的法益为导向,以行为是否对信贷资金安全造成实际侵害为准。在学术界,有学者认为,判断是否构成犯罪、构成何罪,要严格按照罪刑法定原则以及犯罪构成予以认定,无须考虑与犯罪构成无关的事实。[①] 此种观点认为该罪行为人只要符合犯罪构成要件,无论是否能够追回,就已经构成了骗取贷款罪。有学者对其持否定的态度,认为“若担保真实有效且足额,一旦贷款人无法偿还贷款,银行可以通过担保进行债务清偿……只要金融机构的贷款本息全部得以清偿,就根本不存在什么损失,未达成本罪的结果要件,故不构成骗取贷款罪”[②]。因此,提供了真实足额的担保,未造成金融机构的实际损失,就不成立本罪。在司法实践中,这一观点也得到过支持,如最高人民法院给广东省高级人民法院《关于被告人陈岩骗取贷款请示一案的批复》([2011]刑他字第53号)指出:骗取贷款罪,虽不要求行为人具有非法占有目的,但需以危及金融安全为要件。被告人陈岩采用欺骗手段获取贷款的数额虽然特别巨大,但其提供了足额真实抵押,未给银行造成损失,不会危及金融安全。陈岩的行为不属于《刑法》第175条之一的规定,不构成犯罪。笔者认为,若行为人提供了真实足额的担保,就不宜再认定为该罪。将有真实偿还能力,或者提供了真实足额担保等行为都认定为骗取贷款罪,无疑会扩大打击犯罪的范围,违背了该罪立法的初衷。刑法过度化,必然会造成社会的负担。因此,对于那些还不值得动用刑法评价的行为,虽然给予了否定评价,可以交由前置法加以规制。

---

① 参见李鹏飞:《有担保情形下骗取银行贷款应定何罪》,载《人民检察》2015年第6期。

② 江奥立、杨兴培:《犯罪二次性违法特征的理论与实践再探讨》,载《汉江学术》2016年第5期。

（二）案发前已还本付息不应作犯罪处理

在实务中还存在贷款人采取欺骗的手段获取金融资金，但案发前已主动还本付息，对于该种情况是否认定为骗取贷款罪未形成统一认识。在理论界，有观点认为，行为人采用欺骗的手段取得贷款，危及金融机构资金的风险已经形成，其偿还本息的行为不是本罪的违法阻却事由，但可以作为从轻处罚的情节予以考量。在司法实践中也有大量的判决是将此种情况认定为骗取贷款罪，如李某洋、唐某某骗取贷款案件。[①] 也有学者认为，行为人在申请贷款的过程中，若存在一定的欺骗行为，但其目的正当，案发前又能弥补金融机构的损失的，并未造成金融机构实际损失，不宜再以犯罪论处，即认为行为人在案发前主动归还本息的骗贷行为不构成犯罪。[②]

笔者赞成后一种观点。本罪经过修改后，更注重是否给金融机构造成实害结果。对于此类案件，行为人在案发前能够主动偿还贷款本息，本罪所要规制的风险其实已经得到有效排除，换言之，该罪要保护的法益在客观上已经得到修复，其案发前主动归还的行为类似于犯罪中止，对于中止犯，没有造成危害结果的或者自动有效防止结果发生的，应当免除处罚，因此，对于此类案件可以不起诉或者起诉后免除处罚。[③] 笔者认为，若行为人的行为没有达到启用刑法的程度，应遵循刑法谦益性原理，不应将其认定为犯罪。对于一个企业而言，如果其向金融机构提供了虚假材料骗取了贷款，在其案发前偿还了本息，仍然被认为是犯罪，是十分重大的打击。一方面，要面临严厉的刑事处罚；另一方面，可能会面临倒闭的风险。即使有幸存活下来，在今后的融资以及交易合作等方面也面临巨大的挑战。

若司法实务界坚持申请贷款程序的“圣洁化”，不仅可能导致犯罪的扩大化，产生一系列的负面影响，不利于民营企业的发展，甚至可能使本

---

① 参见宁夏回族自治区银川市西夏区人民法院刑事判决书，（2017）宁0105刑初149号。

② 参见孙国祥：《骗取贷款罪的司法认定的错误与匡正》，载《法商研究》2016年第5期。

③ 参见孙国祥：《骗取贷款罪的司法认定的错误与匡正》，载《法商研究》2016年第5期。

应发挥惩治犯罪的最后一道严厉的防线前置化。而且,我国大多数企业的特点是“人企一体”,一旦企业有涉刑事风险的案件,企业就会面临破产的风险。故在笔者看来,对于那些有一定的经济实力,虽存在一些违规行为的行为人来说,倘若能够及时填补金融机构经济的损失,就不应再认定为犯罪。

(三)为“倒贷”提供虚假材料不宜认定为犯罪

所谓“倒贷”是指办理新的贷款偿还旧贷的一种形式,又称“借新还旧”。此类贷款往往由银行主导,银行的分行指派某支行将该行及其他支行即将沦为不良贷款的贷款接盘,是银行为了粉饰资产状况、降低不良率,采取“挂息还本”的“倒贷”商业策略。司法实践中对于行为人最初是合法取得金融机构的资金,但后期资金一时难以周转,为了“倒贷”采用欺骗的手段取得信贷资金,这种“以贷还贷”的方式是否构成本罪存在争议。主流观点认为,行为人为“倒贷”提供虚假材料骗取的贷款适用于偿还旧贷仍然构成骗取贷款罪。

笔者对上述观点持相反意见,行为人为“倒贷”提供虚假材料不宜认定为犯罪。首先,“倒贷”是在银行的主导下进行的,银行放贷人员明知前因后果,因此不可能受到欺骗。并且,最高人民法院、中国人民银行、银监会达成共识:“借新还旧”本质上是对首贷、首签合同还款期限的变更,是原借款合同的展期,不是全新的贷款或者承兑汇票,更不是骗取贷款或者承兑汇票。其次,行为人并未增加新的贷款资金,未造成银行或者其他金融机构的损失,“倒贷”只是延长了原借款合同的期限。最高人民法院对银行与企业之间借款担保合同纠纷案的裁判观点认为:“借新还旧”是作为债权人的金融机构又与债务人订立协议,向债务人发放新的贷款用于归还旧的贷款,原有的债权债务关系仍然存在,只是在客观上以新贷形式延长了旧贷的还款期限,“借新还旧”本质上是旧贷的一种特殊形式的展期,并不是新的贷款。[①] 因此,此种行为不宜认定为犯罪。

(四)改变贷款用途不宜入罪

行为人取得贷款后未按约定使用贷款的行为是否构成骗取贷款罪,在笔者看来不能一概而论,还需要进行实质性的分析。从保护法益的角

---

① 参见最高人民法院民事判决书,(2008)民二终字第81号。

度出发,立法者注重保护金融机构的信贷资金安全,是否动用刑法规制上述行为还需看该行为对本罪的法益有没有造成实质性的风险。

行为人改变贷款用途实际上考虑是否给银行或者其他金融机构资金造成损失。可以从以下两种情况进行分析:一种情况是,行为人取得贷款后虽改变贷款用途,但未用于个人使用或者非法经营并有足额担保,不会给信贷资金造成实质性的风险。在整个申请贷款的过程中存在的一些违规行为或者申贷成功后的违反合同约定行为,不应作为犯罪处理,交由民商法、行政法加以规制更加合理。另一种情况是,行为人改变贷款用途将其用于高风险领域,最终导致无法偿还银行或者其他金融机构贷款,该行为已经侵害了骗取贷款罪的法益,对其动用刑法加以制裁才算实至名归。

(五)未陷入错误认识不得入罪

骗取贷款罪作为诈骗类犯罪,其罪状具有高度的概括性,由于相关的司法解释和指导性案例迟迟没有发布,该罪在认定的过程中存在不确定性,突出表现为"重欺骗手段""轻因果关系",忽视对被害方是否"陷入错误认识"的考察,机械地套用该罪的追诉标准。① 正是因为本罪在此方面的界定不够明确,故该罪在陷入错误认识的手段和人员方面界定不一。对于行为人是否陷入错误认识,一方面要考虑陷入错误认识的时间点,另一方面要探讨骗取贷款罪中哪些人陷入错误的认识才能算得上有入罪的可能?是只要行为人提供了虚假材料就会使其陷入错误的认识吗?还是银行等金融机构的工作人员陷入错误认识就构成本罪呢?

首先,行为人只要实施欺骗的手段就算得上本罪的"欺骗"?有观点认为,行为人在申请贷款的过程中只要存在虚构事实、隐瞒真相的行为,就认为是欺骗。笔者不赞成上述观点,本罪中的"欺骗"不应仅停留在行为人实施了欺骗手段,而应注重考虑该行为是否让信贷工作人员陷入了错误认识,当其陷入错误认识并发放贷款才算得上欺骗手段的完成。金融机构审核贷款人资质的范围主要涉及贷款用途、还款能力和担保情况。对于行为人伪造一些非关键性的材料,不足以使信贷工作人员陷入错误认识,或者明知行为人申请贷款的材料虚假仍然发放贷款,不是本罪的欺

---

① 参见王新:《骗取贷款罪的适用问题和教义学解析》,载《政治与法律》2019年第10期。

骗行为，不应该认定为本罪。

其次，贷款审批环节涉及人员较多，哪些人陷入错误认识才算得上有入罪的可能？有观点认为，银行工作人员是职务行为，能代表银行，只要工作人员明知材料是虚假的，视为银行明知，借款人不属于欺骗；相反观点认为，某个工作人员（包括行长）不能代表银行，只有经过集体决策才能代表银行的意志。笔者赞成后一种观点，认为某一个工作人员不能代表银行。虽然银行或者其他金融机构的活动和意志是借助工作人员来实现的，但是银行贷款审批程序繁杂，需要经过调查、审查、审批等环节，每个工作人员工作内容有所不同，只有经过贷审会的集体决策才能代表银行的意志。若一般工作人员能够代表银行的意志，贷款人很容易与某个工作人员串通，而又不能认定银行受到欺骗，不利于金融行业的发展。

四、基于刑法谦抑性进一步完善骗取贷款罪

2020年7月最高人民检察院发布的《关于充分发挥检察职能服务保障"六稳""六保"的意见》。该意见从保护企业正常生产经营出发，认为对行为人在申请贷款的过程中存在的一些违规行为，未造成金融机构实质性损失的，一般不作犯罪处理。对于经济型犯罪若用更加严厉的刑罚加以规制，其威慑力是有限的。市场活动中经济犯罪的本质是一种超越市场规范的界限而牟取超额利润的行为。[①] 许多国家对于经济型犯罪的惩治，往往把重点放在财产刑的处罚上，如罚金、没收财产，少数经济犯罪适用短期监禁刑。但是，我国刑法还存在对经济型犯罪适用死刑的规定。由此看出，我国对经济犯罪的规制任重道远。就本罪而言，笔者认为，其修正仍有进步的空间。王新教授指出："可以考虑从刑事政策的角度，给骗取贷款罪的司法适用在'后端'设置一个'出罪口'。"[②]换言之，行为人在申请贷款的过程中若采用了欺骗的手段获得贷款，但情节显著轻微，又能及时规避银行贷款损失的，可以不作为犯罪处理。

本罪经过修改后，提高了入罪标准，即给银行或者其他金融机构造成重大损失，有助于金融行业避免不必要的刑事风险，促进经济的发展。除

① 参见高铭暄、赵秉志：《刑法总论比较研究》，北京大学出版社2008年版，第206页。

② 王新：《骗取贷款罪的适用问题和教义学解析》，载《政治与法律》2019年第10期。

此之外，为鼓励民营企业更好发展，并且能够有效防止司法资源浪费的一个行之有效的方法就是给有发展前景、有实力的企业一个改过自新的机会。这一点和最高人民检察院推行的“企业合规制度”不谋而合，企业合规不只是关注企业是否合法经营，更重要的是在刑事政策上对企业合规给予激励，即具有一定的出罪和免除处罚的机会。企业合规的根本要义不在于处罚，而是通过制度优化社会环境，从而消除犯罪的土壤。骗取贷款罪从预防犯罪的角度出发，与企业合规的理念相契合，其目的是要挽救涉案企业，营造法治化的营商环境。姜涛教授认为，骗取贷款罪的修正要基于刑法的谦益性原则，正确处理刑法与民法的边界，考虑采用“首犯免责条款”，注重强化犯罪后的合作，致力于恢复被破坏的法益，而不是单纯的报应或者预防。[①] 并且“首犯免责条款”已在逃税罪中有所体现，更是给本罪进一步的完善提供了借鉴。

笔者比较赞同上述观点，首先，首犯免责条款的目的是以犯罪化保障非犯罪化的实现，对于《刑法》中逃税罪采用首犯免责条款来说，一方面给涉案人员或者单位一个改过自新的机会；另一方面对于不接受税务机关做出的行政处罚决定，没有悔罪意识的，仍要追究刑事责任。这种做法不仅能激励行为人积极配合，弥补损失，确保恢复法益，也体现了刑法的谦益性。其次，刑法的目的是保护法益、保障人权，当有其他方式可以弥补损失的时候，刑法就不要操之过急，应将其作为最后且最有效的手段来惩治犯罪。对于本罪而言，其目的是保障金融机构信贷资金安全，倘若行为人在下达还款通知后能够及时归还，不应再追究其刑事责任，才更有利于企业及市场经济的发展。因此，为了让骗取贷款罪更好地贯彻立法理念，更有助于维护民营企业经济发展的营商环境，骗取贷款罪在未来修法中也可以采用首犯免责条款，即将《刑法》第 175 条之一修改为“有第一款行为的，经银行或者其他金融机构下达还款通知后，及时返还贷款和本息，已受行政处罚的，不予追究刑事责任”。

五、结语

骗取贷款罪在司法实务中表现存在泛滥化风险，其犯罪构成具有较

① 参见姜涛：《基于刑法谦益理念修正骗取贷款罪》，载《检察日报》2020 年 11 月 23 日，第 3 版。

强的概况性,主要在于该罪的立法目的与司法解释不够清晰,保护法益不够明确,致使该罪的司法裁量权扩大的情况出现。《刑法修正案(十一)》对本罪的修改也是出于对本罪在司法实践中出现问题的合理反思。骗取贷款罪经过本次修改后,客观处罚标准变得更加明确。基于保护金融机构信贷资金安全的视角,对骗取贷款罪的构造进行解读,阐明本罪的保护法益、犯罪构成以及犯罪性质等法理问题,本罪在司法适用中才能准确定罪量刑。

●不法内涵、制裁体系与刑罚目的：收买罪之立法完善的三个维度

曾 聪*

在第十三届全国人民代表大会第五次会议上，时任最高人民法院院长周强明确表示，要严惩“收买被拐卖妇女儿童等犯罪，及时发布典型案例，强化对被拐卖妇女儿童的司法保障”；①时任最高人民检察院检察长张军也指出：“对收买被拐卖妇女儿童犯罪坚决依法追诉、从严惩治。”②最高司法机关释放的强烈信号，意味着“是否需要加强对收买被拐卖妇女、儿童行为的处罚力度”这一问题，国家层面已经有了较为明确的态度。然而司法层面的进步也要依托立法层面的完善。

一、《刑法》第241条立法完善的基本要点

是否应当提高收买被拐卖妇女、儿童罪的法定刑，已经成为当下刑法学界的争论焦点。相对于拐卖妇女、儿童罪，该罪最高3年有期徒刑的法定刑着实“相形见绌”，在刑法分则体系中，甚至低于非法购买濒危、珍贵野生动物罪的刑罚，暂且不论这种比较的合理性，至少在表象上，该罪的法定刑是不协调的。③ 本文认为，既然收买被拐卖的妇女、儿童的刑事制裁体系在实务中发现了问题，并且最高司法机关已经明确表态加大处罚

---

* 曾聪，中国政法大学刑事司法学院博士研究生。

① 周强：《最高人民法院工作报告——二〇二二年三月八日在第十三届全国人民代表大会第五次会议上》，载《人民日报》2022年3月16日，第2版。

② 张军：《最高人民检察院工作报告——二〇二二年三月八日在第十三届全国人民代表大会第五次会议上》，载《人民日报》2022年3月16日，第2版。

③ 参见周光权：《法典化时代的刑事立法》，载《中国法学》2021年第5期。

力度，那么立法层面也应当作出理性的回应，为司法实务提供更具可行性的规范依据，以更好地保护妇女儿童的合法权益。从刑法的历史发展来看，刑法改革就是要影响人的固有思想，并通过“消除社会冲突来实现犯罪预防”。[①] 在这场“是否应当提升法定刑”的论战中，我们可以总结出修法中应予考量的重点问题。

（一）个罪不法：被遗漏的重点

不法，是指符合构成要件并且具备违法性的举止。[②] 不法的内涵，“系决定于该行为人的行为非价与结果非价”。[③] 而责任旨在解决刑罚与不法的关系问题。[④] 按照现代主流的责任理论的并合主义，责任可以分为罪责与预防必要性两个部分，前者划定刑事可罚性的上限，后者可以在罪责的范围内“做减法”。[⑤] 对于收买被拐卖的妇女、儿童罪而言，该收买行为的不法有没有得到合理全面的评价，是评价该罪应否提高法定刑的关键问题。

罗翔教授以《刑法》第341条非法买卖珍贵、濒危野生动物罪的法定刑为比较对象，认为刑法对于对买卖人的保护还不如买卖动物，进而得出收买被拐卖的妇女儿童罪法定刑偏低的结论。[⑥] 这其实就是对刑法分则各罪之不法内涵的解读。但是反对派的观点似乎引导这场论战走向了值得商榷的方向，例如，柏浪涛教授认为罗翔教授的论证是一种当然解释，但是“当然解释的推理规则是，两个事项必须是性质相同、程度不同的关系”。[⑦] 我们暂且不论当然解释是否必须遵循这样的规则，至少罗翔教授主要是质疑立法者对于收买被拐卖的妇女、儿童罪的不法（包括行为不法

---

① 参见［德］汉斯·海因里希·耶塞克、托马斯·魏根特：《德国刑法教科书》，徐久生译，中国法制出版社2017年版，第62页。

② 参见［德］乌尔斯·金德霍伊泽尔：《刑法总论教科书》（第6版），蔡桂生译，北京大学出版社2015年版，第48页。

③ 林山田：《刑法通论》（增订10版），北京大学出版社2012年版，第244页。

④ 参见黄荣坚：《基础刑法学》（上），台北，元照出版有限公司2012年版，第593页。

⑤ 参见［德］克劳斯·罗克辛：《德国刑法学总论》（第1卷），王世洲译，法律出版社2005年版，第556页及以下。

⑥ 参见罗翔：《我为什么还是主张提高收买妇女儿童罪的刑罚？》，载微信公众号“罗翔说刑法”2022年2月7日，https://mp.weixin.qq.com/s/UUwTBaeSCU5Rw_fSKNSZMw。

⑦ 柏浪涛：《收买罪是否需要提高法定刑？》，载微信公众号“雅理读书”2022年2月9日，https://mp.weixin.qq.com/s/c24G5_Oj-iFA_FEtL6yRbA。

与结果不法)是否做到充分合理的评价。既然收买被拐卖的妇女、儿童罪与非法购买珍贵、濒危野生动物罪可能存在保护法益不同质的问题,那么为什么不把眼光投向与收买被拐卖的妇女、儿童罪属于同一类罪的非法拘禁罪或者拐卖妇女、儿童罪?① 本文第二部分将详细对比前述罪名,进而明确收买被拐卖的妇女、儿童罪的不法内涵。

(二)整体视角:失灵的刑事制裁体系

车浩教授认为,不能以孤立的视角看待收买被拐卖的妇女、儿童罪,因为《刑法》第241条的6款条文构成了一个整体,并且基于强奸、拘禁等后续行为发生的高度盖然性,至少在条文设计的理想层面,该6款条文整体构成了重罪。与此同时,实施了收买行为,但后续并未实施任何伤害行为的极少数人,也可以得到合理的刑罚处罚。② 前述观点有合理性,但是必须建立在相当多的前提之上。首先,《刑法》第241条第2款至第5款,在条文性质上属于注意规定还是法律拟制?③ 如果这4款条文只是注意规定,就意味着该条文本身只是对司法者的提示,将其剔除出刑法典对于该罪的刑事规制也不存在任何影响。其次,如果《刑法》第241条第2款、第3款,并没有降低伴随收买行为和具有高度盖然性的强奸、拘禁等行为的构成要件认定标准,且考虑被收买人身处的不利困境,能否保证规范层面的理论推导能落实到实务层面的司法判决。即使司法与行政体制亟待改革,立法意旨与实务现状必然存在差距,但该差距不能过大。最后,既然从整体视角看待《刑法》第241条,那么收买被拐卖的妇女与收买被拐卖的儿童,其后续危害行为是否存在不同,以及二者在不法层面是否存在区别,都是应当厘清的问题。

(三)现实维度:避免刑罚目的之落空

陈金林教授认为:"好的动机不一定能确保好的效果,出于保护被收买者的动机提高法定刑,不一定能(当然也不一定不能)促成好的保护效果;法定刑提高与否的现实效果,要在边际上进行观察,看在既有的法定

① 根据我国通说,这三个罪名都是侵犯公民人身自由权利的犯罪。参见高铭暄、马克昌主编:《刑法学》(第10版),北京大学出版社2022年版,第459页。

② 参见车浩:《收买被拐妇女罪的刑罚需要提高吗?》,载微信公众号"尚权刑辩"2022年2月8日,https://mp.weixin.qq.com/s/3v0hJmdlAd4_pGeW8nA1fw。

③ 参见张明楷:《刑法学》(第6版),法律出版社2021年版,第862页。

刑之上提高法定刑会带来哪些可能影响被拐人保护效果的改变。”①应当认为，纯粹的“重典治国”不符合现代法治精神，“妥当且安定”才应当是现代刑法的主旋律。② 这意味着，在修订《刑法》第241条时，既要考虑的确有少数收买人仅仅实施了收买行为，并未实施拘禁、强奸与伤害行为等，且积极配合解救被拐卖妇女、儿童，也要考虑大量收买人由于取证困难或者地方包庇未被追究收买之外不法行为的责任。简言之，既要给刚实施收买的行为人一条回头之路，也要堵上实施了其他不法行为的收买人规避数罪并罚的路。此外，车浩教授认为：“关键的问题，从来不在于纸面上的刑罚设置有多高，而在于案发的概率和实际执法的力度。”③因此，在修订《刑法》第241条时，也应当注意留给法官一定的合理裁量空间，契合基层的办案逻辑，毕竟“把刑法学上的研究或者思考转换成司法人员能够理解、认同的话语系统，对刑法学而言，是一个重要、紧迫的任务”，④这也是实现“刑事一体化”的重要抓手。⑤

（四）小结

根据前述三个方面的梳理，我们可以提炼出通过立法完善《刑法》第241条的几个要点：第一，在收买被拐卖的妇女、儿童罪中，不法内涵到底是什么；第二，整体视角是否具有合理性，整体视角与法定刑的提升可否互相配合；第三，提升法定刑的幅度在什么范围，既能实现正义的报应，⑥又能避免预防目的的落空。

二、对收买行为之不法内涵的匡正

在本部分中，我们暂且孤立地看待《刑法》第241条第1款。不法的

① 陈金林：《如果白雪梅有随时进行无限防御的权利》，载微信公众号“金林的刑法通识”2022年2月9日，https://mp.weixin.qq.com/s/VY0MSr7RXV8oS8ncm3rhHg。

② 参见［日］前田雅英：《刑法总论讲义》（第6版），曾文科译，北京大学出版社2017年版，第4页。

③ 车浩：《收买被拐妇女罪的刑罚需要提高吗?》，载微信公众号“尚权刑辩”2022年2月8日，https://mp.weixin.qq.com/s/3v0hJmdlAd4_pGeW8nA1fw。

④ 周光权：《现代刑法的理念与方法》，载《法治研究》2020年第6期。

⑤ 参见储槐植：《刑事“三化”述要》，载《中国检察官》2018年第1期。

⑥ 有关“正义”的探讨是法学的永恒话题，本文以“平等”为核心看待正义，这也是法哲学史中最具代表性的观点。参见［德］卡尔·拉伦茨：《法学方法论》（全本·第6版），黄家镇译，商务印书馆2020年版，第227页及以下。

内涵，主要由构成要件的内容决定，既包括行为非价的内容，也包括结果非价的内容，在违法性阶层主要只是反面的排除。① 所以，对于收买被拐卖的妇女、儿童罪，我们首先要关注的就是构成要件本身的不法，其在法定刑层面的配比到底合不合适。本部分有三层逻辑：第一，通过对比同为侵害人身自由类罪的收买行为与非法拘禁行为，根据二者在剥夺人身自由程度上的区别，得出立法者对收买被拐卖的妇女、儿童罪的法定刑设置中还有“人之不可收买性”“后续危害行为的类型化风险”的考量。第二，通过对比互为对向犯的收买行为与拐卖行为的犯罪性质，即前者为状态犯，后者为继续犯，得出收买行为的核心不法意涵就是“人之不可买受性”，而非人身自由。第三，通过对比互为对向犯的收买行为与拐卖行为在法定刑上的差值，前者最高刑为3年有期徒刑，后者基本款最高刑为10年有期徒刑，这7年的差值如果无法通过剥夺自由的程度差异予以填补，就说明要么收买行为的法定刑低了，要么拐卖行为的法定刑高了，因为二者后续的危害行为的类型化的风险是类似的。

(一)收买行为与拘禁行为：“人身自由”之外还有不法内容

收买被拐卖的妇女罪与非法拘禁罪都属于“侵犯公民人身自由权利的犯罪”。② 既然有学者认为，用人类比动物，不符合当然解释的前提，即比较事项性质的一致性，那么不妨先回避这个争点，径直观察比较事项性质一致的情形。

1. 问题意识：收买行为与拘禁行为为何主刑一致？

根据我国《刑法》的规定，收买被拐卖妇女罪与非法拘禁罪的主刑都是“三年以下有期徒刑、拘役或者管制”，后者只是多了一个“剥夺政治权利”的附加刑。③ 那么，我们不妨分析一下二者的法定刑配置。一般认为，非法拘禁罪的保护法益仅仅只是人身自由，且是对人身自由的完全剥夺。④ 而收买被拐卖妇女罪，并不要求收买人完全剥夺妇女的人身自

① 参见[德]约翰内斯·韦塞尔斯：《德国刑法总论》，李昌珂译，法律出版社2008年版，第116页。

② 参见高铭暄、马克昌主编：《刑法学》(第10版)，北京大学出版社2022年版，第459页。

③ 《刑法》第238条第1款规定：“非法拘禁他人或者以其他方法非法剥夺他人人身自由的，处三年以下有期徒刑、拘役、管制或者剥夺政治权利。……”

④ 参见张明楷：《刑法学》(第6版)，法律出版社2021年版，第1153页。

由，只是要求"将其置于能左右其意思的状态之下，使之难以从自己的影响之下脱离，而不以完全拘束对象人的自由为必要"。[①] 那么此时问题就出现了，既然二者的保护法益都仅仅只是人身自由，为何并非完全剥夺人身自由的收买行为与完全剥夺人身自由的拘禁行为被配置了相同的法定刑？"完全剥夺自由"与"有限剥夺自由"之间的差值，如果不能通过立法认为值得保护的对象或者价值予以填补，是不符合罪刑相适应原则的。

2."完全剥夺自由"与"有限剥夺自由"的刑罚差值：人之不可买受性

张明楷教授认为，除了人身自由，收买行为还在"客观上助长了拐卖妇女、儿童的犯罪活动"。[②] 这种观点存在疑问。根据其支持的刑罚并合主义，罪责作为刑罚的上限，[③]因而"任何人不应因一般预防或特别预防之理由受超过其犯罪行为及个人罪责之刑罚"。[④] 换言之，"助长犯罪活动"只是某种一般预防的考量，而行为人收买行为对被收买人人身自由的侵害，才是该行为本身的不法，并间接确定了罪责的上限，一般预防作为法定刑的"加码筹码"，这并不符合刑罚并合主义的立场。[⑤] 既然教义学"以未经检验即视为真实的条件为前提"，[⑥]我们暂且假定立法者没有遗漏什么刑事政策层面的考量，那么在立法者眼中，收买被拐卖妇女的行为除了损害人身自由，必然还侵害了某种别的东西，其填补了"完全剥夺人身自由"与"不完全剥夺人身自由"之间的差值。本文认为，无论是从我国《宪法》第 38 条，[⑦]还是从我国《刑法》第 250 条（侮辱少数民族罪）、第 299 条之一（侵害英雄烈士名誉、荣誉罪）、第 237 条（强制侮辱罪）、第 246 条（侮辱罪），都能体现对于人格的保护，如学者林山田所言："人具有人

① [日]山口厚：《刑法各论》（第 2 版），王昭武译，中国人民大学出版社 2011 年版，第 113 页。

② 张明楷：《刑法学》（第 6 版），法律出版社 2021 年版，第 1171 页。

③ 参见张明楷：《论预防刑的裁量》，载《现代法学》2015 年第 1 期。

④ 林钰雄：《新刑法总则》（第 8 版），台北，元照出版有限公司 2020 年版，第 19 页。

⑤ 参见[德]克劳斯·罗克辛：《德国刑法学总论》（第 1 卷），王世洲译，法律出版社 2005 年版，第 558 页。

⑥ [德]阿图尔·考夫曼：《法律哲学》（第 2 版），刘幸义等译，法律出版社 2011 年版，第 12 页。

⑦ 《宪法》第 38 条规定：中华人民共和国公民的人格尊严不受侵犯。禁止用任何方法对公民进行侮辱、诽谤和诬告陷害。

格,既非物,亦非动产,故不能成为买卖或质押的标的……以人作为买卖或者质押的标的物,使人居于类似努力的不自由地位。”①此外,认为不能仅通过宪法推导刑法应保护内容的批判,在这里也是不适用的。因为该罪的不法内涵是在刑法分则的类罪中比较得出的,而非通过诸如“批判立法之法益”推导而来。② 因此,对拘禁行为与收买行为的不法内涵具体比较如下:等式1(拘禁):完全剥夺人身自由→3年以下有期徒刑、拘役或管制;等式2(收买):不完全剥夺人身自由+人之不可买卖性→3年以下有期徒刑、拘役或管制。

3. 被收买者自由完全被剥夺:第241条第3款与第4款的提示

严格来说,虽然收买行为不需要完全剥夺被收买人的人身自由,但的确可能存在收买者完全剥夺被收买者人身自由的情形。根据《刑法》第241条第3款与第4款的规定,收买者如果非法剥夺被收买者的人身自由,应依照非法拘禁罪数罪并罚。这意味着,收买行为并不能被非法拘禁行为包容评价,因而以人身自由作为收买行为的保护法益是值得商榷的。换言之,如果立法者认为收买行为的保护法益是人的人身自由,且要求收买人对被收买人形成一定程度的人身控制,那么在此过程中收买人对被害人的控制行为评价为非法拘禁,有重复评价的嫌疑。③ 如后所述,如果认为收买行为的不法并不包括对人身自由的限制或者剥夺,解释该罪与非法拘禁罪的数罪并罚更为顺畅。这里可进一步得出:等式3(收买+拘禁):收买行为+完全剥夺人身自由→3~6年有期徒刑。不过从逻辑上看,反对者可能认为收买行为与拘禁行为还有一个不同之处,亦即二者后续行为的类型化的风险。④

(二)收买行为与拐卖行为:“人之不可收买性”作为两罪的核心不法

如果说,拘禁行为与收买行为后续危害行为的类型化风险还存在区

---

① 林山田:《刑法各罪论》(第5版),北京大学出版社2012年版,第113页。

② 参见[德]阿敏·英格兰德:《通过宪法振兴实质的法益理论?》,马寅翔译,载赵秉志等主编:《当代德国刑事法研究》(2016年第1卷),法律出版社2017年版,第103页及以下。笔者反对这样的法益理论,支持观点可参见张明楷:《论实质的法益概念——对法益概念的立法批判机能的肯定》,载《法学家》2021年第1期。

③ 也被称为“双重评价禁止原则”,参见陈子平:《刑法总论》(第3版),台北,元照出版有限公司2015年版,第677页。

④ 风险即指站在事前的角度,行为极有可能导致发生的某种结果。参见[德]乌尔斯·金德霍伊泽尔:《刑法总论教科书》(第6版),北京大学出版社2015年版,第94页。

别,换言之,相对于拘禁行为,收买妇女后发生性侵害的风险更高。那么排除这个无关变量后,对向的拐卖行为与收买行为,其后续行为发生的类型化的风险就具有了极高的相似性。[①] 我们不妨在此先对比一下二者的主刑:

《刑法》第 240 条:拐卖妇女、儿童的,处 5 年以上 10 年以下有期徒刑;

《刑法》第 241 条:收买被拐卖的妇女、儿童的,处 3 年以下有期徒刑、拘役或者管制。

如果以前述两款的顶格刑罚做比较,那么拐卖行为(10 年)与收买行为(3 年)就具有 7 年的刑罚差值。如果按照新古典暨目的主义相结合的犯罪论体系,即将古典犯罪论体系中的故意移至构成要件内,那么符合构成要件且不具备违法阻却事由的行为就完成了所有行为不法与结果不法的评价,有责性阶层仅剩下期待可能性、违法性认识可能性及责任能力等消极出罪事由了。[②] 这意味着,构成要件征表的不法本身就决定了罪责的上限,[③]那么寻找 7 年的刑罚差值的根源,就应当从构成要件着手。

1. 剥夺自由与"接续"剥夺自由

将收买行为与拐卖行为做比较的好处就是,几乎不受无关变量的影响,例如,张明楷教授认为前述两罪的保护法益还包括人身安全,至少在立法者看来,收买行为与拐卖行为中,被害人遭受性侵害的风险几乎一致,这清楚地体现在《刑法》第 240 条的 8 种法定加重情节的设置上。对于二者的刑罚差值,第一种可能的解释就是,拐卖行为与收买行为对于被害人行动自由的侵犯方式与程度不同。拐卖行为中,被害人从自由状态转化为被限制自由的状态;收买行为中,被害人从被某甲限制自由的状态转化为被某乙限制自由的状态。换言之,拐卖在某种程度上直接剥夺了

① 对向犯是必要共同犯罪中的一种,即"对向共同行动的类型化"。参见[日]西田典之:《共犯理论的展开》,江溯、李世阳译,中国法制出版社 2017 年版,第 271 页。

② 参见许玉秀:《当代刑法思潮》,中国民主法制出版社 2005 年版,第 72 ~ 86 页。

③ 当然,也有学者认为有责性阶层包括积极的责任要素,即责任故意与责任过失,但持此观点的学者也将特殊的主观要素在构成要件中讨论。最新的梳理可参见张明楷:《论故意的体系地位》,载《法商研究》2022 年第 2 期。

人的自由权利,收买只是延续了这种剥夺的状态,二者的不法程度是有所区别的。但是,即使我们做最极端的假设,即收买人完成收买行为后完全不限制被收买人的行动自由,二者的刑罚差值也只是3年,剩下4年的刑罚差值也无法解释。

2. 继续犯与状态犯的解读

一般认为,继续犯的不法内涵包括"违法状态之招致"与"违法状态之继续",状态犯的不法内涵仅在于"不法状态的招致"。[①] 与此同时,根据我国学者的观点,拐卖妇女、儿童罪是继续犯,收买被拐卖的妇女、儿童罪是状态犯。[②] 其实严格来说,将收买行为评价为状态犯,与该罪宣称的保护法益是存在矛盾的。我国《刑法》将收买行为安置于非法拘禁罪、绑架罪及拐卖妇女、儿童罪之后,意味着该罪的保护法益主要是人身自由,而状态犯与继续犯的区别在于,虽然既遂后不法状态都处于持续状态,但是状态犯中不法行为已然结束了,继续犯中不法行为仍在延续。[③] 但是,就人身自由而言,似乎很难说行为终了之后自由被限制、剥夺的状态却继续维持的情形。因此本文倾向于认为,如果坚持收买被拐卖的妇女、儿童罪的保护法益主要是人身自由,那么该罪就仍是一个继续犯,以收买人对被收买人某种程度的人身自由限制为要件,否则无法解释其与非法拘禁罪相同的基本条款的顶格法定刑;如果认为收买被拐卖的妇女、儿童罪是状态犯,那么该罪的保护法益就不应当主要是人身自由,而只能是人之不可收买性以及遭受后续侵害的类型化的风险。这意味着,即使是犯罪分类层面的考量,亦即以继续犯/状态犯划分拐卖行为与收买行为,也能得出收买行为的主要不法内涵是"人之不可收买性"而非人身自由,因为只有这样才能解释"买定离手"的状态犯特性。(见表1)

① 参见林钰雄:《新刑法总则》(第8版),台北,元照出版有限公司2020年版,第104页。

② 参见罗翔:《我为什么还是主张提高收买妇女儿童罪的刑罚?》,载微信公众号"罗翔说刑法"2022年2月7日,https://mp.weixin.qq.com/s/UUwTBaeSCU5Rw_fSKNSZMw。

③ 参见高铭暄、马克昌主编:《刑法学》(第10版),北京大学出版社2022年版,第184~185页。

表1　收买行为与拐卖行为的不法内涵

行为类型	人身自由	人之不可收买性	强奸、拘禁等类型化风险
收买行为	直接限制、剥夺	相同	相近
拐卖行为	续接被限制、剥夺的状态	相同	相近

(三)收买行为与拐卖行为的刑罚差值:法定刑的配比失衡

论述至此,本文倾向于认为,收买行为与拐卖行为的不法内涵构成是不同的。收买行为之不法主要体现在人之不可收买性;拐卖行为的不法除了人之不可收买性,还包括人身自由。除此之外,两种犯罪中被害人后续可能遭受侵害的类型化风险是相近的。这意味着,收买行为与拐卖行为的法定刑的差值应该就是"人身自由"在刑法中对应的刑罚。对二者不法构成的分析见表2:

表2　拐卖行为与收买行为的不法构成

行为类型	人之不可收买性	人身自由的限制	类型化的风险	总计
拐卖妇女	3年	2~3年	2~3年	7~9年
收买妇女	3年	0年	2~3年	5~6年

如果认为收买被拐卖的妇女、儿童罪的不法内涵首先是人之不可收买性,其次是类型化的风险,那么3年有期徒刑的顶格刑罚是否足够呢?本文认为,既然目前对于拐卖妇女、儿童罪的法定刑还不存在什么争议,就应当以后者的法定刑配置作为分析的出发点。① 应当注意的是,表2只是对拐卖行为与收买行为之不法内涵反映的刑罚量的粗略表达。首先,拐卖行为本就是对人之自由的一种限制或者剥夺,由于并非绝对完全剥夺自由,②因此参考非法拘禁罪基本条款的法定刑,为该不法内涵配置

① 目前在有关"买卖同罚"的争论中,很少出现调低拐卖妇女、儿童罪的建议,劳东燕教授则提到了该罪相对于其他国家,法定刑设置是偏高的。参见劳东燕:《收买犯罪影响人性尊严,应适量提高刑罚》,载微信公众号"刑法问题研究"2022年2月25日,https://mp.weixin.qq.com/s/j6sa7cJKwXoQsrEANH7-Pw。

② 参见《从665份判决书看应不应提刑——收买被拐卖的妇女案件实证研究》,载微信公众号"小包公"2022年2月11日,https://mp.weixin.qq.com/s/oi-cfz2Z80-ZnzBtkFbytA。

2～3 年的刑罚。其次，被收买的妇女基本处于孤立无援的状态，[①]其所处的情况肯定不如被监护、收养、看护、教育与医疗的人，而这些主体已经通过《刑法》第 236 条之一予以保护，其最高刑可以达到 10 年有期徒刑。[②]站在这些收买人的立场，对于这些已经被“物化”过一次的被收买者，其很难有最起码的对人的尊重，这不禁让我想起电影《香水》，凶手为了调配出世界上最好闻的香水，无论贵族还是底层的女性，在他眼里都只是配置香水的原料而已。因此，只要收买人将妇女置于这种可能受到后续性侵的危险境地，就应当承担制造类型化的风险的不法。最后，虽然我国没有诸如“使人为奴罪”，[③]但不代表侵犯人格尊严就不能作为刑法的不法，根据《刑法》第 241 条第 4 款的规定，可以推出非法拘禁罪与收买妇女罪有着不同的不法意涵，那么是完全可以为人格尊严配置 3 年的刑罚的，这也是刑法中人本主义的体现。[④]

此外，从比较法的角度来说，《日本刑法典》第 262 条之 2 第 1 款、第 3 款、第 4 款规定，买受人口者，处 3 月以上 5 年以下惩役。具有营利、猥亵、结婚或加害生命之目的，处 1 年以下 10 年以上惩役。出卖人口者，与前项规定同。[⑤]《德国刑法典》第 236 条之(1)和(4)规定，买卖儿童应处 5 年以上有期徒刑或者罚金，有重大身心伤害等情节的处 6 个月以上 10 年以下有期徒刑。[⑥] 这说明在日本与德国，收买行为的最高刑罚均可以达到 10 年。虽然按照比较法的基本原理，不仅要考察这些立法是否已经受到本国的检验，还要考虑是否适合我国的现状，[⑦]但至少可以确认的是，仅

---

① 根据上述针对判例的数据分析，收买被拐卖妇女罪中，被害人成功脱逃率只有不到 1 成。

② 《刑法》第 236 条之一第 1 款规定：“对已满十四周岁不满十六周岁的未成年女性负有监护、收养、看护、教育、医疗等特殊职责的人员，与该未成年女性发生性关系的，处三年以下有期徒刑；情节恶劣的，处三年以上十年以下有期徒刑。”

③ 参见甘添贵：《刑法各论(上)》(修订四版)，台北，三民书局 2014 年版，第 111 页。

④ 参见袁林：《刑法解释观应从规则主义适度转向人本主义》，载《法商研究》2008 年第 6 期。

⑤ 参见陈子平编译：《日本刑法典》，台北，元照出版有限公司 2018 年版，第 154 页。

⑥ 参见李圣杰、潘怡宏编译：《德国刑法典》，台北，元照出版有限公司 2019 年版，第 386 页。

⑦ 参见[德]茨威格特、克茨：《比较法总论》(上)，潘汉典等译，中国法制出版社 2017 年版，第 30 页。

仅3年有期徒刑的顶格刑罚，是不足以充分评价收买妇女、儿童罪的不法内涵的。此外，日本与德国虽然都坚持了“买卖同罚”，但二者在出卖行为的刑罚设置上是远低于我国的，这意味着我国的对于《刑法》第241条第1款也只能是适度提高，而不能贸然陡增。

总的来说，如果认为收买行为与拐卖行为在不法内涵的具体类型上是一致的，即人身自由、人之不可收买性以及类型化的风险三个部分，那么二者之间7年的刑罚差值的确无法通过现有的理论予以填补，这说明《刑法》第241条的法定刑设置偏低。收买行为与拐卖行为作为对向行为，二者之间应当具备合理的刑罚梯度，从《刑法》第241条第3款与第4款可以推出，收买行为的保护法益并非人身自由，因此二者的刑罚差值应该就体现在拐卖行为对人身自由的限制乃至剥夺上。收买妇女罪的刑罚应当提升至5年，拐卖妇女罪的基本刑可以维系在5年以上10年以下。

（四）区分收买妇女与收买儿童不法内涵

桑本谦教授认为：“刑法应当严惩收买被拐妇女罪，视其为危险犯，而非预备犯；把收买被拐妇女和收买被拐儿童分立为两个罪名，规定在两个条文里。立法如此设计，既优于维持现状，也优于废除收买被拐妇女罪……危险犯会制造出迫在眉睫的严重风险，且从前序犯罪到后序犯罪，一缺乏自然障碍，二缺乏受害人可以反制的机会和手段，三缺乏司法机关可以介入的环节和抓手。”①本文赞成区分收买被拐卖妇女罪与收买被拐卖儿童罪。原因包括两点：第一，收买妇女与收买儿童的动机不同。前者一般以结婚为目的，②后者则多是卖方为钱，买方为“延续香火”。③ 第二，收买妇女与收买儿童后续危害行为的类型化风险不同。妇女主要面临性侵害的风险，儿童主要面临非法拘禁的风险。

不过，桑本谦教授似乎认为收买被拐卖的妇女、儿童是一种具体危险

---

① 桑本谦：《为什么要立法严惩收买被拐卖妇女罪》，载微信公众号“教授加”2022年2月11日，https://mp.weixin.qq.com/s/nZVY6xQdRuFbuU7v88iHeA。

② 在一份收买被拐卖妇女的司法判例统计的654个样本中，以婚姻为目的的收买被拐女的案件共计528件，占比近九成。参见《从665份判决书看应不应提刑——收买被拐卖的妇女案件实证研究》，载微信公众号“小包公”2022年2月11日，https://mp.weixin.qq.com/s/oi-cfz2Z80-ZnzBtkFbytA。

③ 参见《收买儿童如何判刑？我们梳理了过去四年的300个判例》，载微信公众号“知道NEWS”2021年12月12日，https://mp.weixin.qq.com/s/UJ3FVIpiiSdgEDLu5eR3Xg。

犯，因为其对该罪的描述是“迫在眉睫的严重风险”，而具体危险犯本就要求发生法益侵害的现实而非拟制的危险。[①] 本文认为，就收买妇女而言，自收买时起，妇女就已经处于一种抽象的危险状态，这表现为人对一个陌生且缺乏保护之环境的天生恐惧感，以及被作为商品买卖的不安感，还有对即将可能侵犯自己的收买人的危惧感。需要注意的是，如果说法规范旨在指引人们的行为并且作为批判他人行为的标准，[②]并通过这种规范的社会化塑造一个社会共同体，[③]那么是买方与卖方打破了这种平衡，我们需要通过某种拟制的危险，[④]塑造一种社会“禁忌”，即不可将他人完全物化并置于孤立无援的危困状态。因此，本文倾向于认为，收买行为是一种适格犯（Eignungsdelikte），[⑤]或者说介于抽象危险犯与具体危险犯之间的犯罪类型。[⑥] 该罪的特点是，只要行为人完成收买行为，一般就可以将后续危害行为的危险纳入不法的评价范围，而这种危险无须达到紧迫的程度。[⑦] 或者说，即使认为该罪属于抽象危险犯，但也应当允许反证，[⑧]给予少数“善意”收买人合理的评价。

此外，收买被拐卖的儿童罪应将对人身自由的限制与剥夺包容评价入法，因为儿童尚未基本成熟，其被置于陌生且孤立无援的环境，与被剥

① 参见［日］松宫孝明：《刑法总论讲义》（第4版），钱叶六译，中国人民大学出版社2013年版，第45页。

② 参见［英］哈特：《法律的概念》（第3版），许家馨、李冠宜译，法律出版社2018年版，第327页。

③ 参见［德］京特·雅科布斯：《保护法益？——论刑法的合法性》，赵书鸿译，载赵秉志等主编：《当代德国刑事法研究》（2016年第1卷），法律出版社2017年版，第47页。

④ 日本刑法中，通说观点是用“高度的危险”与“缓和的危险”区分具体危险犯与抽象危险犯。参见［日］前田雅英：《刑法总论讲义》（第6版），曾文科译，北京大学出版社2017年版，第61页。笔者认为，“拟制的危险”似乎更符合司法实务对抽象危险犯的司法认定，因为设置抽象危险犯虽是为了法益保护的早期化，但更主要的是克服侵害结果难以认定的问题，而“缓和危险”与“高度危险”这种程度的区分还是留下了太大的裁量空间，其实只要留下允许反证的余地就足够了。参见陈家林：《外国刑法理论的思潮与流变》，中国人民公安大学出版社2017年版，第156～157页。

⑤ 参见［德］洛塔尔·库伦：《法益理论与新形式犯罪类型》，唐志威译，载《苏州大学学报（法学版）》2021年第2期。

⑥ 参见［日］山口厚：《刑法总论》（第3版），付立庆译，中国人民大学出版社2018年版，第46页。

⑦ 参见陈洪兵：《准抽象危险犯概念之提倡》，载《法学研究》2015年第5期。

⑧ 参见付立庆：《应否允许抽象危险犯反证问题研究》，载《法商研究》2013年第6期。

夺人身自由没有实质的区别。至于女童，根据《刑法》第236条第2款，只要收买人与女童实施性侵害，就可以依据收买儿童罪与强奸罪数罪并罚。值得注意的是，相较于收买儿童，收买妇女的后续类型化风险更高，这是因为，除开故意伤害、侮辱等妇女与儿童后续都可能遭受的危害行为，收买儿童之后几乎不会面临性侵害的风险，因此，二者在"类型化风险"的不法上存在区别。因此，本文认为，收买被拐卖的妇女罪应当配置5年以下有期徒刑、拘役或者管制的基本法定刑，而收买拐卖的儿童罪应当配置3年以上7年以下有期徒刑的法定刑。(见表3)

表3　收买妇女与收买儿童的不法构成

行为类型	人之不可收买性	人身自由	类型化的风险	总计
收买妇女	3年	0年	2~3年	5~6年
收买儿童	3年	3年	1年	7年

三、对收买行为之刑事制裁体系的调试

无论是否支持提升收买行为的法定刑，都应当承认现有的针对收买行为的刑事制裁体系出现了一定的失灵。本文认为，对收买行为的刑事制裁体系，至少存在三种看法：第一，认为《刑法》第241条第1款的法定刑并无不妥，通过第2款至第6款的整体评价，可以起到有效应对收买行为的效果；[①]第二，认为《刑法》第241条第1款的法定刑过低，应当实现买卖同罚，没必要整体考虑6个条款；[②]第三，认为《刑法》第241条第1款的法定刑较低，应当适当提高，[③]但仍应与拐卖行为有刑罚的阶梯，并且应当考虑6个条款的整体效果。本文支持前述第三种进路，但第一种进路的部分担忧是有其合理性的，第二种进路的考虑在本文第二部分，即在"对收买行为之不法内涵匡正"部分已经得到初步的解决，本文并不支持立即

---

① 参见车浩：《收买被拐妇女罪的刑罚需要提高吗？》，载微信公众号"尚权刑辩"2022年2月8日，https://mp.weixin.qq.com/s/3v0hJmdlAd4_pGeW8nA1fw。

② 参见罗翔：《我为什么还是主张提高收买妇女儿童罪的刑罚？》，载微信公众号"罗翔说刑法"2022年2月7日，https://mp.weixin.qq.com/s/UUwTBaeSCU5Rw_fSKNSZMw。

③ 参见劳东燕：《收买犯罪影响人性尊严，应适量提高刑罚》，载微信公众号"刑法问题研究"2022年2月25日，https://mp.weixin.qq.com/s/j6sa7cJKwXoQsrEANH7－Pw。

实现“买卖同罚”。

(一)“不提升法定刑 + 整体评价”的进路

以整体评价视角观察《刑法》第 241 条的 6 个条款,其一,应当回应的问题是,在纸面上,第 2 款至第 5 款的强奸、拘禁、伤害、侮辱、出卖等规定,是法律拟制还是注意规定,①这关系到这 4 个条款继续存在的必要性。其二,提升法定刑是否会导致极少数“善意收买人”得不到合理的处理,进而“铤而走险”实施更为严重的犯罪行为。其三,提升法定刑是否会导致基层办案人员陷入“与人结仇”与“依法办事”的两难境地。②

1.《刑法》第 241 条第 2 款至第 5 款只是注意规定

区分注意规定与法律拟制的目的正在于,“明确该规定是否修正或补充了相关基本规定,是否导致将不同的行为等同视之”③。首先,所谓整体评价,是指《刑法》第 241 条的 6 个条款能形成一个有机联系的整体,进而加强对收买被拐卖的妇女、儿童之行为的刑事制裁。如果第 2 款至第 5 款只是注意规定而非法律拟制,那么意味着《刑法》抹去这 4 个条款也不会产生任何影响,因为这种体系性的思考,本就是将“法秩序思考成一个整体”,④换言之,即使不存在第 2 款至第 5 款对强奸、拘禁、故意伤害、侮辱与出卖的提示,法律适用者也应当按照前述罪名定罪处刑,并且数罪并罚。这意味着,如果第 2 款至第 5 款没有在某种程度上降低对强奸罪、非法拘禁罪等典型的接续犯罪的评价标准,亦即对收买之后后续行为的构成要件认定产生实质影响,那么“整体评价”就只是一个伪命题。⑤ 以《刑法》第 241 条第 2 款为例,强行与被拐卖的妇女发生性关系的,依照强奸罪的法条定罪处罚;第 4 款规定,收买被拐卖的妇女、儿童,并且有强奸行为的,依照数罪并罚的规定处罚。不难发现,即使《刑法》第 241 条仅规

① 相关文献可参见刘宪权、李振林:《刑法中的法律拟制与注意规定区分新论》,载《北京社会科学》2014 年第 3 期;吴江:《刑法分则中注意规定与法律拟制的区分》,载《中国刑事法杂志》2012 年第 11 期。

② 参见车浩:《收买被拐妇女罪的刑罚需要提高吗?》,载微信公众号“尚权刑辩”2022 年 2 月 8 日,https://mp.weixin.qq.com/s/3v0hJmdlAd4_pGeW8nA1fw。

③ 张明楷:《刑法学》(第 6 版),法律出版社 2021 年版,第 865 页。

④ 参见[奥]恩斯特·A. 克莱默:《法律方法论》,周万里译,法律出版社 2019 年版,第 55 页。

⑤ 即注意规定不会导致原本不符合相关基本规定的行为也按基本规定处理。参见张明楷:《刑法分则的解释原理》(第 2 版),中国人民大学出版社 2011 年版,第 620 页。

定:“收买被拐卖的妇女、儿童的,处三年以下有期徒刑、拘役或者管制。”对于收买后发生的强奸行为,也应当以强奸罪与收买被拐卖的妇女、儿童罪数罪并罚,触犯罪名与并罚方式不会发生任何改变。这意味着,要想实现对收买行为的体系化刑事制裁,就需要通过修改某个条款实质影响后续强奸、拘禁等行为的构成要件符合性之认定。

2. 给“好人”留下缓刑出口应当有度

严格来说,收买妇女或者儿童的人,都不能说是什么“好人”,因为这些人已经将被害人进行了严重的物化,①但相对于收买后存在强奸、拘禁、故意伤害等后续危害行为的人来说,仅仅只是收买而没有其他任何危害行为的收买人,的确具有更低的可谴责性。例如,陈金林教授认为:“节制单纯收买者的刑罚,其实也符合被害人的利益。如果将单纯收买者的法定刑提高到3年以上,实施非法拘禁或强奸的收买者与单纯收买者之间的刑罚差距就会缩小。3年以下的刑罚有判处缓刑的空间,一旦单纯收买行为的法定刑上升到3年以上,失去缓刑的希望,单纯收买与收买并实施进一步侵害的主观边际成本就会下降;与此同时,实施进一步的侵害又能大幅降低处罚概率。”②应当认为,前述观点有其合理性,因为只有等价性地配刑而非迷信于“重典治国”,才有可能真正实现刑罚的目的。③

不过,前述观点也有值得商榷的地方。首先,提升收买行为的法定刑,并不一定要把法定刑的下限提升至3年以上,如本文第二部分,就建议将收买被拐卖的妇女罪的法定刑设置为5年以下有期徒刑、拘役或者管制。其次,即使该罪法定刑的最低刑被提升至3年以上,也还是可以通过《刑法》第241条第6款减轻处罚,减轻处罚是在法定刑幅度以下量刑,

---

① 拉德布鲁赫就把人道理解为法律概念,即“作为与人友善、对抗无人性的残暴;作为人类尊严,对抗非人的侮辱;作为人性教养,对抗反人类的文化灭绝”三个方面。参见[德]阿图尔·考夫曼:《古斯塔夫·拉德布鲁赫传——法律思想家、哲学家和社会民主主义者》,舒国滢译,法律出版社2012年版,第198页。

② 陈金林:《如果白雪梅有随时进行无限防御的权利》,载微信公众号“金林的刑法通识”2022年2月9日,https://mp.weixin.qq.com/s/VY0MSr7RXV8oS8ncm3rhHg。

③ 参见邱兴隆:《刑罚理性导论——刑罚的正当性原论》,中国检察出版社2018年版,第169页及以下。

因而还是具备适用缓刑的可能性。[①] 最后,对于另外实施非法拘禁或者强奸行为的惩罚,会随着收买行为法定刑的提升而加重。举例而言,如果某行为人因收买被拐卖的妇女被判处 5 年有期徒刑,其若再实施非法拘禁行为,数罪并罚就应当在 5 年以上 8 年以下量刑;而如果按照当下 3 年有期徒刑的顶格处罚,其若再实施非法拘禁行为,数罪并罚就应当在 3 年以上 6 年以下量刑。所以说,认为提高法定刑会导致强奸、非法拘禁等行为的边际成本下降的论证也是不成立的。

此外需要注意的是,基于中国裁判文书网 600 多个案例的数据分析,"好人"只是极少的一个部分。但是作为法律体系中最严厉的处罚,一方面,刑罚是"宁可错放,不可错杀",刑事案件的证明标准必须符合"犯罪事实清楚,证据确实充分";[②]另一方面,刑罚也要"目的性地给人制造痛苦",[③]因为刑罚对犯罪"最强有力的约束力不是刑罚的严酷性,而是刑罚的必定性"。[④] 既然把法定刑限制在 3 年以下,会导致缓刑适用的急剧膨胀,进而使得收买行为得不到应有的惩处,同时把法定刑全部提升到 3 年以上又会导致这一小部分"好人"难以适用缓刑,那不如设置一个足够"宽度"的法定刑区间,使得法官既可以作出 3 年以下徒刑的判决,也可以作出 3 年以上有期徒刑的判决。

3. 体谅而非纵容基层的办案逻辑

车浩教授认为:"关键的问题,从来不在于纸面上的刑罚设置有多高,而在于案发的概率和实际执法的力度。面对有刚需性的买媳妇的农民,指望与这些人历史地、文化地共同生活在同一地区的办案人员去下狠手从重打击,那也只能是一个美好的理想。"[⑤]的确,法律与社会现象是不可分割的。[⑥] 基层治理中的人情世故,其复杂程度可能远远超过书斋中对某

---

① 《刑法》第 63 条第 1 款规定:"犯罪分子具有本法规定的减轻处罚情节的,应当在法定刑以下判处刑罚;本法规定有数个量刑幅度的,应当在法定刑量刑幅度的下一个量刑幅度内判处刑罚。"

② 参见陈光中主编:《刑事诉讼法》(第 7 版),北京大学出版社 2021 年版,第 190 页及以下。

③ 参见黄荣坚:《基础刑法学》(上),台北,元照出版有限公司 2012 年版,第 67 页。

④ 参见[意]贝卡里亚:《论犯罪与刑罚》,黄风译,商务印书馆 2018 年版,第 61 页。

⑤ 车浩:《收买被拐妇女罪的刑罚需要提高吗?》,载微信公众号"尚权刑辩"2022 年 2 月 8 日,https://mp.weixin.qq.com/s/3v0hJmdlAd4_pGeW8nA1fw。

⑥ 参见瞿同祖:《中国法律与中国社会》,商务印书馆 2010 年版,第ⅻ页。

个法条的理论探讨。[①] 诚如论者所言："法律与情理的深刻张力以及情理支配的长期存在，构成了中国法治进程必须面对和回应的一个根本问题。"[②]然而，作为一部门法，作为一门法律中的"显学"，刑法学不可能始终任由法理与情理恣意纠缠。真正的问题在于，如果维持立法现状，能不能通过司法与行政的变革来解决当前的困境？

笔者以为，车教授的担忧相当合理，但是可以通过不同的方式去尽量减少这种冲突的发生。首先，提升法定刑不等于法定刑"陡增"，我国在立法中主要采取相对确定的法定刑，这意味着法定刑的幅度是可以照顾到少部分真正情节较轻的"好人"的，至于大部分收买被拐卖的妇女并且将其作为"传宗接代"的工具的行为人，就本不应让其享受"缓刑的待遇"。其次，相对于司法与行政体制改革，修法可能是性价比最高的选项。不难发现，解救被拐卖的妇女儿童，症结就在于当地的风气与思想，这可能并不仅仅局限于实施拐卖、收买行为的人，也包括部分基层执法人员，甚至包括当地的官员。这意味着，想要通过罪恶发生之地的人的自省，去实现由内至外的变革，去自我纠偏当地落后的风俗，无异于自陷"明希豪森困境"——陷入沼泽之人试图通过拽自己的头发脱离险境。[③] 最后，并非只要是刚需就应当予以尊重，例如，劳东燕教授就认为，在某个极度贫困的山村，致富也是刚需，但不能因为存在这种刚需就允许村民们去有钱人家里"打砸抢"。[④] 不过，通过立法这种自上而下的变革，的确不能"矫枉过正"，收买行为毕竟在不法层面还是不同于拐卖行为，并且我国对拐卖行

① 参见郭忠：《发现生活本身的秩序——情理司法的法理阐释》，载《法学》2021 年第 12 期。

② 凌斌：《法律与情理：法治进程的情法矛盾与伦理选择》，载《中外法学》2012 年第 1 期。

③ 德国汉诺威有一乡绅名明希豪森，他在退役后出版的故事集《明希豪森男爵的奇遇》中讲到：他有一次行游时不幸掉进一个泥潭，四周旁无所依，于是其用力抓住自己的头发把自己从泥潭中拉了出来。"明希豪森困境"指该故事中引申出来的有关法律论证的问题，即指法律论证中的无穷后退、循环论证、与主观选择论证终止节点。参见[德]罗伯特·阿列克西：《法律论证理论——作为法律证立理论的理性论辩理论》，舒国滢译，商务印书馆 2019 年版，中文序言。

④ 参见劳东燕：《收买犯罪影响人性尊严，应适量提高刑罚》，载微信公众号"刑法问题研究"2022 年 2 月 25 日，https://mp.weixin.qq.com/s/j6sa7cJKwXoQsrEANH7-Pw。

为的法定刑也高于采取“买卖同罚”的国家。[①]

4. 无法回应的实际困境——基于司法判例的观察

如前所述，认为不应当提升法定刑的理由，主要在于收买行为后续的危害行为的高度盖然性，因此依照《刑法》第 241 条第 2 款至第 5 款以及总则有关数罪并罚的规定，就可以在理论层面解决问题。但是，第 2 款至第 5 款只是注意规定，是否成立强奸或者拘禁行为，还需要根据各自的条文具体判断，可是在被害人被收买的情形下，完成强奸罪或者非法拘禁罪的取证难度可想而知，而“无证据则无事实”。[②] 因为，并不是说被害人已有子嗣或者发现有性行为的痕迹，就能认定收买人构成强奸罪，强奸罪的构成要件还有对行为方式的具体要求，即暴力、胁迫等手段。[③] 取证难导致的最为严重的问题，就是理论层面言之凿凿的后续高度盖然性的危害行为无法得到认定，进而无法进行数罪并罚，行为人的量刑就始终无法超过 3 年有期徒刑的上限，这就给缓刑适用打开了巨大的空间。

我们以一份对中国裁判文书网有关收买被拐卖的妇女罪的数据分析为样本，其中最重要的数据包括：(1)收买人被判处刑罚的案件中，缓刑率的占比；(2)犯罪诱因；(3)收买人所犯其他罪行；(4)收买人与被收买人共同生育的比例；(5)被收买人愿意继续与收买人共同生活的比例；(6)被害人自救成功的比例。[④]

在 654 个判例样本中，就第(1)项而言，有 425 个案件适用缓刑，占比高达 64.98%；229 个未被适用缓刑，占比 35.02%。就第(2)项而言，以婚姻为目的收买被拐妇女的案件共计 528 件，占比高达 80.74%。就第(3)项而言，判决书表明仅存在收买被拐卖的妇女这一项犯罪行为的案件共计 583 件，占比高达 89.14%。就第(4)项而言，被收买人已与收买人共同

① 德国对收买儿童的处罚最高为 10 年有期徒刑。参见李圣杰、潘怡宏编译：《德国刑法典》，台北，元照出版有限公司 2019 年版，第 387 页。日本对买卖人口罪的处罚最高为 10 年惩役。参见陈子平编译：《日本刑法典》，台北，元照出版有限公司 2018 年版，第 154 页。

② 参见陈瑞华：《刑事诉讼法》，北京大学出版社 2021 年版，第 17 页。

③ 《刑法》第 236 条第 1 款规定：“以暴力、胁迫或者其他手段强奸妇女的，处三年以上十年以下有期徒刑。”

④ 参见《从 665 份判决书看应不应提刑——收买被拐卖的妇女案件实证研究》，载微信公众号“小包公”2022 年 2 月 11 日，https://mp.weixin.qq.com/s/oi-cfz2Z80-ZnzBtkFbytA。

生育子女的案件共计94件,占比仅为14.37。就第(5)项而言,被收买人愿意继续与收买人共同生活的案件共计62件,占比仅为9.48%,而不愿意继续与其共同生活的案件共计592件,占比高达90.52%。就第(6)项而言,被害人成功自救的案件仅49件,占比7.49%。

根据另外一份基于“北大法宝”的判例统计,收买被拐卖妇女儿童罪与拐卖妇女儿童罪的法律文书相差3000多篇。这意味着,把解决问题的希望寄托于当地的司法体制与行政体制改革实为“缘木求鱼”。

不难发现,理论上认为的,可以通过《刑法》第241条的6个条款,形成一个整体的“重罪”,①进而对收买人进行刑事制裁的理想是落空的。大量收买人仅被判处收买被拐卖妇女罪一罪,并且被判处缓刑的比例相当高。这种现象只有两种解释的可能性:第一,收买人实施了强奸行为,但是警方无法证明其实施了暴力、胁迫行为;第二,收买人仅仅实施了单纯的收买行为,但并未实施强奸行为。前述第二种可能性完全经不起推敲,根据判例统计,近九成收买人就是以婚姻为目的的。因此,第一种可能性就是问题的症结。

(二)适当提升法定刑+新整体评价:要点与方法

行文至此,我们简要回顾一下针对《刑法》第241条立法完善的三条路径:第一,不提升法定刑+整体评价;第二,提升法定刑且“买卖同罚”;第三,适当提升法定刑+整体评价。首先,第一条路径的缺陷分为两个部分,不提升法定刑导致收买行为的不法得不到足够的评价,以及整体视角方面,第2款至第5款作为注意规定并没有使得《刑法》第241条形成对该罪的规制体系,“缓刑”出口的考量与基层执法的考虑也有“矫枉过正”之处。其次,第二条路径的缺陷也有两点,其一,收买行为与拐卖行为在不法层面有着不同的内涵;其二,相对于“买卖同罚”的国家,我国拐卖行为的配刑偏重。因此,要想完善《刑法》第241条的立法,并使其与实务尽量接轨,就应当在适当提升法定刑的前提下,修订第241条第2款。

1.收买被拐卖的妇女:提升法定刑+证明责任倒置

所谓证明责任倒置,是指“提出积极诉讼主张的一方不需要承担提出

① 参见车浩:《收买被拐妇女罪的刑罚需要提高吗?》,载微信公众号“尚权刑辩”2022年2月8日,https://mp.weixin.qq.com/s/3v0hJmdlAd4_pGeW8nA1fw。

证据进行论证的义务，而对方则需要承担证明前者所主张的待证事实不存在的义务”。[①] 对于收买被拐卖的妇女罪，既然焦点在于收买后，难以判断收买人使用暴力、胁迫等手段强行与妇女发生性关系，那么就应当倾斜处于弱势地位的被收买人。只要发生了性关系，且只要收买人无法证明，其与被收买人发生关系建立在后者真实有效同意之基础上，[②]就应当肯定收买人实施了强奸行为。在修订法律安排上，可将第 241 条第 2 款改为：“收买被拐卖的妇女的，与其发生性关系的，依本法第二百三十六条的规定定罪处罚，但确有证据证明行为人未违背妇女意志的除外。”这种安排有如下几个好处：(1)避免因为取证难导致收买人逃脱刑事法网，因为收买行为与发生性关系的取证容易许多；(2)在收买一罪和收买与强奸数罪并罚之间设置跳跃式的门槛，赋予了收买人就此收手停止侵害的机会；(3)保护了被拐卖的妇女，作为被收买人，其在陌生环境中是毫无疑问的弱势者，法律应当向其适当倾斜，也应当提供保护其免受不可逆侵害(性侵害)的屏障。

此外，《刑法》第 241 条第 1 款应当修改为：“收买被拐卖的妇女的，处五年以下有期徒刑、拘役或者管制。”第 3 款、第 4 款、第 5 款应当删除，对应情形直接依照数罪并罚规定处理。第 6 款予以保留。针对第 3 款，本文认为，收买被拐卖妇女罪的不法内涵是人之不可收买性与遭受后续不法侵害的类型化的风险，该罪作为状态犯，人身自由并非其保护法益，因此非法拘禁罪与该罪可以数罪并罚。针对第 4 款，该条文只是一个注意规定，并没有改变收买被拐卖的妇女罪或者收买被拐卖的儿童罪的构成要件。针对第 5 款，即收买后又卖出的行为，也没有必要按照一罪处理，数罪并罚即可。

2. 收买被拐卖的儿童：提升法定刑

本文认为，收买儿童不同于收买妇女，儿童不同于成年人，其被收买后实际上就丧失了人身自由，因此该罪的不法内涵包括人之不可收买性、

---

① 陈瑞华：《刑事证据法》(第 3 版)，北京大学出版社 2018 年版，第 443 页。

② 当然，性同意的判断标准与司法认定也相当微妙，本文无力具体展开，具体可参见江勇：《“性同意年龄”规则的分级再造与体系完善》，载《中国青年社会科学》2021 年第 3 期；田刚：《强奸罪司法认定面临的问题及其对策》，载《法商研究》2020 年第 2 期；罗翔：《论对同意的认识错误——以性侵犯罪中的假想同意切入》，载《清华法学》2020 年第 1 期。

人身自由与被后续不法行为侵害的类型化风险。因此,条文内容应当修改为“收买被拐卖的儿童的,处三年以上七年以下有期徒刑”。与此同时,无须再认定收买人是否完全剥夺了被收买人的人身自由,非法拘禁的不法已经被纳入该罪不法的内涵中。这样修改的理由主要包括:

(1)降低非法拘禁罪的取证难度,以及减少地方包庇的操作空间。

(2)幼女的保护并未被降低,根据《刑法》第236条第2款,奸淫幼女,以强奸论从重处罚,因此但凡发生奸淫女童事件,依照第241条与第236条数罪并罚即可。

(3)降低缓刑适用的频率,再将法定刑设置为3~7年,只有情节最不严重的收买人,才可能获得3年有期徒刑,这也是适用缓刑的界限。

(4)依然为收买人保留积极配合营救被拐卖儿童的减刑空间。

四、对收买行为之立法完善的刑罚目的检视

本文第二、第三部分,分别从个罪的不法内涵与整体的应对视角,提出了完善《刑法》第241条的意见,根据本文的观点,《刑法》第241条应当如下安排。

《刑法》第241条:

“收买被拐卖的妇女的,处五年以下有期徒刑、拘役或者管制。

收买被拐卖的妇女的,与其发生性关系的,依本法第二百三十六条的规定定罪处罚,但确有证据证明未违背妇女意志的除外。

收买被拐卖的儿童的,处三年以上七年以下有期徒刑。

收买被拐卖的妇女、儿童,对被买儿童没有虐待行为,不阻碍对其进行解救的,可以从轻或者减轻处罚;按照被买妇女的意愿,不阻碍其返回原居住地的,可以从轻或者减轻处罚。”

(一)提升法定刑符合公正报应原则

其实在法学领域,对于正义最朴素的理解就是平等,如拉德布鲁赫就认为:“正义的核心在于平等的思想。”[①]亚里士多德区分的分配正义与交

① [德]拉德布鲁赫:《法哲学导引》,雷磊译,商务印书馆2021年版,第29页。

换正义，以及阿奎那补充的法律正义，构成了正义基本内容。[①] 而在现代刑法中，刑罚应当兼顾内含正义的报应与目的性之预防，特别是在刑事立法阶段，只能在公正报应原则的范围内考虑一般预防，[②]而不能纯粹了威吓犯罪而使刑法彻底滑落至“象征性立法”的地步。[③]

陈金林教授认为：“维持当前的法定刑也足以传达出这种信号，因为3年以下的法定刑已经足以表达刑法的立场。而且，我不相信收买被拐卖妇女、儿童的人不知道收买是犯法的。即便是在《盲山》那种社会环境中，黄德贵也知道收买行为是违法的，否则，他不会去打点知情的税务工作人员和邮递员。当然，加重法定刑可能有助于强化信号，但在信号机能和具体个人的保护之间发生冲突时，刑法永远要选择后者——如果你连具体的人都不爱，传达抽象的爱的信号有什么用?!”[④]车浩教授也认为，在强奸、拘禁等后续行为几乎必然发生的前提下，收买行为几乎成为后续危害行为的预备犯，而预备犯几乎被我国刑法实务完全虚置，因而对“预备行为”进行处罚也可以认为是“提前惩罚和从重打击”。[⑤]

本文认为，前述论点最大的问题就是以教义学思维去探讨一个刑事政策问题，换言之，两位学者似乎以“制定法本身就是正确的”这个前提出发，去审视提高法定刑的利弊，而不是从刑事政策的角度出发，去审视立法本身对于收买行为的不法评价是否充足，立法阶段本就是“将刑事政策的目的设定转化到法律效力的框架之内”的过程。[⑥]

这说明，审视《刑法》第241条的重心，还是应当放到不法与责任上面。我们以罗翔教授被反对者批评最多的论点，即类比《刑法》第341条非法收购珍贵、濒危的野生动物罪为例。该罪有三档主刑，分别是5年以

---

① 参见[德]温弗里德·哈斯默尔、乌尔弗里德·诺伊曼、弗兰克·萨利格主编：《当代法哲学和法律理论导论》(第9版)，郑永流译，商务印书馆2021年版，第61~63页。

② 参见林山田：《刑法通论》(增订10版)，北京大学出版社2012年版，第306页。

③ 参见刘艳红：《象征性立法对刑法功能的损害——二十年来中国刑事立法总评》，载《政治与法律》2017年第3期。

④ 陈金林：《如果白雪梅有随时进行无限防御的权利》，载微信公众号“金林的刑法通识”2022年2月9日，https://mp.weixin.qq.com/s/VY0MSr7RXV8oS8ncm3rhHg。

⑤ 车浩：《收买被拐妇女罪的刑罚需要提高吗?》，载微信公众号“尚权刑辩”2022年2月8日，https://mp.weixin.qq.com/s/3v0hJmdlAd4_pGeW8nA1fw。

⑥ 参见[德]克劳斯·罗克辛：《刑事政策与刑法体系》(第2版)，蔡桂生译，中国人民大学出版社2011年版，第49页。

下有期徒刑、拘役,5 年以上 10 年以下有期徒刑,以及 10 年以上有期徒刑。直观地看,《刑法》第 341 条与第 241 条仅仅只在行为对象上有所不同,作为法益保护之中心,①买卖人的刑罚居然低于针对动物的买卖行为,这自然不符合人们的朴素价值观。虽然立法不应被民意所主宰,但是"为使刑罚制度在社会中有效运作,刑罚必须得到过敏规范意识的印证"。②

我们回到前述推导,理论中主要的反对意见是:"人"与"动物"不具有同质性。这种"举轻以明重"的当然解释,应当以比较事项的同质性为基础。例如,柏浪涛教授认为:"收购动物和收买人虽然具有形式的相似性,也即都有'收买'行为,但是行为对象不同,人和动物的保护法益的性质不同。由此便决定了这两种案件的性质不同,因此无法进行当然解释的推理。"③

这里其实存在两个疑问:第一,这种对当然解释的限定真的是通说吗?第二,即使前述限定确属通说,这种通过理论建构与纯粹逻辑的限定,对于刑事政策层面各罪配刑的考量,是合理的限制吗?

首先,当然解释要求比较事项的同质性,其实是存在疑问的。根据通说,当然解释是指"刑法规定虽未明示某一事项,但依规范目的、事物属性和形式逻辑,将该事项当然包含在该规范适用范围之内的解释"。④ 反对者有关当然解释的要求,声称援引的是张明楷教授的观点,但后者主要强调的是:"案件事实符合刑法规定的构成要件,而不能简单地以案件事实严重为由以犯罪论处。"⑤德国学者普珀也认为,当然解释的关键在于"可层升的要素明确出现在一个实证上有效的法条当中"。⑥ 换言之,当然解释最需要注意的是可能违反罪刑法定原则的情形。然而,当然解释从来

---

① 参见[德]阿敏·英格兰德:《人的法益理论与规范的个人主义》,邓卓行译,载《刑事法评论》2019 年第 1 期。

② 参见[日]前田雅英:《刑法总论讲义》(第 6 版),曾文科译,北京大学出版社 2017 年版,第 11 页。

③ 柏浪涛:《收买罪是否需要提高法定刑?》,载微信公众号"雅理读书"2022 年 2 月 9 日,https://mp.weixin.qq.com/s/c24G5_Oj-iFA_FEtL6yRbA。

④ 高铭暄、马克昌主编:《刑法学》(第 10 版),北京大学出版社 2022 年版,第 21 页。

⑤ 张明楷:《刑法分则的解释原理》(第 2 版),中国人民大学出版社 2011 年版,第 66 页。

⑥ [德]英格博格·普珀:《法学思维小学堂》,蔡圣伟译,北京大学出版社 2011 年版,第 95 页。

没有说不能拿“人”和“物”比较。例如,紧急避险中的法益衡量原则,就不可避免地存在比较人与财物之间的价值关系。①

其次,立法层面的考量不可能囿于某个理论的逻辑限定,并且,“人只能是目的而不能手段”,并不意味着不能参照“手段”的价值评估来确认作为目的之人的崇高地位,其中含义只是不能将人降格为物。康德的确说过:“人……作为目的自身而实存,不仅仅作为……手段而实存,而是……必须始终同时被视为目的。”②但康德是为了强调人格之于人的崇高地位,而不是说不能拿非人的物进行比较,例如康德也将外在于人具有客观价值的事物降格为了“手段”。

(二)适度提升法定刑不会导致一般预防目的落空

在现代刑法中,一般预防包括消极一般预防与积极一般预防,前者由费尔巴哈提出,其建立在“心理强制说”的理论基础之上,将个人视为精于利益计算的“理性人”,按照费氏的说法,刑罚要“让每个人知道,在其行为之后必然有一个恶在等待着自己,且这种恶要大于源自为满足的行为动机的恶”。③ 不难发现,消极的一般预防想要发挥作用,必须确保“理性人”的模型是正确的,还必须确保刑罚之恶大于犯罪之恶。

车浩教授认为,面对收买人的“刚需利益”,重刑的激励将不会起到作用,并且“如果把重刑提前设置在收买行为阶段,难以妥当处理虽少见但也存在的善意收买者。他同样完成了一个交易的收买行为,后续却未实施任何重罪,只有在轻刑区间内才有减轻到免罚出罪的可能,如果设成重罪,可能就很难降下来了”④。

应当认为,这种担忧是合理的。因此,判断修法能否在理论上实现预防机能,至少要考虑两个方面:第一,就个罪而言,能否起到威吓潜在行为人的作用,并且能否避免行为人因为过重的刑罚“铤而走险”;第二,就犯

---

① 参见[德]克劳斯·罗克辛:《德国刑法学总论》(第1卷),法律出版社2005年版,第475页。

② [德]康德:《道德形而上学的奠基》,李秋零译,中国人民大学出版社2013年版,第48页。

③ 参见[德]安塞尔姆·里特尔·冯·费尔巴哈:《德国刑法教科书》(第14版),徐久生译,中国方正出版社2010年版,第28页。

④ 参见车浩:《收买被拐妇女罪的刑罚需要提高吗?》,载微信公众号“尚权刑辩”2022年2月8日,https://mp.weixin.qq.com/s/3v0hJmdlAd4_pGeW8nA1fw。

罪体系而言,法定刑的提升,能否避免由于本罪过重而导致其他罪名的遏制力降低。①

首先,遗憾的是,无论对于一般预防还是特殊预防,想要量化评估其在实务层面的效果都是不可能的。例如,李斯特著名的"马堡计划",②也没能得出"特殊预防之成功"这样的结论。所以,我们不能说通过提升法定刑就一定能加强一般预防的威吓效果,而是说针对必须改变的现状,通过提升法定刑加强一般预防是当下理论层面的最优解。如前所述,试图通过司法与行政体制改革,来解决积弊已久的风俗问题,最大的阻力在于"解决问题的人"没有变。如下所述,前述反对提升法定刑的观点,其实更加看重刑罚梯度的合理设计,并认为这将成为影响收买人"就此收手"抑或"铤而走险"的重要因素,吊诡的是,这不也是将行为人视为了"理性人",所以才能说刑罚的调整将影响行为人的最终选择吗?

其次,基于个罪不法内涵的分析,本文认为并不需要把收买被拐卖的妇女、儿童罪的法定刑提升到拐卖妇女、儿童罪的程度,一是出于比较法的考量,采取"买卖同罚"的国家,其贩卖行为的法定刑都低于我国;③二是出于两罪不同的不法内涵,主要体现在拐卖行为使被害人从相对自由的状态沦为自由被限制、剥夺的状态,而收买行为只是接续了前述"被限制、剥夺"的自由,二者在不法层面是有区别的。

最后,既然认为交易行为如果惩罚过重将导致出罪的困难,那为什么不着眼于交易行为与后续行为之间的时点,在为收买行为保留判处 3 年以下有期徒刑的前提下,通过修改第《刑法》第 241 条第 2 款或者第 3 款,降低后续强奸、拘禁行为的认定难度,解决司法实务中收买一罪认定比例过高、判处缓刑比例过高的局面呢?按照本文的观点,对于收买行为可以赋予法官 5 年以下有期徒刑、拘役或者管制的裁量空间,这当然也存在判处 3 年以下有期徒刑、拘役的可能。与此同时,修法应当在"收买前到收买结束且性侵害发生前"这个阶段,告知收买人"悬崖勒马",否则就极有

① 参见[日]佐伯仁志:《刑法总论的思之道 · 乐之道》,于佳佳译,中国政法大学出版社 2017 年版,第 3 页。

② 对于"马堡计划"的记载,可参见[德]冯 · 李斯特:《刑罚的目的思想》,徐久生译,载徐久生编译:《论犯罪、刑罚与刑事政策》,北京大学出版社 2016 年版,第 1 ~41 页。

③ 这里主要指的是德国与日本。

可能承担收买被拐卖的妇女与强奸罪数罪的刑事责任。

五、结论

《刑法》第 241 条应当区分收买被拐卖的妇女罪与收买被拐卖的儿童罪。收买被拐卖的妇女罪,其不法内容主要为人之不可收买性与后续不法行为之侵害的类型化风险。相对于拐卖妇女罪,收买被拐卖的妇女罪在不法内容上仅缺少“人身自由”的部分,因此其法定刑应当以拐卖妇女罪基本款最高刑 10 年为基准,核减去限制、剥夺他人人身自由之不法应受的处罚,将其法定刑确定为 5 年以下有期徒刑、拘役或者管制更为合适。同时,第 241 条第 2 款应当倒置强奸罪认定的证明责任,以弥补实务中大量性侵行为由于取证难、裁量空间大导致的刑事法网漏洞,避免缓刑适用率过高。第 241 条第 3 款、第 4 款与第 5 款为注意规定,可以删除,第 6 款应当予以保留。收买被拐卖的儿童罪,其不法内容为人之不可收买性、人身自由与后续不法行为的类型化风险。由于儿童的弱势地位,应将非法拘禁包括评价入该罪,该罪的法定刑应当设置为 3 年以上 7 年以下有期徒刑。

●“醉驾”治理的问题梳理和路径优化

——以检察机关司法办案为视角*

张家贞 等**

引 言

2011 年 5 月 1 日《刑法修正案(八)》正式实施以来,“醉驾”入刑已过十年。“醉驾”入刑有力打击了高位频发的醉酒驾驶犯罪行为,为国家道路交通安全建设作出了积极贡献。据统计,2011 ~ 2021 年,在全国机动车增加 1.81 亿辆、驾驶人增加 2.59 亿,年均增长 1800 万车辆、2600 万人的情况下,酒驾醉驾肇事导致的伤亡事故相比上一个十年减少了 2 万余起。① 更重要的是,“喝酒不开车”“司机一杯酒,亲人两行泪”的观念已深入人心,其积极效果越来越被认同。由此可见,在推进国家治理体系和治理能力现代化进程中刑法仍是不可或缺的一道防线。然而,醉驾在入刑时面临的争议、质疑并未随着时间推移消失殆尽,反而在近几年有愈演愈烈之势,特别是醉驾成为刑事追诉数量最多的犯罪后,学界、司法实务界以及社会公众为其“瘦身”的呼声络绎不绝。一些省、市司法机关已经进

---

* 本文系最高人民检察院 2021 年度应用理论研究课题“‘醉驾’案件办理实践中的常见问题和意见建议”的研究成果。

** 北京市人民检察院“‘醉驾’案件办理实践中的常见问题和意见建议”课题组成员:张家贞,北京市人民检察院党组成员、副检察长;彭新林,北京师范大学刑事法律科学研究院副教授、博士生导师;石磊,北京市人民检察院第一检察部副主任;王展(执笔人),北京市人民检察院第一检察部检察官助理。

① 参见任沁沁:《“醉驾入刑”十年减 2 万余起伤亡事故》,载《新华每日电讯》2021 年 4 月 29 日,第 4 版。

行了实践尝试，通过出台会议纪要、办案意见、实施细则的方式对醉驾案件的出罪口径，不起诉、缓刑适用，强制措施等进行了明确，试图在国家法律和地方政策之间掌握好平衡，从“严而又厉”向“温和宽容”转变，这种在醉驾案件办理中适度“降温”的举措也为国家层面出台有关规定提供了实践样本，并将会产生积极影响。

要将刑法规定适用于具体个案，必须正确解释刑法的规定。[①] 十多年来醉驾案件办理的生动实践仍然没有完全消除对于醉驾构成要件要素解释的认识分歧，并且面对司法过程出现的新问题新情况，对于罪状表述、刑罚设置的讨论逐渐增多，但笔者认为，更为重要的是在现有法律条文没有改变的情况下解决好实践存在的问题，在刑法的实然层面更加突出适用性，而不是仅停留在对于条文“改不改”的探讨上。同样的法律规定，以不同的司法理念作指引、以不同的司法技术作处理，办案结果和社会效果则大不相同。就当前而言，则是在梳理问题的基础上有的放矢地解决问题，既需要最高司法机关及时出台司法解释，统一执法标准，规范司法实践，也需要司法实务者进一步转变司法理念，提高司法能力，共同打破醉驾案件办理中某些方面面临的“规则之失”局面。

一、醉驾案件主要特点之梳理——以某市办案数据为样本

(一)案件数量增长显著

2015 年醉驾犯罪受案数不足 2000 件，占比全部案件受理数不足 10%；2016 年突破 2000 件，占比突破 10%；2017 年突破 3000 件，占比突破 15%；2019 年突破 4000 件，达 2015 年受案数的 2 倍，占比突破 20%；2020 年受新冠疫情影响该类犯罪数量下降，但 2021 年又有所反弹，突破 5000 件。

(二)嫌疑人呈现“四多”特征

嫌疑人呈现的“四多”，即男性居多、青壮年居多、无前科劣迹的居多、受教育程度不高的居多。性别以男性为主，年龄主要集中在 18 岁至 35 岁及 35 岁至 50 岁。中小学以下学历占比较大，达六成之多；无前科劣迹的占比较大，达九成之多。在嫌疑人职业分布中，无业人员占比最高，接近一半。

---

① 参见张明楷：《刑法学》(上)，法律出版社 2016 年版，第 28 页。

（三）案发原因、地点复杂多样

公安机关例行设卡检查导致案发占比不及六成，因交通事故、纠纷导致案发占比超四成，因其他原因如民警日常巡逻、巡查导致案发占比不及一成。被查出的机动车类型中私家车占比超八成，数量仍为最多。事发地点为普通城市道路占比将近八成，普通乡村公路占比将近一成，高速路、城市快速路占比不及一成，小区、酒店、商场等可以认定为道路的场所占比不及一成，城市道路仍是醉驾高发地点。

（四）血液酒精含量、是否发生他损等复杂多样

嫌疑人血液酒精含量为 80～100mg/100ml 的占比 14.2%，101～150mg/100ml 的占比 37.7%，151～200mg/100ml 的占比 26.7%，201～300mg/100ml 的占比 19.8%，301mg/100ml 以上的占比 1.6%。

醉驾案件未发生实际损害的占比 61.9%，仅发生他损的占比 1.6%，仅发生自损的占比 4.0%，他损和自损兼具的占比 32.6%。

（五）醉驾入刑效用值得研究

前述数据显示因交通事故、纠纷导致案发占比超四成，说明同时段还有很多案件未被发现，实际数量比当前数据显示的还要多。但也应当清楚地看到，影响危险驾驶案数量变化走势的因素有很多，除立法上危险驾驶行为的犯罪化可能产生的威慑作用外，还包括社会公众的汽车保有量、拥有驾驶资格证的人数、经济和社会的活跃程度、执法机关查处酒驾醉驾的力量和资源投入等。由于这几项因素是增减变化的，对危险驾驶案的发案数量都有实质性影响，这说明危险驾驶案的发案数是一个具有多元变量的函数关系，所以在逻辑上还无法将一段时间内危险驾驶案发案数的增加归因于醉驾入刑对于醉驾型危险驾驶行为规制作用的无效。①

二、检察机关办理醉驾案件的经验

（一）突出实质化审查，全面提升案件质效

紧扣实质化审查办理危险驾驶案件，就侦查阶段收集固定的证据进行梳理、筛查、组装、运用，实现审查工作的精细化、精准化。通过审阅卷

① 参见沈海平：《反思“醉驾入刑”：从理念、规范到实践》，载《人民检察》2019 年第 15 期。

宗材料，走访核实疑点证据，听取被害人、辩护人意见，讯问嫌疑人，审视视听资料等方式，对前后矛盾的各项证据进行研判，及时发现未在案证据并要求侦查机关或自行进行补证工作。特别是围绕是否存在“顶包”、血液采样是否合规合法、机动车鉴定意见、驾驶距离和时间等方面作重点审查，确保案件各项决策有理有据。通过非法证据排除规则严把起诉关，加强对证据的审前过滤，确保在案证据非“带病”进入庭审阶段。

（二）深化适用认罪认罚从宽制度

适用认罪认罚不仅有助于提高司法效率，优化司法资源配置，更有助于消弭社会戾气，促进社会和谐。特别是在醉驾案件中开展认罪认罚工作，通过教育转化嫌疑人促其形成认罪悔罪态度，对自身行为进行反思和检讨，真诚悔过，促其形成“喝酒不开车”的认识。对于醉驾案件等案情较为简单、办案周期较短的案件，在确保案件质效前提下，简化办案流程，创新办理机制。例如，简化案件结案文书模板，对认罪认罚手续、速裁程序告知手续、权利义务告知手续“三书合一”，提高审查起诉效率。

（三）成立专门办案组办理醉驾案件

个别基层院立足本地区办案工作实际，针对危险驾驶案件性质特点，为适应办案质效提升的改革需要，成立危险驾驶罪办案小组，选取办案经验丰富的检察官团队进行集中办理。例如，朝阳区检察院设立两个办案组负责危险驾驶案件，通过加强对专门办案组培训，全方位掌握危险驾驶案件办理的流程规范，统一证据审查标准、起诉量刑标准，保证诉讼质量。专门办案组积极与侦查机关、审判机关沟通协调、相互监督、相互制约，通报特定时期内案件证据情况、量刑建议情况、强制措施适用情况、定罪量刑情况等方面存在的问题，共同提升类案办理质效。

（四）延伸检察职能，积极融入社会治理

为达到预防和减少违法犯罪的效果，检察机关全面依法履行法律监督职责，积极参与社会多元化治理。例如，针对职业司机等特定人员醉驾，以检察建议的形式督促嫌疑人所在组织或单位建章立制，开展警示教育，朝阳区检察院在办理有关案件时向某出租车公司制发了检察建议，建议该单位及时制定规章制度，防止单位内的职业司机醉驾案件再次发生；海淀区检察院在办理有关案件时发现某商圈醉驾案件高发，通过审查发现该商圈内存在叫代驾难、车主与代驾交接难的问题，为减少该地区“醉驾”案件发生,推动社会综合治理,检察官数次实地走访了某商圈及地下停车场,与商圈的物业管理公司和停车场管理公司进行座谈交流,了解商圈内代驾管理和杜绝酒驾宣传情况,并向两家公司制发检察建议,包括设立专门代驾交接点、完善代驾等候区、积极探索与代驾公司合作、加强宣传等内容,致力打造“零”酒驾商圈。再如,为广泛宣传醉驾行为的社会危害及有关法律法规,海淀区检察院创新宣传形式,在快手、知乎、正义网等媒体平台上进行《检察官公开课——检察官和你聊一聊危险驾驶罪》普法直播,获得超过 90 万人次观看,点赞数超过 16.8 万。

三、检察机关办理醉驾案件中存在的主要问题

(一)法律理解与适用中存在的问题

1. 对某些行为的认定存在争议

实践中,“挪车、交接车辆短距离驾驶”“隔时醉驾”“在紧急情况下醉驾”等行为的定性存在较大分歧。从案件办理情况看,上述行为作相对不起诉的较为常见,但也有的作法定不起诉。“构罪免刑”与“不够罪”的差异处理折射出不同的论证思路,罪与非罪的界限需要明确。另外,2013 年 12 月最高人民法院、最高人民检察院、公安部出台的《关于办理醉酒驾驶机动车刑事案件适用法律若干问题的意见》(以下简称《意见》)第 2 条规定的从重处罚情节的认定在实践中也较为疑难。例如,对一些城市中的环形主路、高架桥等是否符合城市快速路的认定缺少明确标准,检察机关大都通过要求公安机关交管部门出具工作说明的方式予以核实,但该工作说明的证明效力值得推敲。

2. 对于醉驾的处理与其社会危害性不相称

醉驾入刑实际上是限制行政裁量权的同时把案件纳入司法审查环节。要讨论的问题是,进入司法审查后案件数量急剧增加,可能确实削弱了有限的司法资源,需要思考如何对刑事政策进行相应调整,把案件办理的三个效果统一起来。[①] 有学者指出,现阶醉驾犯罪治理的刑事司法政策需要重新调整和规划,破除重刑主义思想,综合考虑行为人的醉酒程度、

---

① 参见曲新久、黄京平、张朝霞等:《醉驾犯罪的司法实践与政策把握——轻刑犯罪与社会治理的相关问题研讨》,载《检察日报》2021 年 1 月 19 日,第 3 版。

行车速度、是否造成实际损害等情况,准确定罪量刑。① 实务界也出现了相似的倡导呼声。危险驾驶罪本属典型的轻罪,在办理时更应贯彻少捕慎诉慎押的刑事司法政策,检察机关通过不起诉机制分流案件的有益作用应当引起足够重视。但个别地区对于不起诉适用持保守态度,作出不起诉的数量极少,对比同时段交通肇事罪的办理情况,虽然交通肇事罪也存在严重违反交通安全管理法规的行为,且一般会造成更为严重后果,具有更大的社会危险性,但该罪的不起诉率明显高于危险驾驶罪。

3. 不起诉处理与行政处罚、党纪政务处理的衔接不畅

根据《刑事诉讼法》第177条及《人民检察院刑事诉讼规则》第373条的规定,对被不起诉人需要给予行政处罚、政务处分或者其他处分的,经检察长批准,人民检察院应当提出检察意见,连同不起诉决定书一并移送有关主管机关处理,并要求有关主管机关及时通报处理情况。不起诉不意味"案结事了",行为人被作不起诉处理后仍需接受行政处罚,对于公职人员来说还面临党纪政务处分;但是实践中检察机关的法律监督职能发挥得还不充分,一些承办人认为所在单位已经知晓有关情况便认为没有必要通过书面文来文往进行告知,没有及时制发有关检察意见,对于被不起诉人后续的行政处罚及党纪政务处分情况关注不够。

4. 各地间相对不起诉制度适用率和非羁押性强制措施适用率不协调,存在"同案不同办"现象

对嫌疑人采取何种强制措施的一项重要依据为罪行的轻重,《意见》明确规定,对醉酒驾驶机动车的嫌疑人、被告人,根据案件情况,可以拘留或者取保候审。然而有些地区办案数量较大,为提高办案效率,形成了较为固定的做法,对嫌疑人采取的强制措施以拘留为主,在拘留期限内完成从侦查到审判的过程,采取取保候审较少,造成审前羁押率偏高,与该罪的社会危险性并不相称。另外,在不起诉标准的把握上,醉驾入刑伊始检察机关在案件办理中的把握较为统一,"醉驾必诉"成为一项不成文的指引。之后,各地根据司法工作实际做了相应政策调整,"醉驾必诉"逐渐松动,此类案件适用相对不起诉的数量大大增多,特别是在恢复性司法理念

① 参见韩雪:《醉酒型危险驾驶犯罪刑事司法政策研究》,载《人民检察》2020年第20期。

的提倡、“少捕慎诉慎押”刑事司法政策的落实以及认罪认罚从宽制度深入实施的情况下，各地检察机关的执法理念和标准出现较大的不统一。例如，嫌疑人血液酒精含量较低，存在酒后挪车等短距离驾驶或酒后驾车紧急救治伤病患者等行为的案件，有些被提起公诉，也有些被作不起诉。再如，关于被查获前呼叫代驾等情节能否作为不起诉依据的认识也存在分歧，由于缺少相应规范导致实践中各地存在不同做法。又如，各地在公职人员从事涉密工作以及在公务中的现实表现能否成为作出不起诉依据的把握上也有不同考虑。这些情况一定程度上反映了实践中确实存在“同案不同办”的现象，影响了办案效果。

5. 提出量刑建议的精确性不高

一是案情类似的案件在不同地区的量刑存在不均衡现象，原因在于各地制定的量刑标准或者普遍适用于当地司法实践的不成文标准不一致。有的地方规定是以酒精含量每增加60mg为增加基准刑的标准，也有的是以酒精含量每增加40mg为增加基准刑的标准；有的地方对于主刑的量刑建议主要以月为单位，也有的地方以半个月为单位。二是检察机关提出量刑建议主要集中于主刑，对于附加刑即罚金大多提出了“并处罚金”的建议，而罚金数额应当是多少则缺少细化规定，客观上削弱了罚金刑对于规制该类犯罪的作用。

(二)案件证据运用中存在的问题

1. 存在取证不及时的情况

不少醉驾案件因矛盾纠纷或发生事故引发，但由于一般纠纷接警单位为派出所，派出所接警后如未及时发现嫌疑人存在醉驾行为或因装备限制无法及时取证，易使证据固定不及时，给案件后续的办理带来困难。

2. 存在取证不规范的问题

一是有些案件中查获现场拍摄的视频不能完全地还原案发经过，容易出现“执法盲区”。对于当场查获的案件，有些执法记录仪未能全程拍摄嫌疑人在驾驶位驾驶、停车吹气直至下车的完整画面，而又因到案经过不详细，在仅有嫌疑人供述时形成“孤证”。一些案件中，到案经过未能详细说明执法记录仪未拍摄的内容，如发现嫌疑人时的情况、后续行为等，导致难以认定“逃避公安机关依法检查”这一《意见》第2条规定的从重情节。二是采集血液时使用酒精消毒造成检材污染，导致嫌疑人或辩护人提出收集程序不合法定申请排除鉴定意见。该情况在实践中确实存在,但并不常见,且论证理由和处理结果也存在差异,有的被作存疑不起诉,有的被提起公诉并判决。酒精是一种高度挥发性液体,针尖对皮肤的接触面积也极小,根据常识,使用酒精对鉴定意见结果的影响是微乎其微的,专业医学人士的证言和海南海口、常州天宁等多个地区的侦查实验均证实了这一常识性结论。① 检察机关审查过程中一律排除酒精含量的鉴定意见,有机械适用法律、放纵犯罪之嫌。

(三)醉驾综合治理中存在的问题

一方面,刑事处罚方式惩治醉驾有力度,能起到极大震慑作用,但效果究竟如何并不十分确切,案件量逐年递增一定程度上反映出该方式的局限性。而且,通过该方式也极有可能引起新的社会矛盾,被判刑人因醉驾将终生贴上犯罪标签,在刑罚执行完毕后会受到后续影响,如开除工作、吊销有关执业资格等,还有些附随效果将长期后显现,如子女参军、考公务员政审不通过,这些都将增加被判刑人与社会的对立,可能给家庭、社会和谐稳定带来不确定因素。② 另一方面,醉驾治理的多元化配套机制还有待完善。如开展警示教育、法治宣传力度不够,仍有些人心存侥幸、不以为意;在代驾服务行业中存在节假日代驾司机投入不够或代驾价格偏高的情况,市场规范性不足;小区进出口管理缺乏温度、车位配置不合理,导致行为人经常需要自行短距离挪车。此外,通过醉驾衍生的其他违法犯罪行为也会破坏公共秩序,成为社会治理负担,敲诈勒索案时有发生。

四、醉驾治理的路径优化

刑法规制的严与宽是动态的,要从社会观念、社会犯罪动态、治理整体效能等多方面因素的变化综合考量后作出判断,不能囿于特定阶段的

① 顾勇、朱志斌:《使用酒精做皮肤消毒液的酒驾案件应如何处理》,载《中国检察官》2020年第20期。

② 如某地基层检察院办理危险驾驶案时,承办人在提讯嫌疑人时,嫌疑人最关心的问题是自己的罪行是否会给未成年子女带来影响,如果有影响的话能否通过离婚、断绝子女关系等方式进行解决,承办人明确向嫌疑人表示不可以。如果嫌疑人误以为可以,其家庭关系很可能会因其被判刑罚而发生变故。

治理需要而一成不变。① 醉驾案件社会关注度高,处理结果较为敏感,在实现刑法打击的同时,更要坚持依法治理与综合治理相结合的策略,统筹运用法律、经济、宣传等方式,尽快搭建起全方位、多层次的醉驾综合治理体系。鉴于此,对于酒驾醉驾,既需要公、检、法等司法机关联合发力整治,发挥执法优势,提升全链条打击力度,也需要社区居民、社会单位加强宣传教育,形成良好的社会共治格局。

(一)出台有关规范性文件,统一执法司法标准

2013 年出台的《意见》适用已经将近十年时间,在实践中醉驾案件办理出现了新问题,作为刑事追诉数量最多的犯罪,建议最高司法机关针对新情况及时修改相应的司法解释,既有助于司法实务者转变理念,也能对常见的实体和程序问题予以明确,起到规范实践的作用,防止“同案不同办”。笔者建议着重关注以下方面:

1. 实体方面

(1)关于醉酒挪车等短距离驾驶行为的认定。根据我国《刑法》第 13 条“但书”条款,“情节显著轻微危害不大的,不认为是犯罪”,据此,犯罪构成要件和“但书”两者相互联系又相互独立地承担行为能否排除犯罪的功能。醉驾行为应否认定为犯罪,仅仅满足分则的具体犯罪构成所体现出的刑事违法性特征还不够,必须要在《刑法》第 13 条等相关规定所反映的行为的社会危害性程度的基础上进行取舍。② 虽然醉驾类危险驾驶罪是抽象危险犯,但仍受制于“但书”规定,挪车案件应当根据车辆情况、道路情况、血液酒精等具体情况认定行为是否属于“情节显著轻微危害不大”,而非一概认为构罪免罚。

(2)关于“隔夜醉驾”行为的认定。该行为是否构成危险驾驶罪焦点在于嫌疑人犯罪主观方面,应根据全案事实和证据进行主观归属,确定行为人主观方面是存在间接故意还是过失(包括有认识的过失和无认识的过失),只有在间接故意下,才能认定行为涉嫌构成犯罪。在行为人可能认识到血液中的酒精含量没有代谢完全而仍然驾驶机动车的,如经过休

---

① 参见王敏远:《“醉驾”型危险驾驶罪综合治理的实证研究——以浙江省司法实践为研究样本》,载《法学》2020 年第 3 期。

② 参见石经海:《法教义学下“醉驾”定性困境之破解》,载《贵州民族大学学报(哲学社会科学版)》2015 年第 4 期。

息后仍伴有头疼、头晕或站立不稳等情况的,应认定主观上具有犯罪故意更为妥当,反之则不应认定构成犯罪。

(3)关于紧急情况下醉酒驾驶的认定。实践中一些嫌疑人在送亲属就医等紧急情况醉驾被查获,能否以启用紧急避险作为出罪事由,应当考虑紧急情况如何产生、紧急状态下的醉驾行为是否不得已而实施、醉驾行为是否超过必要限度造成不应有的损害等方面,在对案情综合评判基础上进行充分论证。

2. 关于不起诉标准

醉驾案件系轻罪案件,应当坚持宽严相济刑事政策,既要注重实现刑罚惩治,也要注重发挥审前分流机制的优势作用。要综合考虑酒精含量、道路情况、车辆情况、事故情况等因素,结合具体案情,善于运用不起诉机制,在实现刑罚预防功能的同时减少起诉带来的负面效果。目前较统一的认识是血液酒精含量系衡量社会危害性的主要考量因素,各地出台的规范性文件中关于不起诉的规定均以之为评价基础,有的地区规定160mg/100ml,有的规定120mg/100ml,将其作为诉与不诉的基础界分,差异较大。笔者认为,关于血液酒精含量的确立应当在对全国广泛调研基础上,综合考虑各地区的醉驾案件特点和办案实践;同时,《意见》第2条规定的八种从重处罚情形是实践中较常见危害性较大的情形,不宜做不起诉处理。因此,可以从血液酒精含量和《意见》规定的从重情节两个方面对不起诉情形予以明确。

3. 规范醉驾案件量刑建议

量刑建议充实了公诉的内涵,从原先主要关注定罪拓展到既关注定罪又关注量刑,从而促使检察官对全案进行综合考量,既重视对定罪事实、证据的审查,又重视对量刑事实、证据的审查。① 检察机关根据犯罪的事实、性质、情节和对于社会的危害程度提出量刑建议,是起诉权的重要内容之一,要做到该宽则宽,当严则严,宽严相济,罚当其罪,确保法律效果和社会效果有机统一。不同地区醉驾案件的特点不同,但至少应当在省级范围内实现相同案情案件的处理结果相一致。检察机关提出量刑建议应当参照最高人民法院、最高人民检察院印发的《关于常见犯罪的量刑

① 参见朱孝清:《论量刑建议》,载《中国法学》2010年第3期。

指导意见(试行)》,在定性分析的基础上,结合定量分析,依次确定量刑起点、基准刑和宣告刑。例如,在道路上醉酒驾驶机动车的,在一个月至二个月拘役幅度内确定量刑起点。之后根据血液酒精含量等其他影响犯罪构成的犯罪事实增加刑罚量,确定基准刑。在对某市案件办理情况调研基础上,笔者初步提出,血液酒精含量达到80mg/100ml以上的,每增加30mg/100ml增加15日刑期,即以日为单位确定量刑建议。对于有《意见》第2条规定的八种从重情形之一,可以增加基准刑的30%,同时具有两种以上情形的,累计增加不得超过基准刑的100%。另外,要注重罚金刑对于规制醉驾行为的作用,加大罚金力度,统一适用标准,笔者初步提出,宣告刑为拘役一个月罚金为2000元,每增加一个月拘役罚金增加2000元。

4.明确羁押性强制措施适用标准

在个别地方,醉驾案件刑事诉讼程序启动后,对嫌疑人普遍采取拘留措施,这种羁押性强制措施的做法一定程度上简化了办案流程,提高了办案效率,但也会产生一定负面效果,如嫌疑人困于拘留场所后易受其他嫌疑人影响沾染恶习。依照宽严相济刑事政策和认罪认罚从宽制度的有关精神,醉驾案件应当根据实际情况决定强制措施的种类,嫌疑人在诉前、判前处于非羁押状态不意味着对其放纵。对于到案后如实供述并自愿认罪认罚、无《意见》规定的从重情节、能够保障诉讼顺利进行的嫌疑人,采取取保候审与其行为社会危险性相符,确有法理基础。

(二)强化证据意识,提高办案质效

侦查机关、检察机关、审判机关应当共同加强对证据标准把握的研判,整改实践中较常见的证据收集和运用方面的问题。一是规范血液提取和送检程序,严格按照《刑事诉讼法》及有关规定进行,确保案件办理最关键的证据无瑕疵。但倘若出现使用含醇类消毒液的违规情形,也要具体情况具体分析,由于该情况下证据并未完全达到非法证据的排除条件,因此不能一律排除。二是注重对醉驾案发现场有关证据的收集,确保涉案证据的完整性和连贯性。

(三)加强社会综合治理

1.聚焦《道路交通安全法》的修改,增加对于醉驾不起诉嫌疑人人身罚的规定,推动刑行、刑纪衔接

随着轻缓化刑事政策导向的进一步扩张,醉驾不起诉案件会逐渐增

加,涉案嫌疑人极有可能因《道路交通安全法》缺少关于人身罚的规定而受到比酒驾行为人更轻的处罚。因此,就立法而言,需要聚焦刑行衔接,尽快完善《道路交通安全法》的有关规定,在对嫌疑人作不起诉处理的同时对其进行相应行政处罚,确保责任与行为相一致。

如上所述,不起诉不意味"案结事了",醉驾行为人被作出相对不起诉后仍需接受行政处罚以及面临党纪政务处分(主要针对公职人员)。检察机关要全面发挥法律监督职能,主动与公安机关、被不起诉人所在单位进行对接,能动履职,通过向有关单位制发《检察意见书》为案件后续处理提供法律依据,确保被不起诉人受到应有的责任追究,防止出现刑事处罚与行政处罚、党纪政务处分之间衔接不畅。

2. 丰富宣传形式,加大宣传力度,倡导遵守交通规则的风气

司法机关及有关政府职能部门应当采取多种形式对酒驾醉驾的危害进行宣传,营造良好社会风气,如利用互联网媒体微信公众号、微博、抖音等平台宣传相关法律法规和行为责任。司法机关在办案中可以通过公开听证、公开庭审等方式引导教育社会大众遵守法规,倡导健康的饮酒文化,唤醒、强化公众对家庭和社会的责任感。针对公职人员涉嫌危险驾驶案件,应当邀请所在单位人员观看庭审或参加不起诉宣布,督促单位对内部职工的整改教育,以点带面,在国家机关、事业单位内牢固树立起酒后不开车的意识。

3. 建立联动预防机制,全面加强社会治理

治理醉驾能有效提高公民的人身安全感,需要各行业广泛重视,建立全社会共同参与的联动预防机制,夯实平安建设的基础。例如,将青壮年这一醉驾易发群体作为重点预防对象,在驾校、餐饮场所、娱乐场所等重点场所设置禁止醉酒驾车的提示性标识,建议交管部门与驾校、通信公司长效合作,定期向驾驶人员发送拒绝酒驾的提示及酒驾醉驾警示教育案例,扩大一般预防的覆盖面。再如,各大平台代驾业务的费用均较高,且夜间主要集中覆盖在繁华街区,便捷性和实惠性有待提升,建议通过加大财政补贴,适当引导扩大代驾服务人员和服务范围,为醉酒人员提供便捷实惠的代驾服务,使代驾成为减少醉驾犯罪的重要举措,同时对于代驾行业制定相关从业规范,如要求代驾人员务必将车辆停入车位熄火后将钥匙交由客户,杜绝出现到小区门口即将车辆交还的情况。

●论女性犯罪人恶意怀孕的判定与应对

赵　宇*

前　言

恶意怀孕，是指女性犯罪人利用怀孕逃避监禁惩罚的行为。在恶意怀孕的认定上有如下观点：观点一认为，恶意怀孕是在暂予监外执行情形消失但刑期未满时又故意再次怀孕的行为。① 观点二认为，已被判处实刑的罪犯违反计划生育法怀孕就可以认定为恶意怀孕。② 观点三认为，在犯罪人归案，并且对自己的犯罪事实存在清晰认识，知晓自己大概率会被判处监禁刑罚的情况下怀孕的，可以认为是恶意怀孕。③ 本文认为，恶意怀孕的情形不仅限于观点一中提到的暂予监外执行情况消失且刑期未满后的怀孕，以及观点三中提到的本应当被判处监禁刑，利用怀孕导致自己符合暂予监外执行的情形，还应包括严重违反社区矫正监督管理规定应当收监而利用怀孕免于收监的情形。暂予监外执行期间存在恶意怀孕，在取保候审、监视居住期间同样也存在恶意怀孕。因此，对于恶意怀孕的认定不仅仅要考虑观点二中提到的违反计划生育法的情节，对于犯罪人为了怀孕实施了脱逃、造假以及其他故意拖延收监时间的行为，也应当认定

---

* 赵宇，北京师范大学法学院2020级博士研究生，中央司法警官学院社区矫正研究中心研究员。

① 参见赵萍、季军、陈娟：《暂予监外执行期间故意怀孕的如何处理》，载《检察日报》2021年8月10日，第7版。

② 参见吴云芳、杨宝川：《故意怀孕逃避收监执行的法律问题研究》，载《犯罪与改造研究》2019年第11期。

③ 参见李华章：《女犯利用怀孕逃避监内服刑问题研究》，载《犯罪与改造研究》2021年第9期。

为恶意怀孕。

在恶意怀孕的应对上，当前大致可以分为对恶意怀孕犯罪人收监执行和恶意怀孕不计入刑期两种应对方法。第一种应对方法认为，对恶意怀孕者不应当暂予监外执行，因为对于恶意逃避刑罚打击的行为依然给予暂予监外执行是与立法精神不符的。[①] 对恶意规避法律的犯罪人暂予监外执行不是对法律的遵守与执行，而是对法律的破坏与背叛，是从根本上对法律进行否定，[②]对于恶意怀孕的犯罪人应当予以收监执行。在收监执行的操作上，由于《监狱法》第 19 条规定罪犯不得带子女在监内服刑，因此有学者提出应对《监狱法》第 19 条相关内容进行修改。即在《监狱法》第 19 条加入第 2 款“符合特定条件的女犯可以携带年幼子女在监狱服刑，监狱提供相应生活条件”。[③] 为了能够顺利收监恶意怀孕的女性犯罪人，同时兼顾人道精神，应当建立专门母婴监区，让妈妈罪犯和婴儿一起在监狱服刑。[④] 在具体实施中，既可以适用母婴监区的方法，让婴儿跟随母亲在监狱中服刑，[⑤]也可以通过开办监狱托儿所的方式来达到相应效果。[⑥] 第二种应对方法认为应从刑期计算上入手，效仿德国建立“刑期推迟执行”制度。[⑦] 即对于恶意怀孕的女性犯罪人给予她们暂予监外执行，但暂予监外执行期间应当不计入刑期。

本文部分支持收监执行的观点，建议对实施恶意怀孕且处于哺乳期的女性犯罪人实施收监执行。依据女性犯罪人实际状况灵活调节哺乳期期限，缩短她们在社会上服刑的时间。本文也赞成从刑期计算上入手应对恶意怀孕，但在不计入刑期的同时需要建立健全相应的激励机制和衔

① 参见尚爱国：《暂予监外执行若干争议问题研究》，载《人民检察》2008 年第 7 期。

② 参见江学、龚卫清：《孕妇、哺乳期妇女的刑事法保护》，载《上海政法学院学报（法治论丛）》2014 年第 2 期。

③ 参见吴宗宪主编：《我国监狱法修订研究》，中国社会出版社 2021 年版，第 40 页。

④ 参见吴宗宪、贾一帆：《我国设立母婴监区问题探讨》，载《青少年犯罪问题》2017 年第 4 期。

⑤ Herzog-Evans M. , *Mothers and babies in French prisons*, Bradford Ontario Canada: Demeter Press, 2013, p. 70 – 81.

⑥ Joseph R Carlson. , *Prison Nurseries: A Way to Reduce Recidivism*, The Prison Journal, 2018(6), p. 760 – 775.

⑦ 参见崔梦溪：《监外执行状态下女性罪犯生育权的限制》，载《辽宁公安司法管理干部学院学报》2011 年第 2 期。

接机制。如果犯罪人社区矫正期间安心接受矫正,虽然不计入刑期,但收监之后可以衔接相应的考核奖励获得减刑。

一、恶意怀孕的表现和认定

生育权是公民的人身权利,女性犯罪人到案后的怀孕并不应全部被认为恶意怀孕。只有当女性犯罪人为了怀孕实施了脱逃、欺骗、拖延病情等恶意行为,或者出现超生、短期连续妊娠、在无视自身养育能力或在有不想养育孩子的表现后依然选择生育等滥用生育权的行为时,经过综合评估后才能够认定为恶意怀孕。

(一)运用违法手段获取怀孕时间

运用违法手段获取怀孕时间是恶意怀孕的重要表现。女性犯罪人想获得暂予监外执行,需要在执行刑罚前或者暂予监外执行情形消失前让自己怀孕,但这个时间并不宽裕,部分女性犯罪人实施了相关违法行为来获取怀孕时间。

1. 脱逃行为

如果女性犯罪人脱逃[①]后怀孕,则有可能是恶意怀孕。虽然脱逃未必一定是为了怀孕,但脱逃和怀孕之间存在联系。本文从中国裁判文书网收集了2016年1月至2022年7月的女性犯罪人怀孕、哺乳相关的暂予监外执行、不予暂予监外执行和收监执行决定书。共找出样本2402人,通过比较犯罪人有无脱逃情节和怀孕次数[②],进行交叉表分析,结果如下(见表1、表2):

① 本文所讲脱逃,包括判决生效前和生效后两类。判决生效前的脱逃包括:嫌疑人取保候审期间脱逃,传唤不到案或擅自离开居住地的情况;监视居住期间脱逃,即犯罪人监视居住期间离开本人居所,失去联系的情况。判决生效后的脱逃,主要是犯罪人在社区矫正期间擅自离开居住地的,在相关文书中体现出被追逃以及被社区矫正机构提请收监的。

② 此处的怀孕次数记录的是归案后处于孕期或哺乳期的次数,同一次怀孕,孕期或哺乳期仅计算1次。

表 1　怀孕次数 * 逃脱情节交叉

怀孕次数	脱逃情节		总计
	无	有	
1 次	1915	43	1958
2 次	341	18	359
3 次以上	75	10	85
	2331	71	2402

表 2　卡方检验

项目	值	自由度	渐进显著性(双侧)
皮尔逊卡方	32.234[a]	2	.000
似然比	22.074	2	.000
线性关联	29.919	1	.000
有效个案数	2402	—	—

结果显示,任一期望频数均大于 5,可以采用卡方检验,$\chi^2 = 32.234$,$P < 0.01$,表明在归案后,有脱逃情节的犯罪人相比没有脱逃情节的犯罪人会更多次地怀孕。由于脱逃和怀孕之间存在关联,因此如果犯罪人脱逃期间怀孕,则存在恶意怀孕的可能。

2. 欺骗行为

恶意怀孕中的欺骗行为是指本不符合暂予监外执行条件,或者暂予监外执行情节消失且刑期未满的女性犯罪人,运用伪造、隐瞒自己的实际情况的手段获取怀孕时间,为自己怀孕创造条件的行为。比如,一些女性犯罪人本来并未怀孕,运用提供虚假证据的方式,伪造出自己怀孕的假象。在(2017)浙 1002 刑更 19 号决定书中,女性犯罪人王某某向法院提交由其指使他人代检的已怀孕的彩声诊断报告单,导致原本不符合监外执行的王某某被暂予监外执行。虽然后期王某某的欺骗情节被发现,但她已经利用获取来的暂予监外执行时间真正怀孕。

又如,一些女性犯罪人本来已经不满足暂予监外执行条件,但利用隐瞒的方式伪造出自己依然处于孕期的假象。从(2018)浙 0326 刑更 25 号以及(2019)浙 0326 刑更 3 号刑事决定书中可以看到,傅某某于 2018 年 9

月 5 日引产后，一直采取绑抱枕的方式隐瞒已引产这一事实。此事在 3 个月后被发现，但是傅某某已经利用获取来的时间再次怀孕。

实施了欺骗情节的女性犯罪人具有鲜明的故意逃避惩罚的目的性。欺骗行为并不是最终目的，而是为达成“真正怀孕”目的的手段。从时间上看，孕期仅仅是从受孕到胎儿分娩的一段时间。从末次月经第一天算起到生产，整个孕期也仅有 40 周左右。而且，在被决定暂予监外执行后，女性犯罪人需要按时向执行机关，即社区矫正机构汇报自己的身体状况。女性犯罪人虚假的体检报告或者伪装怀孕的手段在每次汇报的过程中都有暴露的可能。一旦暴露，她将会被收监执行，利用欺骗手段已经获得的暂予监外执行时间也不会被计入刑期。因此，利用获取到的时间真正怀孕才是最符合逃避打击目的的结果。比如（2017）浙 1002 刑更 19 号中的王某某，尽管她提供虚假证据骗取暂予监外执行的事实被社区矫正机构发现，法院也决定将上述时间不计入刑期。但由于她真正怀孕，从而获得了暂予监外执行，在孕期结束后，王某某还可以用哺乳自己婴儿的理由继续申请暂予监外执行。在该案例中，即便王某某在获得暂予监外执行的过程中采取了欺骗行为，最终并未影响她刑期的计算。由于目的性非常明显，因此当女性犯罪人出现欺骗行为时，可以认定其是在恶意怀孕。

3. 其他拖延行为

在认定恶意怀孕时，除了要看女性犯罪人是否运用了脱逃以及欺骗手段外，还需要甄别她们是否还有其他为怀孕获取时间的拖延行为。比如身有疾病的犯罪人本应积极配合医生进行治疗，但部分犯罪人故意使自己的身体处于不适合收监执行的状况，如拖延自身的病情为自己争取怀孕的时间。在（2018）苏 0506 刑更 15 号决定书中，犯罪人莫某某哺乳期即将结束，在将要因暂予监外执行情形消失刑期未满被收监执行时，她以患有淋巴结肿大为由申请监外执行。经过医学诊断，莫某某的病情不属于《保外就医严重疾病范围》中所列疾病，但诊断报告中建议手术治疗。其后莫某某故意不进行手术治疗，法院多次决定对其进行逮捕，公安机关却因其疾病原因一直未能执行。莫某某运用这种办法为她争取到了一年的时间，直到她再次怀孕，又一次符合了暂予监外执行相关规定，被决定暂予监外执行。莫某某通过拖延病情的方式为怀孕获取到了时间，其中运用怀孕手段逃避惩罚的特征非常明显。

(二)生育权的滥用

恶意怀孕往往随着生育权的滥用。生育权是宪法赋予公民的权利,女性犯罪人应当享有生育权,但权利不能够滥用。[①] 当生育不利于孩子未来的成长时,应当对生育权进行必要的限制。[②] 我国制定了相关法律和生育政策来防止生育权的滥用。尽管我国生育政策在逐步放宽,但是我国优生优育的生育政策并没有改变。2021 年 6 月出台的《中共中央、国务院关于优化生育政策促进人口长期均衡发展的决定》(以下简称《优生决定》)中可以看到,我国提倡适龄婚育、优生优育,实施三孩生育政策。[③] 2021 年 8 月修订的《人口与计划生育法》中规定国家提倡适龄婚育、优生优育。一对夫妻可以生育三个子女,少数民族也要实行计划生育。只有符合法律、法规规定条件的才可以依据省、自治区、直辖市人民代表大会或者其常务委员会规定,按照要求安排再生育子女。部分女性犯罪人为了能够怀孕,无视相关法律、法规和生育政策以及自身的养育能力,或在并不想养育孩子的情况下生育。

1. 超生行为

部分女性犯罪人为了能被暂予监外执行而反复生育,已经超过了《人口与计划生育法》中规定的生育上限。从相关报道中可以看到,有女性犯罪人甚至在 10 年内怀孕了 14 次。[④] 在样本中,用同一个胎儿(婴儿)仅记录一次的方式计算,归案后有 1958 人处于怀孕或哺乳状态 1 次,359 人处于怀孕或哺乳状态 2 次,有 85 人处于怀孕或哺乳状态 3 次以上。在恶意怀孕的认定中,应当将女性犯罪人已生育子女数与到案后怀孕状况进行相加,如果没有超过 3 人则视为正常生育,超过 3 人则需要评估犯罪人是否符合再生育子女条件,如果不符合,应视为超生。

在计算生育子女数量时,既要计算婚生子女数,也要计算非婚生子女数。《人口与计划生育法》和《优生决定》中规定的是一对夫妻可以生育

---

① 参见贾敬华:《罪犯生育权的性质和权源分析》,载《法学杂志》2008 年第 6 期。

② 参见许志伟:《自由、自主、生育权与处境论》(下),载《医学与哲学》2000 年第 4 期。

③ 参见《中共中央　国务院关于优化生育政策促进人口长期均衡发展的决定》,载新华网,http://www.xinhuanet.com/politics/zywj/2021-07/20/c_1127675462.htm。

④ 参见饶俊华、白雪晴:《乌鲁木齐市一女子怀孕 14 次欲逃避坐牢》,载搜狐新闻网,https://news.sohu.com/20150812/n418701865.shtml。

三个子女，这里强调的是夫妻。但却有女性犯罪人通过连续诞下非婚子女的方式进行怀孕。比如，徐某某和丈夫育有两女，在丈夫因为贩毒入狱服刑后，通过与他人发生关系，再次生下两个儿子。① 徐某某的四个孩子中有两个婚生，两个非婚生。徐某某的超生行为不仅违反了《人口与计划生育法》中对生育孩子人数上的限制，而且非婚子女降生后，还可能引发伦理和社会问题。因此，甄别恶意怀孕时，遇到女性犯罪人到案后怀孕的情况，需要考虑她是否存在超生，如果存在超生，则存在恶意怀孕的可能，需要进行评估加以确认。

2. 短期连续妊娠

为了赶在监禁刑实际执行前逃避惩罚，部分女性犯罪人选择了短期连续妊娠，将生育权变为逃避刑罚的手段。妊娠间隔是指妇女两次怀孕之间的间隔时间。有研究在划分时，将妊娠间隔小于6个月，6～11个月和12～17个月的妊娠间隔时间都划为了短期妊娠间隔之中。② 有研究将妊娠间隔小于6个月划入了短期妊娠间隔之中，将6～11个月和12～17个月的妊娠间隔时间划入较短的妊娠间隔。③ 也有研究将妊娠间隔小于12个月及以下的划入了短期妊娠间隔。④ 可见小于12个月的妊娠间隔一般会被归入短期妊娠间隔。无论取保候审的最长期限还是社区矫正期间的哺乳期，都不会超过12个月，监视居住则不超过6个月。因此，如果原本未怀孕的女性犯罪人或者在哺乳期的犯罪人想要通过怀孕获取暂予监外执行，最长也仅有12个月的时间，即需要在短期内连续妊娠，否则如果尚有余刑，将会被收监执行。

当女性犯罪人出现了短期连续妊娠情况时，需要对其怀孕原因进行

① 参见徐晓红、叶蓓、崔洁：《孕妇挺肚子当贩毒"护身符"取保期间继续贩毒》，载正义网（检察日报），http://news.jcrb.com/jxsw/201805/t20180502_1863425.html。

② Congdon Jayme L., Baer Rebecca J., Arcara Jennet, et al., *Interpregnancy Interval and Birth Outcomes: A Propensity Matching Study in the California Population*, Maternal and Child Health Journal, 2022 (5), p. 1115－1125.

③ Liberman Rebecca F., Heinke Dominique, Petersen Julie M. et al., *Interpregnancy Interval and Prevalence of Selected Birth Defects: A Multistate Study*, Birth Defects Research, 2022(2), p. 69－79.

④ Sujan Ayesha C., Class Quetzal A., Rickert Martin E., et al., *Risk Factors and Child Outcomes Associated with Short and Long Interpregnancy Intervals*, Early Child Development and Care, 2021(14), p. 2281－2292.

综合评估。虽然恶意怀孕需要在短期连续妊娠的情况下完成,但并不是所有的连续妊娠都是为了逃避监禁惩罚。需要通过综合评估女性犯罪人家庭状况、民族、年龄、已生育子女情况、到案表现情况和以往表现情况等多方面因素,分析女性犯罪人恶意怀孕的可能性。

3. 无视生育成本与养育意愿

在恶意怀孕中,部分犯罪人在没有能力养育孩子或不想养育孩子的情况下依然生育,这同样也违背了优生优育原则,属于滥用生育权的行为。当犯罪人以逃避监禁惩罚为目的怀孕时,难以充分考虑生育成本。生育需要考虑的生育成本,即孕育、出生到培育成为一个合格劳动力所需要的各种费用的总和。生育、养育、教育都属于需要计算的生育成本。生育成本具体包括生育、照护、抚养、教育、医疗等费用等直接成本;改造家庭、教育、抚养环境等间接成本;抚养孩子花费的时间、精力等机会成本。① 优生优育是我国生育政策的重要内容,最有利于未成年人是我国未成年人保护的核心原则。对于女性犯罪人的暂予监外执行是出于母婴保护的需要,在孕期是为了保护母亲和胎儿。在哺乳期时,保护的重点更多是为了让孩子获得更好的养育。当女性犯罪人恶意怀孕时,很多时候无视了自己的养育能力。在样本中 2402 位女性犯罪人中,共有 1874 人可以确定捕前职业,其中 1012 人捕前职业为无业,占 54%,这里的无业指的是无合法的长期职业,她们的家庭状况难以养育多个子女。如果女性犯罪人归案后是在没有养育能力的情况下依然选择怀孕以及生育,则有恶意怀孕的可能性。

在养育意愿上,部分女性犯罪人已经展现出不想养育自己孩子的表现。如在(2017)黑 8104 刑更 2 号刑事决定书中,犯罪人王某原本是打算将孩子卖掉的,案发后对方退回孩子,王某则以哺乳期妇女的身份被暂予监外执行。在(2021)皖 0802 刑更 10 号刑事决定书中,杨某将孩子送养他人,被社区矫正机构发现后提请收监执行。在法院认定送养协议无效后,继续暂予监外执行。当女性犯罪人出现养育意愿较低的情况,比如存在卖孩子或将孩子送养他人的情节后,如果继续怀孕生子则有可能是恶

① 参见吕红平:《降低生育成本:推进"全面两孩"政策落地的重要条件》,载《人口与健康》2021 年第 3 期。

意怀孕。

二、恶意怀孕应对中的困境

恶意怀孕让犯罪人原本应当接受的惩罚无法落到实处。“刑罚的功能可以分为两类,一类是基本功能,如惩罚、威慑;另一类是附加功能,如矫正改造。”[①]除了惩罚、威慑、矫正等功能外,刑罚还有安抚功能,即通过对犯罪人执行刑罚,一定程度满足受害人及其家属以及社会其他成员对罪犯的报复心理,达到抚慰的目的。[②] 如果以“现实人图景的国民预测可能性”为标准,即从一般大众对于善恶的判断来看,[③]放任恶意怀孕与一般大众朴素的情感相悖。但应对恶意怀孕却存在困境,一方面,在恶意怀孕发生前,难以进行预防;另一方面,在恶意怀孕发生后,难以进行相应处罚。

(一)事前预防困难

在恶意怀孕发生前,出于人权保护的需要,对于怀孕行为的发生无法进行强有力的干预。在监外开放的环境下,对于女性犯罪人为了获取怀孕时间而实施的相关行为也难以进行干预。

1. 对怀孕行为的干预困境

对怀孕行为进行干预会与人权保障相冲突。我国重视人权保障,已经实现了人权入宪,将保障人权作为宪法的内容。就刑法而言,其也有保障犯罪人人权的目的,刑法不打击公民行使宪法赋予的基本权利的行为。[④] 生育权属于人身权利,是公民应当被保护的基本权利,是包括犯罪人在内的所有公民具有的一项基本人权。[⑤] 即便犯罪人有计划外怀孕的倾向或者发现其当前状况下不能承担抚养压力,社区矫正机构、公安机关也仅能对其进行规劝和思想上的引导。如果犯罪人不接受劝导并不能对其采取强制避孕措施。如果犯罪人在政策允许的范围内怀孕,则更加缺

---

① 参见储槐植:《刑事一体化》,法律出版社 2004 年版,第 346 页。

② 参见陈兴良主编:《刑法总论精释》(第 3 版),人民法院出版社 2016 年版,第 12 页。

③ 参见吴宗宪、叶建平:《网络时代基于现实人图景的“类推解释”与“扩大解释”的界分新路径》,载《甘肃政法大学学报》2021 年第 3 期。

④ 参见陈兴良:《教义刑法学》(第 3 版),中国人民大学出版社 2017 年版,第 35 页。

⑤ 参见杨帆:《在押罪犯生育权问题研究》,载《中南民族大学学报(人文社会科学版)》2011 年第 6 期。

乏对其生育限制的依据。

恶意怀孕主要发生在取保候审、监视居住以及社区矫正期间,此时女性犯罪人处于开放的环境中,想要怀孕相对便利。在取保候审期间,尽管《刑事诉讼法》第 71 条规定人民法院、人民检察院和公安机关可以根据案件情况禁止女性犯罪人与特定的人会见,但相关规定并不能限制女性犯罪人与配偶的正常生活。而且,女性犯罪人怀有非婚子女同样能够达到被暂予监外执行的目的,比如前文中提到的徐某某案例,即便同配偶不在一起其依然可以怀孕生子。

在监视居住中防范大部分女性犯罪人怀孕也很困难。按照《刑事诉讼法》第 75 条的规定,监视居住应当在犯罪嫌疑人、被告人的住处执行;无固定住处的,可以在指定的居所执行。如果女性犯罪人有固定住处,对于怀孕基本不能够控制。如果女性犯罪人没有固定住处,则可以安排公安监管医院、普通医院、康复科、学习村、教育转化基地、戒毒所、纪委宾馆、救助站、看守所病区等。① 部分指定居所的监视居住事实上可以在一定限度内隔离女性犯罪人,变相限制她们怀孕。但是在司法实践中,犯罪人基本都有固定住处,即使是租来的房子也是固定住处。

在社区矫正中,控制女性犯罪人怀孕也难以做到。社区矫正的执行地就是社区及矫正对象的居住地。《社区矫正法》第 34 条规定,社区矫正措施和方法应当避免对社区矫正对象的正常工作和生活造成不必要的影响。因此,在社区矫正中对于女性犯罪人怀孕同样难以进行干涉。

2. 对获取怀孕时间行为的干预困难

虽然对女性犯罪人的怀孕难以进行干涉,但正常情况下留给她们的怀孕时间并不长。取保候审和社区矫正对象的哺乳期通常不会超过 12 个月,监视居住则不会超过 6 个月,即便犯罪人有怀孕的意愿,但在期限内"成功怀孕"也并非一定可以做到。因此,一些女性犯罪人使用了部分手段获取怀孕时间,这其中有的本身就是违法行为,如脱逃、造假、不配合治疗等。但是对相关行为进行有效防范也并不容易。

以脱逃为例,在取保候审、监视居住、社区矫正期间都难以形成强有

---

① 参见蔡艺生:《公安机关适用指定居所监视居住实证研究——以 2018 - 2019 年 703 份判决书为主要分析样本》,载《中国人民公安大学学报(社会科学版)》2020 年第 4 期。

力的防范。在取保候审中，保证人、保证金都难以控制女性犯罪人以脱保的方式争取怀孕时间。在开放的执行环境下，如实施严格的、人盯人、面对面形式的监控，则会让原本的制度失去意义，在司法实践中也不具备操作性。保证人的作用是有限的，公安机关往往也分身乏术。[①] 在监视居住中，部分指定居所的监视居住监管程度较高，[②]如看守所病区、公安监管医院、戒毒所等。但如果犯罪人有固定居所，那么监视居住的地点将在犯罪人自己的固定居所中，通常是自己家。社区矫正的执行地也是社区矫正对象自己的家，对脱逃同样难以控制。虽然根据《刑事诉讼法》第78条、《公安机关办理刑事案件程序的规定》(2012年)第112条、最高人民检察院《人民检察院刑事诉讼规则》(2019年)第110条中的相关规定可以对监视居住的犯罪人采用电子监控，《社区矫正法》第29条中规定可以对部分符合条件的社区矫正对象使用电子定位，但作用也相对有限。电子监控并不适用所有犯罪人，需要满足相应的要求。如在社区矫正中，需要犯罪人已经实施了相关违法违纪行为后或者拟提起收监执行的情况下才可以使用。即在犯罪人实施脱逃后或者哺乳期结束即将收监时可以使用电子监控，但犯罪人为了怀孕争取时间的脱逃是发生在之前，一旦怀孕则又可以继续暂予监外执行。而且，电子监控所使用的腕带也并非不可破坏，在犯罪人脱逃后，电子监控可以起到及时知晓的作用，便于及时组织追捕。但恶意怀孕中的脱逃和一般的脱逃行为并不一样，脱逃并不是逃避惩罚的最终手段，也不需要一直在逃，只要能够拖延到自身怀孕，目的就已经达成。

(二)事后打击困难

当女性犯罪人怀孕成为既定事实时，即便她为了怀孕实施了脱逃、欺骗类行为、拖延病情等获取怀孕时间的手段，即使她存在违反《人口与计划生育法》和生育政策的情况，也难以进行有效打击。

1. 孕期犯罪人收监困难

处于孕期的恶意怀孕犯罪人难以被收监执行。以实施了脱逃行为的

---

① 参见刘梅湘、孙明泽：《从保证方式看取保候审制度的完善》，载《华北电力大学学报(社会科学版)》2019年第1期。

② 参见陈岩：《监视居住制度研究》，四川大学出版社2019年版，第55～56页。

女性犯罪人为例，样本中共有71名犯罪人在归案后实施了76次脱逃。其中脱逃后再次归案时，不在孕期或哺乳期的9人全部被收监执行。24人再次归案时在哺乳期，有12人被收监，12人被暂予监外执行。但30名在脱逃后再次归案时处于孕期的犯罪人，最后全部被暂予监外执行。另外，有13人从文书上看依然在逃，虽然被决定收监执行，但如果她们归案时处于孕期依然无法收监。

实施欺骗类行为的女性犯罪人也存在类似的收监困境。同样是流产后在腹部捆绑填充物伪装怀孕的行为，在(2021)湘1021刑更10号中，犯罪人张某某由于未能在社区矫正工作人员发现其实施欺骗类行为前真正怀孕，被收监执行。而前文案例中提到的傅某某，由于成功怀孕，就获得了暂予监外执行。同样地，在流产后伪造相关病例材料行为，在(2021)赣0729刑更2号决定书中，犯罪人缪某某由于未能真正怀孕，被收监执行。而前文案例中提到的王某某，由于成功利用提供虚假材料争取来的时间怀孕，则被暂予监外执行。

在我国，暂予监外执行的适用与犯罪人所犯罪行的轻重没有直接关系，而是与特定的事由或者说是出现了不适合在监禁场所执行的特殊情形有关。[①] 虽然人不能因不法行为而获利是重要的原则，但当犯罪人"成功怀孕"后，无论她是否实施过脱逃、提供虚假材料、伪装怀孕等行为，无论这些行为是否违法，她都已经符合了《刑事诉讼法》中规定的不适合在监禁场所执行的特殊情形。从社区矫正的适用上来看，需要犯罪人满足人身危险性较低的要求，但由于女性犯罪人满足了怀孕这种不适合在监禁场所执行的特殊情形，不得不对其进行暂予监外执行。如(2021)豫1422刑更8号决定书中，秦某某通过连续怀孕的方式谋求逃避监禁惩罚，被社区矫正机构认定为恶意怀孕，从而提请收监。检察机关认可了社区矫正机构对秦某某恶意怀孕的判断，也认为秦某某不符合暂予监外执行的条件。但是，收监怀孕妇女同样缺乏法律依据。因此，最后检察机关依旧建议暂予监外执行，法院最终采纳了检察机关的建议。

监狱、看守所在当前也无法收监怀孕妇女。对于被处以拘役的犯罪人，怀孕或者哺乳自己不满一周岁的婴儿的妇女是《看守所条例》中规定

① 汪友海：《暂予监外执行制度研究》，中国政法大学出版社2019年版，第14页。

的不予收押的类型。《监狱法》第19条明确规定“罪犯不得携带子女在监内服刑”。监狱、看守所也不具备相应配套措施来收监怀孕妇女。[①] 比如从(2021)黑0302刑更7号和(2021)黑0302刑更9号决定书中可以看到,犯罪人刘某某社区矫正期间因脱离监管被决定收监执行,社区矫正机关、法院和检察机关的意见是一致的。但是,由于刘某某怀孕,被看守所拒收,只能再次对刘某某适用暂予监外执行。其间,刘某某再次脱离监管,依然只能再次适用暂予监外执行。

2. 哺乳期犯罪人收监标准模糊

处于哺乳期的女性犯罪人是可以收监执行的,但是收监标准却相对模糊。如(2022)湘0523刑更1号决定书中,处于哺乳期的犯罪人谢某某被认为有再次违法风险,有通过再次怀孕逃避刑罚的可能,且哺乳期仅剩3个月而被收监执行。但是有的行为更加恶劣的哺乳期犯罪人却被决定暂予监外执行。如(2019)川0106刑更2号决定书中的叶某某2014年因犯盗窃罪被判处拘役8个月,由于哺乳期未被羁押,叶某某脱逃,脱逃期间再次实施盗窃犯罪。2016年叶某某归案,但因再次怀孕又没能被收监,随后叶某某再次脱逃,脱逃期间继续实施盗窃犯罪。2017年叶某某再次归案,由于怀孕被暂予监外执行。2018年叶某某再次因为盗窃被捕,由于叶某某处于哺乳期,再次被暂予监外执行。直到叶某某哺乳期结束才被收监执行。

人身危险性是社区矫正适用时需要考虑的因素,人身危险性较高的犯罪人本不应当在社会上服刑。人身危险性包括犯罪人是否有危害国家安全、公共安全或者社会秩序的现实风险,是否有自杀或逃跑等情况。[②] 包括犯罪人再次犯罪的可能性,它所表现的是犯罪人主观上的反社会性格或危险倾向。[③] 人身危险性属于未然之罪,人身危险性越大,改造难度也越大。[④] 从上述案例中可以看到,谢某某和叶某某的人身危险性都比较

① 参见陈帅锋:《“两怀”妇女贩运毒品问题研究》,载《中国人民公安大学学报(社会科学版)》2014年第3期。

② 参见吴宗宪主编:《社区矫正导论》,中国人民大学出版社2020年版,第115页。

③ 参见高铭暄:《刑法问题研究》,法律出版社1994年版,第156页;王勇:《定罪导论》,中国人民大学出版社1990年版,第83页。

④ 参见陈兴良:《刑法哲学》(修订3版),中国政法大学出版社2004年版,第146页。

高，但叶某某的人身危险性更高。谢某某有重新犯罪的可能，有再次怀孕逃避惩罚的可能。而叶某某已经多次重新犯罪，已经多次利用怀孕逃避惩罚。最终谢某某在哺乳期被收监执行，叶某某的两次哺乳期都没有被收监。尤其是叶某某第二次哺乳期归案，是在多次脱逃、多次重新犯罪、多次利用怀孕逃避惩罚的情况发生后，依旧被暂予监外执行。叶某某符合“哺乳期自己婴儿的妇女”这一《刑事诉讼法》中规定的可以暂予监外执行的情节。同时她重新犯罪、脱逃利用怀孕逃避惩罚的行为都是人身危险性较高不适合社区矫正的表现。可见，处于哺乳期的犯罪人尽管可以收监执行，但执行的标准相对模糊，何种情况下应当收监执行、何种情况下应当暂予监外执行并没有定论。

三、恶意怀孕的应对策略

恶意怀孕导致刑罚难以得到公正执行的情况需要改变。要实现公平正义，刑罚的执行方式非常重要，应当尽力消弭犯罪人利用怀孕获取在刑罚执行中的利益，同时让遵规守纪的犯罪人得到利益。对于收监执行上具备可操作性的哺乳期犯罪人，可以通过灵活调整哺乳期时间，缩短人身危险性较大的犯罪人在社会上的服刑时间。

(一)调整刑期的计算

暂予监外执行将具备法定事由的罪犯放在监外执行刑罚，本意是更好地实现刑罚目的，同时兼顾人道精神。[①] 在我国，暂予执行期间刑期要计入总刑期。但同样的刑期，在监禁场所的实刑和暂予监外执行相比服刑体验完全不同。一个是在高墙电网之中，一个是在自己的居住地中，在刑期一样的情况下，监外执行的巨大利益显而易见。从合理保障罪犯权利的角度看，在犯罪人怀孕成功后，出于对母婴保护的需要，的确不适合收监执行，但需要采取相关措施，不能盲目地保障犯罪人权利。[②] 从刑期计算上进行调整，可以既保证母婴权利又让恶意怀孕行为无利可图。

当前存在恶意怀孕不计入刑期的案例，如(2018)豫1721刑更9号决

---

① 参见陈兴良主编:《刑法总论精释》(第3版)，人民法院出版社2016年版，第900页。

② 参见汪勇:《理性对待罪犯权利》，中国检察出版社2010年版，第193页。

定书中的焦某、(2019)豫1721刑更5号决定书中的刘某、(2019)琼0107刑更字1号决定书中的黄某等。总体上看,恶意怀孕不计入刑期的案例较为少见,且有部分法院在事后又对不计入刑期的决定进行了纠正。如(2020)豫1721刑更1号决定书中,人民法院就以"已对其作出暂予监外执行的决定,暂予监外执行期间应计入刑期"为由,对(2019)豫1721刑更5号决定书中对刘某暂予监外执行不计入刑期的决定进行了纠正,决定刘某暂予监外执行期间应当计入刑期。

恶意怀孕难以预防,且事后监禁刑适用困难,因此对现有法律进行扩张,从刑期计算上入手是消弭恶意怀孕所带来的利益的有效策略。《刑事诉讼法》第268条中规定了不计入执行刑期的情形,即"罪犯通过贿赂等非法手段被暂予监外执行的,在监外执行的期间不计入执行刑期。罪犯在暂予监外执行期间脱逃的,脱逃的期间不计入执行刑期",此处的"等"应当理解为列举未尽。如果女性犯罪人为了怀孕实施了脱逃、造假等违法行为,在被暂予监外执行后也应当不计入刑期,因为任何人不应当从自己的违法行为中获益。

实施恶意怀孕的犯罪人是通过让自己的身体状况达到不适合监禁刑的状态来达到逃避惩罚的目的,这在我国法律体系中是需要打击的行为。从同为暂予监外执行中的保外就医来看,《刑事诉讼法》中规定了自伤自残者不得保外就医。自伤自残是指为逃避服刑,吞食异物、故意伤残自己肢体等。[①] 在自伤自残中,尽管人有伤害自己身体的权利,但是当犯罪人用这种权利妄图逃避刑罚的惩罚时会受到打击。同理,在恶意怀孕中,犯罪人有生育的权利,但是当她用这种权利逃避监禁惩罚时也应当受到打击。犯罪人恶意怀孕后,出于母婴保护的原因在不宜收监的情况下,暂予监外执行期间不应当计入刑期。

(二)完善激励机制

女性犯罪人实施恶意怀孕,是因为恶意怀孕可以为她带来利益,在消弭恶意怀孕所带来利益的同时,让安心接受矫正的犯罪人同样能够获得利益,可以在一定程度上减少女性犯罪人实施恶意怀孕的内在动力。其

---

① 参见全国人大常委会法制工作委员会刑法室编:《中华人民共和国刑事诉讼法条文说明、立法理由及相关规定》,北京大学出版社2008年版,第514页。

中，让表现好的犯罪人获得减刑，提前结束刑期，是激励的方式之一。减刑能够缩短原判刑罚，减少罪犯因刑罚带来的痛苦，有利于促进罪犯积极、努力地改过自新。① 从刑法契约的角度来看，犯罪人在服刑期间如果表现良好，符合减刑标准的应当获得减刑，这种刑法契约如果能在国家和犯罪人之间得到履行，则可以节约刑法资源。②《社区矫正法》第 33 条有对符合条件的社区矫正对象减刑的规定。《刑法》第 78 条规定，"被判处管制、拘役、有期徒刑、无期徒刑的犯罪分子，在执行期间，如果认真遵守监规，接受教育改造，确有悔改表现的，或者有立功表现的，可以减刑；有下列重大立功表现之一的，应当减刑"。对于符合条件的社区矫正对象应当予以减刑。

对被暂予监外执行的女性犯罪人而言，由于孕期、哺乳期时间仅有不到两年的时间，在没有重大立功表现的情况下，想获得减刑并不容易，但却可以获得表扬这一行政奖励。如果社区矫正对象符合《社区矫正法》第 28 条中表扬条件的，应当予以表扬。表扬是对社区矫正对象认罪悔罪、遵守法律法规、服从监督管理、接受教育表现突出给予的行政奖励。孕期、哺乳期的女性犯罪人在暂予监外执行期间是有机会获得表扬的。在当前，表扬在社区矫正中还没有明确的刑期折抵机制，但相应机制在监狱中是存在的。因此应当健全相应的考核衔接机制，在女性犯罪人哺乳期结束被收监时能够将社区矫正期间的考核带入监狱服刑期间，从而对犯罪人形成激励。党的十八届四中全会通过了《关于全面推进依法治国若干重大问题的决定》，其中提出了"完善刑罚执行制度，统一刑罚执行体制"的要求。我国也在积极进行监狱、社区矫正执行一体化工作的探索。"监禁刑与社区矫正不仅本质上都是刑罚执行，而且在矫正目标、教育内容、矫正技术等方面均有非常高的契合度。"③同社区矫正机构一样，监狱也会对表现良好的罪犯给予表扬，这是罪犯减刑的重要依据。如在河南省，根据《河南省关于办理减刑假释案件若干问题的规定（试行）》"原判不满五年有期徒刑的罪犯，执行一年以上并获得二次表扬，可以减刑四个月；

① 参见赵亮：《中国减刑制度研究》，西南政法大学 2012 年博士学位论文。

② 参见尹振国：《刑法激励制度研究》，西南政法大学 2017 年博士学位论文。

③ 参见鲁兰、李红霞、李云：《监狱、社区矫正执行一体化工作探索路径》，载《宜宾学院学报》2019 年第 7 期。

原判五年以上不满十年有期徒刑的罪犯，执行一年六个月以上并获得三次表扬，可以减刑五个月；原判十年以上有期徒刑的罪犯，执行二年以上并获得四次表扬，可以减刑六个月。上述罪犯每多获得一次表扬，可以多减刑两个月，一次减刑不超过九个月”。可见，在减刑幅度上，表扬直接可以影响减刑的幅度，又如在江西地区，一个表扬可以折抵90天的刑期。①应当建立相关衔接机制，如果女性犯罪人最终因为暂予监外执行情形消失而刑期未满被决定收监，她在社区矫正期间获得的“表扬”应当可以带到监狱服刑中，继续作为减刑的依据，和在监狱服刑期间获得的“表扬”一起累计。如果女性犯罪人归案后踏实接受矫正，在收监执行后可以更快地获得减刑；反之，即便通过怀孕的方式被再次暂予监外执行，由于暂予监外执行期间不计入刑期，终会被收监执行全部刑罚，让恶意怀孕者无法谋求到利益。

（三）弹性计算哺乳期

孕期犯罪人当前属于难以实施监禁刑的情形，但哺乳期犯罪人则不一定。哺乳自己婴儿的妇女是可以暂予监外执行的，但恶意怀孕逃避惩罚的行为又需要打击，因此在暂予监外执行时，可以通过弹性计算哺乳期的方式来避免相关法律之间的冲突。在我国，犯罪人哺乳期的时间并没有形成绝对统一的规定。大部分情况，哺乳婴儿一般自分娩之日起，到婴儿一周岁以前，只要该罪犯不致危害社会，原则上都可以对其决定暂予监外执行。② 哺乳期通常为1年，但并不绝对。如前文案例中在哺乳期被收监执行的谢某某，她一共进行了9个月左右的哺乳期，由于其再犯风险和恶意怀孕风险没有对她最后3个月的哺乳期暂予监外执行。而在浙江省，根据《浙江省罪犯暂予监外执行实施办法》，女犯哺乳自己婴儿的期限一般不超过9个月。

对于恶意怀孕的犯罪人，可以依据她们的人身危险性弹性计算她们的哺乳期。从《社区矫正法》第18条的规定中也可以看到，社区矫正决定机关根据需要，可以对犯罪人社会危险性和对所居住社区的影响进行调

---

① 参见徐国华、刘红亮：《罪犯减刑中的操作问题及解决——基于南昌地区监狱的调查》，载《中国检察官》2020年第7期。

② 参见卞建林主编：《刑事诉讼法学》，科学出版社2008年版，第887页。

查评估，评估的结果供决定社区矫正时参考。“危险评估的基本价值是‘标定危险’——标定犯罪人的危险程度，为危险控制奠定事实上的、逻辑上的与科学上的基础。”①哺乳婴儿是暂予监外执行适用的法定条件，在给予哺乳期犯罪人暂予监外执行的同时，依据人身危险性评估结果来适当调整哺乳期的时间，犯罪人人身危险性越高哺乳期的时间就越短，不仅压缩了犯罪人可能实施违法犯罪的时间，也可以进一步减少犯罪人再次怀孕逃避监禁惩罚的怀孕时间，对恶意怀孕的再次发生起到预防作用。

① 翟中东：《国际视域下的重新犯罪防治政策》，北京大学出版社2010年版，第122页。

论非法吸收公众存款罪“退赃退赔”情节的司法适用

陈　冉　黄颖婷*

“退赃退赔”情节在得利型财产性犯罪中能够发挥及时挽损的作用，给予被害人一定的抚慰，有利于社会矛盾的化解，因此我国刑事司法实务一直较为重视“退赃退赔”情节的适用。近年来，涉众型非法吸收公众资金案件频频发生，不仅破坏社会主义市场经济秩序、破坏金融管理秩序，还给集资参与人造成了巨额的财产损失。作为经济犯罪，这类案件被害人关注的重点往往是能否弥补经济损失和获得经济赔偿，为了提高退赃退赔从宽的拘束力和量刑轻缓效果，《刑法修正案（十一）》对非法吸收公众存款罪条文进行修订，新增了“积极退赃退赔，减少损害结果发生的，可以从轻或减轻处罚”的规定，把退赃退赔情节从酌定量刑情节上升为法定量刑情节。立法的修订给予了司法从宽的法律根据，但从具体的实践操作上来看，退赃退赔的具体从宽效果实现尚需进一步研究。

一、非法吸收公众存款罪“退赃退赔”情节适用的司法现状

从“退赃退赔”的司法适用来看，通过对中国裁判文书网2020～2021年的非法吸收公众存款罪中刑事判决书进行统计，比较《刑法修正案（十一）》修订前后，非法吸收公众存款罪中退赃退赔情节适用的变化。统计分析显示，在2020年1月1日至12月31日共有7719件非法吸收公众存

* 陈冉，北京理工大学法学院副教授，法学博士；黄颖婷，北京理工大学法学院硕士研究生。本文系北京市社科青年项目“北京市医药企业刑事合规实证研究”（项目编号：21FXC019）、国家社科重大项目“健全支持民营经济发展的刑事法治研究”（项目编号：20&ZD198）的中期成果。

款罪的案件，其中涉及退赃退赔的共有 2705 件，在这期间，退赃退赔情节在非法吸收公众存款罪中的适用率为 35%。因《刑法修正案（十一）》的生效时间为 2021 年 3 月 1 日，且根据刑法溯及力上的从旧兼从轻原则，2021 年 3 月 1 日后的判决能够援引适用《刑法修正案（十一）》新增的第 3 款退赃退赔量刑从宽情节。笔者以《刑法修正案（十一）》生效时间 2021 年 3 月 1 日为节点，对 2021 年的刑事判决书进行统计，发现 2021 年 3 月 1 日至 12 月 31 日共有非法吸收公众存款罪案件 1808 件，其中涉及退赃退赔的共有 767 件。可以看出，在《刑法修正案（十一）》生效实施后退赃退赔情节在非法吸收公众存款罪中的适用率为 42.4%，这说明退赃退赔情节在非法吸收公众存款罪中的适用率得到提高，退赃退赔情节也越来越受到犯罪嫌疑人、被告人和法院的关注。

（一）"退赃退赔"与"认罪认罚"捆绑式认定

"退赃退赔"作为独立法定从宽情节，从其对量刑的具体影响来看，退赃退赔在从宽的适用上往往被附着于"认罪认罚"制度，据统计，在非法吸收公众存款罪中适用退赃退赔情节的 767 件案件中，共有 646 个案件同时涉及认罪认罚的适用。在认罪认罚从宽制度的刑事司法改革背景下，法院在量刑时往往将退赃退赔情节与认罪认罚联系起来认定，这就从一定程度上使得认罪认罚与退赃退赔出现了"从宽"的叠加合一认定，一定程度上降低了立法修订的价值。

在被告人既有退赃退赔情节，同时又有认罪认罚的情况下，司法实践中认定量刑情节时，对退赃退赔和认罪认罚量刑情节的理解与适用不同。

其一，把退赃退赔情节作为认定认罪认罚重要表现形式之一，在认定"认罚"时重点考量退赃退赔情节。具体可以表现为，在判决书中表述为"积极赔偿集资参与人的损失并取得谅解，且认罪认罚，可以依法从宽处理"。例如，刘某某非法吸收公众存款罪一案中①，法院判决认定其"如实供述所犯罪行，在提起公诉前积极退赃退赔，认罪认罚，对其减轻处罚并适用缓刑"；再如，张某某非法吸收公众存款一案中②，法院判决认定"被告人张某某到案后如实供述自己的罪行，系坦白，且认罪认罚，退赔了部

① 参见北京市朝阳区人民法院刑事判决书，(2020)京 0105 刑初 2508 号。

② 参见山东省鄄城县人民法院刑事判决书，(2021)鲁 1726 刑初 343 号。

分被害人经济损失,依法对其从轻处罚”。

其二,将退赃退赔情节和认罪认罚都视为独立的量刑情节,单独认定认罪认罚从宽处罚和退赃退赔情节,分别从轻或减轻处罚。具体可以表现为在适用量刑情节时,把退赃退赔情节与认罪认罚单独认定,法院判决中通常认定为“如实供述犯罪事实,自愿认罪认罚,可以依法从轻、减轻处罚;积极退赃退赔,可以从轻处罚”。例如,周某某非法吸收公众存款罪一案中①,法院判决认定被告人“案发后自动投案,并如实供述自己罪行,系自首,可以减轻处罚;其在提起公诉前积极退赃退赔,减少损害结果发生,可以减轻处罚;其积极赔偿集资参与人的损失并取得谅解,且认罪认罚,可以依法从宽处理”。

其三,也有在判决中不单独认定认罪认罚,而是直接认定退赃退赔,可以从轻或减轻处罚。例如,张某某、陆某某非法吸收公众存款罪一案中②,法院判决认定被告人张某某“如实供述自己罪行,系坦白,可对其从轻处罚。被告人张某某退缴部分赃款,可酌情对其从轻处罚”。本案中,被告人签署了认罪认罚具结书,但是在量刑情节中并没有再单独认定认罪认罚情节,而是直接认定其退赃退赔。

综合上述司法实践,可以看出,法院在认定退赃退赔情节和认罪认罚的关系时有三种不同的认定方式:第一种是把退赃退赔作为认罪认罚的体现,直接认定认罪认罚;第二种是把退赃退赔和认罪认罚都作为独立量刑情节单独认定;第三种是直接认定退赃退赔情节,不再单独认定认罪认罚。

(二)“退赃退赔”从宽量刑影响因素不明确

退赃退赔情节,在具体的从宽因素以及从宽程度的把握上,目前仅有2022年最高人民法院《关于修改〈最高人民法院关于审理非法集资刑事案件具体应用法律若干问题的解释〉的决定》(以下简称《修改决定》)对退赃退赔根据阶段进行了从宽的程度区分,把提起公诉前退赃退赔作为法定从轻或减轻处罚的量刑情节,提起公诉后退赃退赔作为酌定量刑情节加以考虑。

---

① 参见福建省屏南县人民法院刑事判决书,(2021)闽0923刑初240号。

② 参见湖南省郴州市苏仙区人民法院刑事判决书,(2020)湘1003刑初341号。

但从司法实践的操作来看,法院在考虑量刑情节时主要根据被告人的犯罪参与程度认定,而对被告人的退赃退赔情节认定不足。例如,对于从犯,主要是考量其参与犯罪的程度较低而减轻刑罚,退赃退赔情节从宽的量刑影响较小;对于主犯,大多数主犯被告人即使积极退赃退赔,也难以实现减轻处罚的效果,退赃退赔情节对量刑调节发挥的作用十分有限,如在笔者的统计中,96 名具有退赃退赔情节的主犯被告人中,被判处 3 年以上有期徒刑的占所有主犯的 70.8%。可以看出,在认定被告人为主犯的情况下,即使被告人积极退赃退赔,也难以实现减轻处罚的效果。

实践中尤其对跨量刑档次的"减轻"量刑影响没有凸显。比如,翟某某、罗某某非法吸收公众存款罪一案中①,根据被告人翟某某和罗某某的吸收金额确定基准刑,比对判决中的宣告刑,翟某某在基准刑上的调节幅度为 40% ~46%,而罗某某在基准刑上的调节幅度为 22% ~38%,两被告在基本犯罪事实外的量刑情节上都相似,并且被告人罗某某提起公诉前还退缴了大部分非法所得,但本案中罗某某仍被判处有期徒刑 3 年,在基准刑上的调节幅度仅为 22% ~38%,没有突破在 3 年以上判处的法定刑范围对其适用减刑,对其量刑调节幅度仍然有限。(参见表 1)可以看出,实践中对于退赃退赔在量刑的调节上仍比较保守,特别是在认定为主犯的情形中,大部分都只是采取"从轻"的考虑,把最终的宣告刑限制在相应的法定刑范围幅度内,在 3 年以上的法定刑期间判处宣告刑,即使犯罪嫌疑人能够积极退赃退赔,也难以得到相应的减刑效果。

表 1　翟某某、罗某某非法吸收公众存款罪量刑幅度

犯罪嫌疑人	吸收资金	基准刑	量刑情节	退赃退赔	判决宣告刑	调节幅度
翟某某	2746.56 万元	6 年 8 个月 ~7 年 8 个月	主动投案并如实供述犯罪事实,系自首,依法均可从轻处罚	—	有期徒刑 4 年	40% ~46%

① 参见天津市东丽区人民法院刑事判决书,(2021)津 0110 刑初 183 号。

续表

犯罪嫌疑人	吸收资金	基准刑	量刑情节	退赃退赔	判决宣告刑	调节幅度
罗某某	707.04 万元	3 年 10 个月 ~ 4 年 10 个月	主动投案并如实供述犯罪事实,系自首,依法均可从轻处罚,提起公诉前退缴大部分非法所得,可从轻处罚	退缴非法所得人民币 380,000 元	有期徒刑 3 年,缓刑 3 年	22% ~38%

此外,一方面,“基本犯罪事实”对量刑的决定作用影响“退赃退赔”的从宽幅度;另一方面,存在基本犯罪事实严重程度影响退赃退赔量刑幅度的情形。通过实证分析发现,实践中存在非法吸收的资金数额越大,从宽的幅度越小,非法吸收的数额越小,从宽的幅度越大的情形,也即基本犯罪事实较为严重,从宽的幅度越小。如孙某非法吸收公众存款罪一案中①,孙某非法吸收 725.5 万元;刘某某非法吸收公众存款一案中②,刘某某非法吸收 170 余万元,而两人都全部退赃退赔。最终孙某判处有期徒刑 3 年,量刑调节幅度为 22% ~38%;刘某某判处拘役 6 个月,量刑幅度可达 84% ~88%。在两起案件中,被告人都全部退赃退赔,但是孙某非法吸收的公众存款数额更大,基本犯罪事实更为严重,退赃退赔的从宽幅度更小,没有突破 3 年有期徒刑的法定刑对其减轻处罚;刘某某非法吸收的公众存款数额更小,基本犯罪事实更为轻微,退赃退赔的从宽幅度更大。(参见表 2)

表 2　孙某、刘某某非法吸收公众存款罪量刑幅度

犯罪嫌疑人	吸收资金	基准刑	未兑付	量刑情节	退赃退赔	判决宣告刑	调节幅度
孙某	725.5 万元	3 年 10 个月 ~4 年 10 个月	624.585 万元	到案后积极退赃退赔,并自愿认罪认罚,具有坦白情节,可对其依法从轻处罚	家属代退缴 600 万元。在审理过程中,其家属又代退缴 24.585 万元	有期徒刑 3 年,缓刑 3 年	22% ~38%

① 参见陕西省西安市未央区人民法院刑事判决书,(2020)陕 0112 刑初 893 号。

② 参见北京市朝阳区人民法院刑事判决书,(2020)京 0105 刑初 2508 号。

续表

犯罪嫌疑人	吸收资金	基准刑	未兑付	量刑情节	退赃退赔	判决宣告刑	调节幅度
刘某某	170 万元	3 年 1 个月 ~4 年 1 个月	170 余万元	如实供述所犯罪行,在提起公诉前积极退赃退赔,认罪认罚,法院对其减轻处罚并适用缓刑	在侦查阶段退缴人民币 190 万元	拘役 6 个月,缓刑 6 个月	84% ~88%

综合以上分析,可以看出,“退赃退赔”对量刑的影响作用尚缺规范化的适用规则,导致实践中法官对“从宽”的把握较为保守,较少适用“减轻”规定,而在减轻的适用上也理解狭窄,我国《刑法》第 63 条减轻处罚中规定了法定减轻和特殊减轻,后者是“犯罪分子虽然不具有本法规定的减轻处罚情节,但根据案件的特殊情况,经最高人民法院核准,也可以在法定刑以下判处刑罚”。特殊减轻处罚的程序复杂,对法官没有适用的约束力,该条款的适用案例较少。受特殊减刑的内涵辐射,《刑法》第 37 条免予刑事处罚规定被理解为只包括法定免刑,不包含酌定免刑。刑法对于减轻、免除刑罚的规定比较保守。

二、“退赃退赔”从宽的正当化根据厘清

从《刑法修正案(十一)》对非法吸收公众存款罪的修订来看,“退赃退赔”的从宽条件是与“减少损害结果发生”相并列,犯罪嫌疑人积极退赃退赔的行为直接表现为恢复被害人损害,因此,此处的“退赃退赔”与“减少损害结果发生”应当理解为“一体两面”,重心在于“退赃退赔”。在非法吸收公众存款罪中,非法吸收的资金数额和退赃退赔情节是衡量造成社会危害性的重要标准,也是影响量刑的重要因素,因此有学者提出退赃退赔可以弥补被害人的经济损失,极大降低犯罪的客观社会危害①,退赃退赔能够弥补被害人损失,表明犯罪行为对社会危害性影响的降低。② 笔者认为,对“退赃退赔”从宽的适用应当从刑罚根据探寻

① 参见姜涛:《我国退赃制度之审视与重构》,载《法商研究》2006 年第 2 期。

② 参见黄云波:《论赔偿对量刑、定罪与行刑的影响》,载《中南大学学报(社会科学版)》2016 年第 1 期。

其正当化基础。

(一)并合主义为根据的刑罚正当化基础

在刑罚的正当化根据理论中,主要存在报应主义和功利主义的争论。报应主义认为刑罚是根据犯罪人主观恶性程度以及犯罪行为造成的社会危害实行报应。功利主义又称预防主义,认为刑罚的目的在于防止新的犯罪发生。如今通说采取并合主义,认为刑罚的正当化根据是报应的正当性与预防的合理性,既要考虑罪行本身的轻重,又要符合犯罪预防的目的。[①] 量刑情节之所以能够影响量刑,其本质在于反映犯罪行为的社会危害性和人身危险性等各种事实情况。[②]

从报应主义角度来看,退赃退赔,将被告人的不法利益剥夺、直接恢复被害人的利益,原本就是惩罚的应有之义。这能有助于积极的一般预防的实现,重建国民对于刑法的信赖,结合以此为基础的刑事责任的根据来看,关于退赃退赔等罪后情节能否视为不法和责任的减少,有学者提出责任是对不法行为的责任,行为的不法程度只能以犯罪行为时为基准进行评价,不能以裁判时为基准进行评价,而退赃退赔作为罪后量刑情节不能视为不法和责任的减轻。[③] 笔者认为,退赃退赔能够弥补被害人损失,应当理解为是对不法程度和责任的减轻。一方面,结合法益可恢复性理论,犯罪法益是否可恢复应当考虑法益的性质,并且根据犯罪既遂后是否可以消除社会实质危险性或恢复被侵害法益为标准进行判断。[④] 非法吸收公众存款罪保护的客体是金融秩序与金融安全,非法集资人如果能够及时将大部分非法集资款退还,积极退赃退赔,弥补被害人损失,则表明非法吸收的资金风险可控,造成存款人财产损失减少以及金融秩序混乱程度降低,使得法益受侵害的程度也相应降低,对法益能够起到恢复作用。[⑤] 更进一步说,有实证考察发现,在“有罪归为无罪”类型的出罪规范

---

① 参见张明楷:《责任主义与量刑原理——以点的理论为中心》,载《法学研究》2010年第5期。

② 参见陈兴良主编:《刑事司法研究》,中国人民大学出版社2008年版,第91页。

③ 参见张明楷:《论犯罪后的态度对量刑的影响》,载《法学杂志》2015年第2期。

④ 参见庄绪龙:《“法益可恢复性犯罪”概念之提倡》,载《中外法学》2017年第4期。

⑤ 参见卢建平:《完善金融刑法 强化金融安全——〈刑法修正案(十一)〉金融犯罪相关规定评述》,载《中国法律评论》2021年第1期。

中,其出罪事由具有明显的“法益恢复”特征。① 在非法吸收公众存款罪中,退赃退赔情节满足“有罪归为无罪”类型的出罪规范特征,属于法益恢复行为,使得对前行为进行刑事处罚的必要性和需罚性降低乃至丧失,减轻了行为人的不法程度。

从功利主义的预防角度来看,一方面,对于行为人特别预防的效果也是可以期待的。如德国学者罗克辛提出的预防目的的损害恢复论,犯罪人通过对被害人的退赃退赔、赔偿损失承担责任,犯罪人从过去的犯罪行为中得以解脱,能够理解规范的意义并且按照规范继续生活。根据一项犯罪学研究发现,监禁刑的威胁无法阻止潜在的经济犯罪,反而会增加经济罪犯的累犯率。② 而退赃退赔作为一项重要的司法裁量情节,有利于实现刑法预防和改造犯罪的目的。③ 被告人积极退赃退赔的,即使不能全部退赃、赔偿损失,但为此真诚悔过,努力赔偿,能够体现出被告人对自己行为的反省,反映其再犯可能性和人身危险性降低,特殊预防的必要性得以减弱。这也体现出将退赃退赔应用于经济犯罪,可能比传统的刑事司法更有可能阻止犯罪,能够有针对性地规定和适用相应的刑罚,有效地教育和改造被告人,起到特殊预防的作用。④ 另一方面,退赃退赔也能够起到一般预防的作用,从积极的一般预防角度来看,如果适用极端的监禁刑罚,会鼓励报复性的心态,宁可谴责罪犯也不愿修复破碎的关系,会助长不信任和怀疑的持续趋势。⑤ 积极退赃退赔能够弥补被害人损失,缓解被告人与被害人之间的关系,重构人们对于法秩序的信赖,达到积极的一般预防的效果;从消极的一般预防的角度,强调退赃退赔符合“任何人不得从非法活动中获利”的理念,也能促使社会一般人理性判断并遵守刑法规范。

---

① 参见刘科:《司法解释中的出罪规范:类型、依据与完善方向》,载《中国法学》2021年第6期。

② 参见 Jarnie L. Gustafson, *Cracking Down on White-Collar Crime: An Analysis of the Recent Trend qaSevere Sentences or Corporate Officers*, Suffolk U. L. Rev. 2007(40), p. 685, 699。

③ 参见[日]木村龟二:《刑事法辞典》,顾肖荣译,上海翻译出版公司1991年版,第591页。

④ 参见曲新久:《刑法的精神和范畴》(2003年修订版),中国政法大学出版社2003年版,第509页。

⑤ Luedtke D., *Progression in the Age of Recession: Restorative Justice and White-collar Crime in Post-recession*, America. Brook. J. Corp. Fin. & Com. L., 2014(9), p. 311.

因此将积极退赃退赔作为恢复被害人损害的第一选择，高效恢复被害人的物质损害从而实现社会矛盾的缓和与化解，是实现刑罚目的的必然选择，应当充分肯定退赃退赔情节从宽的量刑效果。但是不能回避的是，退赃退赔激励性从宽情节是否带来“花钱买刑”的问题？这也是实践中将退赃退赔与认罪认罚捆绑认定的原因所在。

（二）“退赃退赔”从宽与“认罪认罚”从宽关系的厘清

2019年最高人民法院、最高人民检察院、公安部、国家安全部等印发的《关于适用认罪认罚从宽制度的指导意见》中规定，“认罚”考察的重点是犯罪嫌疑人、被告人的悔罪态度和悔罪表现，应当结合退赃退赔、赔偿损失、赔礼道歉等因素。[①]“认罚”是建立在认罪基础上的一个新概念，其中退赃退赔是最为彻底的认可处罚，也是进一步赔偿损失、赔礼道歉的前提。因此在实践中退赃退赔被作为典型的“认罚”，在量刑中的地位逐渐被强化。

关于如何认定退赃退赔情节与认罪认罚之间的关系，学界一直存在争议。有学者主张，从刑事一体化的角度看，认罪认罚应当作为一个独立的量刑情节，认罪认罚在量刑从宽上具有单独的意义。[②]同时有学者还认为，认罪认罚与自首、坦白、退赃退赔的实质内涵和本质属性不同，自首、坦白、退赃退赔等情节并不能全面、准确评价认罪认罚情节，认为认罪认罚作为独立量刑情节具有正当性和合理性。[③]相反，持另一种观点的学者认为，认罪认罚从宽制度只是对之前已经存在的制度进行概括，并不是新的从宽量刑情节。[④]并且有学者也主张将认罪认罚从宽视为刑事政策更为合理，认为认罪认罚是我国宽严相济刑事政策中的“宽”的具体表现，在刑事诉讼中，被害人的利益诉求往往是多方面的，除有复仇的想法外，还

---

① 《关于适用认罪认罚从宽制度的指导意见》第7条规定，认罪认罚从宽制度中的“认罚”，是指犯罪嫌疑人、被告人真诚悔罪，愿意接受处罚。“认罚”考察的重点是犯罪嫌疑人、被告人的悔罪态度和悔罪表现，应当结合退赃退赔、赔偿损失、赔礼道歉等因素来考量。

② 参见樊崇义：《关于认罪认罚中量刑建议的几个问题》，载《检察日报》2019年7月15日，第2版。

③ 参见刘伟琦、刘仁文：《认罪认罚应作为独立的量刑情节》，载《湖北社会科学》2021年第4期。

④ 参见李立丰：《“认罪认罚从宽”之应然向度：制度创新还是制度重述》，载《探索与争鸣》2016年第12期。

有获得精神抚慰和弥补经济损失等诉求。[1] 在侵财型犯罪中,更为重要的是最大限度地弥补被害人的损失以及修复因犯罪行为侵害的社会关系。[2] 通过退赃退赔情节从宽的方式,鼓励和引导犯罪嫌疑人、被告人积极主动退赃退赔,能够给予被害人精神安慰和经济赔偿,可以有效缓解被害人与被告人之间的矛盾冲突,更加有力地保护被害人的利益,促进社会关系的和谐稳定,体现社会的公平正义。[3] 因而认为认罪认罚从宽作为精神内核,其主要目的在于推动自首、立功、退赃退赔等量刑从宽制度更好地实施,而不应再对认罪认罚予以额外的从宽。[4] 在这种观点下,在自首、立功、退赃退赔和认罪认罚有重合的情况下,认罪认罚体现在自首、立功、退赃退赔等情节中,而不再单独进行量刑从宽认定。

笔者认为,在探讨退赃退赔和认罪认罚的关系问题时,有必要先对退赃退赔情节和认罪认罚的内涵和价值进行界定。首先,在退赃退赔情节的问题上,退赃退赔是指犯罪嫌疑人、被告人将其违法所得的财物直接退还并对其犯罪行为造成的损害进行赔偿。[5]《刑法修正案(十一)》单独规定把退赃退赔作为非法吸收公众存款罪的特殊法定从宽量刑情节。《关于常见犯罪的量刑指导意见(试行)》中也规定可以单独考虑退赃退赔情节,对量刑幅度予以调节。在退赃退赔情节的正当化依据上,退赃退赔情节从宽不仅仅在于能够反映被告人的认罪悔罪态度以及人身危险性降低,更进一步来说,其本质价值更在于能够弥补被害人的经济损失,恢复被犯罪行为侵害的法益,降低社会危害性;并且,积极追求退赃退赔还是为了满足刑事政策需要,促进追赃挽损工作,维护社会秩序的稳定。

其次,在认罪认罚的问题上,2018 年修订的《刑事诉讼法》第 15 条规

---

① 参见陈卫东主编:《刑事诉讼法理解与适用》,人民出版社 2012 年版,第 648 页。

② 参见马涛、吴静:《论认罪认罚从宽制度中的退赃退赔行为》,载《汕头大学学报(人文社会科学版)》2018 年第 4 期。

③ 参见赵秉志、彭新林:《论民事赔偿与死刑的限制适用》,载《中国法学》2010 年第 5 期。

④ 参见秦宗文:《认罪认罚从宽制度实施疑难问题研究》,载《中国刑事法杂志》2017 年第 3 期。

⑤ 参见马涛、吴静:《论认罪认罚从宽制度中的退赃退赔行为》,载《汕头大学学报(人文社会科学版)》2018 年第 4 期。

定认罪认罚从宽,把认罪认罚从宽确立为一项刑事法原则,是对认罪认罚从宽政策的法定化和规范化,使得“认罪认罚”成为一个法定从宽情节。[①]不同于其他刑事政策和诉讼程序,认罪认罚是一项既包含实体又包含程序的全新法律制度。[②] 一方面,在实体问题上,对于认罪认罚中的“认罚”的理解,不应当过于狭窄,“认罚”的内涵应当主要是愿意接受处罚,除了需要考察退赃退赔,更为重要的是应当体现在愿意接受行政机关、司法机关的处罚的情形等,体现犯罪嫌疑人、被告人的认罪悔罪态度,预防必要性降低。[③] 另一方面,认罪认罚的重要价值体现在程序问题上,认罪认罚从宽是在以审判为中心的司法改革背景下制定的,主要是为了构建案件分流机制,在被告人认罪认罚的情况下可以适用速裁程序和简易程序,通过简化程序,提高诉讼效率,节约司法资源。

因此,“认罪认罚”是作为一种实体与程序合并考虑的从宽制度设计,而“退赃退赔”仍然是基于刑事实体的“责任”考量。这就决定了认罪认罚适用的正当根据有可能需要依赖“退赃退赔”情节,但“退赃退赔”的适用却并不需要认罪认罚的帮扶。而换个角度,即便行为人是出于功利目的积极退赃退赔的,但是接受财产的负面评价客观上能够预防其再次犯罪。毕竟内心世界是难以完全把握的,悔罪评价应当更重视客观事实造成的影响。退赃退赔情节虽然经常与真诚悔罪联系在一块,但是两者之间并非同一层级的关系。

从域外法律实践来看,大多数国家都将退赃退赔作为减轻或免除处罚的量刑情节。《德国刑法》第46a条规定,被告人如果能够赔偿其犯罪造成的全部或大部损害,或者真诚努力赔偿的,可以减轻处罚,或者免除刑罚。《意大利刑法》第62条第6项规定,在审判前,返还赔偿或者损失,完全弥补了损害的,属于减轻处罚情节。除此之外,德、日刑法理论对这一问题也有相关阐释。德国刑法理论认为,不法行为是一种社会性的判断,积极退赃退赔、挽回损失的行为,属于事后减少不法程度的行为,特别

---

① 参见杨立新:《认罪认罚从宽制度理解与适用》,载《国家检察官学院学报》2019年第1期。

② 参见苗生明、周颖:《认罪认罚从宽制度适用的基本问题——〈关于适用认罪认罚从宽制度的指导意见〉的理解和适用》,载《中国刑事法杂志》2019年第6期。

③ 参见周光权:《论刑法与认罪认罚从宽制度的衔接》,载《清华法学》2019年第3期。

是在财产犯罪中，成为减少不法的情节。① 日本也有理论认为，赔偿损害能够减少被害者的处罚感情和被害感情，从违法性的观点来看行为者可归责结果的违法性在事后会减少，此外，从将被害情绪本身也视为犯罪后果的角度出发，也可以认为被害情绪的强弱关系到后果本身的大小，被害情绪弱时被告人的责任减轻。②

根据我国《关于常见犯罪量刑指导意见(试行)》，认罪认罚与自首、坦白、退赃退赔、赔偿谅解等量刑情节不作重复评价。这里的"不作重复评价"，应当理解为，在对自首、退赃退赔等法定量刑情节评价的基础上，对认罪认罚给予更大从宽幅度后，不得再一次重复从宽量刑。③ 也就是说，在实体从宽处理上，在被告人既有自首、坦白、退赃退赔情节，又有认罪认罚情节时，两个量刑情节可以同时适用，对重合情节不应重复评价。④根据有利于被告理念，禁止重复评价原则本质在于禁止对被告人进行不利的重复处罚，虽然退赃退赔是认罪认罚的重要表现形式，但鉴于认罪认罚有其独特的程序价值，退赃退赔情节与认罪认罚从宽同时适用进行量刑评价，并不违反罪刑相适应的基本原则。适用退赃退赔、自首、坦白等情节和认罪认罚量刑情节的总体从宽幅度应介于仅有自首、坦白、退赃退赔等情节和认罪认罚叠加适用之间。⑤ 在财产得利型犯罪中，应当将"退赃退赔"作为行为人认罪认罚的考量因素，但行为人的"退赃退赔"并不必然代表认罪认罚，从这个角度来说，肯定"退赃退赔"的实体法影响价值，应当对"退赃退赔"的适用给予更大的从宽考虑，不应当因"犯罪数额"影响退赃退赔的从宽幅度，比如上文提到的相似退赃退赔案例，因犯罪数额不同，法院在裁判中对较大金额的犯罪采取了更为严厉的从宽比例，这会造成实践中涉及"金额"越大越抗拒退赔退赃，而且从"退赃退

① Hörnle T., *Distribution of Punishment: The Role of a Victim's Perspective*, Buffalo Criminal Law Review, 1999, 3(1), p. 175－209.

② 参见昆雄一:「なぜ被害者・遺族が処罰感情を表明すると，量刑が重くなりうるのか. 中央ロー・ジャーナル」,2014,11(2):53－92頁。

③ 参见李勇:《认罪认罚与自首、坦白之界分》，载《检察日报》2020年2月15日，第3版。

④ 参见杨立新:《认罪认罚从宽制度理解与适用》，载《国家检察官学院学报》2019年第1期。

⑤ 参见孙万怀、刘环宇:《论禁止重复评价的判断标准及其适用争议问题》，载《法治研究》2022年第2期。

赔”法益修复的角度来说，也违背了统一评价的原则。

三、“退赃退赔”从宽影响因素的规范化激活

退赃退赔情节的影响因素，是判断退赃退赔情节量刑调节幅度的关键。对退赃退赔情节的认定，需要根据退赃退赔的影响因素进行细致具体的考量和分析，退赃退赔的主体、时间和数额程度不同，对损失的弥补程度不同，反映犯罪嫌疑人、被告人认罪悔罪态度也不相同。

但是在司法实践中，对退赃退赔的主体、退赃退赔时间、退赃退赔的数额程度等问题尚没有严格的区分，退赃退赔在量刑适用上较为模糊宽泛，如不论被告人自己退赃退赔还是家属代为赔偿，只要存在退赃退赔情节，即认定为积极退赃退赔，在量刑情节中直接表述为“积极退赃退赔，可以从轻处罚”①；再如，缺少对不同退赃退赔时间阶段在量刑从宽上的区分，只要被告人退赃退赔，不论在哪一阶段，都认定为“积极退赃退赔”，并笼统地认定为“可以从轻处罚”，在具体的量刑影响效果上也并无明确区分。②

笔者认为，首先，从退赃退赔主体来说，退赃退赔作为一种赔偿责任具有一定的民事责任属性，惩罚能够通过退赃退赔这一利益机制来实现，家属代为赔偿应当准许，但是，对于家属代为赔偿的情节，应当与被告人主动退赃退赔的情节有所区别③，这是因为被告人对于家属代为赔偿持有的态度可能并不相同，有的被告人可能持赞成态度也有的可能持放任或者反对态度。在被告人强烈要求家属、亲友帮助自己退赃退赔情况下，能够表明被告人的较好的认罪悔罪态度，在被告人无所谓或反对的情况下则难以体现出被告人的认罪悔罪态度。对于家属代为赔偿，被告人认罪悔罪态度的有无以及程度大小不同，被告人的人身危险性大小也不相同，因而有必要对家属代为赔偿的不同情况加以区分。

其次，从退赔阶段来说，虽然《修改决定》规定了提起公诉的时间作为界限，规定提起公诉后退赃退赔的作为酌定量刑情节。但实践中，由于退

① 参见辽宁省沈阳市铁西区人民法院刑事判决书，(2021)辽0106刑初582号。

② 参见上海市闵行区人民法院刑事判决书，(2021)沪0112刑初2020号。

③ 参见张明楷：《责任刑与预防刑》，北京大学出版社2015年版，第356页。

赃退赔与认罪认罚认定中的密切联系,部分行为人会故意推迟在审判阶段才退赃退赔,协商认罪,以此实现最大限度的从宽效果。对此有必要进一步切割认罪认罚与退赃退赔的联系。

最后,从退赃退赔的数额程度上,应当明确被告人应当退赃退赔的数额范围。2019 年最高人民法院、最高人民检察院、公安部《关于办理非法集资刑事案件若干问题的意见》第 6 条规定对于涉案人员的责任应当具体情况具体分析。① 非法吸收公众存款活动涉及人员众多,体系庞杂且组织架构复杂,对于不同地位和参与程度的涉案人员退赃退赔的数额范围和责任问题有不同的观点,而主要争议点在于涉案人员退赃退赔的数额范围应当以非法所得为限的"分赃数额"还是应当承担全部退赔责任连带"全部数额",②笔者认为,从"责任自负"的相对独立来说,适用刑罚时必须考虑影响社会危害性程度的客观后果,行为人本身情况、主观恶性和不同经济条件、价值观念等因素,区分刑罚在量上的区别。③ 连带说要求一般涉案人员对全部集资数额承担退赃退赔责任,对涉案人员的退赃退赔要求过高,可能导致部分共同犯罪人承担的退赃退赔责任与其罪责不相适应;而独立说根据涉案人员在共同犯罪中起的作用大小和人身危险性等不同,判断各自责任的大小,分别承担不同退赃退赔责任,符合个人责任原则。在"退赃退赔"情节的适用上,应当避免对涉案人员"一刀切"的退赃退赔要求。应当根据组织架构中涉案人员地位职责、收入方式的不同,对涉案人员退赃退赔的数额范围加以区分。

---

① 《关于办理非法集资刑事案件若干问题的意见》第 6 条规定,对于涉案人员应具体情况具体分析,结合多个不同因素,如客观行为、主观恶性、犯罪情节、地位、职务等作出客观、合理的判断,以确定其罪责的大小以及追究其刑事责任。

② 参见梅传强、欧明艳:《共同犯罪违法所得处理研究——以共同犯罪人之间是否负连带责任为焦点》,载《中国人民公安大学学报(社会科学版)》2020 年第 1 期。

③ 参见何成兵:《"赔钱减刑"的法律定位与价值探讨》,载《法治研究》2010 年第 5 期。

●出卖亲生子女行为的定性分析

——以十二年来出卖亲生子女案件为分析样本

郑伊可*

前　言

在社会高速发展的时代,犯罪形态呈现出了越来越多元和新型的特点,拐卖儿童犯罪也不例外。随着我国人民群众法治意识不断强化,普通意义上诱拐和偷窃儿童的行为越来越少,相比之下,父母出卖亲生子女的行为越发值得关注。一些父母因为家庭条件比较困难而无法养育孩子,借助“送养”的名义把孩子卖给他人。由于该行为所特有的隐蔽性,亲生父母所实施的侵犯儿童权益的行为难以被大众发现,从而难以及时有效地保障儿童的权益。

尽管遗弃子女和拐卖儿童历来都是国家法律严厉打击的犯罪行为,不过由于国家目前现行的法律法规缺乏对出卖亲生子女的行为的具体规范,目前我国司法实务当中也出现了一些法律问题。大多司法机关在实践中将出卖亲生子女的行为认定为拐卖儿童罪,只有少数将其定性为遗弃罪,到底应该如何准确地界定出卖亲生子女的行为呢?本文将从近12年出卖亲生子女的案例出发,分析我国出卖亲生子女犯罪的特点,以及当前我国刑事理论界关于出卖亲生子女犯罪定性的各种看法和问题焦点,并从刑法学方面对出卖亲生子女的犯罪行为加以定性,希望能够对出卖亲生子女犯罪更加科学合理地进行惩治,以维护法律适用的尊严和司法实践的统一。

---

* 郑伊可,北京师范大学法学院博士研究生。

一、我国出卖亲生子女行为的案例样本分析

(一)出卖亲生子女行为的案例样本来源

为深入分析出卖亲生子女的行为性质以及其在国家司法实务中的审判状况,截至2021年12月31日,笔者在“威科先行”资料库中以“出卖亲生子女”为关键词,对2010~2021年每年审结的重大案件进行检索,并先后获得8份、14份、6份、14份、53份、37份、37份、38份、29份、45份、90份、46份裁判文书①。通过逐项核对裁判文书的全文内容,所得出的有效案例共计338件。而在这些案例中,329件构成拐卖儿童罪,9件构成遗弃罪。

(二)出卖亲生子女行为的典型案例

2010年7月1日,最高人民法院就选出的全国拐卖妇女儿童罪经典案件,经过司法实务专家学者的权威点评,并根据新出台的《关于依法惩治拐卖妇女儿童犯罪的意见》,出版发行了最高人民法院《拐卖妇女儿童犯罪典型案例评析及法律法规精选》,其分析了目前我国在刑法适用领域中具有争议的近40件拐卖妇女儿童罪经典案件。其中“杜某坤、耿某培贩卖婴儿案”、“丁某军、丁某巧贩卖婴儿案”以及“宋某春等贩卖婴儿案”等案例都是对出卖亲生子女等犯罪行为定性的重要参考。

2014年11月,最高人民法院公布了14件与未成年人有关的经典案件,其中“王某志、杨某仙遗弃罪案”中被害人王某志、杨某仙夫妻和王某勇经商量后达成协议,同意将亲生儿子过继给王某勇扶养,王某勇给付了王某志、杨某仙的哺乳费用共人民币4万余元。福建省三明市三元区人民法院经审查后认定,被害人王某志、杨某仙因将刚出生不足一周岁的孩子交由别人养育,二人犯罪行为是拒绝养育孩子的行为,不是单纯的为牟利出卖子女,因而不应当以拐卖儿童罪论处。此种行为如果各个方面均符合遗弃罪的构成条件,则应当以遗弃罪定罪量刑。

2015年2月,最高人民法院公布了8件惩治拐卖妇女儿童罪的经典案件,其中1件是被告人邢某强曾连续两次将3名亲生孩子出售给别人,且都是在孩子出生前就联系了居间介绍人并帮忙找到买家,缴付了数额

① 本论文数据统计时间:2010年1月1日至2021年12月31日。

较大的钱财,在小孩出生后即按照事先协议将小孩卖掉,因此法官认为被告人邢某强是出于不法牟利的行为目的,故以拐卖儿童罪定罪并量刑。

2017 年 6 月,最高人民法院公布了 6 件关于依法惩治危害未成年人犯罪的经典案件,其中在“余某、高某拐卖儿童案”中,被告人余某于其妻妊娠时期即联系上行为人高某并物色买家,双方商量价钱,其妻在生育后便通过诱骗方法把小孩抱走并贩卖给别人,故法院依法以拐卖儿童罪对余某判处刑罚。以上典型案例的发布,反映出了司法机关以及社会组织等对出卖亲生子女犯罪的重视,同时也说明了产生的问题越发不容忽视。

(三)出卖亲生子女行为的样本特征分析

通过对 338 件出卖亲生子女犯罪案件的数据进行研究和对比,可以总结出我国出卖亲生子女犯罪的主要特征:

1. 尽管此类案件的受理总量有所波动,但总体上还是呈现出了上升的态势

经统计,2010 年以来,出卖亲生子女犯罪的案件受理量一直呈波动型上升,案件总量分别为 8 件、14 件、6 件、14 件、53 件、37 件、37 件、38 件、29 件、45 件、90 件、46 件。其中 2012 年占比最低为 1.7%,2010～2013 年四年来案件受理量总数占比 12.4%,2019～2020 年上升最快,在 2020 年到达案件受理量顶峰,占比 26.6%。

2. 出卖亲生子女的案件被定性为拐卖儿童罪的数量远高于遗弃罪

近年来出卖亲生子女的案件频发,已经引起了社会的重视,准确定性出卖亲生子女的行为已经成为重中之重,但在出卖亲生子女行为的案例判决当中,却出现了同样是出卖亲生子女的行为但判决不一的情况,在“威科先行”法律信息库中搜索到的该类案件中,法院的判决结果存在以下五种:(1)不作为犯罪处理;(2)认定为遗弃罪;(3)认定为拐卖儿童罪,适用非刑罚措施;(4)认定为拐卖儿童罪,适用较轻的刑罚,如适用缓刑;(5)认定为拐卖儿童罪且从刑罚结果来看适用了较重的法定刑。经统计,2010 年与出卖亲生子女相关的 8 件案件中,7 件以拐卖儿童罪定罪处罚,仅 1 件构成遗弃罪;2011 年的 14 件案件中,13 件构成拐卖儿童罪,仅 1 件构成遗弃罪;2012 年的 6 件案件中,5 件构成拐卖儿童罪,仅 1 件构成遗弃罪;2014 年的 53 件案件中,51 件构成拐卖儿童罪,仅 2 件构成遗弃罪;2015 年的 37 件案件中,35 件构成拐卖儿童罪,仅 2 件构成遗弃罪;2016

年的37件案件中，36件构成拐卖儿童罪，仅1件构成遗弃罪；2019年的45件案件中，44件构成拐卖儿童罪，仅1件构成遗弃罪；2013年、2017年、2018年、2020年和2021年与出卖亲生子女相关的案件中，全部以拐卖儿童罪定罪处罚。从总量来看，2010年以来的338件案例中，329件构成拐卖儿童罪，仅9件构成遗弃罪。

3. 定罪量刑差距较大

本文在数据库中选取了10件较具有代表性的案件进行探讨，试图通过这10件案件把握我国出卖亲生子女犯罪定性为拐卖儿童罪和遗弃罪的量刑差距。经分析可知，如若判定为拐卖儿童罪，则判处的刑罚一般为5年以上10年以下有期徒刑①；如认定为遗弃罪，则判处的刑罚一般为5年以下有期徒刑、拘役或者管制②，两者刑罚差距较大。从表1可以看出，最终被判决为遗弃罪或者拐卖儿童罪的，所受处罚差别很大。构成遗弃罪的一般被判处3年以下有期徒刑，且还可以并处缓刑，而若被认定为拐卖儿童罪，则将会被判处5年以上的有期徒刑并处罚金。如果一律把出卖亲生子女行为确定为拐卖儿童罪，可能产生过于扩大打击力度的效果。

表1　2010～2021年内10件出卖亲生子女典型案件量刑情况

序号	案件名称	案号	收受财物金额/元	判决罪名	判处刑罚
1	马某拐卖儿童案	（2014）连刑初字第93号	46,000	拐卖儿童罪	有期徒刑5年，并处罚金人民币5000元
2	绳某拐卖儿童案	（2014）唐刑初字第407号	20,000	拐卖儿童罪	有期徒刑3年6个月，并处罚金1万元
3	陈某拐卖儿童案	（2015）滕少刑初字第49号	50,000	拐卖儿童罪	有期徒刑5年，并处罚金人民币25,000元

① 根据《中华人民共和国刑法》第240条规定，拐卖妇女、儿童的，处5年以上10年以下有期徒刑，并处罚金；有条文所列八种加重情节之一的，处10年以上有期徒刑或者无期徒刑，并处罚金或者没收财产；情节特别严重的，处死刑，并处没收财产。

② 根据《中华人民共和国刑法》第261条规定，犯遗弃罪的，处五年以下有期徒刑、拘役或者管制。

续表

序号	案件名称	案号	收受财物金额/元	判决罪名	判处刑罚
4	刘某拐卖儿童案	(2016)鲁0481刑初610号	7000	拐卖儿童罪	有期徒刑5年,并处罚金人民币15,000元
5	张某拐卖儿童案	(2016)川0802刑初359号	10,000	拐卖儿童罪	有期徒刑5年6个月,并处罚金20,000元
6	鲁某遗弃罪案	(2010)海刑初字第646号	18,000	遗弃罪	有期徒刑6个月,缓刑1年
7	郝某遗弃罪案	(2011)民刑初字第58号	15,000	遗弃罪	有期徒刑2年,缓刑2年
8	陈某遗弃罪案	(2012)民刑初字第142号	25,700	遗弃罪	有期徒刑2年,缓刑3年
9	侯某遗弃罪案	(2014)夏少刑初字第73号	40,000	遗弃罪	有期徒刑3年,缓刑5年
10	占某拐卖儿童案	(2018)皖0302刑初341号	44,000	遗弃罪	有期徒刑2年

研究显示,裁判结果表现出如下问题:(1)绝大多数案件都是以拐卖儿童罪定罪;(2)相似情节的案件量刑结果差距较为明显。至于为什么犯罪情节相似、社会危害程度相当的案子会有如此差异,出卖亲生子女行为究竟该怎样加以界定,下文还将展开进一步探讨。

二、出卖亲生子女行为的现有法律规范

1997年《刑法》施行至今,历次刑法修正案均没有对此情况作出调整。对出卖亲生子女行为性质的确认问题,最高人民法院在大约10年内分别独立或与其他机关共同出台了三项司法解释性文件,其立场由有条件地认定为遗弃罪逐步过渡到普遍性地认定为拐卖儿童罪。

第一阶段,有条件地认定为遗弃罪。1999年10月,最高人民法院颁布的《全国法院维护农村稳定刑事审判工作座谈会纪要》(以下简称《纪要》)规定,对一些迫于家庭生存艰难、受重男轻女观念限制而出卖亲生子

女或领养孩子的，可不认定为犯罪；但其中若出卖孩子确属情节恶劣的，可按遗弃罪量刑。参照《纪要》，以遗弃罪追究出卖亲生子女犯罪人的刑事责任，只有在“情节恶劣”的情形下才能加以适用。

第二阶段，有条件地认定为拐卖儿童罪。2000 年 3 月，最高人民法院、最高人民检察院等联合发布的《关于打击拐卖妇女儿童犯罪有关问题的通知》（以下简称《通知》）拉开了以拐卖儿童罪追究出卖亲生子女行为刑事责任的帷幕，同时将该处罚限制在“情节恶劣”的情形下①。

第三阶段，广泛地认定为拐卖儿童罪。2010 年 3 月 15 日，最高人民法院、最高人民检察院等联合发布的《关于依法惩治拐卖妇女儿童犯罪的意见》（以下简称《意见》）②，规定对以非法获利为目的出卖亲生子女的行为一律认定为拐卖儿童罪，这就明显拓宽了以拐卖儿童罪追究出卖亲生子女行为的范围。

随着三部司法解释的颁布，法院对出卖亲生子女行为的界定也会出现一些不同认识，从而作出了不同的判决。

三、出卖亲生子女行为性质的思考

（一）罪名的认定

第一种看法主张应定拐卖儿童罪，如张明楷教授认为，只要把孩子当作产品出售，就应当认定为此罪。③ 该观点的主要依据是我国《刑法》第 240 条第 2 款之规定及之后出台的两部司法解释（2000 年《通知》和 2010 年《意见》）。但这一观点将“将子女作为商品出卖”视为定罪的关键性事实并不严谨，因为该事实的认定标准并不清楚，在司法实践中的判断也并非易事。

---

① 《通知》规定：“出卖亲生子女的，由公安机关依法没收非法所得，并处以罚款；以营利为目的，出卖不满十四周岁子女，情节恶劣的，借收养名义拐卖儿童的，以及出卖捡拾的儿童的，均应以拐卖儿童罪追究刑事责任。”

② 《意见》第 16 条规定：以非法获利为目的，出卖亲生子女的，应当以拐卖妇女、儿童罪论处。第 17 条规定：具有下列情形之一的，可以认定属于出卖亲生子女，应当以拐卖妇女、儿童罪论处：（1）将生育作为非法获利手段，生育后即出卖子女的；（2）明知对方不具有抚养目的，或者根本不考虑对方是否具有抚养目的，为收取钱财将子女“送”给他人的；（3）为收取明显不属于“营养费”“感谢费”的巨额钱财将子女“送”给他人的；（4）其他足以反映行为人具有非法获利目的的“送养”行为的。

③ 参见张明楷：《刑法学》，法律出版社 2011 年版，第 798 页。

第二种看法认为应定遗弃罪,如周道鸾教授和张军教授认为,出卖亲生子女的,应当以遗弃罪追究犯罪人的刑事责任。[①] 该观点的主要依据是《收养法》(已失效),该法第31条第3款规定:“出卖亲生子女的,由公安部门没收非法所得,并处以罚款;构成犯罪的,依法追究刑事责任。”但是,《收养法》(已失效)只是抽象地指明了出卖亲生子女有成立犯罪的可能性,但并没有明确犯罪的性质为遗弃罪。虽然《收养法》已于2020年12月31日失效,收养相关法律规定按照《民法典》(2021年1月1日实施)中的规定实施执行,但是民法典并未就此情形进行规定。

第三种看法认为应分情况对该行为进行定性,如李庆珍和李云认为,如果孩子的生父母是出于一定的客观原因而不得不“出卖”子女的,不能“一刀切”地将这种行为认定为具有非法获利的目的,如果该行为“情节严重”或是“情节恶劣”,那么这时应考虑的是按照遗弃罪对行为人进行定罪处罚的可能性;但倘若行为人在实施该行为时的主观目的就是卖孩子,那么可以说,父母此时已经把孩子当成了出售的产品而进行了金钱的交易,此时就应当按照拐卖儿童罪进行定罪处罚。[②] 笔者认为,该观点整体上是可取的。但是,也存在一定的不明确之处:在某种客观因素的作用下,行为人完全可能出于出卖目的而出卖亲生子女,因为客观原因和主观目的并不是对立关系,两者之间并不矛盾,出卖目的是主观因素,而客观原因是客观因素,两者完全有可能在一个案件中同时存在。在这种情况下就无法分情况进行定性,即到底是应当被认定为遗弃罪还是被认定为拐卖儿童罪,存在争议。因此,尽管该观点具有整体上的合理性,但是具体的结论仍需要斟酌。

(二)法益的确定

刑法目的在于保护法益。出卖亲生子女行为性质的认定,首先必须以拐卖儿童罪的保护法益为依据。在我国,对于拐卖妇女、儿童罪所保护的法益,理论中存在多种观点。其中较为有代表性的是:人身自由说,[③]此种学说主张拐卖妇女、儿童罪的客体是人身自由的权利。其次还存在关

---

① 参见周道鸾、张军主编:《刑法罪名精释》,人民法院出版社2013年版,第613页。
② 参见李庆珍、李云:《出卖亲生子女构成何罪》,载《中国审判》2008年第11期。
③ 参见周道鸾、张军主编:《刑法罪名精释》,人民法院出版社2013年版,第547页。

于妇女、儿童的人身自由和人格尊严说。[①] 还有关于被拐卖人的原本居住场所安全说,[②]此种学说主张此罪侵犯的客体是被害人一直以来所生活的场所的安全性,主要的根据是拐卖妇女儿童罪所侵害的对象包括没有行动自由的婴幼儿和没有意识状态而需要监护的人,而对这两种对象进行拐卖必然侵犯其生活场所的安全。最后是人身不受买卖的权利说,[③]此种学说主张拐卖妇女、儿童罪的客体是人身权利中的人身不受买卖的权利。这些观点的共同之处在于对拐卖妇女、儿童罪的保护法益都只是作了笼统的界定,没有具体分析拐卖妇女罪和拐卖儿童罪各自的保护法益。

本文认为,如何正确把握拐卖儿童罪所保护的法益,关键就在于怎样看待监护权的刑法地位:第一,监护权受到现行刑法保护,具有法律依据。监护权在1979年《刑法》时期已经受到刑法保护。现行刑法分则第四章的名称“侵犯公民人身权利、民主权利罪”也清楚地表明了现行刑法保护监护权。人身权以权利人的人格和身份为标的,因而分为人格权与身份权等两大类。身份权也称为亲属权,包括配偶权、其他家庭成员权、监护权和受监护权等。[④] 身份权不仅受到民法的保护,而且受到刑法的保护。因此,监护权属于现行刑法的保护法益。第二,拐卖儿童罪严厉的法定刑表明了立法者想保护的是包括监护权在内的双重法益。拐卖儿童罪的社会危险性极高,造成的危害结果也难以想象。除了对儿童的人身权益造成的危害,对亲生父母的打击也是毁灭性的,多少家庭为了寻找孩子脱离了正常的生活轨道,失去工作,将寻找孩子作为终生目标,终其一生也难以如愿。因此,立法者才为该犯罪配置了严厉的法定刑,就是因为其保护的是包括监护权在内的双重法益,若否认监护权是拐卖儿童罪的保护法益,将会掩盖拐卖儿童危害社会的严重程度。第三,在当今社会,监护权具有被刑法保护的必要性。监护权不仅是监护人的重要权利,而且对被监护人的安全和成长来说也具有重要意义,其重要性不亚于被监护人的人身或者财产安全。随着经济发展和社会进步,国民更加重视亲情和子女的成长,监护权在当下有着非常重要的意义。所以,应该认为监护权是

---

① 参见齐文远主编:《刑法学》,北京大学出版社2011年版,第443页。

② 参见杨金彪:《拐卖妇女儿童罪的几个问题》,载《现代法学》2004年第5期。

③ 参见高铭暄、马克昌主编:《刑法学》,北京大学出版社2014年版,第471页。

④ 参见龙卫球:《民法总论》,中国法制出版社2001年版,第311页。

拐卖儿童罪的保护法益，而出卖亲生子女的行为通常不会侵犯监护权，不应一律以拐卖儿童罪定罪处罚。

综上所述，对父母出卖亲生子女的行为，既不能全部认定为拐卖儿童罪，也不能全部认定为遗弃罪，而是应当以具体案件侵害的法益为基础，兼顾行为人的犯罪目的和行为方式，针对情况的不同加以区别：其一，父母均享有监护权并共同决定出卖亲生子女。在这种情况下，行为人侵害的法益只是子女的人身权利，而并不侵犯他人的监护权，故该行为不构成拐卖儿童罪。但是，该情形是否构成遗弃罪仍需要结合具体情节认定。一般来说，享有监护权的父母将不满 14 周岁、没有独立生活能力的孩子出卖给他人而不履行法律赋予他们的抚养义务，其行为符合遗弃罪的构成要件，应当对存在“情节恶劣”情形的行为人以遗弃罪从重处罚。然而，如果享有监护权的父母因身患严重疾病等原因丧失抚养能力而将子女“送养”给他人，即使收取了一定财物，也不应追究其遗弃罪的刑事责任。其二，享有监护权的亲生父母一方未征得同样享有监护权的另一方的同意，擅自出卖亲生子女，同时侵犯子女的人身权利和对方的监护权，这完全符合拐卖儿童罪的构成要件，因此，应当以拐卖儿童罪定罪量刑。

●电信网络诈骗违法犯罪刑事司法对策与路径

刘　硕　李　磊*

电信网络诈骗犯罪是我国近年来发案数量最多、上升最快、涉及面最广、人民群众反映最强烈的犯罪类型，世界主要发达国家的电信网络诈骗发案数量亦呈迅猛增长态势，电信网络诈骗犯罪已成为全球性的打击治理难题。① 以习近平同志为核心的党中央高度重视打击治理电信网络诈骗违法犯罪工作，中共中央办公厅、国务院办公厅印发了《关于加强打击治理电信网络诈骗违法犯罪工作的意见》，全国人大常委会审议的《反电信网络诈骗法》，为打击治理工作提供了明确法律依据，有助于进一步完善工作机制，提升打击治理工作的力度和效能。我国刑事司法机关、行业行政监管部门坚持全链条重拳打击涉诈犯罪生态系统，全领域铲除电信网络诈骗犯罪滋生土壤，全力挤压涉诈犯罪生存空间，电信网络诈骗犯罪案件快速上升的势头已得到有效遏制。② 但是，电信网络诈骗犯罪高发多发态势还未得到根本性遏制，电信网络诈骗犯罪案件数量仍在高位运行，关联犯罪数量保持较高增速，打击治理工作仍面临一些困境和问题，影响和制约了打击治理工作成效，因而有必要深入研究。

---

* 刘硕，伦敦大学学院硕士研究生；李磊，河南省高级人民法院刑事审判第二庭法官助理。

① 参见钱赫：《国新办举行打击治理电信网络诈骗犯罪工作进展情况发布会》，载国新网 2022 年 4 月 14 日，http://www. scio. gov. cn/xwfbh/xwbfbh/wqfbh/47673/48097/wz48099/Document/1722819/1722819. htm。

② 参见钱赫：《国新办举行打击治理电信网络诈骗犯罪工作进展情况发布会》，载国新网 2022 年 4 月 14 日，http://www. scio. gov. cn/xwfbh/xwbfbh/wqfbh/47673/48097/wz48099/Document/1722819/1722819. htm。

一、打击治理电信网络诈骗违法犯罪的现状

电信网络诈骗犯罪手段、犯罪工具不断更新迭代，案件数量持续在高位运行。以H省为例，H省法院一审新收电信网络诈骗犯罪案件数量于2018年达到峰值（2016年2194件、2017年3265件、2018年4032件），2019年起案件数量有所下降，其中2019年新收2349件、2020年新收2849件、2021年新收3264件，案件数量增长速度虽有所放缓，但仍在高位运行。

电信网络诈骗犯罪衍生出规模巨大的网络黑灰产业，为电信网络诈骗犯罪"输血""供粮"，极大降低了犯罪门槛和成本，助推电信网络诈骗犯罪高发多发。"断卡"等专项行动深入开展，全链条打击网络黑灰产业，帮助信息网络犯罪活动等关联犯罪案件数量井喷，并保持较高增速。如H省法院2019年新收一审帮助信息网络犯罪活动案件13件、2020年新收1025件、2021年新收12,206件，帮助信息网络犯罪活动罪已成为仅次于危险驾驶罪、盗窃罪的第三大刑事案件。

诈骗资金转移是电信网络诈骗犯罪最为关键的环节之一，掩饰、隐瞒电信网络诈骗犯罪所得犯罪案件数量亦随之大幅增长。如H省2018年一审新收掩饰、隐瞒犯罪所得、犯罪所得收益案件599件、2019年新收636件、2020年新收634件、2021年新收2062件，增长态势明显。

二、打击治理电信网络诈骗违法犯罪工作面临的困境与问题

当前，打击治理电信网络诈骗违法犯罪工作仍面临协作机制不够完善、跨境网络诈骗侦破抓捕困难、行刑衔接不完善、法律适用疑难问题较多等困境和问题，影响打击治理工作的高效开展。

（一）打击治理工作机制面临的困境和问题

1. 电信网络诈骗犯罪侦破困难

国内电信网络诈骗犯罪窝点向偏僻地区转移，部分迁入写字楼采取公司化集团化运作，紧贴经济社会热点，不断更新诈骗手法、升级犯罪工具，租用境外服务器，利用区块链、虚拟货币、AI智能、GOIP、远程操控、共享屏幕等新技术手段，利用非法获取的个人信息，量身定制诈骗剧本，精

准实施诈骗活动。[①] 电信网络诈骗犯罪团伙诈骗总金额巨大，但每个被害人被骗数额可能不大，加之被骗资金追缴返还困难，不愿花费时间报警，诈骗犯罪潜伏期较长。犯罪团伙有意缩短诈骗活动运转周期，定期或达到既定业绩即解散窝点、遣散成员、销毁技术设备和证据，更换地点，重新设置窝点，纠集成员继续从事诈骗活动。上述因素叠加导致电信网络诈骗犯罪预警、拦截、反制困难，侦破取证难度大。

2. 跨境电信网络诈骗高发多发

国内打击治理工作的持续深入推进，极大挤压了电信网络诈骗犯罪的生存空间。电信网络诈骗犯罪团伙遂向我国周边如缅甸、柬埔寨、越南等国家和地区迁移，在境外设置诈骗窝点跨境实施诈骗活动。随着我国与周边国家和地区合作执法、国际司法协助的有序推进，前述诈骗窝点面临我国和当地政府合作执法冲击的风险，遂逐渐向欧美、中东、非洲等地区迁移，窝点分布更加广泛[②]。跨境电信网络诈骗犯罪集团利用我国无境外独立执法权之便，躲藏在境外逃避侦查。因确认境外犯罪窝点、查证犯罪嫌疑人真实身份、跨境合作抓捕、境外取证法律障碍多且困难，主犯到案较少，底层马仔多系归国后被抓捕。

3. 诈骗资金拦截、追缴、退赔困难

电信网络诈骗犯罪团伙通过跑分平台、第四方支付、虚拟货币交易、贸易对冲等方式，借助大量银行卡、对公账户、支付账户在极短时间内实现巨额诈骗资金快速分解、归集、提现，涉及资金账户、交易类型极多，资金拦截、查证资金流向和追缴难度极大，资金追缴在案率极低。追缴在案资金经资金混同、取现转存隔断资金来源，在案资金的性质和来源、被害人均难以查证，大量资金被拦截后无法处理，进入审判环节的案件因此判令在案资金上缴国库而非返还被害人。有的因对共同犯罪被告人承担退赃退赔责任范围和承担方式存在认识分歧，笼统判令被害人承担退赔责

① 钱赫：《国新办举行打击治理电信网络诈骗犯罪工作进展情况发布会》，载国新网2022年4月14日，http://www.scio.gov.cn/xwfbh/xwbfbh/wqfbh/47673/48097/wz48099/Document/1722819/1722819.htm。

② 钱赫：《国新办举行打击治理电信网络诈骗犯罪工作进展情况发布会》，载国新网2022年4月14日，http://www.scio.gov.cn/xwfbh/xwbfbh/wqfbh/47673/48097/wz48099/Document/1722819/1722819.htm。

任。涉案财物处理、退赔责任等判项不明确、不具体而无法执行,或者底层成员承担巨额退赔责任却无力承担,造成判决空转。被害人未能通过司法途径弥补经济损失而对小额损失不予报案,缺乏被害人督促降低涉案财物追缴动力,加剧了涉案财物追缴返还难度。

4. 行刑衔接机制亟须完善

网络黑灰产业规模日益壮大,手段和方式亦不断翻新,涉及行为人群体更加广泛。但黑灰产业诸多行为手段和形式较为新颖,部分突破传统行政违法界限,刑法基于部分行为具有严重社会危害性而直接规定为犯罪,而给予行政处罚的法律依据缺失或滞后,导致大量违法行为积累入罪、积量构罪。电信、互联网、金融等行业专业性强,行业行政监管部门具备较强的专业审查能力,但穿透性取证能力较刑事侦查还有所不足,尚未充分发挥行业行政监管前端监管和专业审查优势,对网络黑灰产业的行政打击难以满足打击治理工作实践需求。

5. 涉众型犯罪案件统筹管理不足

电信网络诈骗犯罪针对不特定多数人实施犯罪,团伙成员、涉及犯罪帮助链条及管辖连接点众多,实行犯罪团伙集中侦查、关联案件并案侦查,有利于全链条全面取证,协调统一犯罪事实认定,统一案件定性处理。但有的对报案被害人取证、上传证据线索(如犯罪嫌疑人网络身份、被害人身份及其经济损失、电子交易记录、资金交易明细等)不详细而缺乏可查性,难以有效串并案;一人犯数罪、共同犯罪、关联犯罪难以合理有效并案处理,实践中由不同地区处理导致了犯罪事实认定存在矛盾、定性处理不统一。绩效考核机制也可能影响并案处理,由此部分侦查机关不愿移送或拒绝受案。涉众型犯罪案件拆分案件后,底层成员、犯罪帮助链条行为人因所涉犯罪事实少而往往先行移送审判,主犯案件办理中发现新的犯罪事实或事实认定不清、罪名适用不当时,受从犯案件生效裁判既判力和社会效果等因素影响,如果屈服于从犯案件处理,进而被从犯案件"绑架",就可能影响分案以提高办理质效之目标实现。

6. 取证能力受客观因素制约

电信网络诈骗犯罪多由基层公安机关侦办,部分由派出所直接侦办,受警力、取证设备、技术等因素制约,取证不及时不全面不规范部分存在,影响了犯罪案件侦破质效。不同地区对共同犯罪、犯罪帮助链条分别立案侦查、审查起诉的,跨地域协作落实不甚到位,在案证据异地取证、证据交换共享存在困难,共同犯罪案件、关联犯罪案件证据差异较大,同一犯罪事实、具有对合牵连关系的关联犯罪事实认定有差异或者矛盾、案件定性处理并不统一,影响案件办理效果。

(二)刑事审判面临的困境和问题

1.执法司法标准亟须统一

电信网络诈骗犯罪手段翻新快,黑灰产业快速迭代升级,司法中新情况、新问题较多,法律适用较为疑难,如何理解和把握电信网络诈骗共同犯罪的认定标准存在较大差异。同等情形下适用帮助信息网络犯罪活动、掩饰、隐瞒犯罪所得、犯罪所得收益等罪名还存在不同认识,诈骗罪共犯认定标准尚不统一,其他新类型争议问题尚未达成共识。例如,不同地区分别办理的犯罪帮助链条中末端行为人以诈骗罪等犯罪共犯、掩饰、隐瞒犯罪所得、犯罪所得收益等重罪处理,与电信网络诈骗犯罪团伙配合更为紧密的环节行为人却以帮助信息络犯罪活动罪等轻罪处罚,反映出不同地区、不同司法机关之间存在法律适用认识分歧。同时,对于网络黑灰产业从业者,特别是"断卡"行动中打击的贩卖银行卡、资金账户、帮助或协助转款、提供资金转移、帮助转款过程中非法占有诈骗资金等情形的处理,帮助信息网络犯罪活动罪,掩饰、隐瞒犯罪所得、犯罪所得收益罪,非法经营罪,盗窃罪等犯罪的界定区分以及具体处理,仍是实践中争议较大的疑难问题,亟须作进一步厘清。

2.主从犯认定标准不统一、难度较大

有意见认为犯罪团伙中具有组织管理指挥职能的中层以上人员一般认定为主犯,也有意见认为犯罪团伙高层管理人员可以主犯处理,另有意见认为犯罪团伙金主、股东、主要组织策划者是主犯,其他成员一般以从犯处理。电信网络诈骗犯罪的组织策划者、指挥管理人员反侦查意识较强、遗留客观证据较少,认定其组织、策划、指挥、管理作用的客观证据较少,言词证据缺乏针对性,进一步增加了主从犯认定难度。

3.量刑不均衡问题较为突出

电信网络诈骗犯罪涉及行为人较多,犯罪团伙成员之间、犯罪团伙与犯罪帮助链条之间、同类型犯罪之间的量刑均衡较难把握。从总体来看,不同地区受经济发展程度、案件数量多寡等因素影响,量刑标准存在较大差异。由同一地区办理的电信网络诈骗犯罪团伙、帮助犯罪链条行为人之间的量刑均衡较容易实现,同类案件量刑平衡较为困难,而不同地区分别办理的犯罪团伙成员、关联犯罪,不仅罪名适用上容易出现争议,量刑均衡也难以实现。

4. 宽严相济刑事政策落实不到位

电信网络诈骗犯罪环节、犯罪帮助链条多,层级化明显,不同人员主观明知、层级地位、所起作用差别较大,贯彻该严则严、当宽则宽、科学界定、区别对待的宽严相济刑事政策还存在不足,如公司化运营的团伙,有的追诉中层以上人员,有的连同前台等所有员工一并追诉;犯罪帮助链条中底层人员,尤其是出卖本人银行卡仅获取小额利益、在校大学生被蒙骗参与犯罪等宽严相济刑事政策落实不到位。

三、打击治理电信网络诈骗违法犯罪工作机制之对策与路径

电信网络诈骗犯罪不仅是刑事规制之对象,更是社会综合治理问题。行政执法、刑事司法仍需不断总结实践经验,完善打击治理协作机制、提升科技反制能力、深化跨境合作执法、健全追赃挽损,统一执法司法标准,提升打击治理质效,坚决遏制电信网络诈骗违法犯罪高发多发态势。

(一)打击治理电信网络诈骗犯罪协作机制之路径探索

1. 加强行业源头治理

打击治理电信网络诈骗违法犯罪是复杂社会治理问题,应加强电信、互联网、金融等行业治理,让电信网络诈骗无处生根。① 发挥行业自律作用,加强电信、金融、互联网等行业大型企业与行业行政监管部门、刑事司法机关之间的信息共享、协作机制;加强相关金融机构、支付企业在涉案资金追查、查扣等方面的协同配合,充分发挥其协助拦截电信网络诈骗违法犯罪、确认诈骗窝点及犯罪嫌疑人身份、资金拦截溯源追缴、协助取证方面的积极作用;提升公安机关预防犯罪、侦查取证、涉案资金拦截追缴能力。打通行业行政监管部门与刑事司法机关之间的信息壁垒,提升预

① 参见朱豫:《国务院联席办有关负责人解读关于加强打击治理电信网络诈骗违法犯罪工作的意见》,载新华社 2022 年 4 月 18 日,http://www.gov.cn/zhengce/2022_04/18/content_5685897.htm。

警、反制能力，及时推送电信网络诈骗违法犯罪预警信息，第一时间阻断资金转移，斩断犯罪实施链条，助力研判确定犯罪嫌疑人身份、诈骗犯罪窝点。反电信网络诈骗法将赋予行业行政监管部门、公安机关行政惩戒职权，从贯彻角度来看，需双向发挥行业行政监管专业优势和刑事穿透性取证优势。健全行政违法与刑事违法信息共享平台，完善公安机关之间、公安机关与行业监管部门之间线索、证据双向移送机制。发挥刑事司法部门侦办电信网络诈骗犯罪中穿透性取证、全链条取证优势，及时移交行政违法线索和证据材料；发挥生效刑事裁判对关联行政违法行为认定的既判力作用，协作解决行业行政监管全链条取证、穿透审查困难及违反技术中立实施违法行为的主观明知认定困境；发挥行业行政监管专业优势，强化行政前端监管，加大对行政违法行为的惩戒，加强对行政违法企业、人员的监管，特别是对于重复实施违法犯罪行为，激活拒不履行信息网络安全管理义务罪的司法适用，规范帮助信息网络犯罪活动罪，掩饰、隐瞒犯罪所得、犯罪所得收益，妨害信用卡管理等罪名的适用，有效打击电信、互联网、金融等行业行政违法行为，有力震慑网络黑灰产业从业人员，铲除犯罪滋生土壤。

2. 提升科技反制手段

电信网络诈骗新手段、新技术、新工具不断迭代，需借助先进科技手段提升反制能力。发挥多警种专业优势，完善反诈、技侦、网警、经侦等多警种协作模式，健全完善预防打击模型，提高违法犯罪线索自动研判能力，深挖犯罪线索证据，提升科技侦破能力。借助外智提升侦破取证能力，加强与腾讯、阿里巴巴、360 等重要科技公司、社交平台、云服务、金融支付机构等企业的深度合作，简化取证手续、深化取证范围，做到犯罪线索早发现早移交、及时便捷全面取证。健全完善跨地域协作取证机制，简化规范跨地域协作取证、远程询（讯）问程序，提升跨地域取证工作质效；完善侦查、审查起诉、审判阶段中关联案件在案证据材料调取移送、案件定性争议协商解决机制①，实现关联案件在案证据材料及时交换，消弭证据差异，推动同一犯罪事实认定一致或者关联犯罪事实认定相协调。

① 《公安机关办理刑事案件程序规定》第十一章“办案协作”、《人民检察院办理网络犯罪案件规定》第五章“跨区域协作办案”。

3. 强化境外合作执法司法协助

特别是与我国接壤的东南亚国家、跨境电信网络诈骗犯罪高发地区，建立完善深层次、全方位国际司法协助、合作执法机制，深化跨境合作执法情报交流、抓捕取证、证据材料保管移交、赃款移交合作，简化跨境合作执法、司法协助审批流程，持续提升跨境打击能力，继续强化推进立足境内打击跨境犯罪能力，斩断境内为犯罪团伙跨境实施电信网络诈骗提供服务帮助等帮助链条，全方位全链条打击跨境电信网络诈骗犯罪。提升境外证据依法取证能力，除通过合作执法、司法协助、当事人提交等渠道依法收集提取境外证据外，着力提升收集提取境外公开发布的电子数据、依法勘验境内访问、下载过该信息的终端间接获取境外电子数据、履行严格审批手续后技侦取证、持有人依法提交境外证据等能力和渠道，通过依法拓展境外证据来源和规范取证合法性规范性，解决重要境外证据缺乏的问题。

4. 提高规范取证能力

坚持“应取尽取、能取尽取”原则，围绕犯罪类型和特点、犯罪构成要件要素和量刑情节、具体犯罪手段方法等，结合案件信息流、资金流、技术流和人员流等侦办情况，依法、及时、客观、全面取证。注重被害人端电子数据与犯罪嫌疑人端证据的溯源取证和相互印证；注重犯罪嫌疑人与终端设备的人机同一性、现实身份与网络身份同一性取证；注重对犯罪团伙及上下游关联犯罪的分工配合、犯意联络取证；注重客观证据与言词证据的相互印证；注重建立证据来源、取证笔录、检验鉴定、见证人、录音录像等证据组合，实现取证过程可回溯、取证结果可重现，提升规范取证能力，建立完整证据链条。合理借助外智，鼓励依法聘请具有专业知识的人员在侦查人员主持下参与电子数据取证，弥补警力、取证设备和技术短板，提升取证能力。

5. 完善涉众型犯罪统筹管理机制

推动同一犯罪团伙、关联犯罪案件原则上通过集中侦办、并案管辖由同一地区办理，保障全链条全面取证、事实认定相协调。发挥绩效考核指挥棒作用，公安机关分别立案侦查共同犯罪、关联犯罪案件，依法将抓获的犯罪嫌疑人、涉案财物等移送并案处理，协作地公安机关配合主侦单位侦查的，给予移送地、协作地公安机关相应绩效考核分值补偿。建立完善涉众型犯罪关联案件强制查询报告机制,侦查终结前通过公安部、各省公安厅电信网络诈骗犯罪案件信息共享平台进行串并案查询,发现同案被害人、共同犯罪嫌疑人或关联犯罪行为人被其他机关立案侦查、审查起诉、起诉的,协商移送并案管辖或分别报请上级公安机关指定管辖。协商不成的,参照检察机关网络犯罪案件案情互通、相互调取证据机制,推动各关联案件全面取证;对于案件定性处理有争议的,通过分别报请共同上级公安机关决定的方式,实现案件定性处理统一①。关联案件查询、并案协商、证据交换共享、情况应形成关联案件强制查询报告,作为副卷材料随案移送。涉众型犯罪案件确需拆分案件时,原则上仍可由同一公安机关侦办,具体可根据首要分子、主犯、团队垂直管理关系、同一犯罪环节、同一犯罪链条等事实关联、紧密程度进行拆分②,避免将不同环节、不同团队、不同链条行为人混杂分至一案处理,拆分后发现新的犯罪嫌疑人或者发现拆分不当的,可以通过移送并案等方式优化案件处理,切实通过分案推动提高办案质效。涉众型犯罪案件确需由不同地区司法机关分别办理的,参照执行"三统两分"原则③,落实案情互通、证据交换共享等跨地域协作工作,消弭关联证据、事实认定方面存在的差异、矛盾。

(二)刑事司法困境之路径探索

依法惩治电信网络诈骗违法犯罪,既要提升证据特别是境外证据审查判断能力,规范诈骗罪共犯、网络黑灰产业法律适用,亦应完善涉众型案件统筹管理、追赃挽损工作,减少案件定性处理冲突,推进量刑规范化,提升刑事裁判的权威性、可接受性。

---

① 《公安机关办理刑事案件程序规定》第356条规定:"办案地和协作地公安机关对于案件管辖、定性处理等发生争议的,可以进行协商。协商不成的,提请共同的上级公安机关决定。"

② 《浙江省高级人民法院、浙江省人民检察院、浙江省公安厅关于办理电信网络诈骗犯罪案件若干问题的解答》:"案件拆分应根据案件的实际情况具体处理。可视情分成团伙首要分子、积极参加者以及其他参加者,也可按团队或者小组垂直关系等进行拆分。对可能判处无期徒刑的首要分子及同案审理有利于查明案件事实的积极参加者,需要移送地市级人民检察院审查起诉及中级人民法院审理的,一般应对主案人数有所限制。对涉嫌妨害信用卡管理罪、掩饰、隐瞒犯罪所得罪等轻罪名的其他犯罪嫌疑人、被告人,可不跟随主案移送。"

③ "三统两分":统一办案协调、统一案件指挥、统一资产处置、分别侦查诉讼、分别落实维稳。

1. 规范诈骗罪共犯的认定

为他人实施电信网络犯罪提供帮助，事前通谋或事中共谋的，可以诈骗罪共犯论处。电信网络诈骗犯罪团伙主犯到案较少、犯罪团伙与帮助链条行为人相互间多系心知肚明而以语言文字沟通较少、毁灭证据逃避侦查情况普遍，通过被告人供述、相互联络产生的电子数据等证据证明双方事中共谋的事实困难，事中共谋的认定可以从电信网络诈骗犯罪整体链条角度进行考察，与犯罪团伙形成较为稳定的配合关系，长期提供服务帮助的，可以诈骗罪共犯论处。犯罪帮助链条中层级化明显、犯罪故意存在明显差异的，应当根据行为人主观明知和具体犯罪行为分别处理，明知他人实施电信网络诈骗犯罪，为其提供帮助，可以诈骗罪共犯论处；其他缺乏诈骗共同犯罪故意的，根据其犯罪故意和具体实施的犯罪行为，分别以帮助信息网络犯罪活动罪，掩饰、隐瞒犯罪所得、犯罪所得收益罪等处罚，并做好与上下游犯罪量刑均衡，避免刑期倒挂。

2. 规范电信网络诈骗关联犯罪法律适用

目前主要是厘清帮助信息网络犯罪活动罪，掩饰、隐瞒犯罪所得、犯罪所得收益罪，非法经营罪，盗窃罪的适用。（1）帮助信息网络犯罪活动罪与非法经营罪的竞合关系。提供支付结算帮助与非法从事资金支付结算业务具有竞合关系。违反国家规定，未经国家有关主管部门批准，提供虚构支付结算（虚构交易、虚开价格、交易退款）、公转私、套取现金或支票套现等支付结算服务，或者在提供货币资金转移服务中留存他人结算资金，开展资金结算、清算业务，属于非法从事资金支付结算业务，构成非法经营罪的，依照刑法相关规定处理。仅出售、出租信用卡、资金账户供他人使用，后又帮助其或者协助他人转移资金，或者提供账户聚合等资金结算、清算业务以外的支付衍生服务，一般不认定为非法从事资金支付结算业务，构成帮助信息网络犯罪活动罪，洗钱罪，掩饰、隐瞒犯罪所得、犯罪所得收益罪等犯罪的，依照刑法相关规定处理。为他人提供支付结算帮助，同时构成诈骗罪、非法经营罪、帮助信息网络犯罪活动罪的，属于想象竞合，在符合罪责刑相适应原则前提下，可以择一重罪处断。（2）帮助信息网络犯罪活动罪与掩饰、隐瞒犯罪所得、犯罪所得收益的适用区分及牵连关系。帮助信息网络犯罪活动罪以被帮助对象达到犯罪程度或因客观条件限制无法查证但查明实施刑法分则规定的行为为前提条件，一般在犯罪既遂之前提供事前、事中支持帮助；掩饰、隐瞒犯罪所得、犯罪所得收益罪以上游犯罪查证属实为前提条件，在上游犯罪既遂之后实施掩饰、隐瞒行为，二者在构罪条件和犯罪行为节点方面存在差异。实践中，行为人帮助他人转移或者协助他人转移违法资金，因涉案资金来源和性质不明（未能查证或推定系诈骗资金），上游犯罪无法查证属实，亦无法查明是不是在犯罪既遂后实施掩饰、隐瞒行为，不宜以掩饰、隐瞒犯罪所得、犯罪所得收益罪处理，但可能符合帮助信息网络犯罪活动罪构成要件。同时，向同一被帮助对象提供事前事中帮助，明知是犯罪所得及其产生的收益，事后又帮助转移或者协助转移赃款赃物的，其主观上通常具有概括的犯罪故意，客观上二行为之间通常具有原因行为、结果行为等牵连关系，择一重罪处断较为妥当。据此，明知他人利用信息网络实施犯罪，为其犯罪提供收购、出租、出售信用卡、资金账户、电话卡或者提供支付结算、技术支持等帮助，明知是犯罪所得及其产生的收益，事后又代为转账、套现、取现等或者提供刷脸等验证服务配合他人转账、套现、取现的，因向同一被帮助对象实施信息网络犯罪提供帮助与事后掩饰、隐瞒该犯罪所得及其收益的行为具有牵连关系，择一重罪以掩饰、隐瞒犯罪所得、犯罪所得收益罪定罪处罚。如果为多个被帮助对象实施信息网络犯罪提供支持帮助，事后又为部分被帮助对象掩饰、隐瞒犯罪所得及其产生的收益，对同一被帮助对象提供支持帮助和事后掩饰、隐瞒犯罪所得及其收益的部分，择一重罪以掩饰、隐瞒犯罪所得、犯罪所得收益罪一罪处理，其他支持帮助行为构成帮助信息网络犯罪活动罪的，实行数罪并罚；尚未达到帮助信息网络犯罪活动罪"情节严重"标准的，作为量刑情节予以考虑。明知他人实施电信网络诈骗犯罪，为其提供支持帮助，构成诈骗罪共犯的，以共犯论处，事后掩饰、隐瞒犯罪所得及其产生的收益的行为不再单独评价，作为量刑情节予以考虑。（3）以非法占有为目的，出租、出售信用卡、银行账户、非银行资金账户或者其他资金账户供他人使用，后采取挂失等方式占有涉案账户内资金，一般以盗窃罪处理。实践中，不具非法占有目的或者不符合采取秘密手段窃取他人占有的财物等盗窃罪构成要件要素的，不宜以盗窃罪处罚。如提供支付结算帮助或者采取转账、转换、取现等方式帮助他人转移资金中，截留其实际占有的账户内他人资金的，或者上线行为人因涉案银行卡、账户因被止付、冻结而将银行卡返还持卡人，行为人占有账户内钱财的，因不属于窃取他人占有的财物，不构成盗窃罪；但行为人在他人监管下帮助转移或提供验证服务协助转移赃款中，属于占有辅助人而非占有人，其以非法占有为目的，采取转移资金至其他账户或者私自截留等手段秘密窃取账户资金的，可以盗窃罪处理。行为人从事“跑分”活动过程中，在交纳的押金或者应获取的报酬范围内截留涉案资金，因缺乏非法占有的目的，一般不认定构成盗窃罪，“跑分”行为构成帮助信息网络犯罪活动罪，掩饰、隐瞒犯罪所得、犯罪所得收益罪的，依照刑法相关规定处理，但违法所得应予以追缴。

3. 加强境外证据审查判断

境外证据是认定跨境电信网络诈骗犯罪事实的重要根据，其来源主要有我国通过司法协助请求当地司法机关取证、通过警务合作等途径合作执法取证，以及外国政府执法机关主动向我国移交的境外证据；依法收集提取的境外公开发布的电子数据或者经依法严格批准采取技术侦查措施收集提取的境外证据；通过勘验境内访问、下载过该信息的终端间接获取以及转化为其他类型的境外证据材料；当事人提交的来自境外的证据，以及其他来自境外的证据材料。[①] 根据境外证据材料取证渠道、方法不同，审查判断重点不同。当事人及其辩护人、诉讼代理人提交的境外证据材料经“一公证二认证”[②]程序，经查证属实的，可以作为证据使用。通过合作执法、司法协助以及外国执法司法机关主动移交的证据材料，应当对境外证据来源、提取人、提取时间或者提供人、提供时间及保管移交的过程等作出说明的，能够证明案件事实且符合《刑事诉讼法》规定的，可以作为证据使用；未提供证据来源、收集提取、保管移交情况的，经公安机关补正、查证属实的，可以作为证据使用。通过勘验境内访问、下载境外信息的终端获取的境外证据、以技侦手段收集提取的境外证据，还需着重审查是否属于境外公开发布的电子数据、审批手续等。涉外证据的采信要严

① 《解读〈公安机关办理刑事案件电子数据取证规则〉的理解与适用》，载石台县公安局 2021 年 5 月 27 日，https://www.ahshitai.gov.cn/OpennessContent/show/1070280.html。

② 《最高人民法院关于适用〈中华人民共和国刑事诉讼法〉的解释》第 77 条第 2 款规定：“当事人及其辩护人、诉讼代理人提供来自境外的证据材料的，该证据材料应当经所在国公证机关证明，所在国中央外交主管机关或者其授权机关认证，并经中华人民共和国驻该国使领馆认证，或者履行中华人民共和国与该所在国订立的有关条约中规定的证明手续，但我国与该国之间有互免认证协定的除外。”

格遵守相关程序及规定，制作裁判文书要于法有据、说理充分、表述准确。

4. 主从犯认定及量刑均衡问题

根据行为人在共同犯罪中的层级地位、作用大小区分主从犯，不宜因分案处理或者到案先后不同，而不区分主从犯，依法认定为从犯的，应当从轻、减轻或者免除刑事处罚；各行为人地位和作用相当的，可以不区分主从犯。对电信网络诈骗团伙中金主，股东，在整个团伙中起到组织、策划、指挥、管理职责的行为人，一般可以认定为主犯；负责犯罪工具研发、话术剧本编写、业务人员培训、业务骨干及在犯罪帮助链条中起主要作用的，根据其在共同犯罪中的作用大小，可以认定为主犯。当事人对量刑结果最为重视，应当注意做好量刑均衡。量刑均衡一般包括三个维度，犯罪团伙成员之间量刑均衡、电信网络诈骗犯罪团伙与帮助犯罪链条之间的量刑均衡、同类案件量刑均衡。鉴于各地之间具体量刑标准和实践存在差异，可以通过犯罪团伙等共同犯罪、对合、牵连等关联犯罪案件并案处理，适用同一地区具体量刑规则均衡量刑，解决犯罪团伙成员之间、犯罪团伙与帮助链条之间的量刑不均衡；同时，继续推进量刑规范化，消弭不同地区之间量刑差异。量刑均衡影响罪名选择，为电信网络诈骗犯罪提供帮助服务，同时构成多个罪名的，如同时构成帮助信息网络犯罪活动罪、非法经营罪、诈骗罪共犯等的，应当注重发挥罪责刑相适应原则的具体个案处理中的作用，妥当选择罪名，准确裁量刑罚。

5. 完善追赃挽损机制

刑事裁判涉财产部分的裁判内容应当明确、具体①，避免涉案财物处理、退赃退赔的判项空转。具体包括以下几项：其一，健全完善被害人清单制度。应要求被害人提供返还资金申请表，审核被害人真实身份、经济损失；对于未报案的被害人，可根据被告人供述、银行交易明细以及电子数据等证据，认定被害人被骗事实、被骗金额、经济损失和具体身份；符合审计条件的，可以对资金来源和被害人经济损失进行审计，被害人清单应

① 《最高人民法院关于刑事裁判涉财产部分执行的若干规定》第6条规定：刑事裁判涉财产部分的裁判内容，应当明确、具体。涉案财物或者被害人人数较多，不宜在判决主文中详细列明的，可以概括叙明并另附清单。判处没收部分财产的，应当明确没收的具体财物或者金额。判处追缴或者责令退赔的，应当明确追缴或者退赔的金额或财物的名称、数量等相关情况。

附卷随案移送。其二,健全涉案财物清单制度。依法查封扣押冻结的涉案财物、犯罪工具、违禁物品、主动退缴退赔的涉案财物,形成涉案财物清单;查明去向但未能追缴在案的涉案财物,可以单列,全流程显示涉案财物追缴、移送、处置情况。人民法院发现涉案财物或者财物清单未移送或者新发现涉案财物的,可以要求或者查封扣押冻结涉案财物,补充制作涉案财物清单。对查封、扣押、冻结的涉案财物,公安机关应当收集涉案财物来源和性质证明材料,提出处理建议;人民检察院作出起诉决定的,应当提出处置意见并说明理由;人民法院查证被害人和资金性质、来源的,依法予以返还,不足以全额返还的,按照比例发还,如果涉案财物较多,可以附表处理。其三,结合避免判决空判、罪责刑相适应、推进被告人被改造后更好融入社会等因素,进一步明确各被告人承担的退赃退赔责任,主犯可以按其所参与、组织、指挥的犯罪数额进行退赃退赔,从犯一般可以按实际违法所得进行退赃退赔。被告人主动退赃退赔的,可在量刑时予以酌情从宽处罚;有条件有能力而拒不退赃退赔的,一般不予从宽处理。

6. 准确贯彻宽严相济刑事政策

帮助信息网络犯罪活动罪的适用可能会出现两方面的问题:一是该严未严,即本来应以更重的诈骗罪共犯或者掩饰、隐瞒犯罪所得、犯罪所得收益罪论处,但却按相对较轻的帮助信息网络犯罪活动罪"降格"处理了;二是当宽未宽,即本可不作为犯罪处理甚至并不符合帮助信息网络犯罪活动罪构成要件的,却按帮助信息网络犯罪活动罪"升格"处理了。这两方面都应当注意避免,但结合当前帮助信息网络犯罪活动罪案件"井喷"的实际,重点是要防止后一方面的问题。必须贯彻罪刑法定原则,防止因为对法律规定理解不当导致错误入罪;必须贯彻宽严相济刑事政策,防止刑事打击面不当扩大。① 实践中,应始终坚持依法从严惩处和全面惩处的方针,坚决严惩跨境电信网络诈骗犯罪集团和人员、贩卖"两卡"团伙头目和骨干,职业"卡商"、行业"内鬼"等。同时,还应当注重宽以济严,对于初犯、偶犯、未成年人、在校学生,特别是其中被胁迫或者被蒙骗出售本人名下"两卡",违法所得、涉案数额较少且认罪认罚的,以教育、挽救为

① 《帮助信息网络犯罪活动罪的司法适用——首期实务刑法论坛研讨综述》,载腾讯新闻,https://new.qq.com/rain/a/20220218A02OER00,最后访问日期:2023 年 6 月 10 日。

主，可以依法从宽处理，确保良好的社会效果。要注意准确甄别被告人在共同犯罪中的层级地位及作用大小，结合其认罪态度和悔罪表现，区别对待，宽严并用，科学量刑，确保罚当其罪。

7. 加强涉众型犯罪案件统筹管理

涉众型犯罪案件拆分后由同一地区法院办理的，原则上可以分至同一合议庭办理；由不同地区法院分别审判的，受案法院应当审查关联案件强制查询报告，加强与公安、检察机关的沟通协调，发现被告人还有其他犯罪、共同犯罪行为人被其他机关立案侦查的，可以移送并案处理或者商请检察机关补充侦查接受并案；不能或不宜并案处理的，通过案情互通、调取证据材料等方式实现证据共享，推动同一犯罪事实认定一致、具有对合牵连等关系的关联犯罪事实协调，同一案件同一定性、均衡量刑，确保案件办理效果。

四、结语

随着反电信网络诈骗法的出台以及深化完善国际执法合作机制，将极限挤压电信网络诈骗犯罪生存空间，网络黑灰产业治理的法律依据更加完备，行政监管部门的有力介入将有效减轻刑事司法压力。不过电信网络诈骗犯罪预防拦截机制、侦破取证、资金追缴返还、电信网络诈骗犯罪法律适用等问题仍有诸多完善空间。从长远治理角度来看，刑事司法部门仍需加强与电信、互联网、金融等行业的行政监管部门深度合作，发挥行业自律、行业行政监管在预防治理犯罪中的作用，优化预防拦截模式，提升案件侦破取证、资金追缴返还能力，统一执法司法标准，不断提升打击治理工作效能，从根本上扭转电信网络诈骗违法犯罪高发多发态势。

域外法治

●外国(恐怖主义)战斗员:战斗人员和(或)恐怖分子还是只是敌人?

[荷兰]约翰·梵瓦勒(John A. E. Vervaele) 著*

张 雪 译**

一、问题的提出

"外国战斗员"一词越来越多地用来指代在各种冲突中战斗的外籍人员。① 他们参与武装冲突的形式多种多样,从谋求私利的雇佣军、政治自由战士,如20世纪30年代西班牙内战时期与佛朗哥(Franco)作战的国际纵队,到以建立哈里发或参加"圣战"为最终目的的宗教战斗员。② 在现有法律框架下,成为一名外国战斗员本身并不构成犯罪。"外国战斗员"既非国际刑法(International Criminal Law,LCL)中的特定术语,也未被包含在国际刑事法院的《罗马规约》或其他国际刑事法庭的规约之中。③ 国

---

* 约翰·梵瓦勒,荷兰乌特勒支大学法学院刑法和刑事诉讼法学教授,国际刑法学协会主席。原文 *Foreign (terrorist) fighters: combatants and/or terrorists or just enemies?*, in Marc Engelhart and Sunčana Roksandić Vidlička (eds.), Dealing with Terrorism: Empirical and Normative Challenges of Fighting the Islamic State (Duncker & Humblot 2019), p. 35 – 60.

** 张雪,北京师范大学法学院暨刑事法律科学研究院博士后研究人员,英国法学博士。

① A. De Guttry, T. Capone and C. Paulussen (eds.), Foreign Fighters under International Law and Beyond, Springer-Asser Press, 2016.

② M. Engelhardt, Heiliger Krieg, heiliger Profit, Afrika als neues Schlachtfeld des internationalen Terrorismus, Ch. Links Verlag, Berlin 2014.

③ R. Heinsch, Foreign Fighters and International Criminal Law, A. De Guttry e. a., o. c., p. 161 – 186.

际人道法（International Humanitarian Law, IHL）并未禁止参与外国冲突的行为，①但是当行为人作为雇佣兵参与国外冲突时，他们就不能根据国际人道法获得国际武装冲突中的战斗员或战俘地位。但是，根据国内刑法，他们可能因参与外国武装冲突而承担刑事责任。到目前为止，“外国战斗员”也并非反恐法中的一个特定术语。法律对其身份的定义，在很大程度上取决于他们的行为，而并非他们的思想或信仰。这就意味着明确区分国际人道法认可的武装冲突战场上的战斗人员与单纯恐吓平民或以强奸、奴役和强迫卖淫方式传播恐怖主义以及非法破坏文化遗产的人员是很重要的。甚至在国际人道法认可的武装冲突战场上的战斗人员之下，我们也必须进一步区分那些遵守战时法规则（*ius in bellum*）的人员与那些以极端、野蛮和不人道的方式使用武器而违反国际人道法并犯下战争罪、危害人类罪甚至种族灭绝罪的人员。另外，在国际武装冲突和非国际武装冲突之中，“外国战斗员”的地位也有所不同。显而易见的是，在叙利亚和伊拉克持续的冲突中，他们（外国战斗员）可以犯下战争罪、危害人类罪甚至种族灭绝罪以及与种族灭绝罪程度相当的罪行，但他们也可以犯下恐怖主义罪行而成为外国恐怖主义战斗员。然而，有待研究的是，我们何时将其视为合法战斗人员并使其免于刑事指控，抑或，他们是否承担刑事责任、针对哪些犯罪行为（国际犯罪或恐怖主义）承担刑事责任以及在哪些司法管辖之下起诉他们。

传统意义上，国际法中管辖武装冲突②（战争权规则，*ius ad bellum*）、国际人道法③（战时法规则）、国际刑法（包含战争罪、危害人类罪、种族灭绝罪及侵略罪等）和镇压恐怖主义条约的国际法的主体或其分支机构是高度自治的。和平时期行为与战时行为之间，国家武装冲突和非国家行为者的暴力行为之间都存在明显的区别。涉及合法战争、战争罪或者诸如杀人或恐怖主义等普通罪行时，国家在界定管辖权和适用法律方面没

① E. Sommario, The Status of Foreign Fighters under International Humanitarian Law, in A. De Guttry e. a., o. c., p. 141 – 160.

② 1899年和1907年关于作战行为的海牙公约（The Hague Conventions of 1899 and 1907 on the conduct of warfare）。

③ 1949年8月12日关于战时保护平民的日内瓦四公约第33条明确规定，禁止一切恐怖主义行为。同样，参见1949年8月12日《日内瓦公约》第一和第二附加议定书，以及1977年6月8日关于保护国际和非国际性武装冲突受难者文件。

有太大困难。无论如何,反恐立法必须适用国家宪法标准以及国际和区域人权标准。此外,在战时,反恐立法必须适用战争权规则和战时法规则。由于国际社会从未将反恐立法与武装冲突视为排他性概念,因此国际公约规定了它们之间重叠的内容。例如,1979 年《反对劫持人质国际公约》第 12 条中规定完全排除其在武装冲突情形中的适用:

> 在关于保护战争受害者的 1949 年日内瓦各项公约或这些公约的附加议定书可以适用于某一劫持人质行为,并且本公约缔约国受各该项公约约束,有责任起诉或交出劫持人质者的情况下,本公约不适用于 1949 年日内瓦各项公约及其议定书中所称的武装冲突中所进行的劫持人质行为,包括 1977 年第一号附加议定书第一条第 4 款所提到的武装冲突——各国人民为行使《联合国宪章》和《关于各国依联合国宪章建立友好关系和合作的国际法原则宣言》所阐明的自决权利而进行的反抗殖民统治和外国占领以及反抗种族主义政权的武装冲突。

国际人道主义法和反恐怖主义之间的界限在过去的几十年中由于若干原因变得模糊,导致国内之间和国际刑事法院与国内法院之间的管辖权产生冲突以及适用法律的重叠。这可能导致过度犯罪化或有罪不罚现象。[①] 国际人道主义法和反恐怖主义之间日益增加的适用重叠和管辖冲突有若干原因,这些原因既与武装冲突和国际人道主义法领域的动态有关,也与反恐怖主义立法的动态相关。

二、对日益加剧的法律适用重叠和管辖权冲突问题的分析

(一)武装冲突与国际人道主义法领域的立法动态

首先,国际公法对武装冲突的传统定义已经从国家间的国际性武装

① C. Paulussen, Impunity for international terrorists? Key legal questions and practical considerations (ICCT Research Paper); http://www. icct. nl/download/file/ICCT-Paulussen-Impunity-April-2012. pdf. ; C. Paulussen C. ,Testing the adequacy of international legal framework in countering terrorism: the war paradigm (ICCT Research Paper); http://www. icct. nl/download/file/ICCT-Paulussen-Legal-Framework-for-Counter-Terrorism-August-2012. pdf.

冲突扩大到包括非国家行为体(如叛军和军事反对派)在内的行为体间的非国际性武装冲突。后者(行为体间的非国际性武装冲突)是指政府武装部队与一个或多个武装团体的部队之间发生的长期武装对抗,或发生在一个国家领土上的此类团体之间的武装对抗,其激烈程度达到最低限度,冲突当事方表现出最低限度的组织性。我们可以看到,非国家主体参与"持续作战"*的冲突在全球范围内大幅度增加。在这种情况下,冲突双方都可能犯下战争罪甚至核心国际罪行。无论如何,军队直接故意以平民为目标的行为都是可以受到惩罚的国际罪行。这意味着作为行为主体的"武装部队"还可以包括恐怖组织这样的非国家行为主体,如"伊斯兰国"或"基地"组织。目前,国际人道法和国际刑法都涵盖武装冲突期间实施的恐怖主义行为。①

其次,武装冲突发生在一缔约方领土内这一问题不再有意义,因为日内瓦四公约现已得到普遍批准,政府武装部队与武装团体之间或武装团体之间的任何武装冲突都会发生在公约缔约国一方的领土上。但是,根据国际法的规定,若要将武装部队的交战活动认定为武装冲突,则要求这种交战活动须发生在已控制领土的特定范围内且达到一定的敌对程度(行动次数、参与者人数、受害者人数),并且要求交战各方有一定程度的结构或组织。这意味着冲突发生的地理范围对于触发管辖权问题不再重要,但它确实界定了武装冲突的概念是否实质上适用,以及评估哪些行动与其武装冲突有联系,哪些没有联系。在库纳拉克(Kunarac)案中,前南斯拉夫问题国际刑事法庭上诉庭强调:

> 武装冲突状态不仅局限于实际军事作战地区,而是存在于

---

* 国际红十字会在其解释性指南中提出了"持续作战职能"(continuous combat function)的概念,认为在非国际性武装冲突中,有组织的武装团体构成非国家冲突方的武装部队,这些个人将不再是平民并丧失免受直接攻击之保护。对于该概念的争议较大,具体讨论参见 Sabrina Henry, Exploring the "Continuous Combat Function" Concept in Armed Conflicts: Time for an Extended Application? (International Review of the Red Cross) http://international-review. icrc. org/articles/exploring-continuous-combat-function-concept-armed-conflicts-time-extended-application,最后访问日期:2022年7月15日。——译者注

① Cassese, 4 J Int Criminal Justice 943 (2006).

交战各方控制下的整个领土范围内。[1]

最后，武装冲突的概念本身就处于明显的变动状态。[2] 例如，武装团体将网络黑客和破坏网络安全等数字手段用作军事工具。随着政府武装力量介入当地武装冲突（如叙利亚的情况），非国家行为主体也将他们的战斗活动转移到敌方盟军的领土上，与此同时，他们训练和利用敌方盟军的公民在这些盟军的领土上实施暴力袭击以及（或者）在冲突地区将他们用作外国战斗人员。这就意味着，武装冲突与武装部队行为之间的联系可能比先前更加分散，国内武装冲突可能具有世界范围的联系。

（二）反恐怖主义立法的动态

如上所述，立法的动态不仅体现在国际人道法和国际刑法之中，反恐领域的立法变化也是法律重叠和管辖冲突问题的一部分原因。

第一，无论是在国际公法还是在国内刑事司法中，反恐立法都得到了大幅度的扩张。自 20 世纪 80 年代以来，反恐叙事已经完全改变，特别是针对那些假借伊斯兰和/或阿拉伯血统的名义采取行动的个人和组织，这些个人和组织将于敌人作战义务作为"圣战"的一部分。[3] "阿拉伯之春"以后，伊拉克、阿富汗、叙利亚和也门等地暴力冲突升级，尤其是阿拉伯青年和皈依人员大批流亡并转入冲突地区，特别是叙利亚，这导致了国际社会越来越关注反恐问题。塔利班、"伊斯兰国"、胜利阵线等（恐怖主义组织）构成的威胁使得采取更广泛的刑事措施得以正当化。以"圣战"之名实施的暴力袭击当然不仅发生在叙利亚、伊拉克、也门、利比亚和阿富汗等穆斯林冲突地区，而且在国际和全球范围内都有实施。像"伊斯兰国"这样的组织已经将其"圣战"的国际化、全球化和数字化作为他们特有的品牌名称，不仅如此，他们还将"圣战"的国际化、全球化和数字化与建立其适当的领土和国家结构（"伊斯兰国"哈里发）联系在一起。发生在法

---

① *Prosecutor v. Kunarac et al.*, IT 98 – 23&23/1 – A, Judgment, 12 June 2002, § 64 and in the same vein, *Prosecutor v. Blaskić*, IT – 95 – 14 – T, Judgment, 3 March 2000, § 64.

② Henckaerts/Doswald-Beck, Customary International Humanitarian Law; Pictet (ed.), Commentary Geneva Conventions I – IV, ICRC Geneva 1994; Pictet (ed.), Commentary Additional Protocols to the Geneva Conventions, ICRC Geneva 1987.

③ "圣战"（吉哈德）意指穆斯林维护和传播伊斯兰信仰的义务。当然，这必须与所谓的暴力吉哈德区分开来。

国、比利时、德国和土耳其的恐怖袭击就是这种活动外延的最新和最明显的表现形式。为打击恐怖主义、调查和惩处肇事者,国际社会和国内立法者都大大加强了立法活动和执行行动。尽管国际社会对刑法在反恐中的作用缺乏一致意见,但毫无疑问,在联合国 19 项国际公约和安理会的联合国决议中,刑法都呈现出明显的扩张趋势。他们不仅要求将暴力有害行为犯罪化,而且还越来越多地要求刑事处罚抽象危险犯或具体危险犯的准备行为和早期行为,如某些美化或资助恐怖主义的行为。[①]

第二,鉴于恐怖主义活动的全球化和数字化以及冲突地区与恐怖主义之间的相互作用,恐怖主义立法已扩展到规制在武装冲突地区实施的行为。其造成的结果是不断增加的法律适用的重叠,这就意味着相同的行为,如在武装冲突中针对平民的人口的恐怖传播,可以被定义到截然相反的法律领域之中,即法律战争、国际核心罪行(战争罪或反人类罪)和恐怖主义。2014 年联合国安理会根据《宪章》第七章一致通过的第 2178 号决议就是一个很好的例子,该决议明确解决外国恐怖主义战斗人员[②]带来的威胁。外国恐怖主义战斗人员指那些前往居住国或国籍国以外的国家实施、计划、准备、参与恐怖主义行为或者为恐怖主义目的提供或接受训练(包括与武装冲突有关的训练)的人。外国战斗人员到国外与另一国境内非国家武装团体并肩作战的现象作为一个完美的范例,可以很好地说明,反恐刑事立法和武装冲突法/国际人道主义法之间法律适用的重叠。如果他们参与武装冲突,国际人道法和反恐法都可以适用。这当然存在一定问题,因为适用地基本原则不同,管辖规则、违法行为的实质要件、处罚、程序规则以及相关的(战斗员)特权豁免(privilege exceptions)也不同。在武装冲突中,杀戮可以是合法的,战斗人员可以根据战斗员特权免于刑事责任和起诉。这种特权将杀戮行为转化为战时法规则下的合法杀害行为。在和平时期显然是恐怖主义的行为,在战时可能是合法的行为,也可能在战时构成战争罪或违反国际人道法的犯罪行为。为了在欧洲执

---

① 1999 年 12 月 9 日通过的《制止向恐怖主义提供资助的国际公约》就是一个很好的例子。

② European Counter Terrorism Centre (ECTC) at the European Police Office (Europol), Changes in Modus Operandi of Islamic State (IS) revisited, December 2016, https://www.europol.europa.eu/publications-documents/changes-in-modus-operandi-of-islamic-state-revisited.

行联合国第 2178 号决议，欧盟做出了双重回应。一方面，欧洲委员会 2015 年通过了《2005 年华沙公约》的《附加里加议定书》（Additional Riga Protocol），[①]增设了新的罪行，特别是关于外国恐怖主义战斗人员及其被动训练、前往冲突地区的旅行行为以及为支持这些旅行提供资助（资金和物质帮助）的行为。另一方面，欧盟最近提出了第二项欧洲倡议，这项已经折射了发生在法国和比利时的残酷袭击浪潮。它包含一项新的指令[②]以替代原来的框架决定 2002/475/JH。新的刑事干预措施关注外国恐怖主义战斗人员现象，因为该现象不仅仅涉及以恐怖主义为目的的旅行（包括接受培训）行为，还关系到对此类旅行行为的资助、组织及帮助行为，包括提供后勤和物资支持、住宿、交通工具、服务、货物以及商品。一些欧盟国家采取了更严格的措施，对前往冲突地区这一单纯的旅行行为施加刑事处罚。

第三，国际人道主义法和反恐刑事法中的相互参照相当有限，并没有真正解决日益增加的法律适用冲突重叠和概念差异的模糊性问题。现实中，反恐立法似乎起主导作用并试图绕过国际人道法施加的限制。上述指令提案的实际文本仅包含说明文本中的声明，并未对此进行详细的阐述，例如：

> (37) 本指令不应改变成员国根据国际法，包括国际人道法，所享有的权利、义务和责任。武装冲突期间武装部队的活动，在国际人道法定义的术语范围内受国际人道法规制。因为受到国际法的其他规则规制，一国军队的活动在执行公务期间不受该指令约束。

结果是，在国家立法和司法实践中，仍然存在管辖权和适用法律重叠这一明显问题，继而在法律确定性和可预见性方面也存在问题。当下，恐怖主义不仅是条约罪行（根据联合国和区域性制止恐怖主义条约），而且

---

① STCE n. ° 217. 尽管已由许多国家签署，但由于缺乏足够的批准，该文件尚未生效。

② Directive (EU) 2017/541 of the European Parliament and of the Council of 15 March 2017 on combating terrorism and replacing Council Framework Decision 2002/475/JHA and amending Council Decision 2005/671/JHA.

从严格意义上来讲,它也可能(根据国内和国际刑事司法管辖)构成战争罪,这意味着恐怖主义可以由武装部队在武装冲突期间实施;其也可能构成危害人类罪,因此不一定与武装冲突有关。因此,根据国际刑法,恐怖主义可以直接受到惩罚,但恐怖主义也可以被视为国际习惯法之下的罪行,但法律确信(*opinio juris*)①对此没有达成一致意见。

国际公法对战时恐怖主义的立场是明确的。1949 年《日内瓦第四公约》第 33 条第 1 款规定禁止一切针对平民的恐怖主义行为。两项议定书也规定了全面禁止恐怖主义行为(第一议定书第 51 条第 2 款和第二议定书第 13 条第 2 款)。尽管规定了这些禁令,但公约及其议定书没有明确区分国际刑法与恐怖主义。例如,如果资助外国恐怖主义战斗人员旨在资助在发生武装冲突的外国实施或计划实施恐怖主义行为,而这些行为指向没有积极参与武装敌对行动的人员,那么资助外国恐怖主义战斗人员这一行为可以根据恐怖主义罪行起诉。与之相反,在武装敌对行动中资助旨在攻击有关外国敌军武装部队的团体则是合法的。通过这个例子,我们可以推断出主权国家在判定资助行为与武装冲突中的具体行为之间的联系是很困难的。每个司法管辖区都适用自己的标准,缺乏统一的路径也会破坏国际人道法的基本原理及相关特权,如战斗员特权,它是一项真正的排除条款(carve-out provision),如果根据国际公法,战斗人员构成武装冲突中的武装部队,则排除对他们进行战争罪或恐怖主义的刑事起诉。为了利用这种相当于武装部队的特权,非国家行为主体必须有明确的指挥链以及组织结构,他们必须承担持续的作战职能,遵守战争法规则,并且处罚违反战争法规则的行为。此外,他们必须卷入具有某种敌对活动的武装冲突,且参战方组织化、结构化,旨在获得对某一特定地理区域的军事控制。如果外国战斗人员属于有组织的团体和单位,而这些团体和单位在特定指挥范围内对其下属的行为负有最终责任,并且这些团体参与了战场上的武装冲突,那么问题就来了,作为参与武装冲突的武装部队的一部分,外国恐怖主义战斗人员是否可以依据战斗员特权以避免因恐怖主义而受到刑事起诉,且不应在合法战争的情况下受到起诉,或

① A. Cassese, *The Multifaceted Criminal Notion of Terrorism in International Law*, Journal of Criminal Justice, 4, 2006, 945.

者在非法战争或违反国际人道法的情况下是否应该以战争罪起诉他们。[①]

在武装冲突中对平民造成的恐怖是一种特殊情况，其构成以下规则的一种例外，即国际条约法没有定义“恐怖主义”，也没有规定其构成一项犯罪。由于国际人道法规定了武装冲突中的恐怖行为，因此大多数“恐怖主义公约”不适用于武装冲突时期，尽管这种做法不合常理(irregular)且仍然存在争议。[②]《联合国全面禁止恐怖主义公约草案》[③]仅将国家“武装部队”在冲突期间的行动排除在其适用范围之外，从而使得可能遵守国际人道法的非国家参与方容易因恐怖主义受到起诉。相比之下，1999 年《制止向恐怖主义提供资助的国际公约》将武装冲突中的犯罪行为定义为恐怖主义行为，并在第 2 条第 1 款中提供了联合国关于恐怖主义最明确的定义：

> 1. 本公约所称的犯罪，是指任何人以任何手段，直接或间接地非法和故意地提供或募集资金，其意图是将全部或部分资金用于，或者明知全部或部分资金将用于实施：
>
> (a)属构成附件所列条约之一的范围并经其定义为犯罪的一项行为；或者
>
> (b)意图致使平民或在武装冲突情势中未积极参与敌对行动的任何其他人死亡或重伤的任何其他行为，如这些行为因其性质或相关情况旨在恐吓人口，或迫使一国政府或一个国际组织采取或不采取任何行动。

然而，该公约没有提及“自由战士”这一例外或战斗员特权，也没有阐明与国际人道法的关系，从而可能进一步混淆规范之间的相互作用。[④]

---

① G. Werle, *Principles of International Criminal Law*, The Hague, 2005; A. Cassese, *International Criminal Law*, Oxford, 2003; Antonio Cassese and Paola Gaeta (eds.), *International Criminal Law*, Oxford, 2013.

② H. Duffy, *The "War on Terror" and the Framework of International Law*, Cambridge University Press, 2015, p. 43.

③ 谈判于2000年在联合国开始，并于 2015 年陷入僵局；有关实际草案，请参见 https://www.ilsa.org/jessup/jessup08/basicmats/unitarian.pdf。

④ H. Duffy, o. c., p. 44.

在分析了国际刑法与反恐立法之间日益增加的相互作用和适用上的重叠的原因之后,现在是时候审视司法实践,评估司法实践如何处理这个问题,以及提出哪些解决方案。

三、判例法与问题说明

(一)泰米尔伊拉姆猛虎解放组织(Liberation Tigers of Tamil Eelam, LTTE)

在国际法意义上,泰米尔伊拉姆猛虎解放组织(猛虎组织)参与了斯里兰卡的"国内武装冲突"。猛虎组织拥有自己的地区和人口并对其实行有效控制,有自己的司法机构和税收制度,其目标旨在实现泰米尔人民的部分或完全独立。在国际承认该组织后,它实际上具有独立国家的所有属性。在荷兰境内,猛虎组织参与了这场冲突中武装活动的资助和招募活动,其参与者和领导人员在荷兰因违反国际刑法(《荷兰国际犯罪法》所定义的战争罪和危害人类罪)、《荷兰恐怖主义法》规定的恐怖主义罪以及违反《荷兰制裁法规》(根据欧盟第2580/2001号条例实施恐怖组织名单)而在荷兰受到起诉。具体而言,他们被指控在斯里兰卡境内的非国际武装冲突期间号召武装和(或)参加兵役以及(或)使用15岁以下的儿童积极参与敌对行动。一审法院得出的结论①是,对于与非国际性武装冲突有关的行为,不存在参与以实施恐怖主义罪行为目的的组织的问题。对他们刑事起诉将会剥夺《日内瓦公约》和《第二附加议定书》赋予他们的权利。然而,对于可以在武装冲突之外实施的行为(如招募儿童兵构成的危害人类罪),并不违反国际人道法,因此在这种情况下刑事起诉是合法的。

猛虎组织还寻求废除构成这些措施起源的欧盟法规。

在2014年10月16日②的判决中,欧盟普通法院(the EU General Court)必须评估根据第2580/2001号条例将猛虎组织列为欧盟恐怖组织的名单是否符合国际人道法。猛虎组织辩称该条例不能适用于武装冲突,因为在它看来,这些冲突——以及在这种情况下所犯的行为——只能

① ECLI:NL:RBSGR:2011:BT8829, Rechtbank's-Gravenhage, 21 October 2011.

② Joined Cases T-208/11 and T-508/11, LTTE v. Council of the European Union.

受国际人道法的约束。对猛虎组织而言,将其列为恐怖组织并冻结其资金构成第三方干涉武装冲突,违反国际人道法规定的不干涉原则。与猛虎组织的观点相反,另一种观点认为国际人道法适用于武装冲突及在武装冲突中实施的行为,并不意味着有关恐怖主义的立法不适用于这些行为。在本案中适用的欧盟法律条款,特别是共同立场(Common Position)第2001/931号和第2580/2001号条例,以及猛虎组织援引的国际法条款都是如此。法院强调,1949年《关于战时保护平民的日内瓦公约》第33条明确规定禁止一切恐怖主义措施。同样,《日内瓦公约》第一和第二附加议定书旨在确保更好地保护这些受害者,规定在任何时间和任何地点禁止恐怖主义行为(《第二附加议定书》第4条第2款),并且禁止以在平民中散布恐怖为主要目的的暴力行为或暴力威胁(《第一附加议定书》第51条第2款和《第二附加议定书》第13条第2款)。法院认为,根据上述考虑,国际人道法明确包括并谴责武装冲突参与者实施的恐怖行为。此外,国际人道法意义上的武装冲突的存在,似乎并不排除在冲突中实施的恐怖主义行为,不仅适用该人道主义法关于违反战争法的规定,而且也适用国际法关于恐怖主义的专门规定。最后,法院明确提到1999年《制止向恐怖主义提供资助的国际公约》,该公约明确规制在国际法意义上的武装冲突背景下实施的恐怖行为。该公约第2条第1款第b项中规定:"意图致使平民或在武装冲突情势中未积极参与敌对行动的任何其他人死亡或重伤的任何其他行为,如这些行为因其性质或相关情况旨在恐吓人口,或迫使一国政府或一国国际组织采取或不采取任何行动"是违法的。该公约明确,即使在国际人道主义法意义上的武装冲突中,也可能有恐怖主义行为,这些行为不仅应作为战争罪受到惩罚,而且应作为恐怖主义犯罪受到惩罚。这些行为包括意图造成平民死亡或严重身体伤害的行为。

上诉法院[①]在荷兰刑事诉讼中的推理与欧盟普通法院相同,通过援引前南问题国际法庭上诉法院加利奇(Galić)案件的裁决,[②]推翻了一审法院的裁决。上诉法院认为这种恐怖主义目的在有关武装冲突中是非法的,因为这与军事行动没有直接联系,而且这些行动也并不针对其他战斗

---

① ECLI:NL:GHDHA:2015:1082,Gerechtshof Den Haag,30 April 2015.

② 参见本文"四、外国(恐怖主义)战斗员"部分的分析。

人员。此外，针对平民的恐怖行为违反国际人道法，因此应根据国家法律予以惩处。

（二）“伊斯兰法统治比利时”（Sharia4Belgium）案

在比利时，45 名嫌疑人因参与或领导恐怖组织、美化恐怖主义或威胁实施恐怖袭击而被起诉。他们中的绝大多数人还去了叙利亚，加入了胜利阵线（Jabhat Al-Nusra）和圣战者舒拉委员会（Majlis Shura al-Mujahideen）。2015 年 2 月在安特卫普进行的一审刑事审判①中，被告辩称不能起诉他们并判定他们犯有恐怖主义罪行，因为《比利时刑法典》第 141 条之二明确排除这些行为。第 141 条之二规定，恐怖主义罪行这一章不适用于国际人道法所界定和规范的武装冲突期间武装部队的行为，也不适用于一国武装部队执行公务时的行为，只要这些行为受到其他国际法的约束。②

因此产生了这样一个问题：在叙利亚加入了胜利阵线和圣战者舒拉委员会等组织的被告人是否必须被视为国际人道法下的武装部队。答案当然必须基于适用的国际人道法，特别是 1949 年 8 月 12 日通过的 4 个《日内瓦公约》及其 1977 年 6 月 8 日通过的第一和第二附加议定书，同时需要考虑到《第一附加议定书》仅适用于国际武装冲突，而《第二附加议定书》适用于国内武装冲突。然而，叙利亚并非《第二附加议定书》的缔约国。一些犯罪嫌疑人提出以下观点：他们在比利时的行为与他们在叙利亚的行为有着内在的联系，他们的行为是国际人道法意义上的国内武装冲突的一部分。基于所有这些原因，应排除《比利时刑法典》第 141 条之二的适用。此外，他们认为，由于《第二附加议定书》不适用，某些行为最终可能被认定为构成战争罪，而比利时刑事法庭对此无权管辖。法庭强调，各方承认叙利亚存在国内武装冲突。然而，胜利阵线和圣战者舒拉

① Rechtbank van eerste aanleg Antwerpen, notitienummer FD35. 98. 47 – 12 – AN35. F1. 1809 – 12 – zaak I – , 11 February 2015.

② 法语的正式文本如下：*Le présent titre ne s'applique pas aux activités des forces armées en période de conflit armé, tels que définis et régis par le droit international humanitaire, ni aux activités menées par les forces armées d'un Etat dans l'exercice de leurs fonctions officielles, pour autant qu'elles soient régies par d'autres règles de droit international*。相关评论，请参见 Venet, Infractions terroristes et droit humanitaire, Journal des Tribunaux, no 6387, 13 March 2010, p. 169 – 172。

委员会等是在叙利亚活跃的国外“基地”组织(Al-Qaeda)运动,他们不是国内的战斗人员,而是外国战斗人员。比利时也不存在国内武装冲突。根据1949年《日内瓦公约》共同第3条(Common Article 3),国内冲突的概念也适用于两个或多个有组织的交战团体相互争斗的情况。被定义为“武装冲突”,必须适用某些标准,例如,某种组织和指挥结构、冲突的强度以及冲突持续的时间。交战方必须在军事指挥下作为私人民兵行动,以便他们能够并准备好适用国际人道法。他们必须是可识别的(通过他们的武器和符号)并遵守战争法。

法庭质疑与胜利阵线和圣战者舒拉委员会有关的战斗人员是否有资格成为国际人道法意义上的交战方。法庭的结论是,根据《比利时刑法典》第141条之二,受到起诉的刑事恐怖主义案件的嫌疑人,不能因为他们在国际人道法下的交战地位,而将他们排除在该条之外,因为他们不属于具有明确组织和指挥结构的团体。作为第二个论点,法庭强调,胜利阵线和圣战者舒拉委员会及其成员不能也不愿意遵守国际人道法,因此不能依赖该法对其进行保护。

在上诉时,为贝勒卡西姆(F. Belkacem)和埃尔·优素菲(M. El Youssoufi)代理的律师再次援引第141条之二的排除条款,认为比利时是一个没有武装冲突的国家,上诉法院①驳回了“伊斯兰法统治比利时”成员的行为属于国际人道法管辖行为的论点。对于在叙利亚实施的行为,法院根据1949年《日内瓦公约》共同第3条评估了武装冲突的概念及其相关解释。法院参考了前南问题国际法庭的塔迪奇(Tadic)案和哈拉迪纳伊(Haradinaj)案以及《国际刑事法院罗马规约》第8条第2款f项,一方面考虑了冲突的时间跨度和强度,另一方面考虑了交战方的指挥结构。指挥结构是指一系列指挥、纪律程序、总部、对领土和武器及物资的中央控制以及作为一个组织发言的能力。法院也不相信胜利阵线和圣战者舒拉委员会等团体可以在国际人道法意义上的武装冲突中成为交战方或有组织的军事团体。根据详细的事实分析,法院得出的结论是,这些团体没有足够的组织水平,没有清晰的结构,也无法控制领土或制定和执行军事战略。事实上,在法院看来,他们的主要活动是掠夺、抢劫以及剥夺自由

① Hof van Beroep, Antwerpen – 2015/FP/1.

和执行行动,其中的大多数活动都是由当地团体在没有太多指挥的情况下实施的。最后,这些团体也没有一个指挥结构,使他们能够通过纪律程序强制适用和执行人道主义法。在整个地区,他们是一个秘密网络,基于几个小组,活跃在不同地区,组织水平有限,但共同目标是用暴力手段反对无神论者、民主、人权和国际人道法。

有趣的是,法院明确区分了国际人道法和国内恐怖主义立法下的有组织团体。由于两部法律对此标准不同,胜利阵线和圣战者舒拉委员会不符合国际人道法规定的有组织武装部队条件,并不当然意味着,他们也不符合国内恐怖主义立法规定的恐怖组织的条件。

最后,比利时最高法院(Cour de Cassation)不得不处理此案。法院在其判决①中并不完全同意一审法院和上诉法院的概念分析。第一,这些组织违反国际人道法的事实并不意味着国际人道法规定的有关有组织武装部队的权利对其不适用,因此不存在国内武装冲突的问题。第二,成员不公开携带武器或不穿制服,不作为可识别的力量进行着装,这也不能确定他们是否可以被视为国际人道法规定的有组织的武装部队。第三,最高法院还参考了前南问题国际法庭有关塔迪奇案件的判决,要求非国际性武装冲突当事方中,至少一方必须是有组织的武装团体,组织的水平不受严格标准的约束,而是受若干指示性标准的约束。根据《日内瓦公约》的准备工作、国际法院的判例法和法律学说,最高法院表示,正式裁决忽略了基于非详尽标准对组织水平的灵活评估。但即便如此,最高法院也得出了与初审法庭和上诉法院相同的结论。在比利时的行为被排除在武装冲突的概念之外,而对于在叙利亚的行为,交战方不具备有组织的武装团体的资格。

因此,从所有法院的分析中可以清楚地看出,国内恐怖主义立法既可以适用于国际武装冲突,也可以适用于非国际武装冲突。通过这样做,比利时法院在所谓的"伊拉克网络"(filières irakiennes)案中确实遵循了布鲁塞尔上诉法院的判例法。② 然而,让人吃惊的是法庭和上诉法院对交战方目标的考虑程度。他们反对民主和法治并希望建立一个神权

① Hof van Beroep, Antwerpen – 2015/FP/1 – FD 35.9847 – 12.

② Brussels, 26 June 2008, not published.

政治或哈里发国家,这一事实并不完全将他们排除在国际人道法的适用范围之外。

(三)女王诉穆罕默德·古尔(R. v. Mohammed Gul)案(英国)

M. Gul将视频上传到互联网上,其中包括叛乱分子袭击伊拉克和阿富汗联军士兵的场景,这些视频播放着伊斯兰音乐(*nasheeds*),赞扬那些实施袭击的人的英勇和他们的殉道并且鼓励这种袭击行为。古尔被控六项违反《2006年恐怖主义法》第2条规定的传播恐怖主义出版物的罪行。在该案中,陪审团就国际人道法规定的战斗员例外、豁免与国内恐怖主义立法之间的关系提出了一系列问题,皇家法院的法官对这些问题进行了回答,由于法官就恐怖主义定义问题误导了陪审团,从而引发了上诉。上诉人古尔的论点可以归纳如下:战斗人员豁免权扩大到在武装冲突中参与反对军队行为的人。因此,如果没有犯下与武装冲突和战争罪无关的罪行,拥有该身份的个人就不受国内刑法的约束。是否存在这样的武装冲突进而引发战斗人员豁免权是陪审团应当决定的事实问题。法官在事实问题和《2000年恐怖主义法》的含义上误导了陪审团,因为非国际性武装冲突期间对武装部队的袭击不是恐怖主义。

英格兰和威尔士上诉法院(刑事庭)①首先强调,战斗员特权或免于起诉的豁免权不适用于非国际性武装冲突。其次,对于法院来说,存在一个共识,即在和平时期不适用武装冲突的概念,因此便可以充分适用恐怖主义国际罪行。法院参考了黎巴嫩问题特别法庭上诉庭的判决:卡塞斯(Cassese)法官关于恐怖主义、共谋(conspiracy)、杀人(homicide)、犯罪(perpetration)以及累积型指控(cumulative charging)作出的中间裁决(2011年2月16日)。在该判决书第107段,卡塞斯法官表达了上诉庭的观点:

> 虽然迄今为止国际恐怖主义罪行只延伸到和平时期的恐怖主义行为,使得在武装冲突期间的恐怖主义行为违法的更广泛的规范也可能正在出现。正如前南问题国际法庭和塞拉利昂特别法庭所认定的那样,恐怖主义行为可以构成战争罪,但各国在

① (2012) EWCA Crim 280,22 February 2012.

武装冲突期间是否应适用不同的恐怖主义罪行存在分歧。

即使刑事法庭确信,国际法迄今还没有这样的发展,以便可以充分肯定地表明国际恐怖主义罪行可以被定义为适用于武装冲突状态,但其同样得出结论:

> ……绝大多数国家目前认为,即使在武装冲突期间,恐怖主义行为也可能受到镇压,只要此类行为针对未积极参加武装敌对行动的平民。此外,这些行为也可能被定性为构成战争罪(而同样的行为,如果它们针对参与敌对行动的战斗人员或平民,则可能不被定义为恐怖行为或战争罪,除非构成战争罪的必要条件得以满足)。

另外,刑事庭得出结论认为,虽然国际法很可能"通过国家实践或法律确信(*opinio juris*),[①]制定一项限制恐怖主义范围的规则,以便将某些类型的攻击政府武装部队的叛乱分子排除在恐怖主义定义之外,但广泛而普遍的、必要的国家实践或者为此所必需的法律确信尚未确立"。因此,对于刑事庭而言,"国际法中没有任何内容可以强迫或说服人们以将犯罪嫌疑人排除在该法的定义之外的方式来理解《2000年恐怖主义法》的条款"。

四、外国(恐怖主义)战斗员

联合国一直在努力以全面和综合性的方式应对恐怖主义现象。在这一背景下,2006年联合国出台了《全球反恐战略》和《行动计划》。2014年联合国安理会根据《宪章》第七章一致通过了第2170号和第2178号决议。第2178号决议专门应对外国恐怖主义战斗人员带来的威胁,该决议将外国恐怖主义战斗员定义为"前往其居住国或国籍国之外的另一国家,以实施、筹划、筹备或参与恐怖行为,或提供或接受恐怖主义训练,包括因

① See for instance Cassese,4 J Int Criminal Justice 933 -958(2006).

此参与武装冲突的人员”。[①] 因此，对联合国所有会员国具有约束力的第2178号决议支持外国恐怖主义战斗人员这一新的法律概念：

> 5. 决定会员国应根据国际人权法、国际难民法和国际人道主义法，防止和制止招募、组织、运输或装备人员前往居住国或国籍国以外的其他国家，以实施、筹划、筹备或参与恐怖行为，或提供或接受恐怖主义培训，并防止和制止资助他们的旅行和活动；
>
> 6. 回顾在其第1373(2001)号决议中的决定，所有会员国均应确保将任何参与资助、筹划、筹备或实施恐怖主义行为或参与支持恐怖主义行为的人绳之以法，并决定所有会员国均应确保本国法律和条例规定严重刑事罪，使其足以适当反映罪行的严重性，用以起诉和惩罚下列人员和行为：
>
> (a)为了实施、筹划、筹备或参与恐怖主义行为，或提供或接受恐怖主义培训而前往或试图前往其居住国或国籍国之外的另一国家的本国国民，以及为此前往或试图前往其居住国或国籍国之外的另一国家的其他个人；
>
> (b)本国国民或在本国领土内以任何方式直接或间接地蓄意提供或收集资金，并有意将这些资金用于或知晓这些资金将用于资助个人前往其居住国或国籍国之外的另一国家，以实施、筹划、筹备或参与恐怖主义行为，或提供或接受恐怖主义培训；
>
> (c)本国国民或在本国领土内蓄意组织或以其他方式协助个人前往或试图前往其居住国或国籍国之外的另一国家，以便实施、筹划、筹备或参与恐怖主义行为，或提供或接受恐怖主义培训。

正如我们所看到的，该决议赋予联合国会员国具有深远影响力的义务，要求会员国根据国内法将外国恐怖主义战斗员的行为定为刑事犯罪，但该决议并没有解决与人权法以及国际人道法的法律相互作用和适用重

① 第2178号决议序言第8段。

叠问题。① 由于外国战斗员被贴上外国恐怖主义战斗员的标签，所以即便与武装冲突有关，受国际人道法管辖的行为也可能是恐怖主义行为，即使这些行为在国际人道法下并不违法。例如，依据该决议，加入参与武装冲突的恐怖组织或向其提供物质或资金支持的个人会承担国内法规定的强制性刑事责任。尽管如此，该决议并未规定与国际核心罪行相关的义务。然而，很明显的是，同时违反《海牙公约》和《日内瓦公约》（战争权规则与战时法规则）的行为，也同样构成国际核心罪行。根据《海牙公约》，采取蓄意、直接攻击平民或袭击宗教、教育或健康相关的建筑物或系统性奴役、强奸和性虐待方式作战的行为可以构成战争罪。故意杀戮、酷刑和不人道待遇、劫持人质以及大规模毁坏或侵占财产可以构成《日内瓦公约》规定的战争罪。根据《国际刑事法院罗马规约》第8条，上述大多数也可以构成战争罪，但需要强调的是意图（intent）和知悉（knowledge）是这些罪行的部分构成要件要素。根据《国际刑事法院罗马规约》第7条的规定，如果某些行为，如谋杀、灭绝、驱逐和酷刑，是针对平民人口进行的广泛的、系统性攻击，也可能构成危害人类罪。外国恐怖主义战斗员作为非国家行为主体，如果他们明知且故意实施袭击，就可以犯下这些罪行。最后，根据《国际刑事法院罗马规约》第6条的规定，如果外国恐怖主义战斗员有摧毁一个民族、族裔、种族或宗教团体本身的具体计划和直接故意（*dolus directus*）这一意图，他们的行为甚至可能构成种族灭绝罪。在叙利亚，阿拉维派、基督徒、库尔德人和雅兹迪少数民族就可能属于这一情形。在这种情况下，疏忽或间接故意（*dolus eventualis*）不足以认定种族灭绝行为。

一个特定而有趣的情形是“针对平民传播恐怖”，因为这也是许多国内“恐怖主义目的”定义的一部分。很明显，没有任何国际法院对武装冲突期间的“恐怖主义行为”或“在平民中传播恐怖”具有明确和直接的管辖权。然而，这些行为可能构成战争罪（和危害人类罪）以及构成违反《日内瓦公约》和《第二附加议定书》共同第3条的行为。《卢旺达国际刑事法庭规约》第4条和《塞拉利昂特别法庭规约》第3条明确规定上述行

① A. De Guttry, The Role Played by the UN in Countering the Phenomenon of Foreign Terrorist Fighters, in A. De Guttry e. a., o. c., p. 259 – 281.

为违反《第二附加议定书》。其他国际刑事法院的规约通过《日内瓦公约》和(或)习惯国际法规定了上述行为。

许多外国(恐怖主义)战斗员参与了这些行为。他们不直接参与敌对行动,而是通过斩首、强奸、性奴役、强迫卖淫以及故意破坏文化遗产和历史文物来传播恐怖。许多法律问题在前南斯拉夫问题国际刑事法庭审理时已经出现了,因而其解释性裁决在涉及适用法律、犯罪要素及管辖权方面提供了重要指导。在前南斯拉夫问题国际刑事法庭上诉庭审理的加利奇(Galić)案中,①加利奇在第七项上诉理由中辩称,审判庭根据第一项罪名对他定罪,违反了法无明文规定不为罪原则(*nullum crimen sine lege*)。在本案中,依据《前南斯拉夫问题国际刑事法庭规约》第3条,他被指控犯有意在平民中散布恐怖的暴力行为或暴力威胁罪,并被判有罪。《第一附加议定书》第51条第2款和《第二附加议定书》第13条第2款规定:"平民居民本身以及平民个人,不应成为攻击的对象。禁止以在平民居民中散布恐怖为主要目的的暴力行为或暴力威胁。"

此外,加利奇辩称,国际法庭对在平民居民中散布恐怖为主要目的的暴力行为或暴力威胁没有管辖权,因为"不存在国际恐怖罪"。他认为,审判庭错误地认为条约法足以赋予法庭管辖权,而法庭本来只能对习惯国际法认定的罪行行使管辖权。检方首先介绍了各种罪名。第1项罪状声称加利奇将军"对萨拉热窝的平民区和平民进行了旷日持久的炮击和狙击行动,从而造成平民恐慌及精神痛苦"。检方认为,恐怖罪是违反战争法或战争惯例的行为。当战斗人员在武装冲突期间实施该罪行时,需要行为主体具有散布恐怖的意图。另外,检方主张禁止恐吓平民相当于一项适用于所有武装冲突的习惯国际法规则。检方认为,以下要素构成恐怖罪:

1. 非法暴力行为或暴力威胁……

2. 导致恐怖在平民中蔓延。

3. 暴力行为或暴力威胁的主要目的是在平民中传播恐怖。

此外,根据检方的意见,暴力行为或暴力威胁与武装冲突之间必须存

① *Prosecutor v. Tadić*, IT0 – 94 – 1, Decision on Defence Motion on for Interlocutory Appeal on Jurisdiction, 2 October 1995, *Appeals Chamber Decision*, paras. 89, 98, 102.

在联系，被告必须根据《前南斯拉夫问题国际刑事法庭规约》第7条对行为或威胁承担责任。检方认为“特殊意图要求”（上述第3要素）是恐怖罪的显著特征。检方将“主要目的”（primary purpose）解释为要求“对平民造成恐怖是暴力行为或暴力威胁的主导目的（predominant purpose）。（但）不必要求萨拉热窝战区的广泛的运动将此作为其唯一仅有的目标”。在无法直接证明其特殊犯罪意图的情况下，可以“根据对平民的炮击和狙击的性质、方式、时机、频率和持续时间推断”。

对于上诉庭的大多数法官来说，要解决的关键问题是，根据习惯法或传统法，严重违反禁止恐吓平民的行为何时会致使违反规则的个人承担刑事责任。上诉庭首先解决习惯国际法中禁止对平民实施恐怖活动的法律性质。上诉庭支持审判庭的裁决，即根据《第一附加议定书》第51条第2款和《第二附加议定书》第13条第2款的规定，禁止恐怖构成“一般（习惯）禁止攻击平民的一项具体禁令”，这在通过附加议定书时构成对已有习惯国际法的全面肯定。

其次，为了将禁止恐怖与刑事定罪和刑事责任联系起来，上诉庭重申，为满足《前南斯拉夫问题国际刑事法庭规约》第3条的要求，必须满足以下4个所谓的塔迪奇条件：

（1）必须构成对国际人道主义法规则的违反；

（2）规则必须是习惯性的，或如果规制属于条约法，则必须满足所要求的条件；

（3）违反必须是“严重的”，即必须违反了保护重要价值的规则，并且违反必须对被害人造成严重后果；以及

（4）根据习惯法或惯例法，违反规则必须使得违反规则的个人承担刑事责任。

因此，要使一项罪行违反国际人道主义法，上诉庭需要确信每一项被指控的行为实际上都与敌对行动密切相关。为了对第四个条件给出肯定的回答，即在武装冲突期间禁止对平民实施恐怖活动的习惯国际法性质，上诉庭提到了国家实践：

> 94. 关于国家立法，上诉庭注意到许多国家将违反国际人道主义法的行为定为刑事犯罪——包括以在平民中散布恐怖为主

要目的的暴力行为或暴力威胁罪。

95. 上诉庭还注意到许多国家以类似于《附加议定书》规定的禁止语言将对平民的恐怖作为一种战争手段进行刑事定罪。

上诉庭还根据 1919 年责任委员会的报告和联合国战争罪委员会 1948 年的文件援引了历史论点。他们将系统性恐怖主义称为战争罪。

由于四个条件现在都已满足,上诉庭多数法官认为对《第一附加议定书》第 51 条第 2 款第二部分的严重违反行为,特别是本案中指控的造成死亡或伤害的这些违反行为,应承担个人刑事责任。对于法庭是否也对其他违反规则的行为具有管辖权,如仅仅是暴力威胁或没有造成死亡或伤害的暴力行为,大多数法官没有意见。总之,起诉书中指控的针对平民的恐怖罪符合《前南斯拉夫问题国际刑事法庭规约》第 3 条规定的罪行的共同要素,也符合以下具体要素:

1. 针对没有直接参加敌对行动的平民居民或平民个人的暴力行为造成平民死亡或对身体或健康造成严重伤害。

2. 犯罪行为人故意使得没有直接参加敌对行动的平民居民或平民个人成为暴力行为的目标。

3. 实施上述犯罪的主要目的是在平民中传播恐惧。

"暴力行为"不包括针对战斗人员的合法袭击,而是仅限于对平民的非法攻击。多数法官认为,"暴力行为"包括以在平民中传播恐怖行为为主要目的,蓄意针对平民居民或平民个人,造成平民死亡或身体或健康受到严重伤害的暴力犯罪行为——违反战争法律或惯例的恐怖罪——这构成了被告及其下属在起诉书所写明的期间所接受管辖的法律的一部分。被告知道或本应该知道这是因为 1964 年《南斯拉夫刑法典》第 142 条将此类行为定为刑事犯罪:

在战争、武装冲突或占领期间违反国际法规则,下令对平民采取旨在引起恐惧和恐怖的措施的任何个人或实施任何这种行为的个人,应处以五年以上有期徒刑或死刑。

在本案中,恐怖罪作为国际人道法中的一种犯罪是通过条约法生效的。因此,法庭根据《前南斯拉夫问题国际刑事法庭规约》第 3 条拥有属事管辖权(*ratione materiae*),可以将这种恐怖主义行为作为战争罪起诉。

前南问题国际法庭上诉庭得出的结论是,《第一附加议定书》第 51 条第 2 款和《第二附加议定书》第 13 条第 2 款规定的禁止针对平民的恐怖行为——违反国际人道法的行为——至少从其被纳入这些条约之时起属于习惯国际法。法庭根据《前南斯拉夫问题国际刑事法庭规约》第 3 条拥有属事管辖权(*ratione materiae*),因此可以对针对平民散播恐怖行为追究个人刑事责任。

朔姆堡(Schomburg)法官在以下几个方面持不同意见。首先,他怀疑是否存在与指控加利奇在 1992 年至 1994 年所实施的行为相关的国家惯例。此外,他还怀疑历史论点的有效性。他承认战争罪委员会在其建议的战争罪清单中提到了"系统性恐怖主义"。但是在他看来,"委员会对'系统性恐怖主义'的实际含义以及他们对该概念的看法是否符合《第一附加议定书》第 51 条第 2 款的第 2 句和《第二附加议定书》第 13 条第 2 款的第 2 句并不确定"。另外,判决正确地指出,"莱比锡的少数审判没有详细说明'系统性恐怖主义'的概念"。朔姆堡法官还回顾称,无论是《纽伦堡宪章》还是《东京宪章》,都没有将针对平民的恐怖行为定为犯罪。朔姆堡法官还指出,"《罗马规约》没有提及恐吓平民的条款。如果这一罪行确实构成习惯国际法的一部分,那么在 1998 年各国无疑会将其纳入《罗马规约》的相关条款或实施《罗马规约》的国内立法中"。

最后,令人感兴趣的是黎巴嫩问题特别法庭上诉庭于 2011 年 2 月 16 日就恐怖主义、共谋(conspiracy)、杀人(homicide)、犯罪(perpetration)以及累积型指控(cumulative charging)作出的中间裁决。① 黎巴嫩问题特别法庭预审法官向上诉庭提出了几个问题。其中三个问题涉及恐怖主义罪行:"(1)即使《黎巴嫩问题特别法庭规约》第 2 条仅提及《黎巴嫩刑法典》,法庭是否应考虑国际社会对恐怖主义概念?(2)如果是,是否存在对'恐怖主义'的国际定义以及应如何适用?(3)如果不是,上诉庭将如

① 塞拉利昂特别法庭上诉庭也处理了与向平民传播恐怖有关的适用法律问题:Prosecutor v. Brima, Alex Tamba et al., Judgment (Trial Chamber), SCSL - 03 - 01 - T, 20 June 2007, and Prosecutor v. Charles Ghankay Taylor, Judgment (Appeals Chamber), SCSL - 03 - 01 - A, 26 September 2013.

何解释黎巴嫩对'恐怖主义'的定义?"

上诉庭推理的出发点是,黎巴嫩问题特别法庭主要适用黎巴嫩国内法,但必须根据对黎巴嫩具有约束力的国际公约和习惯法来解释该国内法,例如,已经获得黎巴嫩批准的《阿拉伯制止恐怖主义公约》以及和平时期有关恐怖主义的习惯国际法。

第一,依据国际法院在大陆架案(Continental Shelf)中确立的国际习惯概念,上诉庭认为,对恐怖主义行为的处罚存在确定的做法,至少当该行为是在和平时期实施的情况下。此外,这种做法证明了各国相信惩罚恐怖主义是为了应对社会需要[必要确信(*opinio necessitatis*)],因此由于存在要求这样做的规则,其就被赋予了强制性[法律确信(*opinio juris*)]。此外,本庭认为,习惯规则是从国际权利和义务角度表达的,因为其可以解读为:(1)赋予任何国家(以及其他国际主体,例如反叛人员和其他参与国际交易的非国家实体)义务以抑制通过其官员和代理人参与该规则定义的恐怖主义行为;(2)对任何国家(以及其他拥有必要结构和司法机制的国际主体和实体)施加预防和制止恐怖主义的义务,特别是起诉和审判在其领土内或在其控制下的领土内宣称参与了规则中定义的恐怖主义的人员;(3)赋予任何国家(和其他拥有必要结构和司法机构的国际主体)权利以起诉和制止由本国公民或外国公民在其领土(或在其控制的领土内)犯下的规则所定义的恐怖主义罪行,以及任何其他国家有义务不反对针对本国国民的此类起诉和镇压(除非他们是根据国际法享有个人豁免权的高级国家代理人)。

第二,上诉庭承认,存在禁止恐怖主义的国际习惯规则并不必然意味着恐怖主义是国际法规定的刑事犯罪。根据前南问题国际法庭上诉庭在塔迪奇案中就战争罪提出的法律标准建议,为了在国际层面产生个人刑事责任,违反国际规则的行为需要导致违反规则的人员承担个人刑事责任。在恐怖主义案件中,证明必要的做法:法律确信和必要确信时——有必要而且确实有义务对恐怖主义行为的肇事者进行审判和惩罚的法律观点——上诉庭认为相对容易满足必要的标准,因为对恐怖主义国际刑事定罪的过程类似于战争罪。

第三,上诉庭认为,虽然迄今为止,国际恐怖主义罪行只延伸到和平时期的恐怖主义行为,但是,将在武装冲突期间实施的恐怖主义行为认定为违法的规范也可能正在出现。但上诉庭清楚地意识到,无论是在《全面反恐怖主义公约》起草委员会内部,还是在对联合国《制止向恐怖主义提供资助的公约》的保留中,伊斯兰会议组织的一些成员都对将武装冲突(包括交战占领和国内武装冲突)期间针对无辜平民的“自由战士”行为视为恐怖行为的概念表达了强烈的反对意见。他们坚持既要保障人民的自决权,又要惩治“国家恐怖主义”。

上诉庭得出结论,其认为根据条约、联合国决议以及各国的立法和司法实践,存在令人信服的证据表明,在和平时期关于恐怖主义的国际法习惯规则已逐渐形成,且需要以下要素:(1)实施潜在犯罪的意图(*dolus*)和(2)散布恐惧或胁迫某一政权的特殊意图(*dolus specialis*);(3)实施犯罪行为,以及(4)恐怖主义行为具有跨国性。因此,上诉庭承认恐怖主义的定义具有习惯国际法性质。

上诉庭的结论并未在法律确信中得到所有人的认可,在理论上是有争议的。在《关于适用的恐怖主义罪行问题,特别关注作为附加主观要求的“特殊”特殊意图和(或)特殊动机的意见》一文中,凯·安博斯(Kai Ambos)[①]认为,根据国际刑事法院《罗马规约》,恐怖主义显然不是国际刑事法院罪行,[②]根据国际法,恐怖主义充其量是“一种特别严重的跨国性的条约规定的犯罪,其接近于‘真正的’国际犯罪,但尚未达到这一地位”。尽管如此,本罪的一般要件仍可从相关的国际法渊源中推断出来。

五、结论

外国战斗员不是典型的武装冲突的典型参与者,而且任何国际刑法规约都没有明确解决这一现象。第一,他们在战争权规制和战时法规则中的地位、特权和国际刑事责任取决于他们所参与的具体行为(*actus reus*)及其意图(*mens rea*)。国际和国内层面的国际刑事法院一直在寻找将其纳入国际人道法和国际刑法范畴的解决方案。正如我们所看到的,所使用的推理并不总是令人信服,并且需要进行广泛的解释才能遵守罪刑法定原则(*nullum crimen,nulla poena sine lege*)。第二,他们的地位、义

① See https://papers.ssrn.com/sol3/papers.cfm?abstract_id=1972174.

② See also Arnold,The ICC as a New Instrument,p.3.

务和特权在国际性武装冲突和非国际性武装冲突之间存在差异，但这种历史性的区别不再有意义，而且国际刑事法院已经忽略了这种区别。同样值得怀疑的是，国际人道法的分类方案是否仍然足以应对由“基地”组织和“伊斯兰国”等团体参与的跨国武装冲突带来的挑战。因此，需要在国际公法领域进行立法更新。不幸的是，在我们这个时代，各国似乎不能对国际人道法更新应适用的共同标准达成一致意见。

外国战斗员也越来越多地成为外国恐怖主义战斗人员。这意味着根据国际反恐公约或欧洲区域公约和欧盟法律，他们的行为已被定性为恐怖行为。反恐立法扩展到规制犯罪活动的主动和预期阶段，从他们开始筹款组织前往冲突地区或在社交媒体上赞扬那些已经前往冲入地区人员的那一刻起，他们就从外国战斗人员转变为外国恐怖主义战斗人员。和平时期的恐怖行为与武装冲突时期的战争罪或其他国际刑法罪行之间的界限已经完全模糊。[1] 此外，在武装冲突时期，我们可以看到越来越多地通过各种方式来传播针对平民的恐怖，这也可能构成战争罪、危害人类罪和(国家)恐怖主义。

这意味着，在实践中，国家刑事法院和国际刑事法院正在努力区分适用法律和管辖权问题。从国际人道法的角度来看，决定适用的法律和案件的管辖时，很大程度上取决于冲突的类型、敌对行动的地理范围、交战方的(经典)组织结构、他们使用的工具、非国际性武装冲突中的战斗员地位等。从反恐法的角度来看，这些标准(针对合法战争和保护无辜平民)只是相对重要的。通过在准备阶段、执行阶段和最终返回期间对外国战斗人员进行广泛的刑事定罪，主要目的是起诉和惩罚他们被指控的犯罪行为。这种行为是否构成国际或国内武装冲突的一部分无关紧要。如果外国恐怖主义战斗人员有资格获得国际人道法规定的战斗员特权，那么只有在国际武装冲突中积极参与武装敌对行动的一小部分人员最终可能会被排除在起诉范围之外。这是一个相当小且未被明确定义的保护盾。如果非国家行为主体在叙利亚或伊拉克等国内冲突中对军事目标发动相

① M. P. Scharf, *Defining Terrorism as the Peace Time Equivalent of War Crimes: A Case of Too Much Convergence Between International Humanitarian Law and International Criminal Law?*, ILSA Journal of International and Comparative La, Vol. 7: 391, 391 - 398.

应的攻击该怎么办？国际人道法并未禁止这些行为，但仍可作为恐怖主义定罪和起诉。这是否不会破坏国际人道法的基本原理值得怀疑。总体而言，外国战斗人员可以同时因国际刑事犯罪和（或）恐怖主义而受到起诉。这意味着，反恐怖主义公约的立法者最好界定反恐法与国际人道主义法的相互作用，并就适用的法律和管辖权提供可预见性。

就目前情形而言，恐怖主义可以被视为一种特别严重的跨国性的、由条约规定的犯罪，其即将成为真正的国际犯罪。然而，由于其定义的构成要素缺乏精确性，即使根据习惯法，它本身也不是国际犯罪。[①] 正如我们所看到的，国际刑事法庭在处理恐怖主义问题上可以发挥重要作用，因为他们确实将恐怖主义定为国际刑事犯罪，然而，他们很难在国际刑事犯罪和国内恐怖主义起诉之间确立明确的界限。一种解决方案可能是赋予国际刑事法院处理国际刑事犯罪和反恐之间的法律冲突的权限。[②] 通过某种初步裁决程序，国际刑事法院可以制定一个等效的多边框架，该框架维护国际公法和国际人道法，反对扩大反恐立法将任何武装反对派定性为刑事紧急状态法规定的敌人。

① 然而，一些作者确实主张对国际刑事法院的罗马规约进行扩张解释。有关概述，请参见 RoksandićVidlička, Prosecuting Serious Economic Crimes as International Crimes; Cohen, 20 Mich. St. Int'l L. Rev. 219 (2013)。

② H. Olasolo & A. Perez Cepeda, Terrorismo Internacional y Conflicto Armado, Tirant lo Blanch, Valencia, 2008.

●反恐怖主义法律中的有关问题

[加拿大]肯特·罗奇(Kent Roach) 著*

蒋 娜 黄 港 译**

一、导论

康纳·吉尔蒂教授最近承认,有必要制定法律,"以防止威胁我们安全的破坏性行为",它包括那些涉及策划、准备和煽动恐怖主义暴力的行为在内。然而,他认为,这些不法行为必须被定性为犯罪行为,以保护最弱势群体的自由,并确保正义的基本要素,包括"公开审判;无罪推定原则;防止滥用的谨慎证据规则;一个独立的量刑制度,等等"。① 我同意吉尔蒂教授的观点,即刑法比起军事拘留、军事或行政审判以及暗杀等限制较少的替代办法更为可取。② 刑法对公正和准确性的承诺,并不存在于这些限制较少且严格的措施中,这些措施接受"附带损害"和错误的结果作为业务的必要成本。对爱尔兰"Birmingham Six"和"Guildford Four"恐怖主义案件的错判最终被推翻了,这证明了刑法对准确性和罪行的关注。令人遗憾的是,这种关注似乎在美国对古巴关塔那摩湾滥用军事拘留,③

---

* 肯特·罗奇,加拿大多伦多大学法学院讲席教授。此文出处:"Terrorism Law" in Markus Dubber et al., Oxford Handbook of Criminal Law (Oxford: Oxford University Press, 2014), p. 812 – 836,翻译发表已征得英文原作者肯特·罗奇教授本人同意与有关方面的特别授权。

** 蒋娜,北京师范大学教授、博士生导师;黄港,北京师范大学法学院硕士研究生。

① Conor Gearty, Liberty and Security (2013), 115, 45.

② Kent Roach, *The Criminal Law and its Less Restrained Alternatives*, in Victor Ramraj et al. (eds.), Global Anti-Terrorism Law and Policy(2nd ed., 2012).

③ Kent Roach & Gary Trotter, *Miscarriages of Justice in the War Against Terror*, (2005) 109 Pennsylvania State LR 967.

及接受定点清除政权带来的附随伤害方面,退居了次要地位。①

与此同时,对"起诉或释放"过于简单化的要求,②以及为20世纪80年代因误判而被无罪释放的人们举行盛大庆典,都是一种危险的信号。刑法发生的改变在某种程度上使得目前更加难以断定,是否有人被错误地判定犯有恐怖主义罪。在某种程度上,为了响应联合国安全理事会在"9·11"事件后发布的第1373号决议,世界各地的立法机构已经规定了一系列令人难以置信的新的恐怖主义罪行。正如维克多·塔德罗斯所说,现在成为恐怖分子比成为杀人犯"容易得多",因为"一个人只要收集情报,或拥有可能对恐怖分子有用的物品,就可以成为恐怖分子。一个人只要持有可能用于恐怖主义活动的资金,就是恐怖分子,包括在外国的有关活动资金在内"。③ 正如塔德罗斯教授指出的那样,这种恐怖主义法律的扩展已经影响了报应性惩罚的均衡。更根本的是,过于宽泛的定义和定罪可能会使很多无罪问题的界定受到影响。

现代恐怖主义法的过于宽泛,源于对恐怖主义过于宽泛的定义。由于缺乏关于恐怖主义定义的国际协定,恐怖主义还没有被列入国际刑事法院的管辖范围。国内立法机构对这一术语作了广义的界定,这一定义在某种程度上也许可以涵盖那些损害财产或扰乱基本服务的政治异己。英国最高法院最近认识到,尽管有些遗憾和尴尬,④议会对恐怖主义的定义可以包含那些支持自由战士反对专制政权的人,以及那些在武装冲突期间与政府军作战的人。立法机构打着普遍管辖权的旗号,在外国领土上不顾将反对专制残暴政权的"恐怖分子"或"自由战士"定罪的危险,把恐怖主义定性为刑事犯罪。一个人成为恐怖主义分子不需要打算或帮助那些团体从事暴力活动,仅仅是与他们联系或向他们提供资源就足够了。新的恐怖主义罪行认定的依据,就是早期罪行认定的法令,但是如今不需要具体的意图,只要从事特定的暴力活动就被定义为恐怖活动,这点已经

---

① Text of Speech, The New York Times, May 23, 2013, available at: http://www.nytimes. com/2013/05/24/us/politics/transcript-of-obamas-speech-on-drone-policy. html?pagewanted& = all.

② Conor Gearty, *Human Rights in an Age of Counter-Terrorism*, (2005) 58 Current Legal Problems 25.

③ Victor Tadros, *Justice and Terrorism*, (2007) 10 New Crim. LR 658, 678.

④ R. v. Gul [2013] UKSC 64, p. 62 – 64.

背离了早期关于罪行认定的初衷。

古恩特·雅各布斯及其他人提出的论点,提升了人们对刑法的中立性和完整性的关注,他们认为,一种特殊类型的“敌人刑法”可以与普通刑法并存,后者可以以平等和尊重的方式适用于公民。敌人刑法着眼于预防,偏向使用过度的制裁和非正常程序。① 由此可见,现代恐怖主义法的特点与“敌人刑法”有着可怕的相似性。对“敌人刑法”的日益宽容,不应该仅仅是少数有争议的德国理论家的专利。安东尼·达夫写道,在国际恐怖主义的背景下,“我们可能不再能够简单或明确地区分犯罪和战争”。② 许多现代恐怖主义法律,把各种国内或国际恐怖主义团体的名单列进去。这使得国内或国际执法人员,可以使用秘密情报来宣布谁是敌人,而不是允许独立和公开的法院根据公开证据,来决定他们是否犯有恐怖主义罪行。③ 一旦敌人名单列出来,扩张的刑法就可以完成剩下的工作。

即使不采用“敌人刑法”这一有问题的概念,也有理由担心“9·11”事件后的恐怖主义罪行。人们因为自己的社会关系、地位和想法而受到惩罚的趋势日益显著。④ 立法者对恐怖主义风险越来越不能容忍,他们采取了行动,即尽可能宽泛地定义新的恐怖主义罪行,而且往往非常详细,几乎没有留下司法解读的空间。在起草新的恐怖主义罪行时,立法机构并没有放弃过错要求,只有在相对罕见的情况下,才会依赖客观过错要求。但与此同时,它们界定了过错程度,这样检察官一般不必确定任何特定的或事实上的,任何恐怖主义暴力行为的具体意图。通过这种方式,新的恐怖主义罪行远远超出了传统形式的未完成形态的责任,例如,企图或阴谋通常要求证明,有实施有计划或有意的暴力行为的主观意图。这种趋势最臭名昭著的例子是,美国最高法院在霍尔德诉人道主义法案中的

---

① Carlos Gómez-Jara Díez, *Enemy Combatants vs. Enemy Criminal Law*, (2008) 11 New Crim. LR 529; Lucia Zedner, *Security, the State and the Citizen: The Changing Architecture of Criminal Control*, (2010) 13 New Crim. LR 379, 391 ff.

② R. A. Duff, *Notes on Punishment and Terrorism*, (2005) 48 American Behavioral Scientist 758, 760.

③ David Paciocco, *Constitutional Casualties of September* 11, (2002) 16 Supreme Court LR (2d) 199.

④ Kent Roach, The 9/11 Effect (2011), 449.

裁决,[①]该裁决认为,一个人故意为列入清单的恐怖组织的非暴力甚至人道主义活动提供帮助,会因为恐怖主义提供物质帮助而被判有罪。旨在防止恐怖主义和惩罚仅与恐怖主义有一点点关系的行为的新罪行,会增加“9·11”事件后刑事司法失败的风险,这种风险可能不像上一代臭名昭著的误判那样明显,换句话说,与恐怖主义有关的罪行认定已经偏离了法律的定义。

本文第一部分将简要概述应对恐怖主义的各种限制较少的替代刑法的办法。这些替代办法帮助我们理解那些值得保留的刑法价值,但它们面临如何调整以更有效地应对恐怖主义的压力。本文的大部分内容将审查,刑罚是怎样扩张以应对预防恐怖主义的挑战,以及这样的扩张可能怎样破坏刑法的公正性。需要研究的主题,包括恐怖主义定义、域外管辖权以及行政黑名单如何纳入刑法。预防恐怖主义的强烈愿望,促使立法机构扩大刑法的禁止范围,以便他们很好地适用于传统的早期责任形式,如企图、阴谋和煽动。本文还将考察过错要求的限制能力,以约束刑法中宽泛的定义。防卫尤其是诱捕的有限作用,及广泛的恐怖主义罪行给罪刑相适应原则带来的压力,也将被审查。这一结论将反映出,刑法是否值得作为社会对恐怖主义最严厉的回应而予以保留,或者刑法试图去适应预防恐怖主义的挑战是否牺牲了公正刑法的基本特征。

在恐怖主义背景下,立法的过于宽泛尤其明显,但它也建立在其他利用刑法预防一系列惊人风险的尝试之上。[②] 打击恐怖主义的刑法揭示了现代刑法更普遍的缺点,特别是立法机关扩大定义犯罪行为,及限制界定过失要求的能力。这一结果给罪刑相适应原则带来了压力,因为考虑最终危害的严重性,这种惩罚本就该是严厉的。最后,刑法比行政或军事拘留、审判和杀戮更受限制,但或许支持用刑法应对恐怖主义的人,没有像吉尔蒂教授所期望的那样多。

① 130 S. Ct. 2705 (2010).

② Lucia Zedner, *Terrorism and Counter-Terrorism: What is at Risk?*, in Layla Skinns, Michael Scott, and Tony Cox (eds.), Risk (2011), 109 - 130; Dru Stevenson, *Effect of the National Security Paradigm on Criminal Law*, (2011) 22 Stanford Law & Policy Review 129.

二、对刑法缺乏信心和限制较少的替代方法的使用

“9·11”事件后，同时产生了刑法的扩张和限制较少的刑法替代办法的增加。这种自相矛盾的现象在美国最为明显，“9·11”事件之后，美国在《爱国者法案》中设立了窝藏恐怖主义的新罪名和新的犯罪调查权力，同时以军事力量、拘留、引渡和定点清除的方式对恐怖主义宣战。如果监禁人口比例最高的国家都对刑法应对和预防恐怖主义的能力没有信心，那么就可以理解为什么“9·11”事件之后其他国家也开始采用那些不需要对公开证据排除合理怀疑的有罪证明的替代办法。英国和加拿大都将移民法用作反恐怖主义的工具，尽管同时这些国家为了打击恐怖主义也大幅度扩张了其刑法。以色列、埃及、新加坡和马来西亚等国家颁布了新的刑法，特别是关于恐怖主义资助方面，但同时也依靠旧式的行政和军事拘留形式。[1]

（一）军事拘留和审判

美国因其高监禁率、死刑的适用及没有假释可能性的无期徒刑而臭名昭著。鉴于此，美国在“9·11”事件之后表现出的对刑法缺乏信心的做法也令人惊讶。官方公布的在关塔那摩美军基地被拘留人数最多时高达779人。其中超过500人在布什政府期间被释放，72人在奥巴马政府期间被释放，86人被批准释放。[2] 这些数字揭示了军事拘留的过度包容性。军事当局最终得出结论，在关塔那摩被拘留的绝大多数人不需要被拘留。很难想象有任何刑事司法系统会有类似的无罪释放率，更不用说错误定罪率了。奥巴马政府未经审判即对其余166名被拘留者中的46人进行了羁押，这一事实说明人们对刑法仍然缺乏信心。美国国会禁止将关塔那摩被拘留者转移到美国接受审判，即使在如此转移一名被定罪和判处无期徒刑的被拘留者 Ahmed Ghailani 之后，这突出表明美国对刑法缺乏信心和耐心。具有讽刺意味的是，根据相关决定，向恐怖主义提供物质支持不属于归军事法院管辖的战争罪，未经任何审判而遭无限期军事拘留

---

① Roach (n. 11), ch. 3.

② Human Rights First, *Guantánamo by the Numbers*, Apr. 9, 2013, available at: http://www.humanrightsfirst.org/wp-content/uploads/pdf/USLS-Fact-Sheet-Gitmo-Numbers.pdf.

的关塔那摩被拘留者人数将会增加。[1] 军事审判至少可以与民事审判相提并论。相比之下,未经审判的军事拘留直到反恐战争结束将作为一个真正的法律黑洞持续存在。

(二)移民和行政拘留

"9·11"事件之前,英国拥有一些最发达和最严厉的反恐刑法。2000年《恐怖主义法》巩固和规范了北爱尔兰几十年来起诉恐怖主义的经验。然而,在"9·11"事件之后的几个月里,英国被迫违背《欧洲人权公约》,授权对那些因可能遭受酷刑而不能被驱逐到埃及和叙利亚等国的涉嫌恐怖主义的非公民,进行无限期的行政拘留。[2] 这一制度最终于2005年被废除,因为上议院认为,将移民法作为反恐怖主义法对非公民具有歧视性,与不仅限于公民的恐怖主义威胁不相称。[3] 然而,英国并不满足于依靠其宽泛的恐怖主义罪行和广泛的包括长达28天的预防性逮捕在内的调查权力。2005年,政府颁布了另一项有争议的行政措施——控制令,有时甚至用来控制被判无罪的人。一位签署了控制令的法官解释说,因密谋炸毁飞越大西洋的飞机的被告被宣告无罪这一事实并不具有决定性,因为他看到了证据,而在刑事审判中陪审团和被告本人都没有看到证据。[4] 即使扩大范围,刑法也面临限制较少的措施的挑战,因为这些措施不强调在公开证据的基础上排除合理怀疑的有罪证据。

与大多数刑事审判不同,行政措施允许国家使用未向被拘留者披露的秘密证据/情报。在这里再一次重申,即使国家有时会偏离刑法,但它还是有着举足轻重的地位。英国和欧洲人权法院就必须向被判行政管制的人披露多少证据争议不断。[5] 军事行政拘留和审判常常被拿来与刑事审判作比较,媒体和民间社会往往认为它们不如刑事审判合法。这通常是一件好事,但人们有可能对刑法的公正性感到自满和怀念,而这个公正性仅仅是与预防恐怖主义的限制较少的手段相比较而言的。回到刑法,

---

① Hamdan v. U. S. ,696 F. 3d 1238 (2012).

② Anti-Terrorism, Crime and Security Act 2001, Part Ⅳ.

③ A. v. Secretary of State [2004] UKHL 56.

④ Secretary of State v. A. Y. [2009] EWCA 3053 (Admin.), [196].

⑤ A. v U. K. (2009) 49 EHRR 301. Canada (Minister of Immigration v. Harkat) 2014 SCC 37, [55] - [60].

可能会增加反恐的合法性，而不是其公平性。无论如何，如果刑事审判会带来无罪释放或误判，那么采取行政甚至军事措施可能就会悬而未决。

(三)法外引渡与合法引渡

"9·11"事件之前，通常采用非常规形式或非法引渡方式将恐怖犯罪嫌疑人带到美国接受审判。美国法院认为，这种非法行为并没有剥夺他们在美国审判犯罪嫌疑人的管辖权。① "9·11"事件之后，引渡程序从一个旨在为美国的恐怖主义审判提供便利的项目，变成了一个旨在让外国盟友从被拘留者那里获取情报的项目。这是警方和情报机构之间较为普遍的斗争的一部分，前者强调为刑事审判收集证据，后者强调为防止下一次恐怖袭击收集情报的必要性。"9·11"事件后，中央情报局和军方的情报收集者占据了上风。其结果是，现在很难、有时甚至不可能起诉遭受酷刑的被拘留者。众所周知，权力滥用的历史告诉我们，如果在随后的刑事诉讼中，无论是被拘留者还是审讯官员，失去了问责制的约束作用，会发生什么情况。

虽然特别引渡是一种特别恶劣的国际合作形式，但其法律对等形式是引渡听证会，目的是为一个人被转移到另一个国家接受刑事审判之前提供一些法律保护。今后10年刑法学者的一个重要课题可能是，这种形式对其他国家刑事诉讼程序的影响。法院历来谨慎对待引渡，强调外交礼让。然而，最近的一些趋势是，法院为确保管辖范围内的人权将更加坚定地接收逃犯。例如，欧洲和加拿大法院将坚持做出有效保证，即在引渡一个人之前不适用死刑，而且接受司法管辖时不采纳使用酷刑取得的证据。② 美国国会通过给予总统为确保国际合作承诺不对逃犯进行军事拘留或审判的权利，默示了引渡程序必须尊重基本人权这一事实。引渡程序是对引渡的拟法制化。随着各国开始行使国际恐怖主义的普遍管辖权，它们将变得越来越重要。各国可能都希望将恐怖主义嫌疑人送往对他们更严厉更少泄密的国家，但法院需要在确保接收恐怖主义嫌疑人的国家公平对待他们方面发挥作用。

① U. S. v. Alvarez-Machain, 504 U. S. 655 (1992).

② Othman (Abu Qatada) v. U. K. (2012) 55 EHRR 1. See also U. S. v. Khadr [2011] ONCA 358. Sriskandarajah v. U. S. [2012] 3 SCR 609. France v. Diab [2014] ONCA 374, [274].

（四）定点清除

由于刑法没有类似的制度，作为逮捕、拘留和起诉恐怖主义嫌疑人的替代办法的定点清除使用的增加，使刑法面临最严峻的挑战。唯一可行的类似规则是授权使用致命武力来阻止犯罪分子逃跑，但这些规则不能明目张胆地适用于定点清除。奥巴马政府已经成功地以保密为由，避免了司法机关对定点清除的司法审查尝试，清除的对象甚至包括美国公民在内。① 定点清除允许秘密和未经审查的情报作为证据给予犯罪分子最终惩罚。即使法院准备审查定点清除，他们也可能仿效以色列最高法院的例子，广泛地界定目标，承认某种程度的附带伤害是不可避免的。② 接受合理的附带伤害与只惩罚犯罪的基本刑法价值观是对立的。

（五）小结

一部有效地与定点清除、行政和军事拘留以及引渡到恐怖主义法律更严厉的国家媲美的刑法，将面临牺牲许多包括对附带伤害的排斥和秘密证据在内的基本价值观的压力。一部与这些价值观划清界限的刑法，可能会在反恐中变得越来越无足轻重。事实上，最近定点清除的兴起和流行使我们更接近一个反乌托邦的未来，在那里，至少对恐怖分子嫌疑人来说，无人机取代了刑事审判。

三、刑法如何应对恐怖主义

（一）定义恐怖主义

“9 · 11”事件发生后，联合国安全理事会在第1373号决议中利用其与国际和平与安全有关的强制性权力，要求所有国家确保将恐怖主义作为严重犯罪处理，并禁止资助恐怖主义。这一切都是在没有任何关于国家应该如何定义恐怖主义的指导意见的情况下完成的。安全理事会采取的行动似乎表明，恐怖主义是否包括自由战士或者国家恐怖主义的传统问题，已随着世界贸易中心的消失而消失。一些人指出，在利比亚自由战士推翻卡扎菲政权前，英国对他们的起诉证实了这些定义问题难以解决，

① Al-Aulaqi v. Obama, 727 F. Supp. 2d 1 (2010).

② Public Committee against Torture v. Israel (HCJ 769/02).

只能通过明智和政治性地使用检控裁量权加以缓和。[①] 英国最高法院在R. 诉 Gul 案[②]中得出结论，议会对恐怖主义的定义“确实影响深远”，可以抓获“国外受压迫的受害者的活动，而这些活动是获得了一定程度的公众理解，甚至是一个国家的支持的……”笔者的观点是，恐怖主义本可以被狭义地定义为在武装冲突之外杀害平民，因为许多较难解决的自由战士和国家恐怖主义问题正在通过战争法解决。[③] 然而，英国最高法院在 R. 诉 Gul 案中得出结论，即使 1999 年的反恐融资公约采取了这种方式，国际法还没有形成对恐怖主义定义的共识。鉴于此，法院认为，其自身别无选择，只能服从议会关于恐怖主义非常宽泛的定义，其中可能包括在武装冲突情况下对军队的攻击。

虽然 1999 年的反恐融资公约为限制恐怖主义的定义提供了有益的指导，第 1373 号决议以许多方式促进了该公约，但第 1373 号决议并没有帮助立法机构解决界定恐怖主义的难题。许多国家通过审查英国 2000 年《反恐怖主义法》第 1 条填补了国际分歧留下的空白，该条对恐怖主义活动的界定包括出于政治或宗教动机的财产破坏和电子系统破坏。这是一个宽泛的定义，带来了将非法抗议视为恐怖主义的风险。这为那些与准备实施恐怖主义暴力者有着共同的激进政治和宗教观点的人，带来了可能成为国家攻击目标的风险。欧盟 2002 年框架决定也为恐怖主义的立法定义提供了一个类似的宽泛模板，尽管没有依赖政治或宗教动机的证据，并且对依据国际人道主义法在武装冲突期间以及罢工和抗议期间，采取行动的武装部队有一些责任免除。[④]

加拿大提供了一个引人注目的例子，说明独立的司法机构界定的有节制和有原则的恐怖主义定义，与“9·11”事件后迅速颁布的立法制定的过于宽泛的定义之间的区别。2002 年，加拿大最高法院认识到界定恐怖主义的困难，包括先前对纳尔逊·曼德拉非洲民族会议的适用。然而，法

---

① Jacqueline Hodgson & Victor Tadros, *The Impossibility of Defining Terrorism*, (2013) 16 New Crim. LR 494.

② [2013] UKSC 64, [29].

③ Roach (n. 11) p. 51 – 53.

④ Council Framework Decision of June 13, 2002 on Combatting Terrorism 2002/475/JHA.

院认为,1999 年《制止向恐怖主义提供资助的国际公约》中的一般定义应用于移民法。这一定义仅适用于“旨在造成平民或武装冲突局势中,未积极参与敌对行动的任何其他人的死亡或严重身体伤害行为,而此种行为的性质或背景是为了恐吓民众,或迫使政府或国际组织采取或不采取任何行动”。[①] 这一极简的定义“抓住了世界对‘恐怖主义’”的理解的精髓,[②]并且本应适用于纽约市和五角大楼的袭击。它避免了出于政治或宗教原因实施的行为构成恐怖主义。它也没有吸收行政黑名单。它不包括财产损失、电子系统或其他基本服务的中断。如果联合国安理会提出这样一个有节制的恐怖主义定义,并达成国际协议,今天的全球恐怖主义法律可能会更加克制和中立。

加拿大对恐怖主义的司法定义可能并不完美,但比“9·11”事件后不久颁布的加拿大对恐怖主义的立法定义要克制得多。这一立法定义遵循传统的国际法办法,首先侧重于各项国际公约所禁止的轰炸和劫持人质等手段。它还包含了根据 2000 年英国反恐怖主义法改编的更为一般性的定义。这一定义禁止故意造成死亡或严重身体伤害,也禁止以危及生命的方式造成基本的私人或公共服务的重大破坏或财产损失。[③] 后一条款扩大了英国法律的范围,但对于并非意在危及生命的抗议或罢工以及符合国际法的武装冲突中的行为予以豁免,从而抵销了扩张规定的影响。加拿大最高法院驳回认为恐怖主义定义过于宽泛且侵犯言论和宗教自由的质疑,同时还宣读了一些纳入其宽泛定义的罪行,以便这些定义不适用于为已知恐怖分子提供专业服务的医生或律师。加拿大的司法和立法恐怖主义定义之间的差异是惊人的。[④] 这些区别突出表现了现代刑法中存在的立法过度宽泛的问题。解决办法不是回到法官定罪的制度,而是确保法官严格审查立法是否过于宽泛和遵守人权,并在必要时宣布刑法无效或宣读超出实现其特定目的合理必要范围的刑法。与此同时,对于立法过宽的司法救济将是不确定的,要在个案基础上制定。

① Suresh v. Canada [2002] 1 SCR 3, [98].

② Suresh v. Canada, [98].

③ Criminal Code of Canada, RSC 1985 c. C-34, section 83.01.

④ R. v. Khawaja [2012] SCC 69, [49]-[51], [74].

(二)普遍管辖权和域外管辖权的适用

由于经常主张普遍管辖权或域外管辖权来起诉在国外犯下的恐怖主义罪行,使得过于宽泛的恐怖主义定义所造成的问题变得更加严重。2007 年,英格兰和威尔士上诉法院裁定,各种恐怖主义罪行将适用于旨在推翻利比亚卡扎菲政权的材料的收集。上诉法院似乎赞同被告关于"卡扎菲政权的不公正和压迫"的辩护理由,以及被告关于"拟议中的反对派运动不应伤害平民或外国人"的主张。其目标是卡扎菲上校本人、他的秘密警察和他的军队。上诉法院还承认,"放眼世界,我们可以看到以前'恐怖分子',至少在一个案件中,被视为是国际上受人尊敬的政治家"。① 尽管承认恐怖主义标签的历史偶然性,但法院维持了对一名利比亚难民和准反叛分子的恐怖主义定罪,理由是议会将恐怖主义定义为攻击任何国家,包括"暴君和独裁者"的政府。② 最高法院在 2013 年对 Gul 的判决中基本证实了本案的做法,该判决涉及公认的关于袭击阿富汗和伊拉克的联军的不同出版物的描述事实。③ 这些做法极大地揭示了以治外法权的方式适用广泛的恐怖主义定义以及定义犯罪时不受约束的立法至上原则的司法接受的问题。其结果之一,即使是在确认两个案件定罪的法官看来也显而易见,就是立法机构规定的法定罪责与世界对恐怖主义的常识性理解之间存在脱节。盲目服从法律关于犯罪的定义带来了利比亚和 Gul 的案件中令人不安的结果,法院应该重新考虑这一问题。

主张域外管辖权也意味着,有人会因在战争地区策划暴力行为而被成功起诉。加拿大最高法院驳回了一名被告的论点,即被告认为自己策划暴力行为的行动属于武装冲突期间符合国际法的行为豁免范围。④ 英国法院有同样的结论"那些攻击……驻阿富汗或伊拉克的联合部队且具有该法规定的必要意图之人是恐怖分子"。⑤ 继"9·11"事件之后,各国适时地利用和混合了不同的战争和恐怖主义犯罪概念,用最好的方式让他们的敌人丧失行动的能力。但这一做法威胁了犯罪和战争罪行

---

① R. v. F. [2007] EWCA Crim. 243,[6],[9].
② R. v. F.,[26],[32].
③ [2013] UKSC 64.
④ R. v. Khawaja [2012] SCC 69,[95]-[103].
⑤ R. v. Gul [2012] EWCA Crim. 280,[60]; aff'd [2013] UKSC 64.

的完整性。

（三）将行政列名程序纳入刑法

联合国安全理事会第1373号决议，要求各国制定反对资助恐怖主义的法律，这在很大程度上带来了“9·11”事件后颁布新的反恐法律的实际必要性。这些法律严重依赖金融机构执行资产冻结，并将可能涉及恐怖分子的可疑交易通知当局。为此，安全理事会和国内行政人员编制的恐怖主义分子名单，在促进执行资助恐怖主义的法律方面发挥了重要作用。银行家或许需要清单，但是对于要求在公开审判中提供有罪证据的刑法来说，这样的名单却是有问题的。恐怖分子的名单是一种个别化的犯罪清单，类似于美国宪法第一章禁止的剥夺公民权。那些被列入恐怖主义黑名单的人，被行政部门宣布犯有恐怖主义罪行，往往是根据秘密情报，而且没有经过审判。可以肯定的是，大多数列名制度允许对特定的列名提出一些质疑，但这种审查通常不会进行有公开证据的全面审判。

恐怖分子行政名单宣布谁是敌人，以执行恐怖主义法律。许多关于恐怖主义的法律都采用了这种名单。例如，《美国法典》第2229条第2款规定，向被列入名单的外国恐怖组织提供物质支持可处以15年监禁。《加拿大刑法典》第83.01条第1款第1项规定，恐怖主义集团包括被列名的任何实体。因此，以秘密证据为依据的行政决定取代了，在表明该团体实际上是一个恐怖主义团体的公开证据基础上排除合理怀疑的制度。有强有力的论据表明，这种做法侵犯了公平和公开审判的权利以及无罪推定原则。[①] 这些论点没有得到验证，部分原因是，随着“基地”组织从一个恐怖组织演变为一种可以鼓动与已知恐怖组织没有任何联系的人的意识形态，恐怖分子的名单正在变得过时。

将所列团体纳入恐怖主义法律背离了刑法的普遍性，刑法通常针对法院管辖范围内的所有人。恐怖主义者名单将被列入名单的团体或个人界定为“敌人”或“非法者”，而不是与其他人受同样规则约束的人。正如我的同事马库斯·杜伯所主张的那样，敌人刑法的概念与古恩特·雅各布斯强调的将个人视为公民或敌人，挑战了刑法的传统抽象的一般特

① Paciocco,(2002) 16 Supreme Court LR (2d) 199.

性。[1] 敌人刑法作为对付恐怖分子的一种手段,其影响力不可低估。备受赞誉的法律理论家安东尼·达夫深入研究敌人刑法的概念后承认,“目前还不清楚,我们应该把恐怖分子视为他们攻击的政治团体的成员,或视为他们的访客,还是与我们发生战争的敌人”[2]。将恐怖分子列名制度纳入行政部门,使刑法转向一种战争模式,这种战争模式更侧重于伤害已知的敌人,而不是建立适用于所有人的普遍规则。

(四)禁止行为的范围超越传统的未完成型责任

现代反恐怖主义法的一个显著特点,是创造了一系列范围广泛的罪行,在任何恐怖主义行为发生之前及早予以惩罚。加拿大最高法院默认,其结果是将不符合未完成型责任构成的行为定为刑事犯罪。它拒绝接受普通法对合并传统形式的未完成型责任(犯罪未遂等罪行)的限制,将适用于加拿大的《反恐怖主义法》的论点。最高法院强调指出,“9·11”事件之后产生的新罪行是“法定犯罪的未完成形态”,法院应尊重立法目的,将潜在的风险或甚至可能发生恐怖主义的风险定为刑事犯罪。[3] 其他国家的决定也采取了类似的立法行动模式,即广泛界定恐怖主义并在司法上尊重这种表达明确的立法意图。[4] 正如一位著名的美国评论家所观察到的那样,美国的恐怖主义犯罪远远超出了管辖阴谋和企图的传统法律。[5] 恐怖主义法和敌人刑法一样,都准备在造成最终伤害之前及早加以严惩。[6]

英国的恐怖主义法很好地体现了恐怖主义法的扩张倾向。2000 年《反恐怖主义法》第 54 条创造了宽泛的罪行:提供,接受或邀请他人接受恐怖主义训练。2006 年《反恐怖主义法》第 6 条和第 8 条规定的其他训练罪,补充了这些宽泛的罪行,包括在任何提供恐怖主义训练的地方参加训练。过失要求对后一种罪行的惩戒作用很小,因为它们只要求被告知道或者应当知道所在地被用于恐怖主义训练,而不是他们打算为恐怖主义

---

① Markus D. Dubber, *Citizenship and Penal Law*, (2010) 13 New Crim. LR 190.

② R. A. Duff, Answering for Crime (2007), 15.

③ R. v. Khawaja [2012] SCC 69.

④ Holder v. Humanitarian Law Project, 130 S. Ct. 2705 (2010); R. v. G. and J. [2009] UKHL 13.

⑤ Robert Chesney, *Beyond Conspiracy?*, (2007) 80 Southern California LR 425.

⑥ Gómez-Jara Díez, (2008) 11 New Crim. LR 529, 531.

目的接受这种训练。① 正如后面将要看到的,这遵循了许多现代反恐法律的模式。过失要求被保留,但被剥夺了大部分约束力,因为这些要求涉及与实际的恐怖主义有着千丝万缕联系的行为的犯罪构成。克莱夫·沃克表示,英国宽泛的恐怖主义罪行的最终结果是,这些罪名可能适用于出于合法目的前往训练场所的记者或其他人。② 即使通过明智地行使起诉检控权来避免,这种荒谬结果的可能性应当促使法官重新考虑在司法上完全服从立法机构界定罪行的行为。法官应当坚持,罪行应当合理地涉及法律旨在解决的问题。

2000 年《反恐怖主义法》第 57 条和第 58 条规定,经常使用的罪行甚至比上述训练罪更为广泛,这些罪行包括拥有"有理由怀疑"用于恐怖主义目的的物品,以及收集可能对准备或实施恐怖主义行为者有用的情报。法院对这些界定过宽的罪行进行了斗争,但没有要求被告"实际上拥有肥料是出于实施恐怖主义行为的目的"。这将对英国王室提出一项要求,这项要求在第 57 条第 1 款中找不到。③ 这种做法可能遵循对立法至上的传统理解,但会带来对不属于恐怖主义或不应受到惩罚的行为的定罪。它也可能不认为那些为恐怖主义目的拥有此类物品的人负有更大的责任。可能需要的是一种宪法学说,它允许法院坚持犯罪,特别是恐怖主义等严重罪行,与其最终目标有充分的联系,需要受到符合恐怖主义的耻辱和惩罚。

英国宽泛的定罪允许被告建立一些辩护,但必须建立的以减轻被告罪行的辩护与无罪推定原则处于紧张关系。无论如何,法院并没有以特别慷慨的方式解释辩护理由。英国国会上议院拒绝接受一种意图,即"解散监狱官员"作为根据第 58 条拥有极端分子材料的合理借口。④ 尽管立法机关打算让被告承担辩护责任,但人权方面的考虑将这一责任降低为举证责任。然而,即使减轻了负担,也可能迫使被告作证,从而使他们面临极端宗教或政治信仰的反复询问。与立法机关用极为宽泛的术语来界定罪行实质内容的能力相比,以无罪推定原则形式表现出来的人权的限

---

① R. v. Da Costa [2009] EWCA Crim. 482,[21].

② Clive Walker, Terrorism and the Law (2011), para. 5,21.

③ R. v. G. and J. [2009] UKHL 13,[68].

④ R. v. G. and J.,[74].

制作用微不足道。司法对犯罪实质的尊重与无罪推定等程序问题上的司法能动性之间的脱节是惊人的,但这遵循了其他国家的模式。[①] 在英国背景下,最终结果是允许对拥有冷门但模棱两可的材料的人定恐怖主义罪名。霍奇森和塔德罗斯教授认为,法院的做法允许该州"无中生有地制造恐怖分子"。[②] 克莱夫·沃克教授同样得出结论,这些罪行的后果是"不仅恐怖分子可能被判犯有恐怖主义罪行"。[③] 尽管如此,议会并没有因使用这种宽泛的罪名而却步。2006 年,该法将这些经常被起诉的罪行的最高刑期从 10 年提高到 15 年,从而对罪刑相适应原则造成了压力。议会可能并没有做无罪的界定,因此今天比过去更难以确定一个人被误判犯有恐怖主义罪行。广泛的基于占有的恐怖主义罪行并不局限于英国。2012 年,澳大利亚高等法院维持了一项有罪判决,在这一案件中,一名伊斯兰事务记者和评论员花了三天时间下载、注释并为一本概述了包括暗杀在内的各种恐怖主义手段的"圣战规则"书籍作序,制作了一份与协助恐怖主义行为有关的文件。高等法院认为,被告关于他是一名研究人员和记者的论点没有满足关于材料不是用于准备或从事恐怖主义的辩护的举证责任。一名法官解释说,虽然证据"表明[被告]有过着有益和无可指责的职业生活的合理可能性",但是同时证据是"完全中立的",不足以表明被告"在这一特定情况下的行为意图不是为协助恐怖主义行为提供便利"。[④]另一位法官同样站在无罪推定原则的立场上承认,即使被告的记者身份"与缺乏协助恐怖主义行为的意图并不矛盾",但这并不足以履行举证责任。[⑤] 在这种情况下,立法对辩护和举证责任的制定挑战了无罪推定的精神。那些被发现有可疑的宗教和政治材料的人最好能够解释他们自己。刑法已经扩大到包括危险因素和一种情报思维,这种思维更侧重于可疑活动、地位和联系,而不是本身或者明显显示有从事暴力的意图的行为。这样一来刑法给那些很可能不是恐怖分子的人贴上了恐怖主义

---

① William Stuntz, The Collapse of the American Criminal Justice System (2011).

② Victor Tadros & Jacqueline Hodgson, *How to Make a Terrorist out of Nothing*, (2009) 72 Modern LR 984.

③ Clive Walker (n. 46) para. 5,79.

④ Queen v. Khazaal [2012] HCA 26,[110].

⑤ Khazaal,[19].

的标签并加以惩罚。

（五）过错或犯意要求的有限制约束力

长期以来，受《美国模范刑法典》影响的刑法改革者一直哀叹，立法机构没有系统地处理刑事犯罪的过错要求。然而，恐怖主义犯罪提供了一个例子，说明当立法者把他们的注意力转向这些问题时会发生什么。结果并不令人鼓舞，因为过失要求在限制过于宽泛的恐怖主义犯罪方面几乎没有起到作用。

立法机构一般对大多数恐怖主义罪行都规定一定程度的过错，往往是主观的过错因素，但一般界定了过错程度，以便证明具体的恐怖主义目的或实施具体或任何恐怖主义暴力行为的意图不是必需的。最著名的例子是，霍尔德诉人道主义法律项目，美国最高法院的大多数法官认为，即使人们只是打算帮助列入名单的外国恐怖组织，也可能因为向该组织提供物质支持而有罪。这个决定说明了只要求主观上知道有人在协助恐怖集团和要求有主观意图或目的协助该集团从事恐怖活动两者之间的巨大差异。最高法院首席大法官罗伯茨拒绝将恐怖主义目的的要求解读为“不符合规约的文本……国会明确地提到了违法行为的必要精神状态……它选择了了解该组织与恐怖主义的联系，而不是推进该组织的恐怖主义活动的具体意图。”①在英国基于持有的恐怖罪案②中，我们可以看到同样的司法对于立法意图的盲目服从。即使在美国，立法至高无上依然是刑法的实质内容。

司法部门遵从立法企图排除了证明恐怖主义目的的证据的要求，这点令人感到遗憾，因为这种要求可以大大限制恐怖主义罪行。正如布雷耶大法官在对人道主义法项目中提出的异议时所警告的那样，一旦支持恐怖组织的主观认识得到证实，就“没有自然的停止点”。③ 恐怖主义罪行可以适用于代表该组织提交案情摘要的律师。两年后，加拿大最高法院得出结论认为，律师不会适用同样的假设，只是因为加拿大的罪行还有

① Holder v. Humanitarian Law Project, 130 S. Ct. 2705, 2717 (2010).

② 此类罪案是指论文开头几页中论及的，根据2000年《恐怖主义法》第57条和第58条所规制的罪案。

③ Holder v. Humanitarian Law Project, 2736 (2010).

一项法定要求，即为协助恐怖主义集团从事恐怖主义活动而采取行动。[①]然而，加拿大的例子并不十分有力，因为不是法院而是议会额外规定，被告不仅必须知情地向恐怖主义集团提供捐助，而且这样做“是出于加强恐怖主义集团进行恐怖主义活动的能力的目的”，[②]尽管加拿大法院对诸如谋杀和战争罪等最严重罪行的主观犯罪意图进行了宪法化，但它们只是对犯罪构成的要求进行了宪法化的主观认识。[③] 这些要求可以通过人道主义法项目中的多数决定来满足。只知道宽泛地界定与恐怖主义有一丁点联系的犯罪构成，可能远不能证明恐怖主义的目的。

制止恐怖主义罪行所需要的是一种更强有力的宪法学说，即在判定某人犯有恐怖主义罪行之前，坚持证明其恐怖主义目的。这将使恐怖主义罪行更符合犯罪未遂所需的过失类型，尽管不一定要求检察官确定被告策划或企图实施某一具体恐怖主义行为。一个更普通的恐怖主义目的可能就足够了，但这种目的应该是必须确保公平地将一个人定性为恐怖主义分子并加以惩罚的。遗憾的是，没有出现这样的学说来限制“9·11”事件发生之后的恐怖主义法。[④] 犯罪构成的宽泛，加上犯罪意图在限制宽泛定义恐怖主义罪行方面的有限作用，就带来了一种危险，即立法机构被允许去定义那些被盯上且被定罪为恐怖分子的人，实际上却没有参与恐怖主义暴力的可信论据。

（六）诱捕和其他防卫的有限关联性

另一个破坏被定罪的恐怖分子的真正罪行的因素是，特别是在美国，过度使用告密者和卧底官员，他们劝说被告进行恐怖主义活动的准备步骤。这些告密者发挥的重要作用表明，国家并不满足于依靠扩大刑事制裁范围来对付新的恐怖主义犯罪。它投入大量资源和精力，诱使人们做大量的准备工作，如购买制造炸弹的材料，甚至引爆假炸弹等，以揭示其恐怖主义意图。

这种诱捕辩护应该确保政府不会仅仅因为人们可能有极端的政治或

---

① R. v. Khawaja [2012] SCC 69, [47].

② Criminal Code of Canada, section 83.18(1).

③ R. v. Martineau [1990] 2 SCR 633; R. v. Finta [1994] 1 SCR 701.

④ See Karen Greenberg (ed.), The Torture Papers (2005), p. 174 – 175.

宗教信仰,而针对他们进行密集的和操纵性的逮捕。[1] 美国的联邦法院是大多数重大恐怖主义案件的起诉机构,它们使用一种主观的诱捕测试,要求国家在政府特工接触被告之前,排除合理怀疑,证明被告有犯下恐怖主义罪行的倾向。[2] 然而,“9·11”事件后的美国陪审团拒绝接受诱捕抗辩,认为被告与恐怖分子同流合污一定有犯下此类罪行的倾向。第二巡回上诉法院认为,面对反对意见,被告“对美国造成伤害”和“愿意像烈士一样死去”的愿望已经足够,因为这些不满在穆斯林中很常见,而且在大多数情况下,除非有告密者长达一年的引诱活动,否则这些不满“永远不会消除”。[3] 英国和加拿大法院以及欧洲人权法院采用了更加客观的检验标准,[4]更加注意将被告视为恐怖分子这一最初决定的合法性。与此同时,英国和加拿大法院对“随机道德检验”敞开了大门,这种检验是根据人们在可疑或犯罪率高的地区的出现情况进行的。[5] 这种做法如果适用于低强度的毒品或卖淫活动,可能不会受到反对,但允许对某些清真寺或政治会议进行随机道德测试的想法,应当引起人们对公开承认歧视性调查可能破坏随后定罪的合法性的关注。

除了诱捕以外的防卫措施,在恐怖主义案件中发挥着有限的作用。在爱尔兰共和军早期的一些恐怖主义案件中,胁迫起到了一定的作用,但是现在对辩护可用性的司法或立法限制通常会排除这种作用。[6] 在某种程度上,现代恐怖主义罪行似乎主要是惩罚那些信奉极端宗教或政治观点、鼓吹暴力的人,可以预期,因精神异常而要求减轻责任的抗辩会起到一定作用。尽管一些人支持将自称恐怖分子的人拘留至从极端主义中

---

① Kent Roach, *Entrapment and Equality in Terrorism Prosecutions*, (2011) 80 Mississippi LJ 1455.

② Jacobson v. U. S., 502 U. S. 540 (1992).

③ U. S. v. Cromitie, 727 F. 3d 194 (2013). Karen Greenberg, "'Terrorists' like Abu Hamza will never get real justice until the real 9/11 trial," The Guardian, 20 May 2014 at < http://www.theguardian.com/commentisfree/2014/may/20/terrorists-abu-hamza-9-11-trial >. See also Human Rights Watch Illusion of Justice: Human Rights Abuses in US Terrorism Prosecutions July, 2014.

④ Teixeira de Castro v. Portugal (1998) 28 EHRR 101.

⑤ R. v. Barnes [1991] 1 SCR 449; R. v. Loosely [2001] UKHL 53.

⑥ See R. v. Howe [1987] A. C. 417.

"恢复",[1]但西方刑法尚未接受这种做法。这种接受的一个障碍是不愿将罪犯的宗教或政治观点病态化,即使同时将他们的观点作为犯罪意图或倾向的证据。一个有趣的例外是新加坡,它释放了根据该国的国内安全法被无限期拘留的2/3被指控为恐怖主义集团的伊斯兰教祈祷团的成员。[2] 新加坡的穆斯林少数民族对这些被拘留者进行了正式的再教育。

与新加坡不同的是,老牌民主国家对改造恐怖分子兴趣不大,有时甚至将罪犯关押在一起,这可能会进一步助长他们的激进化。当恐怖主义罪犯申请假释或在刑期结束时获释时,可能会出现预防性拘留的善后问题。将被定罪和未改过自新的恐怖分子释放到社区,可能会促使各国在恐怖分子刑满释放之后仍然使用限制较少的行政和移民措施。

(七)惩罚恐怖主义与恐怖主义犯罪范围之间的相称性

恐怖主义犯罪的范围之广,过失要求的不均衡使用,以及对诱捕辩护的拒绝,都给希望在惩罚与被告实际行为之间保持相称性的量刑法官带来了压力。无论是公众还是州政府,都希望对任何含有恐怖主义字眼的违法行为判处长期徒刑。尽管如此,听取了所有证据并解释了界定宽泛的违法行为的量刑法官可能会得出结论,被告的实际罪责要比立法标明的少得多。许多恐怖主义案件也涉及多名罪犯,这表明了罪犯的参与程度和知识程度存在差异性。

量刑判决为对每个罪犯的罪行进行更严格、更精确的审查提供了一个机会。与此同时,量刑仍然是一个自由裁量的过程,法官不一定需要对基础犯罪进行审慎的重新评估。

幸运的是,有一些迹象表明法院会利用量刑来更仔细地审视实际犯罪。澳大利亚维多利亚州上诉法院在大幅度减少一些被判犯有多项恐怖主义罪行的人的刑期,法院在这一过程中指出,"罪行相互重叠……有必要调整刑期,以确保罪犯不会因同一行为而受到双重惩罚"。[3] 其中一名被告被判犯有四项重叠罪行,即成为恐怖主义组织成员、提供资源、提供

---

① Don Scheid, *Indefinite Detention of Mega-Terrorists in the War on Terror*, (2010) 29 Crim. Justice Ethics 1 – 28.

② Roach (n. 11) 138 – 143.

③ Benbrika and Others v. The Queen [2010] VSCA 281, [551].

资金和拥有与恐怖主义犯罪有关的物品。[1] 维多利亚州上诉法院还指出，对恐怖主义组织的法定定义“非常宽泛”，“可能包括任何东西，从一群心生不满的乌合之众，他们投身恐怖主义的行为不会比这个概念更超前，也就是说某一天他们将进行一次性质和范围尚未确定的‘恐怖主义行动’，到‘基地’组织或伊斯兰祈祷团等恐怖集团，他们被证实犯下了意料之中的更为恶劣的恐怖主义行为”。[2] 这些评论虽然在判刑时很有价值，但也使人们对这些罪行的范围之广以及因定罪而产生的恐怖主义标签的适当性产生了一些怀疑。

加拿大上诉法院把根据2001年加拿大《反恐怖主义法》判处十年半有期徒刑的一名犯罪分子的刑期提高到了无期徒刑，[3]英国的同谋者也受到了同样的判处。[4] 基于一些理由增加刑期是合理的，特别是由于被告没有悔改之意，以及恐怖主义的严重性，但这也低估了审判法官的调查，调查结果表明有理由怀疑加拿大被告与他的英国同谋者不同的是他知道计划在伦敦策划的化肥炸弹的阴谋。[5] 这一先例促使加拿大刑期进一步增加。例如，一名在多伦多恐怖主义阴谋中认罪的19岁初犯在上诉中刑期被从14年提高到了20年，尽管初审法官认定他不会继续对公众构成危险。[6] 加拿大刑期提高的趋势有严重的不均衡性。第一个被判犯有资助恐怖主义罪的加拿大人向被列入名单但被击败的泰米尔猛虎组织捐款3000美元，在上诉中法院维持了对他6个月的判决，尽管他没有表示悔意。[7] 即使法院决心发出关于恐怖主义的严厉信息，他们也可能会发现，许多恐怖主义罪行的范围之广，迫使他们判处与恐怖主义严重性不符的刑罚。

英国上诉法院在一起涉及恐怖主义出版物的案件中警告说，虽然“恐怖主义行为通常极其严重”，应判处威慑性的刑罚，但“必须注意确保刑罚

---

① Benbrika，[569]－[576].

② Benbrika，[555].(72).

③ R. v. Khawaja，2010 ONCA; aff'd [2012] SCC 69.

④ R. v. Khyam [2008] EWCA Crim. 1612.

⑤ R. v. Khawaja (2009) 248 CCC (3d) 233，[37] (Ont. S. C.).

⑥ R. v. Khalid [2010] ONCA 861.

⑦ T R. v. Thambaithurai [2011] BCCA 137，[22]. See Roach (n. 11) 320－321.

与具体罪行的事实相称”。[①] 被告之所以被减刑,是因为他认为自己所做的事情是合法的,而且对于这些材料是否会鼓励恐怖主义根本没在意。[②] 法官可以使用量刑自由裁量权,以弥补恐怖主义犯罪的过错程度过宽和不适当。虽然这总比没有好,但它回避了一个问题,即法官是否应更积极地处理犯罪的实质问题。

令人怀疑的是,法官在判决恐怖分子时是否充分考虑了改过自新问题。在上述涉及恐怖主义出版物的案件中,英国上诉法院警告说,“如果判处的刑罚更严厉,具体案件的情况证明,这很可能会激化而不是震慑极端主义”。[③] 法院认为,(下级)审判法官犯了错误,他没有因被告对“激进分子和圣战分子事业”的悔恨和放弃而减刑,但是最后,因散发恐怖主义出版物而被判处的刑期也只是从6年减少到5年半。[④]

最后一个复杂问题是,判决时是否应考虑移民和公民身份的后果。许多国家正在制定严厉的措施,要求把被判犯罪的非公民驱逐出境,甚至允许剥夺那些涉及包括恐怖主义在内的严重犯罪的人的公民身份。正如塞德纳教授所说的那样,认为应剥夺国内敌人的公民身份和将刑事与移民制裁结合起来的程序试验是敌人刑法的特点,这些特性没有赋予被告与其他犯了错误的罪犯相同的权利。[⑤]

四、结论

恐怖主义对刑法提出了生死存亡的挑战。一方面,保留对被禁止和精确的不法行为、过错、无罪推定、基于公共证据的排除合理怀疑的有罪证据以及基于罪刑相称的公平标签的要求的刑法,将成为“9·11”事件后预防恐怖主义努力的边缘。各国现在和将来都不会采用限制较少的形式进行不确定的行政和军事拘留以及行政和军事审判,而是采用未向被拘留者披露的秘密证据/情报。另一种选择是引渡恐怖嫌疑人,在恐怖主义

---

① Rahman and Anon. v. R. [2008] EWCA Crim. 1465, [8].

② Rahman, [47].

③ Rahman, [8].

④ Rahman, [32] - [34]. (80).

⑤ Lucia Zedner, *Security, the State and the Citizens: The Changing Architecture of Crime Control*, (2010) 13 New Crim. LR 379.

法律更严厉的司法管辖区接受审判。在某些情况下，一些州有权完全免除任何审判，并用无人机击毙恐怖嫌疑人（以及他们周围的其他人）。

另一方面，有一种危险是，刑法将扩大到以破坏其作为刑法的完整性的方式来处理恐怖主义威胁。这些威胁包括对恐怖主义和恐怖主义罪行的过于宽泛的法律定义，以及它们对罪刑相称原则造成的相应压力。刑法面临的其他威胁包括依赖行政黑名单机制，立法取代特定意图要求，以及可能保护被告免受国家煽动的针对激进宗教或政治观点者的犯罪的防御措施的侵蚀，特别是诱捕。

不幸的是，“9·11”事件之后的十年产生了最糟糕的世界：刑法的扩张可能已经到了崩溃的边缘，同时往往被不那么克制的替代方案所掩盖。① 在这两种趋势中，共同的输家是克制、有罪、公平标签、正当程序和罪刑相称的传统原则。

“9·11”事件后，在美国的经历或许最好地揭示了恐怖主义对刑法的威胁。尽管美国拥有高度发达的刑事司法系统，但它对刑法作为防止恐怖主义的手段严重缺乏信心。这种信心的缺乏，不仅仅是“9·11”事件引发关塔那摩监狱的最初冲击的产物。最近，随着国会阻止对关塔那摩监狱在押人员进行刑事审判，以及奥巴马政府加快了定向杀戮，这一行动愈演愈烈。在使用不那么克制的替代方案的同时，美国扩大了刑法的范围，允许向被列入名单的组织提供资金而无意将资金用于暴力的人，可以被判犯有恐怖主义罪。诱捕辩护未能保护被指控的穆斯林，他们在其国家只知道，他们有激进和不受欢迎的宗教和政治观点时，就开始受到强烈的刺痛。美国的经验表明，刑法的扩张和对不那么克制的刑法替代品的吸引，是如何相互重新执行的。它们都威胁到刑法作为只惩罚有罪人的严格工具的完整性。

鉴于刑法面临的外部挑战的严重性，人们很容易对所有利用刑法应对恐怖主义的做法表示赞赏。这将是一个错误，因为刑法有被扭曲的危险，因为它试图与不那么克制的政策工具竞争，以防止恐怖主义。事实上，自“9·11”事件以来，已经发生了如此多的扭曲，以至于有强烈的论点

---

① See Robert Chesney & Jack Goldsmith, *Terrorism and the Convergence of the Criminal and Military Detention Models*, (2008) 60 Stanford LR 1079.

认为,刑法可能不值得挽救,许多人敦促的回归刑法可能会被证明是一个代价高昂的胜利。联合国安理会鼓励各国在“9·11”事件后制定新的恐怖主义法律,并将打击资助恐怖主义的法律包括在内,但没有就如何定义恐怖主义向各国提供直接指导。立法机构几乎总是错误地倾向于过度包容,法院也几乎没有为立法机构在定义恐怖主义方面过于宽泛提供什么补救措施。将出于宗教或政治动机的财产损坏和基本服务中断列为恐怖主义引起了非议,存在可能被作为恐怖主义进行调查、审判和惩罚的危险。英国居尔最高法院、加拿大哈瓦贾最高法院和美国人道主义法项目最高法院都拒绝废除过于宽泛的恐怖主义定义。许多国家例行公事地、随意地主张对恐怖主义罪行的治外法权。这使各国在恐怖主义起诉方面陷入了事实上的竞争,这可能会成为一场逐底竞赛。引渡程序的监管不完善,有时可以通过非法引渡或通过欧洲逮捕令等创新来绕过。普遍管辖权与广泛的罪行相结合,加剧了将自由战士及其支持者贴上恐怖分子标签并予以惩罚的危险。

针对伊斯兰团体的政治和宗教动机要求和执法做法经常被纳入刑法,这对刑法的中立性构成了挑战。尽管有人担心恐怖主义犯罪可能更多地是国家针对伊斯兰激进分子的产物,而不是真正试图实施恐怖主义暴力,但诱捕防御失败了。美国陪审团一直拒绝接受诱捕辩护,这引发了人们的担忧,即他们把实施恐怖主义犯罪的既有倾向与人们眼中的伊斯兰极端主义混为一谈。将行政部门根据秘密情报汇编的恐怖主义团体和个人黑名单纳入刑法,也威胁到刑法的中立性,因为它允许君主宣布谁是敌人,然后对这类实体使用一部宽泛的刑法。危险在于,激进分子和持不同政见者可能会被贴上恐怖分子的标签,并受到不成比例的惩罚,尽管他们并不打算从事恐怖主义暴力。

尽管恐怖主义对刑法构成的内部挑战令人望而生畏,不应低估,但刑法仍然比可以完全免除公开审判的不那么克制的替代方案更可取。的确,扩大刑法以对付恐怖主义,包括界定无罪的危险,可能会提供一个机会来探讨甚至修补刑法的一些弱点。与针对遥远风险的广泛犯罪不成比例的立法宽泛和判决是恐怖主义范畴以外的问题。

面对过于宽泛和相对明确的立法语言,法院应该坚持认为,恐怖主义和其他犯罪中被禁止的行为与目标的最终伤害存在某种合理的关系。此外，法官还可以遵循布雷耶大法官在霍尔德诉人道主义法项目案中持不同意见时所走的道路，①抵制限制男性理由和排除特定意图要求的立法企图。独立法院可以抵制针对与恐怖主义有关的不受欢迎的群体的歧视性目标，并坚持行政部门不能将名单用作判定有罪的权利法案。恐怖主义犯罪的极端广泛性突显了法院在实体刑法的所有事项上听从立法机构的危险。即使法院无法抵制刑法的实质性扩展，它们也应该划清界限，坚称立法机构不能施加与恐怖主义暴力有微弱联系的行为不成比例的惩罚。

"9·11"事件之后，恐怖主义法律的极端性，可能会迫使法院制定一种克制、平等和公平标签的实质性判例。然而，不应低估发展这一判例的挑战，特别是在恐怖主义背景下。即使法院在国家安全问题上克服了传统上对政府的顺从，"9·11"事件之后颁布的恐怖主义法律也相当复杂。他们避免使用粗鲁含糊或歧视性的语言和强制性判决。它们还经常采用主观过错要求，尽管过错与从事恐怖主义暴力的具体意图无关，而是与可能与任何恐怖主义暴力行为有微妙联系的广义禁止行为有关。如果法院不能发展出一种克制的判例，危险是巨大的。随着各国重新诉诸刑法作为预防和惩罚恐怖主义的手段，这可能会滋生一种公平的虚假错觉。此外，就像过去发生的那样，过于广泛和严厉的新恐怖主义罪行，可能会为刑法应对一系列可怕的伤害提供一个方便的模板。

① 130 S. Ct. 2705(2010).

全国刑法学术年会

●中国刑法学研究会第三次会员大会暨2021年全国刑法学年会在北京召开

2021年12月11日上午，中国刑法学研究会第三次会员大会暨2021年全国刑法学年会在北京召开。此次大会的一项重要内容是进行换届选举。大会选举产生了中国刑法学研究会新一届理事会成员，浙江省检察院检察长贾宇当选新一届中国刑法学研究会会长。

大会开幕式由贾宇主持。中国法学会党组成员、副会长王其江，全国人大常委会法工委副主任李宁，最高人民法院副院长高憬宏，最高人民检察院检委会副部级专职委员张志杰，山西大学副校长孙岩，北京市京都律师事务所名誉主任田文昌，中国刑法学研究会名誉会长高铭暄等分别致辞。

大会选举以线上、线下相结合的方式进行，投票选举产生了第三届常务理事会暨会长、副会长、秘书长等。其中，高建国、何荣功、黎宏、梁根林、刘仁文、刘志伟、梅传强、曲新久、时延安、王政勋、于改之、张旭当选副会长，周加海当选秘书长。会后将按相关程序增补全国人大常委会法工委、最高人民法院、最高人民检察院、公安部等单位领导为副会长。

当选中国刑法学研究会会长后，贾宇表示，未来5年将同新一届理事会成员一道，凝心聚力，尽心尽责，深入学习贯彻党的十九届六中全会精神，全面贯彻习近平法治思想，运用习近平法治思想的立场、观点、方法指导中国刑法学研究，聚焦时代课题、增强使命担当，推动新时代中国刑法学研究实现新发展，努力将中国刑法学研究会——“刑法学人士共同的家园”建设好。

贾宇指出，推动新时代中国刑法学研究实现新发展，要站稳政治立场，牢牢把握新时代中国刑法学研究的正确方向，始终坚持党的领导，始终坚持以人民为中心,始终坚持中国特色社会主义法治道路。要立足中国实际,积极探索构建中国特色的刑法学理论体系,着眼时代变迁强化刑事理念研究,着眼国家治理强化刑事政策研究,着眼服务实践强化刑事应用研究,着眼系统观念强化刑事一体化研究。要聚焦“国之大者”,切实扛起新时代中国刑法学研究的时代使命,紧紧围绕服务保障经济社会高质量发展、民生福祉、改革创新、涉外刑事法治开展研究。要强化组织协调,为新时代中国刑法学研究做好服务保障,进一步完善中国刑法学研究会组织建设,发挥好桥梁纽带作用;进一步完善研究会工作机制,发挥好交流平台作用;进一步加强研究人才培养,发挥好传帮带作用。

贾宇表示,中国刑法学研究会全体会员要认真学习研究党的十九届六中全会精神和习近平法治思想,尤其要深刻认识“两个确立”的重大里程碑意义,团结带领刑法学各界人士自觉做习近平法治思想的坚定信仰者、“两个确立”的忠诚拥护者、“两个维护”的示范引领者,积极适应新形势新任务新要求,推动刑法理论和实践与时俱进、再上新台阶,在法治中国建设新征程中展现新担当新作为,以优异成绩迎接党的二十大召开。

会议由中国刑法学研究会主办,山西大学法学院和北京市京都律师事务所承办,来自法学理论界和司法实务界300余名代表以线上或线下方式参会。

●在中国刑法学研究会第三届会员代表大会暨2021年全国刑法学年会上的讲话

王其江*

尊敬的各位领导、各位专家学者：

正值全国深入学习中国共产党十九届六中全会精神之际，我们在此举行“中国刑法学研究会第三届会员代表大会暨2021年全国刑法学年会”。首先，我代表中国法学会，对大会的成功举办表示热烈祝贺！对出席大会的领导和专家学者表示诚挚问候！山西大学法学院等单位为举办此次大会做了大量工作，在此向他们表示衷心的感谢！

中国刑法学研究会是我国刑法理论和实务界的全国性法学社团，是繁荣刑法学研究的主阵地和主力军。自1984年成立以来，中国刑法学研究会（含前身中国法学会刑法学研究会）在加强刑法理论研究、服务刑事法治建设、促进国内外刑法学术交流、加强法治宣传、培育刑法专门人才等方面发挥了重要作用。过去5年，中国刑法学研究会第二届理事会上下一心，卓有成效地开展了大量工作，积极加强国内刑法学术交流、拓展国际区际刑法学术交流、强化研究会自身建设、奖掖优秀刑法学术成果、加强理论宣传与出版，取得了令人瞩目的成绩，值得充分肯定。

此次举行的“中国刑法学研究会第三届会员代表大会暨2021年全国刑法学术年会”，是在全国深入学习贯彻中国共产党第十九届六中全会精神之际举行的中国刑法学研究会又一次盛会，会议将选举产生新一届中国刑法学研究会机构，并将围绕《中华人民共和国刑法修正案（十一）》的理论与实务问题展开深入研讨，事项重大、议题重要，值得期待和重视。

* 王其江，中国法学会党组成员、副会长。

借此机会,我谈三点意见:

第一,要深入学习贯彻党的十九届六中全会精神,坚持走中国特色的法治道路。党的十九届六中全会是我党在重要历史关头召开的一次具有重大历史意义的会议。会议强调,党确立习近平同志党中央的核心、全党的核心地位,确立习近平新时代中国特色社会主义思想的指导地位,反映了全党全军全国各族人民共同心愿,对新时代党和国家事业发展、对推进中华民族伟大复兴历史进程具有决定性意义;会议审议通过了《中共中央关于党的百年奋斗重大成就和历史经验的决议》,该决议融汇了百年来中国共产党践行为中国人民谋幸福、为中华民族谋复兴的初心使命所进行的奋斗、牺牲和创造,深刻揭示了“过去我们为什么能够成功、未来我们怎样才能继续成功”,是一篇马克思主义的纲领性文献,是新时代中国共产党人牢记初心使命、坚持和发展中国特色社会主义的政治宣言,是以史为鉴、开创未来,实现中华民族伟大复兴的行动指南。刑法学研究会要加强党的领导,团结带领广大刑法学法律工作者,深入学习贯彻习近平新时代中国特色社会主义思想,深入学习贯彻党的十九届六中全会精神,以决议的精神指引研究会的工作方向,坚定不移走中国特色社会主义刑事法治道路,坚持和完善中国特色社会主义刑事法律制度,不断提升中国社会主义刑事法律理论水平。

第二,要坚持理论与实践相结合,不断提升研究会服务我国刑事法治建设的水平。党的十九届六中全会通过的《中共中央关于党的百年奋斗重大成就和历史经验的决议》指出:“全面依法治国是中国特色社会主义的本质要求和重要保障,是国家治理的一场深刻革命。”党的十八大以来,在以习近平同志为核心的党中央坚强领导下,全面依法治国和法治中国建设迈出坚实步伐。在刑事法治及相关领域,我国先后废止劳动教养制度、收容教育制度,以专门教育制度取代收容教养制度,依照宪法规定实行特赦;不断完善我国刑法立法;深化以司法责任制为重点的司法体制改革,推进政法领域全面深化改革,加强对执法司法活动的监督制约,开展政法队伍教育整顿;依法纠正冤错案件,严厉惩治执法司法腐败,执法司法质量、效率、公信力显著提高。服务我国刑事法治建设是刑法学研究会的重要任务。刑法学研究会要立足中国实践,对改革开放以来尤其是党的十八大以来刑事法治建设的鲜活经验进行总结提炼,完善中国特色的刑事法治体系，同时要加强刑法立法、刑事司法研究，推进刑事法治宣传，培育奖掖刑法专门人才，深化合作，促进研究成果转化，积极服务于我国刑事法治建设的大局，最大限度发挥刑事法治固根本、稳预期、利长远的保障作用。

第三，要坚持国内与国际相结合，充分发挥研究会的刑法学术交流平台作用。刑法学研究会是我国刑事法学领域重要的学术交流平台。加强国内外刑法学术交流是刑法学研究会的重要任务。刑法学研究会要重视自身的平台作用，积极开展国内外刑法学术交流：一是要积极开展国内刑法学术交流，要通过开展国内刑法学术交流不断凝聚共识、深化思想、提高认识、形成合力，进一步提升国内刑法理论研究水平和刑法实践能力；二是要积极开展国际刑法学术交流，要通过组织高水平的国际学术研讨会、推出高质量的研究成果等方式，加强刑法国际交往，并且向国际社会展示我国刑事法治建设的新做法、新成果、新成就，让国际社会充分了解我国全面依法治国的水平，不断提升我国刑法研究和刑事法治实践的国际影响力；三是要积极促进刑法学术交流的成果转化，要注重总结刑法学术交流产生的新观点、新思想、新成果，注重学术交流成果的应用和转化。

一百年来，我们党领导人民持续探索、不断推进法治建设，成功走出了一条中国特色社会主义法治道路。站在新的历史起点上，刑法学研究会要以习近平新时代中国特色社会主义思想为指导，深入学习、领会党的十九届六中全会精神，积极探索、勇于创新，不断地为全面建设社会主义现代化国家贡献法治力量。

最后，祝“中国刑法学研究会第三届会员代表大会暨2021年全国刑法学年会”取得圆满成功！

谢谢大家！

●2021年中国刑法学研究会学术研讨会致辞

高铭暄*

今天我们团聚一堂，隆重集会举行中国刑法学研究会第三届会员大会暨2021年全国刑法学年会。这不仅是关注、关心和支持中国刑法学研究的所有同行的年度盛会；也是一场继往开来的重要的团结大会，决定了中国刑法学研究会的未来发展。

作为中国刑法学研究会的一员，我想谈以下几点看法：

一、以鲜明的政治站位指导新时代的中国刑法学研究

2021年是极不平凡的。

在中国共产党历史上，在中华民族历史上，2021年是一个十分重大而庄严的日子，是中国共产党成立100周年。

一年来，世界百年未有之大变局和新冠肺炎疫情全球大流行交织影响，外部环境更趋复杂严峻，国内新冠肺炎疫情防控和经济社会发展各项任务繁重艰巨。在这个重要时刻，举办今年的学术年会暨会员大会，意义非凡。

2020年11月16日至17日，中国共产党的历史上首次召开的中央全面依法治国工作会议，将习近平法治思想明确为全面依法治国的指导思想，并可以概况为“十一个坚持”。其一便是旗帜鲜明地坚持中国特色社会主义法治道路，这是全面推进依法治国的发展道路和正确方向。中国特色社会主义法治道路本质上是中国特色社会主义道路在法治领域的具体体现。我们既不走封闭僵化的老路，也不走改旗易帜的邪路，而要从中

* 高铭暄，中国刑法学研究会名誉会长，中国人民大学荣誉一级教授，北京师范大学刑事法律科学研究院名誉院长。

国国情和实际出发,传承中华优秀传统法律文化,从我国革命、建设、改革的实践中探索适合自己的法治道路。我们要学习借鉴人类法治文明的有益成果,但绝不能照搬别国模式和做法。在全面推进新时代中国特色刑法学的发展和完善上,必须以习近平法治思想为基本遵循,坚持中国特色社会主义法治道路,向世界输出中国方案。

2021 年 11 月 8 日至 11 日,中国共产党第十九届中央委员会第六次全体会议在北京举行。会议重点研究全面总结党的百年奋斗的重大成就和历史经验问题。2021 年 11 月 11 日,中国共产党第十九届中央委员会第六次全体会议通过《中共中央关于党的百年奋斗重大成就和历史经验的决议》(以下简称《决议》)。当前,总结党的百年奋斗重大成就和历史经验,是在建党百年历史条件下开启全面建设社会主义现代化国家新征程、在新时代坚持和发展中国特色社会主义的需要;是增强政治意识、大局意识、核心意识、看齐意识,坚定道路自信、理论自信、制度自信、文化自信的需要。《决议》的通过具有重大的意义和价值,特别是对中国特色社会主义法律体系、全面推进依法治国建设以及中国特色刑法学的进一步发展和完善等,具有提纲挈领的作用,是基本遵循和根本指导。

总之,在全面建设社会主义现代化国家、实现中华民族伟大复兴的奋斗目标之际,要坚持中国特色社会主义道路。应当以习近平法治思想为指导纲领,坚持中国特色社会主义法治道路,坚持建设中国特色社会主义法治体系。全面发展和完善中国特色刑法学显得尤为重要与迫切,事关我国政法工作与法治道路的正确方向问题。

二、齐心协力共同全面推进中国特色刑法学的发展和完善

各位与会代表:道路决定命运,道路决定前途。

在全面推进依法治国的大政方针下,2021 年既是深入贯彻好习近平法治思想的开端之年,也是认真学习贯彻党的十九届六中全会精神的起始之年。中国刑法学研究会第三届会员大会暨 2021 年全国刑法学年会肩负着重要的历史使命。

当前,中国人民正意气风发向着全面建成社会主义现代化强国的第二个百年奋斗目标迈进。在这个重要的历史时刻,我们要坚定道路自信、理论自信、制度自信、文化自信,敢于担当,积极作为,全力推进中国特色

刑法学的发展和完善。

同时,对于承前启后的中国特色刑法学而言,也应当以此为重要契机,回顾过往历程,总结经验和教训,为新时代的发展和完善指明方向。

在我看来,刑法理论体系是不断发展和完善的,我国通行的刑法学体系也处于自主更新与有序进化的历史进程中。既要正确对待问题和不足,扬长避短;也要树立制度自信和文化自信,不妄自菲薄。坚持不懈地加以发展和完善,使其真正进入高质量发展的轨道,能够更好地发挥服务全面依法治国建设的历史使命和重大担当。

长远来看,中国特色刑法学是中国特色法学走向世界的一张名片,是传播中国法学的正能量、讲好中国法治故事、贡献世界法治命运共同体发展的基本要素。

而且,我们也要与时俱进,及时为中国特色刑法学体系注入新鲜血液。其中,在中国特色刑法学的宏伟版图中,网络刑法问题已然出现。无论我们如何看待当代刑法与网络犯罪之间的深度、多元、开放的互动与回应等问题,但过往的立法、司法和理论已经为我国对网络犯罪治理供给了大量的刑法样本以及理论贡献。有必要单独讨论网络刑法问题。以网络刑法为新的理论支点和知识原点,可以窥探自主生长的中国特色刑法学正在以更加包容的姿态开枝散叶,也可以更加全面地推进中国特色刑法学与时俱进、走向世界。

三、充分善用中国特色刑法学理论体系以全面推动刑法高质量实施

徒法不足以自行。中国特色刑法学的生命力在于实施。只有充分善用中国特色刑法学理论体系,才能发展、展示其现实合理性,才能发挥好刑法治理功能。

实践已经证明,新中国刑法实施以来,不仅顺应了社会发展的需要,也有力地保障了社会稳定、人民安全。我国刑法实施的关键在于刑法理念的及时更新、理论与实践的深度结合、保障人权与犯罪治理的相互配合、进一步贯彻好宽严相济的刑事政策以及深入推进刑事司法改革、促进刑事司法的国际合作等方面。

在此基础上,还应加强立法修改与理论完善的协同发展格局。特别是要以1997年《刑法》为原点和标尺,进一步推进立法完善工作。1997

年《刑法》是新中国成立以来的首部《刑法》，是党的十一届三中全会胜利召开后的重大法制建设成果。1997 年《刑法》是新中国成立以来刑法立法的集大成之作，真正开启罪刑法定时代，筑起刑事法治的人权保障体系、开辟刑法理论研究的新局面、奠定中国刑法走向世界的基础。面对日益复杂的犯罪治理形势，立法机关应当始终将坚持党的领导作为刑法立法工作的根本准则，积极联动刑事政策指导立法，根据经济社会发展情况及时修法予以回应，注重促进立法与理论的良好互动态势，不断提高立法的科学性与有效性。

四、结语

最后，为了响应国家有关疫情防控的政策，2021 年度刑法学年会选择了线上 + 线下的方式。这是一次前所未有的尝试和探索。大家通过现代互联网信息技术，实现了无障碍的在线开会。

我坚信，今年的年会一定会取得圆满的成果，也一定会载入中国刑法学年会的史册。

我也衷心期待，在中国刑法学研究会继往开来的新阶段，我们能够增强政治意识、大局意识、核心意识、看齐意识，坚定道路自信、理论自信、制度自信、文化自信，同心协力，继续将研究会工作推向新的高度，努力夺取更高质量的发展。

●在中国刑法学研究会第三届会员大会暨2021年全国刑法学术年会上的致辞

高憬宏*

尊敬的会长、副会长、秘书长、各位理事和会员代表，同志们：

大家上午好！

在全国上下正在深入学习贯彻党的十九届六中全会精神之际，中国刑法学研究会第三届会员大会暨2021年全国刑法学术年会在今天召开了。这是我国刑事法治领域的一件盛事，意义重大。在此，我谨代表最高人民法院向会议的召开表示热烈的祝贺！

过去5年，中国刑法学研究会在以赵秉志教授为会长的第二届理事会的带领下，坚持党的领导，深入学习贯彻习近平法治思想，坚定政治立场，强化法治根基；注重自身发展，不断壮大研究队伍，努力加强智库建设；重视学术会议，开阔学术视野，积极推进国内外刑法学学术交流；坚持理论与实践相结合，积极参与国家刑事立法与司法实践；注重学术研究，不断推出理论著作，发掘优秀学术成果，大力培养学术新人。同时，还积极参与最高人民法院关于刑事司法解释、规范性文件、疑难复杂刑事案件的研讨、咨询和评估工作。深入人民法院系统开展调研、观摩庭审、参与座谈，有力促进了刑事法学理论与司法实践的有机融合，为我国刑事司法事业实现科学发展、有序发展、长远发展作出了重要贡献。借此机会，我代表最高人民法院向中国刑法学研究会第二届理事会、向长期以来关心支持人民法院刑事审判工作的各位专家学者表示衷心的感谢！

一年来，全国各级人民法院坚持以习近平新时代中国特色社会主义

---

* 高憬宏，最高人民法院党组成员、副院长。

思想为指导，深入学习贯彻习近平法治思想，紧紧围绕“努力让人民群众在每一个司法案件中感受到公平正义”目标，坚持服务大局、司法为民、公正司法，依法惩治犯罪、保护人民，刑事审判工作取得新进展。深入贯彻总体国家安全观，严厉打击境内外敌对势力渗透、破坏、颠覆、分裂活动，坚决捍卫国家政治安全特别是政权安全、制度安全；依法惩处涉疫情犯罪；深入开展扫黑除恶专项斗争；严厉打击严重危害社会治安的刑事犯罪；依法严惩贪污受贿等职务犯罪；人权司法保障不断加强；深入推进以审判为中心的刑事诉讼制度改革；稳步推进认罪认罚从宽制度有效实施；等等。最高人民法院还单独或会同有关部门制定出台了《关于办理窝藏、包庇刑事案件适用法律若干问题的解释》《关于深入开展虚假诉讼整治工作的意见》等多部刑事司法解释和规范性文件；加强涉土地农资、电信网络诈骗、危害食品药品安全、重大责任事故等民生领域犯罪案件监督指导，切实增强人民群众获得感、幸福感、安全感；进一步加强与高等院校、研究机构的双向交流，推动司法实践与教学科研深度融合。今年8月，最高人民法院在哈尔滨召开全国法院刑事审判工作座谈会，对推动新时代刑事审判工作高质量发展、加强刑事审判工作作出了明确部署。

新时代新征程，我国正向着全面建成社会主义现代化强国的第二个百年奋斗目标迈进。但机遇与挑战并存，世纪疫情与百年变局交织，国际环境日趋复杂，不稳定性不确定性明显增加，内外部风险不容忽视，刑事审判坚定维护国家政权安全、制度安全、意识形态安全的任务和挑战更加艰巨。在社会治安总体向好的形势下，当前和今后一个时期仍是我国风险矛盾的易发期，犯罪态势、特点发生重大变化，网络犯罪、涉众型犯罪等频发，利用高科技手段实施的新类型犯罪增多，给刑事审判工作带来一系列新情况新问题。同时，随着我国社会主要矛盾发生变化，人民群众在民主、法治、公平、正义、安全、环境等方面的需求日益增长，更加期待食品安全、生态美好、生命安全受到保护，期待投资更放心、产权受保护、营商环境更加适宜，对刑事审判的质量与效率、实体公正与程序公正、司法服务的精准化与个性化都提出了更高要求。

这次大会将选举产生新一届理事会。我们相信，在新的理事会带领下，刑法学研究会一定会继续坚持党对法学研究工作的领导，始终坚持以习近平新时代特色社会主义思想为指导，深入学习贯彻习近平法治思想和党的十九届六中全会精神，按照党中央关于全面依法治国的一系列重大决策部署，不断谋求理论和实践创新，凝聚广大会员的聪明才智，深入研究刑法学领域的新情况新课题，提出更多更有价值的建设性意见和建议，推出一批原创性、高质量的研究成果，为刑事法治服务保障经济社会健康发展，建设更高水平的平安中国、法治中国贡献智慧和力量！衷心期待刑法学研究会以及各位专家学者一如既往地关心和支持人民法院刑事审判工作，在研讨疑难案件、制定司法解释、完善刑事政策、推进刑事司法改革等方面建言献策。

最后，预祝会议圆满成功！谢谢大家！

●在2021年全国刑法学年会上的致辞

张志杰*

大家好！很高兴在仲冬的北京，通过互联网的连结，同天南地北的同人们聚首国家检察官学院香山校区，共同参与中国刑法学研究会第三届会员大会暨2021年全国刑法学年会。在此，我受最高人民检察院张军检察长委托，对大会的召开表示热烈的祝贺！

中国刑法学研究会作为中国法学会下的专门学科研究会，多年以来团结带领广大刑法理论与实务工作者一道，以习近平法治思想为引领，坚持党的领导，坚持服务党和国家工作大局，坚持人民主体地位，坚持开拓创新，坚持从严要求，在刑法学理论研究、成果转化、人才培养等方面做了大量卓有成效的工作，确保刑法学研究始终沿着正确的道路高水平发展，受到了理论界和实务界的广泛认可。

检察机关是国家的法律监督机关和司法机关，是刑事司法的重要实践力量。进入新时代，全国检察机关在重塑检察工作格局的同时，高度重视法学研究对司法实践的先导引领作用，坚持同以中国刑法学研究会为代表的刑法学理论界精诚合作，以“做优刑事检察”为目标，以扫黑除恶专项斗争推进、认罪认罚从宽制度落实、网络犯罪的刑法规制、刑事合规问题研究等现实命题为切口，准确识变、科学应变、主动求变，为新时代检察工作创新发展提供了有力的理论支撑。借此机会，我代表最高人民检察院，向一直以来关心支持检察工作的中国刑法学研究会及各位法学同人们表示衷心的感谢！

理论是实践的先导、行动的指南。上月召开的党的十九届六中全会

---

* 张志杰，最高人民检察院检委会专职委员。

审议通过《中共中央关于党的百年奋斗重大成就和历史经验的决议》,明确将"坚持理论创新"作为中国共产党百年奋斗的历史经验予以突出强调。过往的经验告诉我们,在百年未有之大变局下,在第二个百年的新征程上,我们司法实务部门比以往任何时候都更需要来自法学理论界的引领支撑,以习近平法治思想为指导,同心协力更好推进中国特色社会主义法治体系建设。

希望我们同心协力,共同繁荣发展中国特色社会主义法治理论研究的学术阵地。检察机关希望同刑法学研究会一道,在保持刑法学研究政治定力上下功夫,坚持以习近平法治思想指导刑法学研究,立足新发展阶段、贯彻新发展理念、构建新发展格局,进一步增强将科学理论贯彻到全面依法治国全过程各方面的自觉性和坚定性。在坚定刑法学研究制度自信上下功夫,从中国国情、时代发展出发,用中国理论阐释中国实践,用中国实践升华中国理论,加强中国特色刑法学学科体系、学术体系、话语体系建设,不断扩大中国法治在全球法治舞台上的话语权和影响力。在肩负起刑法学研究时代使命上下功夫,胸怀"国之大者",与国家发展同频共振,积极配合、组织引导广大刑法理论和实务工作者贯彻中央全面推进依法治国的总体部署,深入研究各种违法犯罪现象,为依法应对重大挑战、抵御重大风险、克服重大阻力、解决重大矛盾积极献计献策,带头营造更加充满活力、更加坚强有力的刑法学学术研究氛围。

希望我们同心协力,共同打造"为大局服务、为人民司法"的实践基地。没有正确的法治理论引领就不可能有正确的法治实践。同样,刑法学理论研究也需要投身司法实践校验治理效能。希望刑法学研究会及广大刑法学专家学者,继续将检察系统作为一块机制创新的试验田,充分依托检校合作、专家咨询委员会、各类专题研讨会等长效对话平台,坚持问题导向、关注司法实践,积极参与刑事司法问题研究、疑难复杂案件办理、司法改革方案论证等,真正做到理论联系实际、理论服务实践。检察机关也将尽己所能,为广大专家学者们提供良好的实证研究环境,并努力通过多种渠道促进研究成果的推广和应用,发挥好刑法学研究在国家治理和社会治理中的应有作用,让人民群众在每一项法律制度、每一个执法决定、每一宗司法案件中都感受到公平正义。

希望我们同心协力,共同筑就刑法学研究的人才高地。理论研究是创造性的智力工作，人才是繁荣理论研究的基础，研究会就是聚集各方专家人才的刑法学理论研究“智囊团”“人才库”。检察机关作为实务界的中坚力量，希望同刑法学研究会一道，进一步丰富学术活动、健全学术评价激励体系、创新学术活动机制，全面调动广大检察干警的理论研究积极性、创造性，努力培养造就更多专家型检察官，加入到具有坚定理想信念、强烈家国情怀、扎实法学根底的刑法学研究队伍中去。

各位领导、同志们，让我们团结一心，务实奋进，积极投身全面依法治国的伟大实践，为推进中国特色社会主义法治体系建设作出新的更大的贡献！

最后，预祝此次会议取得圆满成功！谢谢大家！

●在中国刑法学研究会2021年年会上的致辞

孙　岩*

尊敬的各位领导、各位专家、各位来宾:

大家上午好!

在全国上下学习贯彻党的十九届六中全会精神之际,今天,我们相聚云端,隆重举办中国刑法学研究会第三次会员大会暨2021年全国刑法学年会。在此,我谨代表山西大学对这次年会的召开表示热烈祝贺,向各位领导、专家和来宾齐聚云端表示诚挚的欢迎!

山西大学是一所有着119年办学历史的百年学府,学校前身是创建于1902年的山西大学堂,曾是中国近代创办最早的三所国立大学之一。与京师大学堂(今北京大学)、北洋大学堂(今天津大学)共同开创了中国近代高等教育的先河。近年来,山西省委省政府和教育部高度重视山西大学的发展。部省合建、率先发展、北大支持等多个政策叠加,推动山西大学改革发展取得一系列成绩,学校综合办学实力显著提升,为山西省经济社会发展作出积极的贡献。

当前,全校师生紧紧围绕"全面建设高水平综合性研究型大学,跻身中国优秀知名大学行列"的办学目标,积极谋划"十四五"发展,深化教育教学改革,提升科研创新能力,对接战略新兴产业,提高办学质量和水平,学校办学事业迈上了崭新的台阶。

山西大学法学院始建于1906年,是山西大学堂早期的文、法、工三科之一,历史悠久、底蕴深厚,毕善功、刘少白、冀贡泉、梅汝璈、杜任之、程谷梁等著名的法学先驱都曾在此任教或学习。近年来,法学学科取得了长

* 孙岩,山西大学副校长。

足的发展,被中央政法委和教育部确定为卓越法律人才培养教育基地,成为国家知识产权培训基地和山西省地方立法研究咨询基地,取得了法学一级学科博士学位点,法学专业获批国家一流本科专业建设点,学科建设与人才培养的体制机制愈加合理和完善,已经成为山西省法律人才培养的重要基地。

中国刑法学研究会多年来积极开展卓有成效的法学研究、学术交流、书刊编辑和咨询服务,大力推动刑法学研究的繁荣与刑法法律的完善,为法治中国建设做出了重要的贡献。

今天,山西大学有幸承办此次年会,充分体现了中国刑法学研究会对我校的信任,对我校法学教育和法学研究的肯定,我们深感荣幸!在此,我谨代表学校向各位领导、专家多年来对山西大学法律学科建设、人才培养和科研创新的支持和帮助表示由衷的敬意和感谢。同时借此机会,希望今天与会的各位领导、专家、来宾积极为我们把脉问诊、传经送宝,并一如既往地关心和支持山西大学法律学科的发展。相信各位的指导和帮助,必将对我校法律学科发展和法学研究起到巨大的推动作用。

最后,预祝年会取得圆满成功!祝愿各位领导、各位专家、各位来宾与会期间工作顺利、身体健康!

谢谢大家!

●中国刑法学研究会第二届理事会工作报告

——坚持不懈引领刑法理论研究 矢志不渝促进刑事法治建设

赵秉志*

目　次

* 赵秉志,中国刑法学研究会第二届理事会会长,北京师范大学刑事法律科学研究院教授。

(二)组织第二届"全国刑法学优秀学术著作奖(2014－2020)"评选

(三)组织"第五届全国优秀刑法论文奖(2017－2021)"评选

(四)组织"涉数据网络犯罪的防治策略"专题有奖征文

七、注意人才培养,举办博士生论坛培育新人

(一)举办第一届全国刑事法博士生论坛

(二)举办第二届全国刑事法博士生论坛

(三)举办第三届全国刑事法博士生论坛

八、注重学术研究,不断推出刑法理论著作

(一)编辑出版九卷学术年会文集

(二)编辑出版五卷《刑法评论》会刊

(三)编辑出版两本中韩刑法学术会议文集

(四)再次修订"现代刑事法学系列教材"

九、自觉接受任务,积极参与中国法学会相关活动

(一)积极配合中国法学会开展推优评选工作

(二)积极研究妨害疫情防控犯罪刑法问题

十、重视换届组织,认真筹备第三届理事会换届工作

(一)成立换届工作领导小组

(二)制订第三届理事会换届工作方案

(三)确定第三届理事会候选人名单

十一、结语:关于刑法学研究会工作的感悟

尊敬的各位理事、各位会员、各位嘉宾:

中国刑法学研究会的前身是1984年10月成立的中国法学会下属的中国法学会刑法学研究会。根据国家有关方面的要求和中国法学会的安排,中国法学会刑法学研究会于2011年10月进行了改制,在民政部登记注册为社团法人"中国刑法学研究会"。中国刑法学研究会是由全国刑法理论工作者和法律实务工作者组成的全国性刑法学学术团体,接受业务主管单位中国法学会和社团登记管理机关民政部的业务指导和监督管理,并成为中国法学会团体会员。中国刑法学研究会的宗旨是:团结全国刑法理论工作者和法律实务工作者,以习近平新时代中国特色社会主义理论体系为指导,开展刑法学研究和法学交流活动,紧密联系实际,推进

刑法学发展，为全面落实依法治国基本方略、加快建设社会主义法治国家提供理论支撑和对策支持，为全面建成小康社会作出积极贡献。

中国刑法学研究会第一届理事会的任期为2011年10月至2016年10月。本研究会第二届理事会产生于2016年10月在武汉举行的本会第二届会员代表大会，迄今历经5年，已经届满。5年来，在中国法学会的正确指导和民政部的监督管理下，在本会名誉会长、顾问的指导和全体成员的积极参与下，刑法学研究会第二届理事会励精图治，不忘初心，牢记使命，积极进取，坚持奉行研究会的宗旨，努力完成研究会章程规定的各项任务，卓有成效地开展各方面的工作，从而取得了相应成绩。下面，请允许我代表中国刑法学研究会第二届理事会，向与会理事、会员和嘉宾们，简要汇报一下自2016年10月以来五年间本研究会的主要工作。

一、坚定立场信念，不断强化队伍的政法根基

法治和法学属于现代国家上层建筑的重要组成部分，有着很强的政治性。中国刑法学研究会肩负组织和引导全国刑法学理论研究的重要职责，因而坚定研究会及其成员们的正确政治立场和现代法治信念极为重要，是其学术根基所在。基于这种认识，刑法学研究会本届理事会十分重视树立正确的政治立场和坚定的法治信念。

(一)坚定政治立场

坚定正确的政治立场是刑法学学术团体和研究队伍应当树立的首要的学术根基。在中国法学会的正确领导和指引下，刑法学研究会本届理事会对树立坚定正确的政治立场有着清醒的认识和积极的努力：

一方面，刑法学研究会根据中国法学会的指引及时建立和适时健全了党组织，并在2020年10月修改章程时将党建入章，规定“本会坚持中国共产党的全面领导，根据中国共产党章程的规定，设立中国共产党的组织，开展党的活动，为党组织的活动提供必要条件”。

另一方面，刑法学研究会通过组织传达学习中央重要文件和中央政法委、中国法学会主要领导讲话等形式，引导研究队伍成员全面学习贯彻习近平新时代中国特色社会主义思想，坚持党的基本理论、基本路线、基本方略，增强“四个意识”，坚定“四个自信”，做到“两个维护”，坚守社会主义核心价值体系，并在章程修改中予以强调和要求。

（二）强化法治根基

在推进全面依法治国、建设中国特色社会主义法治国家的进程中，以习近平同志为核心的党中央逐步创建了习近平新时代中国特色社会主义法治思想，其主旨就是从当代中国发展进步的实际出发，坚持中国特色的社会主义法治道路。刑法学研究会认识到，以习近平新时代中国特色社会主义理论体系尤其是其中的法治思想为指导，坚持中国特色社会主义法治道路，这是当今建设我国社会主义法治和繁荣发展我国社会主义法学理论的根本，也是刑法学学术团体与学术队伍开展刑法学研究和交流活动的根基。

为强调和筑牢这一根基，一方面，刑法学研究会不仅在章程中将相关内容纳入研究会的宗旨和工作任务，而且在本届理事会组织的学术研究和学术交流活动中予以努力贯彻，相关学术活动中和学术研究成果中没有出现有悖于此的现象，刑法学研究会也十分注意宣传和强调"四个自信"，警惕与抵制宣扬全盘西化思潮和资本主义法学倾向、诋毁中国特色社会主义法治道路的错误观念。

另一方面，刑法学研究会及其成员积极开展了对于习近平新时代中国特色社会主义法治思想的研究。为响应中国法学会关于各研究会应结合本学科实际加强对习近平新时代中国特色社会主义法治思想研究的号召，刑法学研究会把"习近平法治思想引领下刑法理论的新拓展"作为2021年全国刑法学术年会的理论议题进行集中研究；刑法学研究会承担和圆满完成了中国法学会2020年度部级法学研究重大委托课题《习近平法治思想中的国家安全法治理论研究》的研究（该课题研究报告5.5万字，执笔人为研究会副秘书长彭新林副教授，审定人为研究会名誉会长高铭暄教授、会长赵秉志教授、常务副会长陈泽宪教授和秘书长刘志伟教授）；刑法学研究会一些成员还完成了其他方面委托的关于习近平新时代中国特色社会主义法治理念的相关研究课题，如教育部社科司委托的关于习近平反腐败法治思想、习近平反恐法治思想、习近平反腐败追逃追赃法治思想等课题的研究（上述三个课题的主持人为研究会会长赵秉志教授，参加者为研究会副秘书长彭新林副教授、理事周振杰教授、学术秘书张磊教授等）。这些研究成果拓展了刑法学领域对习近平新时代中国特色社会主义法治思想的认识和研究。

二、注重自身建设，注意机构完善和智库建设

加强自身建设是研究会工作开展的基础。本届理事会主要从机构完善和智库建设两个方面不断强化自身建设。

（一）不断壮大研究队伍

2016 年刑法学研究会换届选举后，我国刑法学事业又有了新的发展。在机构建设方面，为了进一步充实研究会的组织结构，壮大研究队伍，刑法学研究会根据有关规则和发展需要，适时增补了多位常务理事、理事和会员。

1. 增补 3 位常务理事

2018 年 12 月 14 日及 2020 年 12 月 12 日，在广西南宁 2018 年全国刑法学术年会暨北京 2020 年全国刑法学术年会举办前夕，刑法学研究会召开了理事会。经研究、表决，决定增补林维（时任中国青年政治学院副院长、教授，被评为全国十大杰出青年法学家）、王志远（中国政法大学刑事司法学院副院长、教授，中国政法大学因有常务理事调离而申请增补王志远教授为常务理事）、车浩（北京大学法学院教授，被评为全国十大杰出青年法学家）三位知名青年刑法学者为刑法学研究会常务理事。

2. 增补 10 余位理事和 20 余位会员

2018 年 12 月 14 日及 2020 年 12 月 12 日，在广西南宁 2018 年全国刑法学术年会及北京 2020 年全国刑法学术年会举办前夕，刑法学研究会召开了理事会。经研究、表决，决定增补刘军、高巍、卢上需、刘霜、欧阳本祺、郑军男等 10 余位青年刑法学者为刑法学研究会理事；同时增补廖天虎、邓君韬、谢焱、王娜、范连玉、焦旭鹏等 20 余位青年刑法学者为刑法学研究会会员。

（二）努力加强智库建设

智库建设是当前我国强化机构组织和能力建设的重要形式，反腐败法治问题应当是法学智库关注的重点领域。在中国法学会的引导和支持下，2016 年中国刑法学研究会组建了“反腐败法治研究方阵”，确定了由北京师范大学刑事法律科学研究院、武汉大学法学院、吉林大学法学院、西北政法大学、华东政法大学作为“反腐败法治研究方阵”的成员单位。在此基础上，本届理事会组织了五届中国反腐败法治高端论坛暨中国法

学会反腐败法治研究方阵论坛。具体包括：

1. 举办"2017 年度中国反腐败法治高端论坛"暨"中国法学会反腐败法治研究方阵"第二次论坛

2017 年 6 月 10 日，由中国刑法学研究会主办的"2017 年度中国反腐败法治高端论坛"暨"中国法学会反腐败法治研究方阵"第二次论坛在武汉成功举办。本次论坛由武汉大学法学院及武汉大学刑事法研究中心承办。来自国内各高等院校的 50 余名专家学者参加了论坛。与会专家学者围绕"国家监察体制改革与反腐国家战略""国际视野中的反腐败法治问题""反腐败与刑法的修改和完善""贿赂犯罪的疑难问题"等论坛议题进行了深入研讨。

2. 举办"2018 年中国反腐败法治高端论坛"暨"中国法学会反腐败法治研究方阵"第三次论坛

2018 年 7 月 21 日，由中国刑法学研究会主办的"2018 年中国反腐败法治高端论坛"暨"中国法学会反腐败法治研究方阵"第三次论坛会议在吉林大学举行。本次论坛由吉林大学法学院、中国法学会东北亚法律研究中心和吉林省法学会犯罪预防研究会承办。来自中国法学会，法治反腐方阵成员单位北京师范大学、武汉大学、吉林大学、西北政法大学、华东政法大学以及其他院校的专家学者近百人参加了会议。与会专家学者围绕论坛主题"当代中国反腐败的法治生态"展开了深入研讨。

3. 举办"2019 年度中国反腐败法治高端论坛"暨"中国法学会反腐败法治研究方阵"第四次论坛

2019 年 7 月 20 日，由中国刑法学研究会主办的"2019 年度中国反腐败法治高端论坛"暨"中国法学会反腐败法治研究方阵"第四次论坛在上海举行。本次论坛由华东政法大学法律学院、华东政法大学刑事法学研究院、华东政法大学《法学》编辑部、上海市法学会刑法学研究会承办。来自中国法学会，法治反腐方阵成员单位北京师范大学、武汉大学、吉林大学、西北政法大学、华东政法大学以及其他院校的专家学者近百人参加了会议。与会专家学者围绕"反腐败追逃追赃的思想基础与司法实践""反腐败的刑事立法应对与完善""黑恶势力犯罪中'保护伞'的认定与追诉""监察法的反腐败机能与效应""反腐败的刑事司法认定与评析"等议题展开了深入研讨。

4. 举办“2020 年度中国反腐败法治高端论坛”暨“中国法学会反腐败法治研究方阵”第五届论坛

2020 年 12 月 14 日，由中国刑法学研究会主办的“2020 年度中国反腐败法治高端论坛”暨“中国法学会反腐败法治研究方阵”第五届论坛在北京举行。本次论坛由北京师范大学刑事法律科学研究院承办。来自中国法学会，法治反腐方阵成员单位北京师范大学、武汉大学、吉林大学、西北政法大学、华东政法大学以及其他院校的专家学者围绕我国反腐败法治完善问题进行了深入研讨。

5. 筹备“2021 年中国反腐败法治高端论坛”

由中国刑法学研究会主办的“2021 年反腐败法治研究方阵”中国反腐败法治高端论坛拟于 2021 年 12 月 13 日举行。本次论坛由西北政法大学承办，论坛主题是“企业合规视野下的反腐败制度建设”。届时，来自北京师范大学、武汉大学、吉林大学、西北政法大学、华东政法大学以及其他院校的专家学者将围绕“涉企类职务犯罪”“企业执纪监督合规制度建设”“反商业贿赂合规”“企业合规不起诉及其辩护”等议题进行深入研讨。

这几届反腐败论坛的连续成功举办，是刑法学研究会在中国法学会的指导与支持下进行智库建设的努力和成绩，是对我们党和国家反腐败法治事业的积极参与和配合，也扩大了刑法学研究会和论坛承办单位的学术影响。

三、重视学术会议，积极推进国内刑法学术交流

加强国内刑法学术交流是刑法学研究会的重要工作方面。5 年来，刑法学研究会成功举办了五届全国刑法学术年会和 12 个具有影响的专题学术会议，加强和促进了全国刑法理论研究与学术交流。

（一）坚持办好每届全国刑法学术年会

全国刑法学术年会是刑法学研究会每年工作的重要内容，也是一年一度的全国刑法理论界和实务界的学术交流盛会。在相关院校和有关司法机关的支持下，本届刑法学研究会于 2017 ~ 2020 年先后在海口市、南宁市、安徽芜湖市和北京举办了四届全国刑法学术年会，此次举行的是本届理事会主办的第五届全国刑法学术年会。这五届全国刑法学术年会的

基本情况如下：

1. 2017 年全国刑法学术年会

2017 年 11 月 25～27 日，由中国刑法学研究会主办，海南大学、海南省高级人民法院、海南省人民检察院共同承办的 2017 年全国刑法学术年会在海南省海口市举行。会议以理论方面的"刑法典颁行 20 周年来刑法立法的回顾与展望"和实务方面的"金融秩序与安全的刑法保护""公民个人信息的刑法保护""中国区际刑法 20 年实践的检讨与发展"为议题。来自全国刑法理论界和实务界的 300 余名代表围绕年会议题进行了深入、热烈的讨论。

2. 2018 年全国刑法学术年会

2018 年 12 月 15～17 日，由中国刑法学研究会主办，广西壮族自治区高级人民法院、广西大学和广西壮族自治区法学会承办的 2013 年全国刑法学术年会在广西壮族自治区南宁市举行。会议以理论方面的"十一届三中全会以来刑事法治的回顾与前瞻"和实务方面的"企业产权保护领域刑法问题研究""扫黑除恶中的刑法适用问题研究""涉数据网络犯罪的刑法防治对策研究"为议题，来自全国刑法理论界与实务界共计 320 余名代表，围绕年会议题展开了深入研讨。

3. 2019 年全国刑法学术年会

2019 年 10 月 12～15 日，由中国刑法学研究会主办、安徽师范大学承办的 2019 年全国刑法学术年会在安徽芜湖举行。来自全国刑法理论界与实务界 300 余位专家学者围绕理论方面的"中华人民共和国成立 70 年来刑事法治和刑法理论的变迁与反思"和实务方面的"正当防卫制度的适用与完善""金融领域腐败犯罪的惩治与防范""生物科技暨人工智能领域发展的刑法规制问题"等议题展开了深入研讨。

4. 2020 年全国刑法学术年会

2020 年 12 月 13 日，由中国刑法学研究会主办的 2020 年全国刑法学术年会在北京举行。来自全国刑法理论界与实务界共计 120 余人参加了本次年会的线下会议，线上访问人数达 2 万余人次。会议以"现代刑事法治视野下的国家与社会安全"为主题，与会代表围绕理论方面的"新时代总体国家安全的刑法保障问题研究"和实务方面的"重大疫情防控中的刑法适用和立法完善""高空抛物坠物行为的刑法防制研究""刑法解释与网络犯罪的司法适用研究”议题展开了深入研讨。

5. 2021 年全国刑法学术年会

按照原定方案,2021 年全国刑法学术年会定于 2021 年 12 月 10 ~ 11 日举行,因疫情原因改为在北京举办并采取线下与线上结合方式举行。本届年会由中国刑法学研究会主办,山西大学法学院承办,并得到国家检察官学院协助。会议以“中国刑法改革与适用研究”为主题,议题包括“习近平法治思想引领下刑法理论的新拓展”(理论议题)和“《刑法修正案(十一)》的理解与适用”(实务议题)。来自全国刑法理论界与实务界的线下代表与线上人员将围绕这两方面的议题展开深入研讨。

这五届全国刑法学术年会的成功举行,促进了刑法若干重要理论领域和一系列热点、难点实务问题的研究,加强了全国刑法学者的沟通与联系,发挥了全国刑法学界学术交流的重要桥梁和纽带的作用。

(二)适时举办(参办)多个专题学术会议

除了举行一年一度的刑法学术年会,5 年来,刑法学研究会还举办了 12 个具有一定影响的国内专题学术会议。这包括:

1. 参办“中国刑法的国际视野学术研讨会暨高铭暄先生获早稻田大学荣誉博士学位庆祝会”

2016 年 11 月 27 日,由中国人民大学刑事法律科学研究中心与北师大刑科院联合主办,并由中国刑法学研究会、国际刑法学协会中国分会共同协办的“中国刑法的国际视野学术研讨会暨高铭暄先生获早稻田大学荣誉博士学位庆祝会”在北京举行。来自中央和地方政法机关、高等院校的 60 余位专家学者参加了此次研讨会。会议结合高铭暄教授荣获日本早稻田大学荣誉博士学位这一殊荣,围绕中国刑法的国际视野主题进行了深入研讨。

2. 主办“社区矫正法专家研讨会及暨立法专家咨询会”

2016 年 12 月 16 日,由中国法学会、中国刑法学研究会、行政法研究会共同主办的“社区矫正法专家研讨会及暨立法专家咨询会”在北京举行。来自国务院法制办、最高检察院刑事执行监督厅、司法部社区矫正局、中国法学会领导,各高校专家共 30 余人参加会议。与会专家学者围绕社区矫正法定位和适用对象、主体及职权、可操作性、法律责任、专业化、社工参与、设立未成年人专章等问题进行了深入研讨。

3. 主办“《治安管理处罚法(修订公开征求意见稿)》专家研讨会”

2017 年 2 月 6 日下午,由中国法学会研究部、中国法学会行政法学研究会、中国法学会警察法学研究会和中国刑法学研究会共同主办的“《治安管理处罚法(修订公开征求意见稿)》专家研讨会”在北京举行。来自各高等院校、科研院所的 20 余位专家学者以及公安部、国务院法制办、中国法学会等相关部门的负责同志参加了研讨会。与会专家学者围绕《治安管理处罚法(修订公开征求意见稿)》的立法原则、治安管理处罚法与刑法等相关部门法之间的衔接、治安管理处罚的种类、行为类型和罚则等问题充分发表了意见和建言。会后中国法学会研究部对与会专家学者的研讨意见进行了整理并报送给有关立法部门。

4. 参办“《国家安全法》实施专题研讨会”

2017 年 4 月 13 日上午,由中国法学会和司法部主办并由中国刑法学研究会和中国法学会行政法学研究会协办的“《国家安全法》实施专题研讨会”在京召开。专题研讨会由中国法学会副会长张苏军主持,中国法学会和司法部领导,最高人民检察院、公安部、中央网信办的代表,京内外的法律专家学者,以及新闻媒体的记者等近 50 人出席。与会专家学者围绕《国家安全法》的实施问题进行了深入研讨。

5. 主办“纪念新刑法典颁行 20 周年座谈会暨庆贺高铭暄教授、王作富教授 90 华诞座谈会”

2017 年 9 月 23 日,由全国人大常委会法工委刑法室、中国刑法学研究会主办,北京师范大学刑事法律科学研究院、中国人民大学刑事法律科学研究中心共同承办的“纪念新刑法典颁行 20 周年座谈会暨庆贺高铭暄教授、王作富教授 90 华诞座谈会”在京举行。自中央和地方政法、立法机关及学界、媒体界代表近 300 人出席座谈会。与会人员围绕纪念 1997 年《刑法》典颁行 20 周年、总结新刑法典的制定及修改的经验等主题进行了热烈研讨,对我国新刑法典及晚近 20 年来刑法立法的发展完善给予了系统总结和充分肯定,并对高铭暄、王作富教授的为人、为学及两位教授对中国刑法理论研究、法学教育、人才培养和法治建设等方面所作出的杰出贡献给予了高度评价。

6. 主办“第十届全国部门法哲学研讨会:惩罚的哲学——人的价值与刑法的正当性”

2018 年 11 月 24 日,由中国刑法学研究会、国家司法文明协同创新中心、吉林大学理论法学研究中心、中国人民大学刑事法律科学研究中心、北京师范大学刑事法律科学研究院共同主办的“第十届全国部门法哲学研讨会:惩罚的哲学——人的价值与刑法的正当性”在北京举行。来自法理学、刑法学等不同部门法学领域的专家学者60余人参会。与会的专家学者就刑法与法哲学之间的互动交流问题进行了深入讨论。

7. 主办“第七届企业家刑事风险防控高端论坛”

2019年4月20日,由中国刑法学研究会和北师大刑科院共同举办的第七届企业家刑事风险防控高端论坛暨《企业家腐败犯罪报告》《企业家刑事风险分析报告(2014-2018)》发布会在京召开。来自企业界、律师界、司法界和学术界的100多位专家学者围绕“民营企业与民营企业家权益的刑事保护”和“企业治理与合规”两大主题展开了热烈讨论,并就“非公经济的刑事立法平等保护”“企业合规国际趋势与最新实践:刑事合规与反腐败合规”“公司合规治理的本土探索:经验总结与问题反思”“律师服务业态的升级转型:企业刑事风险防控”等话题进行了深入的互动交流。

8. 主办“‘人民教育家’高铭暄教授刑法教育思想座谈会”

为了庆祝中华人民共和国成立70周年,隆重表彰为新中国建设和发展作出杰出贡献的功勋模范人物,弘扬民族精神和时代精神,习近平主席于2019年9月17日签发主席令,决定授予42人国家勋章和国家荣誉称号,并于9月29日在人民大会堂向国家勋章和国家荣誉称号获得者颁授勋章奖章。中国刑法学研究会名誉会长高铭暄教授荣获“人民教育家”国家荣誉称号,同时也获得“最美奋斗者”称号。这既是高铭暄教授个人的巨大荣誉,也是刑法学研究会乃至我国法学界、法律界的巨大荣誉。2019年10月9日,由中国刑法学研究会和北师大刑科院共同主办的“‘人民教育家’高铭暄教授刑法教育思想座谈会”在京举行。来自刑法理论与实务界的40余名专家学者围绕高铭暄教授刑法教育思想与方法和刑法学术思想进行了深入研讨。

9. 主办“当代刑事司法暨法治昭通建设研讨会”

2020年10月26日,由中国刑法学会、云南省法学会、昭通市委、北京师范大学刑事法律科学研究院、昆明理工大学联合举办的“当代刑事司法暨法治昭通建设研讨会”在云南省昭通市开幕。来自全国各地的专家学者、获奖论文作者代表以及云南省、昭通市政法部门代表等共计150余人就“扫黑除恶专项斗争长效机制建设”“新冠疫情法律”“非法集资犯罪”“电信诈骗”等议题展开了研讨。

10. 参办“人工智能与刑事司法学术研讨会”

2020年11月20日，由国际刑法学协会中国分会主办，中国刑法学研究会和小包公智能法律平台协办的“人工智能与刑事司法学术研讨会”在北京举行。本次研讨会旨在围绕人工智能与刑事司法中可能存在的各类问题，着眼国内与国际、现实与未来、宏观与微观等多重视角，聚焦理论与实践、立法与司法的互动结合，有效推进人工智能领域的刑事司法的深度应用。本次研讨会采用线下与线上同步进行的方式，分别以“人工智能的刑事责任问题”“人工智能时代的刑法应对”“人工智能的主体地位及人工智能犯罪”为主题进行研讨。来自最高人民法院、最高人民检察院、司法部、中国法学会以及中国社会科学院、北京大学、中国人民大学、北京师范大学、中国政法大学等单位的代表近百人出席了本次研讨会。

11. 主办“民营经济保护刑事法治论坛”

2020年11月28日，“民营经济保护刑事法治论坛”在北京举行。研讨会由中国刑法学研究会、中国人民大学刑事法律科学研究中心、阳光诚信联盟主办。来自中央政法机关的领导、专家，中国人民大学、北京大学、清华大学、中国政法大学、北京师范大学、对外经济贸易大学等高校的学者，地方司法机关和企业、律师事务所的专业人士等200余人参加了本次会议。与会专家学者围绕民营经济的刑事法保护问题进行了深入研讨。

12. 举办第八届企业刑事合规高端论坛暨《2019—2020企业家刑事风险分析报告》发布会

2021年4月24日，由北京师范大学中国企业家犯罪预防研究中心、中国刑法学研究会、北京企业法律风险防控研究会主办的第八届企业刑事合规高端论坛暨《2019—2020企业家刑事风险分析报告》发布会在京举行。来自中央和地方政法机关、高等院校的100余人参会并围绕会议主题进行了深入研讨。

这些专题学术会议，或者聚焦于国家刑事法治的重大、热点问题，或者借助有意义的时间节点等因素，进行有针对性的刑法理论研究和交流，繁荣了刑法学研究，有助于国家刑事法治建设，也增进了刑法学界和法律实务界的学术联系与学术友谊。

四、开阔学术视野，不断拓展外向刑法学术交流

改革开放的时代需要放眼世界的学术研究和学术交流。对外学术交流是衡量一个学术团体国际化程度的重要标志，也是刑法学研究会拓展其学术研究事业的一大特色。本届理事会一如既往地予以重视并开展了丰富的国际、区际学术交流活动，取得了积极成效。

(一)积极加强国际刑法学术交流

国际性学术会议是国际学术交流的重要载体之一。本届理事会利用多种学术平台，举办和参加了数十个国际学术会议，有力地促进了我国与外国的刑法学术交流。其中，刑法学研究会举办的具有较大影响和有代表性的学术活动主要有：

1. 举办五届“中韩刑法学术研讨会”

为加强中韩两国刑法学界的交流与合作，在中国法学会的同意和鼎力支持下，刑法学研究会于2002年12月在北京与韩国比较刑事法学会签订了正式的学术交流合作协议，约定由刑法学研究会与韩国比较刑事法学会在中韩两国共同轮流主办年度性的“中韩(韩中)刑法学术研讨会”，迄今已连续成功举办19届，显著促进了中韩两国刑法界的学术交流和学术友谊。

过去5年来，中韩刑法学术研讨会又举办五届，分别是：(1)“第十五届中韩刑法学术研讨会”(2017年8月24~26日，中国太原)，主题为“中韩网络信息犯罪的惩治与预防”。(2)“第十六届中韩刑法学术研讨会”(2018年8月20~22日，韩国首尔)，主题为“腐败犯罪的刑事法对策与司法改革”。(3)“第十七届中韩刑法学术研讨会”(2019年8月20~21日，中国长春)，主题为“中韩正当化事由比较研究”。(4)“第十八届中韩刑法学术研讨会”(2020年12月18~19日，网络会议)，主题为“新冠肺炎疫情期间的刑事法问题比较研究”。(5)“第十九届中韩刑法学术研讨会”(2021年12月18日，网络会议)，主题为“中韩网络犯罪的刑法规制”。这些会议在中韩两国刑法学界和法律界产生了广泛影响，也正在并将进一步密切中韩两国的刑法学术交流与合作。

2. 举办四届“当代刑法国际论坛”

“当代刑法国际论坛”由北京师范大学刑事法律科学研究院主办，世界著名的刑法学研究机构德国马普学会外国刑法与国际刑法研究所是其主要的国际合作伙伴，并得到国际刑法学协会、联合国刑事机构、国际刑事法院等的支持和积极参与。该论坛自 2005 年创办，原则上每两年举办一次，迄今已成功举办了十届。中国刑法学研究会是论坛的主要协办单位之一，参与每届论坛并在其中发挥了重要作用。

过去 5 年来，“当代刑法国际论坛”共举行了四届，分别是：“第七届当代刑法国际论坛”（2017 年 12 月 9～10 日，广东省珠海市），主题为“恐怖主义的国际发展趋势及其立法与执法的挑战”。“第八届当代刑法国际论坛”（2019 年 3 月 28～29 日，北京），主题为“腐败与恐怖主义的全球治理”。“第九届当代刑法国际论坛”（2020 年 10 月 17 日，北京），主题为“企业合规与公司犯罪治理”。“第十届当代刑法国际论坛”（2021 年 11 月 20～21 日，北京），主题为“促进企业合规与打击有组织犯罪”。每届论坛都有来自国内外的 100 余位专家学者参加。该系列论坛的举行不仅为各国刑法界同行的坦诚对话提供了交流平台，而且推动了相互之间在刑事法教学、研究、立法、司法等领域的全面有效合作，产生了广泛的国内、国际影响。

（二）不断深化区际刑法学术交流

过去 5 年，中国刑法学研究会在加强刑法学国际交往的同时，也十分注重加强中国区际的刑法学术交流，举办了三届“海峡两岸刑事法治学术研讨会”和一届“海峡两岸暨香港、澳门刑事法论坛”，并参与多种重要的区际刑法学术会议。其中，中国刑法学研究会主办的区际刑法学术交流会议包括：

1. 举办三届“海峡两岸刑事法治学术研讨会”

“海峡两岸刑事法治学术研讨会”是两岸刑法学者的学术交流平台，每年轮流在海峡两岸举办一届。迄今已成功举办了十届。

过去 5 年来，“海峡两岸刑事法治学术研讨会”共举办了三届，分别是：“第八届海峡两岸刑事法治学术研讨会”（2017 年 11 月 10～11 日，杭州市），主题为“两岸犯罪化立法检讨与前瞻”；“第九届海峡两岸刑事法治学术研讨会”（2018 年 4 月 30 日～5 月 2 日，我国台湾地区嘉义市），主题为“毒品犯罪与社区矫正之刑事法学新议题”;“第十届海峡两岸刑事法治学术研讨会”(2019 年 11 月 2 ~ 6 日,浙江温州市),主题为“违法阻却事由研究”。这些会议的议题设置合理,参会人员主要是两岸刑法专家学者,每次会议研讨都十分热烈,有力地促进了两岸刑法学界的学术交流与友谊。

2. 举办“2019 年海峡两岸暨香港、澳门刑事法论坛”

“海峡两岸暨香港、澳门刑事法论坛”是我国海峡两岸和港澳特区几个法学理论单位及学术团体共同搭建的我国区际刑事法交流的学术平台,自 2008 年 12 月创立以来,已成功举办了十一届。2019 年 12 月 7 ~ 9 日,由中国刑法学研究会和北师大刑科院共同主办,西南政法大学法学院和西南政法大学国家毒品问题治理研究中心共同承办的“2019 年海峡两岸暨香港、澳门刑事法论坛”在重庆举行,主题是“刑事制裁手段的制度比较与检讨、黑社会(性质组织)犯罪的治理对策、毒品犯罪的治理对策”。来自海峡两岸暨香港、澳门高等院校、科研机构的刑事法学者与相关实务部门的刑事法专家围绕论坛议题进行了深入研讨。

五、理论服务实践,积极参与刑事法治建设活动

(一)积极参与国家刑法立法建设

刑事立法是国家法治建设的重要方面。刑法学研究会历来重视参加国家刑事立法的研拟和研讨工作,将之视为刑法学研究会和刑法学界的一项重要的职责。过去五年,刑法学研究会积极参与了国家多项刑事立法的相关研拟和研究、宣传工作。

1. 积极参加《刑法修正案(十)》立法相关活动

2017 年 11 月 4 日全国人大常委会审议通过了《刑法修正案(十)》。《刑法修正案(十)》是因应惩治侮辱国歌行为的迫切需要而制定的,仅有一个条文,情况比较特殊,立法过程中征求意见和研拟的时间很有限。尽管如此,中国刑法学研究会还是一如既往地予以重视,数位成员参与该修正案研拟的立法咨询积极献计献策,一些成员还适时发表文章予以研讨,积极支持和配合了该修正案的修法工作。

2. 积极参加《刑法修正案(十一)》立法相关活动

2020 年 12 月 26 日全国人大常委会审议通过了《刑法修正案(十

一)》。《刑法修正案(十一)》是我国立法机关继2015年《刑法修正案(九)》大幅修改刑法后的又一次重大刑法修正。国家立法机关适时启动了《刑法修正案(十一)(草案)》的研拟工作,并自2019年起加快了该项立法研拟的步伐。在《刑法修正案(十一)》立法研拟期间,中国刑法学研究会及其成员们积极参与了国家立法机关主持的有关《刑法修正案(十一)》的研拟工作和相关的研讨工作,主要有以下几个方面:

(1)积极参加国家立法机关主持的《刑法修正案(十一)》的多次研讨会

2019年11月7日,刑法学研究会会长赵秉志教授、副会长曲新久教授、常务理事刘仁文研究员应邀参加全国人大常委会法工委主持召开的研究《刑法修正案(十一)》初步方案的"刑法修改座谈会";2020年5月7日,刑法学研究会副会长张明楷教授和曲新久教授、秘书长刘志伟教授、常务理事刘仁文研究员和时延安教授、理事周光权教授等应邀参加全国人大常委会法工委主持召开的再次研究《刑法修正案(十一)》修法方案的"刑法修改座谈会";2020年9月3日,全国人大常委会法工委主持召开"刑法修改座谈会",研究在《刑法修正案(十一)(草案一审稿)》基础上"拟新增相关犯罪的初步方案",刑法学研究会会长赵秉志教授、常务副会长陈泽宪研究员、常务理事黎宏教授应邀参加;2020年11月2日,全国人大宪法和法律委员会与全国人大常委会法工委联合召开"《刑法修正案(十一)(草案)》座谈会",刑法学研究会会长赵秉志教授、副会长梁根林教授、理事阮齐林教授应邀参加。刑法学研究会这些成员通过参加国家立法机关主持的有关《刑法修正案(十一)》立法的研讨会议,积极提供口头和书面发言,为刑法立法工作献计献策,作出了有益的贡献。

(2)举办《刑法修正案(十一)(草案)》专题研讨会

为充分发挥刑法学界在科学立法、民主立法进程中的作用,为《刑法修正案(十一)(草案)》的完善建言献策,2020年7月12日,中国刑法学研究会、中国法学会案例法学研究会、北京师范大学刑事法律科学研究院联合举办了"《中华人民共和国刑法修正案(十一)(草案)》专题研讨会"。研讨会采用线下与线上结合的形式举办,共有来自全国人大常委会法工委、最高人民法院、最高人民检察院、公安部及高等院校、科研机构的30余位知名专家学者参与了会议研讨。与会专家学者针对草案中存在的问题提出了诸多富有建设性的合理建议。会后，各位专家学者提出的修改建议被整理成书面报告提交国家立法机关，供修改完善《刑法修正案（十一）（草案）》参考。

（3）举办《刑法修正案（十一）（草案）》专家研讨会

2020 年 7 月 21 日，由中国法学会主办、中国法学会研究部和中国刑法学研究会共同承办的“《刑法修正案（十一）（草案）》专家研讨会”暨中国法学会 2020 年第 20 期（总第 192 期）“立法专家咨询会”以视频会议的方式在北京召开。来自全国人大常委会法工委刑法室及高等院校、科研机构的 20 余名专家学者围绕《刑法修正案（十一）（草案）》的修改完善问题进行了深入研讨。

（4）撰写文章研讨《刑法修正案（十一）（草案）》的修法问题

2020 年间，刑法学研究会多位成员结合对国家立法机关正在研拟中的《刑法修正案（十一）（草案）》的了解和关注，在报刊和新媒体平台上发表了多篇研讨、评论、建言文章。中国刑法学研究会 2020 年全国刑法学术年会的议题中，关于重大疫情防控中的刑法立法完善和高空抛物行为的刑法治理两个议题与《刑法修正案（十一）（草案）》的修法密切相关，专家学者们围绕这两个议题撰写了多篇有见地的修改刑法的建言文章。这些文章首先是积极配合和促进了《刑法修正案（十一）（草案）》的立法研讨，同时也繁荣和深化了我国刑法学对相关问题的研究。

（5）将《刑法修正案（十一）》理解与适用作为学术年会议题予以集中研讨

《刑法修正案（十一）》于 2020 年 12 月 26 日通过并自 2021 年 3 月 1 日起施行。刑法学研究会及时将“《刑法修正案（十一）》的理解与适用”确定为 2021 年全国刑法学术年会的实务议题，引导全国刑法学界聚焦于《刑法修正案（十一）》撰写了一大批有针对性、有分量的研讨文章并得以用年会文集的形式及时问世，对正确理解和适用《刑法修正案（十一）》取得了积极的促进作用。

3. 积极参加《反有组织犯罪法（草案）》立法相关活动

2021 年国家立法机关启动了《反有组织犯罪法》的立法活动。中国刑法学研究会积极参与了《反有组织犯罪法（草案）》相关立法活动，研究会会长赵秉志教授、副会长莫洪宪教授、理事周光权教授、理事蔡军教授、理事暨副秘书长袁彬教授等参与了国家立法机关研拟中的《中华人民共和国反有组织犯罪法(草案)》的研讨咨询工作。

4.积极参加《反电信网络诈骗法(草案)》立法相关活动

2021年11月11日上午,针对国家立法机关拟定的《反电信网络诈骗法(草案)》,在中国法学会的主办下,中国刑法学研究会参与承办了《反电信网络诈骗法(草案)》专家研讨会暨2021年第35期(总第236期)立法专家咨询会。刑法学研究会的10余位成员参会,围绕《反电信网络诈骗法(草案)》的内容进行了深入研讨。会后,会议研讨的意见和建议以报告的形式提交到国家立法机关。

(二)积极参与刑事司法活动

过去的5年,中国刑法学研究会成员们一如既往地积极参与中央和地方政法机关的重要司法问题研讨和咨询活动,包括应邀参与最高司法机关关于刑法司法解释文件制定的研讨、咨询和评估工作,如这期间"两高"出台的重大刑事司法解释都有刑法学研究会成员参与咨询研讨,同时,2017年刑法学研究会会长赵秉志教授主持、秘书长刘志伟教授等参加承担最高人民检察院法律政策研究室委托的关于食品药品犯罪司法解释的评估工作,开创了司法解释评估的先例;应邀参与中央和地方政法机关有关刑事司法实务问题暨疑难、热点刑事案件的研讨咨询工作,如名誉会长高铭暄教授、会长赵秉志教授、副会长黄京平教授作为刑法学研究会的代表,2017年5月27日应邀赴山东高级法院观摩热点案件——于欢防卫过当案的二审庭审和参与座谈,并接受媒体采访和发表文章研讨。刑法学研究会成员对这些重大刑事司法活动的参与,为国家刑事司法实务工作的进步做出了一定的贡献。

六、实行学术激励,积极奖掖优秀刑法学术成果

奖励优秀刑法学术成果是推动我国刑法学术研究深入的必要举措,也是刑法学研究会章程设定的本会的工作任务之一。本届理事会组织开展了多项优秀学术成果评选活动。这方面包括:

(一)组织两届"全国刑法学优秀博士学位论文奖"评选

为传承和弘扬老一辈刑法学家崇尚法治、献身法学、务实求真、开拓创新、坚韧不拔的坚定信念和治学精神,奖掖与激励刑法学界的青年才

俊,2012 年在京师高铭暄刑事法学发展基金的支持下,刑法学研究会和北京师范大学刑事法律科学研究院共同组织评选了首届"全国刑法学优秀博士学位论文奖(2010 - 2012)"。之后,在京师高铭暄刑事法学发展基金、武汉大学马克昌法学基金会、王作富刑法学发展基金共同组建的全国刑法学发展基金的支持下,中国刑法学研究会先后于 2014 年、2016 年组织评选了第二届、第三届"全国刑法学优秀博士学位论文奖"。本届理事会期间,刑法学研究会又组织了两届"全国刑法学优秀博士学位论文奖"评选,产生了良好的学术影响和社会效果。

1. 组织第四届"全国刑法学优秀博士学位论文奖(2016 - 2018)"评选

2018 年 7 月,由全国刑法学发展基金支持,并由中国刑法学研究会组织的第四届"全国刑法学优秀博士学位论文奖(2016 - 2018)"评奖活动正式启动。截至 8 月 15 日,共有 27 篇博士学位论文参与申报。为了保证评奖的公平与公正,中国刑法学研究会特设立第四届"全国刑法学优秀学位论文奖"评审委员会。2018 年 11 月 17 日,第四届"全国刑法学优秀博士学位论文奖(2016 - 2018)"终评会在北京举行,评委会的 11 名专家出席了终评会。评委会严格遵循科学、公正和宁缺毋滥的原则,以不记名投票的方式评选出来自 12 所高校的获奖论文 15 篇(其中一等奖 5 篇,二等奖 10 篇),并决定授予 15 位青年刑法博士第四届"全国刑法学优秀博士学位论文奖(2016 - 2018)"荣誉称号,颁发相应荣誉证书和奖金;同时向其博士生指导教师颁发荣誉证书。

2. 组织第五届"全国刑法学优秀博士学位论文奖"评选

2020 年 9 月,由全国刑法学发展基金支持,并由中国刑法学研究会组织的第五届"全国刑法学优秀博士学位论文奖"评奖活动正式启动。截至 10 月 10 日,共有来自全国 17 所高校的 36 篇博士学位论文参与申报。为了保证评奖的公平与公正,中国刑法学研究会特设立第五届"全国刑法学优秀学位论文奖"评审委员会。2020 年 10 月 24 日,第五届"全国刑法学优秀博士学位论文奖"评审会议在京召开。会议根据《全国刑法学优秀博士学位论文奖评奖规则》,严格遵循科学、公正和宁缺毋滥的原则,以不记名投票的方式评选出获奖博士学位论文 18 篇(其中特等奖空缺,一等奖 6 篇,二等奖 12 篇)并决定授予 18 位青年刑法博士第五届"全国刑法学优秀博士学位论文奖”荣誉称号，颁发相应荣誉证书和奖金；同时向其博士生指导教师颁发荣誉证书。

（二）组织第二届“全国刑法学优秀学术著作奖（2014－2020）”评选

为了展现中国刑法学研究会成立以来我国刑法学研究取得的辉煌业绩，推动我国刑法学研究的繁荣与发展，在全国刑法学发展基金的支持下，中国刑法学研究会决定举办“全国刑法学优秀学术著作奖”评奖活动。2014年，首届“全国刑法学优秀学术著作奖（1984－2014）”评奖活动成功举行，对中国刑法学研究会1984年成立至2014年我国刑法学界出版的优秀刑法学著作进行了评选和表彰。

2021年7月，中国刑法学研究会开展了第二届“全国刑法学优秀学术著作奖”的评选活动，评选范围是2014年8月至2020年12月在国内外公开出版的刑法学专著或者教材。经作者申报、评审委员会初评、终评。2021年9月，第二届“全国刑法学优秀学术著作奖”评审委员会决定，授予22位刑法专家学者（其中大部分是青年专家学者）第二届“全国刑法学优秀学术著作奖（2014－2020）”荣誉称号。

（三）组织“第五届全国优秀刑法论文奖（2017－2021）”评选

为了奖掖全国刑法学术年会的优秀论文，促进刑法学术的繁荣与发展，在中国法学会的正确领导与大力支持下，刑法学研究会分别于2000年、2006年、2011年、2016年举行了四届全国优秀刑法论文评奖，即“海南杯”世纪优秀论文（1984－1999）评奖、“西湖杯”全国优秀刑法论文（2000－2005）评奖、“马克昌杯”全国优秀刑法论文（2006－2011）评奖和第四届全国优秀刑法论文评奖，对250多篇优秀刑法论文进行了奖掖。

2021年8月，中国刑法学研究会启动了第五届全国优秀刑法论文的评奖工作。2021年9月，第五届全国优秀刑法论文终评会在北京召开。经过认真、严肃的筛选、评议和表决，本着宁缺毋滥的原则，评委会从2017年至2021年五年间出版的9卷全国刑法学术年会文集共计700余篇论文中，评选出获奖论文50篇，决定授予50篇论文为“第五届全国优秀刑法论文（2017－2021）奖”荣誉称号。

（四）组织“涉数据网络犯罪的防治策略”专题有奖征文

为了加强网络犯罪的治理，奖掖网络犯罪研究领域的优秀成果，2018年中国刑法学研究会与北京师范大学刑事法律科学研究院联合举办了

“涉数据网络犯罪的防治策略”专题有奖征文。征文的相关工作于2018年1月10日启动。截至论文提交最后日期,先后共收到涉数据网络犯罪论文32篇。经征文评选组匿名评选,共评出一等奖论文2篇,二等奖论文4篇,三等奖论文6篇。此次论文有奖征集对于推动我国防治涉数据网络犯罪的理论研究具有积极意义。

七、注意人才培养,举办博士生论坛培育新人

为鼓励学术创新、提升博士研究生的学术竞争力和研究水平,刑法学研究会本届理事会积极开展了两方面的活动:一是如前所述,组织了两届“全国刑法学优秀博士学位论文奖”评选,奖励学术新人,共有33篇优秀刑法博士论文获奖;二是组织了三届“全国刑事法博士生论坛”。其中,“全国刑事法博士生论坛”由中国刑法学研究会和北京师范大学刑事法律科学研究院创设于2018年,迄今共举行了三届,对加强青年刑法学博士生的学术交流、拓宽其眼界,起到了积极作用。

(一)举办第一届全国刑事法博士生论坛

2018年11月3日至4日,由中国刑法学研究会和北京师范大学刑事法律科学研究院共同主办的第一届“全国刑事法博士生论坛”在京举行。本届论坛的主题是“时代发展与刑事法变革”。来自全国20余所高校或科研机构的70余位刑事法专业的博士研究生参与了本次论坛。论坛分“新时代下刑事法的理念变革”“科技发展对刑事法的挑战”“人工智能时代的刑事法应对”“新时代下刑事诉讼法的理论探索”四个单元,对当前我国刑法和刑事诉讼法领域的热点问题进行了热烈讨论,有效地促进了全国刑事法博士生的学术交流。

(二)举办第二届全国刑事法博士生论坛

2019年11月8~10日,由中国刑法学研究会和北京师范大学刑事法律科学研究院共同主办的第二届“全国刑事法博士生论坛”在北京举行。本届论坛的主题为“刑事法七十年:回顾与展望”,并分“刑事法七十年之宏观立法争议问题探索”“现代科技发展对刑事法理论与实务的挑战”“刑事诉讼法与监察法的程序衔接问题”“认罪认罚从宽制度的理论与实务问题”四个子议题。来自全国刑法、刑事诉讼法专业的80余名博士生围绕论坛主题进行了深入研讨。

(三)举办第三届全国刑事法博士生论坛

2021年12月4～5日,由中国刑法学研究会和北京师范大学刑事法律科学研究院共同主办的第三届“全国刑事法博士生论坛”采取线上方式举行。本届论坛的议题包括“网络犯罪的刑法规制”“有组织犯罪的刑事法治理问题”“刑事合规制度创设相关问题”“智慧司法建设下刑事诉讼理论问题研究”。来自全国刑法、刑事诉讼法专业的90余名博士生围绕论坛主题进行了深入研讨。

八、注重学术研究,不断推出刑法理论著作

在组织、开展刑法学学术研究的基础上,适时组织编辑出版学术著作,是中国刑法学研究会学术工作的重要方面。编辑并出版学术著作不仅有助于总结学术研究和学术交流的成果,同时也有利于进一步促进学术研究和学术活动的开展。刑法学研究会本届理事会主要加强了以下几个方面的学术著作编辑、出版工作:

(一)编辑出版九卷学术年会文集

根据惯例和刑法学研究会学术年会规则,刑法学研究会每年都会组织成立专门的年会文集编委会,并由刑法学研究会相关副秘书长和秘书组成年会文集编辑部,专门负责年会文集的编辑和出版工作,在会前出版年会文集。过去五年来,刑法学研究会共编辑出版全国刑法学术年会文集9卷,共计收录论文760余篇,总字数达1000余万字:(1)《时代变迁与刑法现代化》(郎胜、朱孝清、梁根林主编,中国人民公安大学出版社2017年版),上下两卷,共四编,收录论文179篇。(2)《改革开放新时代刑事法治热点聚焦》(赵秉志、陈泽宪、陈忠林主编,中国人民公安大学出版社2018年版),上下两卷,共四编,收录论文182篇。(3)《新中国70年刑法的变迁与发展》(赵秉志、贾宇、张旭主编,中国人民公安大学出版社2019年版),上下两卷,共四编,收录论文175篇。(4)《现代刑事法治视野下的国家与社会安全》(赵秉志、刘宪权、梅传强主编,中国人民公安大学出版社2020年版),共分三编,收录论文100余篇。(5)《新时代刑法修正案(十一)的理论与实务问题研究》(赵秉志、贾宇、黄京平主编,中国人民公安大学出版社2021年版),上下两卷,共10章,收录论文185篇。

（二）编辑出版五卷《刑法评论》会刊

《刑法评论》是中国刑法学研究会的会刊，是由刑法学研究会和北京师范大学刑事法律科学研究院联合主办并由法律出版社出版的注重理论与实务相结合的刑法学术刊物，也是刑法学研究会进行学术交流的重要窗口。刑法学研究会注重《刑法评论》的编辑和出版工作，在组织成立专门编委会的基础上，还聘请了一些学术编辑负责《刑法评论》的组稿、论文编辑和出版工作。过去5年来，刑法学研究会编辑出版了会刊《刑法评论》5卷（自第30卷至第34卷，其中第30～33卷已经出版，第34卷即将出版），共收录论文、文章和学术信息200余篇，总计350余万字，内容涵盖了中国刑法、比较刑法、区际刑法、国际刑法、研究会信息等多个方面，对宣传刑法学研究会并推动我国刑法学术研究的深入开展起到了积极作用。

（三）编辑出版两本中韩刑法学术会议文集

对于每年一度的中韩刑法学术研讨会的学术论文，按照中韩双方的约定，分别由各方在本国结集出版，以促进两国的刑法学术交流和扩大学术影响。对于过去5年召开的5次中韩刑法学术研讨会的学术成果，除去2021年刚刚召开的第十九届研讨会，中国刑法学研究会克服翻译等方面的困难，努力争取编辑、出版了其中两次研讨会的文集：（1）《中韩刑法正当化事由比较研究》（第十七届中韩刑法学术研讨会文集，群众出版社2020年版）；（2）《中韩疫情防控中的刑事法问题研究》（第十九届中韩刑法学术研讨会文集，将出版）。这些文集的编辑出版对促进中韩两国的刑法学术交流与合作很有助益。

（四）再次修订“现代刑事法学系列教材”

2007年开始，刑法学研究会与北京师范大学刑事法律科学研究院开展合作，以北师大刑科院的学术骨干力量为基础，并延揽全国刑事法学界有较大影响的学科带头人和学术骨干参与，共同组织编著了“现代刑事法学系列教材”，并交由中国人民大学出版社陆续出版了10余种。由于内容充实、新颖、学术性较强，该系列教材在业内产生了较大影响，先后被评为北京师范大学优秀教育教学成果奖一等奖和北京市教育教学成果奖（高等教育）二等奖，提升了中国刑法学研究会在全国刑事法学界的学术影响力。上届理事会期间，该套教材中的多种教材进行过修订。本届理事会期间，刑法学研究会根据法治发展和实际需要又组织对《刑法总论》《刑法各论》《犯罪学》《刑事诉讼法学》《刑事证据法学》等主要教材再次进行了修订。

九、自觉接受任务，积极参与中国法学会相关活动

中国法学会是中国刑法学研究会的业务主管部门，对刑法学研究会各项业务工作进行领导和指导。本届理事会除了积极参加中国法学会等单位组织的各种活动，还配合中国法学会开展推优评选工作、响应中国法学会号召积极研究妨害疫情防控犯罪问题等。

（一）积极配合中国法学会开展推优评选工作

过去5年，刑法学研究会配合中国法学会积极开展了多项推优评选工作。主要包括：

1. 组织申报中国法学会"第四届中国法学优秀成果奖"

2017年3月30日，中国法学会发布"关于开展第四届'中国法学优秀成果奖'评选活动的通知"，要求中国刑法学研究会作为推荐单位组织初评，向中国法学优秀成果奖评选委员会推荐1至3部（篇）候选成果，以参评"中国法学优秀成果奖"。刑法学研究会为此专门成立了由名誉会长、部分顾问、会长、副会长、秘书长等组成的初评委员会。经个人申报和初评委员会评审，朱文奇教授的《现代国际刑法》（商务印书馆2015年版）、楼伯坤教授的《犯罪行为学基本问题研究》（法律出版社2014年版）等作品被报送参评中国法学会"第四届中国法学优秀成果奖"，并均获该次评奖的著作类二等奖。

2. 组织开展中国法学会"双先"评选初评工作

2018年7月，中国法学会下发了《关于在全国法学会系统开展先进集体和先进个人评选表彰活动的通知》。根据该通知要求，中国刑法学研究会制定了"双先"初评工作方案，于2018年8月14日成立了"双先"初评委员会（初评委员由会长、副会长、秘书长共15人组成），下设办公室。初评委员会成立后，办公室通过电子邮件、研究会微信公众号、研究会理事微信群等多个途径向本会会员、理事发布了《中国刑法学研究会关于申报"双先"的通知》，明确初评推荐的标准、条件，进行"双先"评选工作广泛动员。至申报截止之日，共有4人申报"先进个人"，2家单位申报"先进

集体”。之后，经初评委员会投票，中国刑法学研究会确定了2位“先进个人”推荐人选、1个“先进集体”推荐单位。经中国法学会评选，中国刑法学研究会常务理事刘仁文研究员被评为“全国法学会系统先进个人”。

3. 组织开展第九届“全国杰出青年法学家”推荐评选工作

按照中国法学会《第九届“全国杰出青年法学家”评选办法》的要求，中国刑法学研究会从2019年5月20日起开展了第九届“全国杰出青年法学家”初评工作，包括发布初评活动通知、接受申报、组成初评委员会等。2019年6月13日，中国刑法学研究会在北京召开了第九届“全国杰出青年法学家”初评会议，会议实行不记名投票。根据评审委员会的投票结果，中国刑法学研究会决定推荐车浩（北京大学法学院教授）、劳东燕（清华大学法学院教授）、何荣功（武汉大学法学院教授）3位教授为第九届“全国杰出青年法学家”候选人，并上报中国法学会。经过中国法学会评选，车浩教授入选第九届“全国杰出青年法学家”。

（二）积极研究妨害疫情防控犯罪刑法问题

为有效惩治和防范妨害疫情防控犯罪行为，为防疫攻坚战的迅速胜利提供有力的法治保障，中国刑法学研究会响应中国法学会的号召，从实际和专业出发，为我国疫情防控贡献法治力量。这包括：

1. 积极向广大会员和学界同人发出防疫抗疫倡议

2020年2月，中国刑法学研究会向研究会会员发布倡议书，号召大家做好自身疫情防控的同时，积极做好法制宣传和理论研究，要围绕疫情防控遇到的刑事司法实践难题积极有效地开展刑事法理论研究，并充分结合我国疫情防控的现实问题，提出有针对性、有参考价值的完善我国疫情防控的司法和立法措施，并积极向有关部门建言献策。该倡议书发布后，得到了研究会成员的积极响应，先后开展了多方面的疫情防控法治问题研究。

2. 积极研究妨害疫情防控犯罪问题

2020年，中国刑法学研究会成员积极关注疫情防控期间各类媒体报道的妨害疫情防控违法犯罪行为，撰写了相当数量的文章，就如何妥善处理疫情防控期间发生的犯罪行为、今后如何完善相关刑法建言献策，通过报纸、公众号等各类媒体公开发表。如刑法学研究会副会长刘宪权教授在“上海市法学会”公众号发表《拒绝执行防疫措施行为刑法定性应注意的问题》，副会长曲新久教授、副秘书长彭新林副教授等接受《法治日报》记者关于如何惩治妨害疫情防控犯罪的专访，秘书长刘志伟教授、副秘书长袁彬教授、学术秘书商浩文副教授撰写了《惩治妨害疫情防控犯罪急需重视的问题》，秘书长刘志伟教授撰写了《修改刑法第330条适应惩治妨害疫情犯罪需要的建议》，以要报的形式上报中国法学会，常务理事黎宏教授在《人民法院报》发表《助力抗击疫情，刑法当仁不让》，以及卢建平教授、肖中华教授、田宏杰教授、金泽刚教授、韩轶教授、石经海教授、王文华教授、童德华教授、姜涛教授、左坚卫教授、李翔教授、涂龙科教授、陈金林副教授等20余位刑法学研究会成员发表了40余篇专题论文。这些研究成果有助于各级司法机关正确处理妨害疫情防控犯罪、完善我国相关的刑事法治。

十、重视换届组织，认真筹备第三届理事会换届工作

2021年是中国刑法学研究会的换届之年。本届理事会产生于2016年10月的中国刑法学研究会第二届会员代表大会第一次会议。2021年年末，本届理事会将任期届满。本年度，在中国法学会的指导下，根据《全国性法学社会团体规则》《中国法学会研究会换届工作细则（试行）》《中国刑法学研究会章程》的规定，中国刑法学研究会认真筹备了第三届理事会的换届工作。具体包括：

（一）成立换届工作领导小组

为了确保换届工作的顺利进行，根据中国法学会的要求，中国刑法学研究会于2016年6月成立了换届工作领导小组，组长为贾宇（刑法学研究会副会长），副组长为诸葛平平（中国法学会机关党委一级巡视员），成员有李存捧（中国法学会研究部负责人、一级巡视员）、孙立军（中国法学会研究部社团管理处处长）、陈泽宪（研究会常务副会长）、刘志伟（研究会秘书长）、周加海（研究会常务理事）。

（二）制订第三届理事会换届工作方案

根据中国法学会的工作部署要求，2021年9月26日中国刑法学研究会召开会长办公会议专门研究了换届工作事宜；换届工作领导小组在此基础上于2021年9月底拟定了《中国刑法学研究会第三届理事会换届工作方案》。方案根据学术影响力与区域代表性兼顾、刑法理论界与法律实

务界兼顾、平稳过渡与大力拔擢优秀青年人才兼顾原则，确定了第三届中国刑法学研究会理事会负责人、常务理事、理事名额分配方案，拟定中国刑法学研究会第三届理事会成员为250余名，其中负责人19名，常务理事（含正副会长、秘书长）83名。理事、常务理事人数较之第二届的人数都有较大增加。之后，刑法学研究会秘书处按照章程向各常务理事征求了意见，并报中国法学会批准。

（三）确定第三届理事会候选人名单

根据中国法学会有关换届工作的要求和《中国刑法学研究会第三届理事会换届工作方案》，刑法学研究会秘书处向各有关单位寄送了《关于推荐中国刑法学研究会第三届理事会理事候选人的专函》。经各单位推荐并经研究会换届工作领导小组的审核和研究会常务理事会研究，中国刑法学研究会第三届理事会的理事候选人、常务理事候选人和负责人候选人均已确定，并将交由此次会员代表大会投票选举。

十一、结语：关于刑法学研究会工作的感悟

回首以往五年，本届理事会按照中国刑法学研究会的章程，在中国法学会的业务指导下，积极开展各项工作并取得了相应的成绩。这些工作的开展和成绩的取得主要得益于以下三个方面：

第一，得益于中国法学会的积极指导和各有关方面的鼎力支持。作为中国刑法学研究会的业务主管单位，中国法学会一直十分重视、关心和支持刑法学研究会的工作，从全国刑法学术年会的组织、研究会的日常管理、研究会的机构建设等方面都给予了积极指导和大力支持。同时，中国刑法学研究会的工作尤其也得到了全国人大常委会法工委、最高人民法院、最高人民检察院、公安部、司法部等中央政法领导机关的业务指导和大力支持，以及法律院校、法学和研究机构地方政法机关的大力支持及参与。这些部门的积极指导、鼎力支持和热情参与，保证了本届理事会的工作得以顺利开展。

第二，得益于研究会注重自身的制度建设。长期以来，中国刑法学研究会都十分重视制度建设并产生了积极效果。本届理事会重点沿袭和强化了以下两个方面：一是学术年会组织的制度化。为了推动年会工作的常规化和制度化发展，刑法学研究会制定了内容翔实且操作性较强的全

国刑法学术年会规则，包含基本规则、会前筹备、年会举办和会后工作等系列流程，有效地促进了全国刑法学术年会各项工作的有序开展。二是学术评奖活动的制度化。本届理事会组织了多项全国优秀刑法论文评奖和全国刑法学优秀博士学位论文评奖。为了促进研究会这些评奖工作的规范进行，刑法学研究会专门制定了全国优秀刑法论文评奖规则、全国刑法学优秀博士学位论文奖评奖规则、“全国十大杰出青年法学家”初评办法等评奖活动规范并依规进行，对于保证研究会各项评奖工作公平、公正、公开、有序起到了积极作用。

第三，得益于研究会重视学术活动平台的建设。为了促进国内外刑法学术交流，刑法学研究会先后建立了多个刑法学术交流平台，如“中韩刑法学术研讨会”“当代刑法国际论坛”“海峡两岸刑事法治学术研讨会”“海峡两岸暨香港、澳门刑事法论坛”“全国刑事法博士生论坛”，等等。这些平台的创建及其正常运转保证了相关学术活动的有效开展，对推动国内外刑法学术交流起到了积极作用。

各位理事、各位会员、各位嘉宾：过去的 5 年，本届理事会人员上下一心，围绕刑法学研究会的工作职责，积极开展各项工作，有效推动了国内外刑法学术研究和学术交流。当然，过去 5 年，本届理事会在工作方面也存在一定的不足。今后，希望中国刑法学研究会在进一步深化自身组织建设的基础上，进一步开拓思路，创新方法，不断推动新时代中国刑法学术研究和学术交流的繁荣发展。我们相信，在中国法学会的正确领导下，在各有关方面的大力支持和参与下，在全体成员的共同努力下，新一届的理事会一定能领导刑法学研究会再接再厉，积极进取，再上台阶，矢志不渝地促进刑法学研究繁荣发展，为我国刑事法治建设的进步贡献力量！

最后，衷心祝愿各位身体健康，事业进步！

谢谢大家！

●在中国刑法学研究会第三次会员大会上的讲话

——聚焦时代课题　增强使命担当　以习近平法治思想为引领推动新时代中国刑法学研究实现新发展

贾　宇*

同志们：

本次大会选举我担任新一届中国刑法学研究会会长，我倍感荣幸，同时也深感责任重大。首先，我谨代表新一届理事会所有当选的同志，感谢中国法学会的悉心指导，感谢全体会员的信任支持，感谢承办本次年会的山西大学法学院和北京京都律师事务所，感谢为会议举办提供帮助的北京师范大学刑事法律科学研究院、国家检察官学院的领导、有关同志和同学们！

刚才，陈泽宪同志代表上一届理事会向大会作了工作报告，报告内容丰富，实事求是，我完全赞同。5年来，在中国法学会的正确领导下，在名誉会长高铭暄教授及各位顾问的有力指导下，在会长赵秉志教授率领和全体理事的共同努力下，中国刑法学研究会坚持以习近平新时代中国特色社会主义思想为指导，紧紧围绕党和国家工作大局，围绕刑法学理论与实践开展研究，取得了丰硕的成果。在此，让我们以热烈的掌声，向高铭暄教授等老一辈刑法学家、上一届理事会领导班子以及全体理事为研究会工作付出的辛勤劳动、作出的卓越贡献，表示崇高的敬意和衷心的感谢！向关心、支持中国刑法学研究会工作的领导和朋友们表示诚挚的谢意！

未来5年，我将同新一届理事会成员一道，凝心聚力，尽心尽责，努力

* 贾宇，中国刑法学研究会第三届理事会会长，浙江省人民检察院党组书记、检察长。

将中国刑法学研究会——我们“刑法学人士共同的家园”建设好。下面，我就深入学习贯彻党的十九届六中全会精神，全面贯彻习近平法治思想，运用习近平法治思想的立场、观点、方法指导中国刑法学研究，聚焦时代课题、增强使命担当，推动新时代中国刑法学研究实现新发展，讲几点意见，与大家共勉。

一、站稳政治立场，牢牢把握新时代中国刑法学研究的正确方向

党的十八大以来，我们党开创性地把全面依法治国纳入“四个全面”战略布局。2020 年 11 月，进一步将习近平法治思想明确为全面依法治国的指导思想。2021 年 11 月，党的十九届六中全会审议通过《中共中央关于党的百年奋斗重大成就和历史经验的决议》，党确立了习近平同志党中央的核心、全党的核心地位，确立了习近平新时代中国特色社会主义思想的指导地位，对新时代党和国家事业发展、对推进中华民族伟大复兴历史进程具有决定性意义。当前，我们比历史上任何时期都更接近、更有信心、更有能力实现中华民族伟大复兴的目标，同时也处于世界百年未有之大变局加速演进、外部环境更趋复杂、风险挑战前所未有的特殊时期，在此重大历史关头，六中全会“两个确立”起到了统一全党思想、加强全党团结的决定性作用，必将推动全党实现空前的政治团结、思想统一、行动有力，为实现中华民族伟大复兴产生重大而深远的影响。中国刑法学研究会全体会员要认真学习研究习近平法治思想和党的十九届六中全会精神，尤其要深刻认识“两个确立”的决定性意义，团结带领刑法学各界人士自觉做习近平法治思想的坚定信仰者、“两个确立”的忠诚拥护者、“两个维护”的示范引领者，积极投身全面依法治国伟大实践，为建设社会主义法治国家作出新贡献。

一是要始终坚持党的领导。坚持党的领导是推进全面依法治国的根本保证。《中共中央关于党的百年奋斗重大成就和历史经验的决议》深刻指出，“党的领导是党和国家的根本所在、命脉所在，是全国各族人民的利益所系、命运所系”。习近平总书记也多次强调，“党的领导是我国社会主义法治之魂，是我国法治同西方资本主义国家法治最大的区别”。很长一段时期以来，一些人盲目推崇西方的法律制度。实际上，世界上哪有脱离政治的法治？有的国家四处挥舞“长臂管辖”的大棒，真是在推行法治吗？

有的国家以所谓国家安全为名，悍然动用国家机器对我国合法企业进行制裁，甚至抓捕我国科学家和企业人员，符合基本的法治精神吗？世界上没有脱离政治的法治，西方国家的执法司法机构也是为自己的政治制度服务的。对此，我们必须要有清醒的认识和理性的判断。习近平总书记深刻指出，"'党大还是法大'是一个政治陷阱，是一个伪命题"，同时又强调，"权大还是法大"则是个真命题。党的十八大以来，"中央八项规定"等一系列制度机制、党内法规以及干预过问司法办案"三个规定"的出台，就是要把权力装进制度的笼子里。现在，不管是谁，凡是过问、干预司法办案的，司法人员逢问必录，确保司法机关依法独立行使司法权。因此，党的领导和依法治国是统一的，依法治国绝不是要削弱党的领导，而是要加强和改善党的领导；也只有坚持党的领导，全面依法治国才能有效推进。中国刑法学研究会作为中国法学会的二级研究会，是党全面推进依法治国的重要力量，是繁荣刑法学研究的主阵地和主力军，必须把始终坚持党的领导作为根本原则，把加强政治引领作为首要任务和职责所在，切实保证刑法学研究正确方向。我们的名誉会长、刑法学泰斗和人民教育家高铭暄教授曾说过，"最感恩的是伟大的党和伟大的祖国""要秉持党的'不忘初心、牢记使命'的教导，努力工作，继续前行，有一分热，发一分光"，我们要传承高老师的优秀品格和对党的无限忠诚，确保研究会的一切活动都必须在党的领导下开展，都必须服从服务于党的事业；研究会全体会员在研究各类问题时，也必须始终坚持正确的政治方向，着眼于厚植党的执政根基。

二是要始终坚持以人民为中心。人民立场是我们党的根本政治立场。习近平总书记强调，推进全面依法治国，根本目的是依法保障人民权益，要努力让人民群众在每一个司法案件中感受到公平正义。这些重要论述，深刻回答了全面依法治国为了谁、依靠谁的重大问题。每一起犯罪都发生在群众身边，每一起案件都事关人民利益，我们对每个问题发表的看法也都要接受人民的评判。新时代人民群众的法治观念、权利意识日益增强，成为推动法治进步的重要力量。例如，为什么在正当防卫的立法没有调整的情况下，正当防卫案件突然多了起来？显然是民意唤醒了"沉睡的正当防卫条款"，推动正当防卫理念的重塑，捍卫"法不能向不法让步"的法治精神。我们法律人不能自命不凡把自己看成高高在上的精英，要首先定位为一名普通公民，来自群众、心系底层、服务人民，把维护人民利益、让人民充分感受到公平正义作为我们开展研究、处理问题的出发点和落脚地。

三是要始终坚持中国特色社会主义法治道路。道路问题关系全局、决定成败。习近平总书记强调，推进全面依法治国必须走对路，要从中国国情和实际出发，走适合自己的法治道路；要传承中华优秀传统法律文化，同时借鉴国外法治有益成果。这些重要论述，为中国刑法学研究指明了方向。我们要不忘根脉，自觉传承中华优秀传统法律文化和红色基因。独树一帜的中华法系积淀了丰富的、深厚的法律文化，德主刑辅、明德慎罚的慎刑思想，援法断罪、罚当其罪的平等观念，保护鳏寡孤独、老幼妇残的恤刑原则，以及我们党在陕甘宁边区政府时期的大众化司法理念和制度，无不闪耀着中华文明的独特光芒。刑法学研究要善于从传统中发掘能够妥善解决时代课题的启迪与智慧。一段时期以来，深圳鹦鹉案、河南兰草案、内蒙古玉米案等案件的处理引发社会热议，问题出在哪里？在全面依法治国的新时代，如何传承兼顾天理国法人情的传统？这些问题值得我们认真思考、深入研究。我们要拓宽视野，学习借鉴国外法治有益成果。国际视野，是眼界，是胸怀，也是能力。张明楷教授在《中国刑法学的发展方向》一文中针对刑法学科对国家治理的服务功能不强、在民族性与世界性关系的处理上存在两个极端等问题，主张事实学与规范学并重、民族性与世界性并重、批判性与建设性并重、专业性与通俗性并重。我完全赞同！在学习借鉴国外有益经验的同时，一定要防止生吞活剥、食洋不化，一定要避免陷在外国的话语体系中出不来，甚至盲目把外国的立法、判例、理论作为评判对错优劣的标尺。中国刑法学人要善于从中国特色社会主义法治百年发展中总结经验，敢于为中国特色社会主义法治进步建言献策，勇于为犯罪治理这一全球性课题贡献中国智慧。

二、立足中国实际，积极探索构建中国特色的刑法学理论体系

“接地气才能有底气。”习近平总书记深刻指出：“我们党的历史反复证明，什么时候理论联系实际坚持得好，党和人民事业就能够不断取得胜利。”要深刻认识到，世界上没有放之四海而皆准的法治模式，也没有世界通用的刑法学理论体系，我们要坚持从中国国情出发，把学术文章写在祖

国大地上，在实践中发现问题、研究问题、解决问题，努力构建体现中国特色、中国风格、中国气派的刑法学理论体系，不断推动中国刑事法治创新发展。

（一）着眼时代变迁，强化刑事理念研究

形势决定任务，理念决定行动。随着中国经济社会的持续高速发展，犯罪治理领域的新情况新问题层出不穷，一段时期以来，实践中不时出现看似于法有据却引发公众质疑的案例，这其中就与我们长期以来偏重法条解读、理念指引不足的研究范式存在一定关系，如何强化对刑事司法实践的理念引领，值得我们深入思考和研究。在2020年的全国人民代表大会上，最高检张军检察长在工作报告中提到，1999年至2019年20年间，我国刑事犯罪发生了结构性的重大变化，严重暴力犯罪比例大幅下降，检察机关起诉严重暴力犯罪从16.2万人降至6万人，年均下降4.8%；被判处三年有期徒刑以上刑罚的占比从45.4%降至21.3%。这是对我国20年犯罪情况的专题调研或者说实证研究得出的数据。2021年，“少捕慎诉慎押”理念进一步上升为党和国家的刑事司法政策，指导全国刑事司法办案，意义十分重大。

（二）着眼国家治理，强化刑事政策研究

刑事政策是党和国家对犯罪治理历史经验的科学总结，是立法的先导、法律的灵魂、司法的指引，包括刑事立法政策、司法政策和社会政策，前面提到的“少捕慎诉慎押”就是当前重要的刑事司法政策。我国的刑事政策从新中国成立初期的“镇压与宽大相结合”，改革开放前20年的“惩办与宽大相结合”，再到当前的“宽严相济”刑事政策，这些变化集中体现了不同历史时期我们党的执政理念、管理方式和治理态度。历史上，每一次重大刑法制度的变革，都是与新的刑事政策思想的兴起分不开的。因此，刑事政策的研究相当重要。长期以来，我们的刑法学一直偏重犯罪论研究、偏重定性研究，但从实践看，真正在定性方面存在疑难、争议的案件比例极低，更加普遍、更值得关注、更需要给予理论指引的往往是宽严相济刑事政策的具体贯彻。比如，有观点主张我国应当多搞“微罪入刑”，以有效应对“风险社会”，这样的建言是否立足中国实际、是否审慎评估了犯罪圈扩张的影响和利弊，值得我们深刻思考。再如，一段时期以来，不少刚毕业甚至是在读的大学生参与网络金融犯罪，我们曾经处理了一个网络诈骗案件,报捕的犯罪嫌疑人有100多名,几乎覆盖了华南各名牌大学的毕业生。但这些年轻人往往只是拿少量的固定工资或者只获得少量报酬,对这类案件的处理,如何体现区别对待的政策精神、更好实现"惩前毖后、治病救人"的刑罚目的,是实践的重点和难点,我们的理论研究更不应当缺位。全面依法治国是国家治理的一场深刻革命,刑法学研究要立足法治中国建设实践,坚持并善于从大局看问题、从长远看问题、从战略上看问题,既要将党的基本理论、基本路线、基本方略具化为法治实践,研究运用好党的刑事政策,充分发挥好刑事政策指导司法实践的特色优势;又要善于梳理分析一个阶段的刑事司法实践,总结提炼具有一般规律性、普遍指导性的刑事司法经验,推动刑事政策的不断健全完善;更要善于加强对刑事政策的实践观测,适时推动条件成熟的刑事政策巩固转化为刑事立法,大力引导刑法制度供给与创新,不断形成可以走向世界的中国刑事治理方案。

(三)着眼服务实践,强化刑事应用研究

"法学学科是实践性很强的学科。"习近平总书记关于"一个案例胜过一打文件""把法学理论和司法实践更好结合起来"等一系列重要论述,充分体现了坚持实践第一的观点。经济社会的高速发展催生了丰富多样的实践问题,这些问题应当成为刑法学创新发展的理论源泉。这也是我们摆脱过度依赖域外刑法学研究,走出一条中国式刑法学研究道路的关键所在。前段时间看到一篇文章,是日本中央大学井田良教授的《走向自主与本土化:日本刑法与刑法学的现状》,文章指出,"我们应当对最高裁判所的最新判决,而不是最新出版的德国文献抱有更大的兴趣"。这位教授的认识也应对我们中国的刑法学者们有所启发。我们要突出刑法学研究的服务意识与应用价值,为解决中国的现实问题提供刑法学理论支撑。要聚焦破解疑难复杂法律适用问题,树立案例研究意识,着力解决困扰司法实践的真问题、新问题,在实践中检验、深化我们的理论成果。杭州女子取快递被造谣案,促进了诽谤罪公诉的具体应用;于欢案、"昆山龙哥案",激活了"沉睡的"正当防卫制度;天津大妈"气枪案",引发了对枪支认定及枪支犯罪定罪量刑标准的深刻反思。这样的一些有重大社会影响、重大研究价值的案件,需要我们关注、跟进,作出我们理论研究的贡献。要注重透过类案研究深入剖析一个领域的社会治理问题,思考犯罪、刑罚与社会治理之间的关系，提出新观点、构建新理论，推出具有中国特色的应用成果，为立法、司法实践提供理论指引。

（四）着眼系统观念，强化刑事一体化研究

系统观念是马克思主义唯物辩证法的基本思维方法，也是“十四五”时期我国经济社会发展必须遵循的五项原则之一。刑法学研究也要强调系统观念，跳出刑法看刑法，用普遍联系的观点，在整个法治体系乃至经济社会发展全局中思考问题、贡献智慧。早在20世纪80年代末，储槐植教授就提出了刑事一体化命题，主张“贯通学科联系，淡化学科界限，关注现实问题”。当下，中国特色社会主义法治体系日臻成熟，新时代刑法学研究需要有更为宏观的一体化研究意识，在密切联系的法治体系中全面审视和分析研究问题，既要充分发挥刑法的社会功能，做到治理“到位”；又要恪守刑法谦抑性，防止刑事“越位”。一方面，要研究刑法治理与其他治理之间的关系。习近平总书记在中央政治局集体学习贯彻《民法典》时就强调“坚决防止以刑事案件名义插手民事纠纷、经济纠纷”，这充分说明了刑法学研究要讲求联通、贯通、融通：既要与国家治理格局相连，实现自治、法治、德治相得益彰；又要与国家法律体系相连，实现各尽其能、多能互补。2020年8月，陈兴良教授在接受《人民检察》杂志专访时提出，“刑法应主动去适应民法典”“在处理刑民交叉案件时，不仅应当依据刑法规定及理论，而且应当参考民法规定及理论”，我完全赞成。另一方面，要研究刑事法治内部之间的关系。程序是实体的保障，实体是程序的目的，二者不能完全分开。要充分发挥刑法的社会治理功能，刑法学研究也离不开对刑事诉讼、犯罪学等问题的研究。比如认罪认罚从宽制度，就是刑事实体法与程序法融合规定的典型例证，单纯从刑法或者刑事诉讼法的角度去认识分析这项制度，恐怕都难以深刻把握它的重要意义、实质内涵，只有统筹兼顾、融会贯通，才能更好地彰显制度优势、释放治理效能。

三、聚焦“国之大者”，切实扛起新时代中国刑法学研究的时代使命

习近平总书记多次强调，要牢记“国之大者”，不断提高科学执政、民主执政、依法执政水平。何谓“国之大者”？就是国家治理中最核心、最关键、最迫切的问题，是关于国势、国运等重大问题的战略性思考。我们广大刑法学研究者站在历史与现实的交汇点，要准确把握“国之大者”的时

代指向，深思笃行。我们眼中不仅要有法条，更要体察国家大局，要善于从党和国家大局、经济社会发展大势、世界百年未有之大变局中，深刻领悟刑法学研究的时代使命，找准研究重点，提升研究成效。

一要紧紧围绕服务保障经济社会高质量发展开展研究。要立足新发展阶段，贯彻新发展理念，服务构建新发展格局，紧扣“高质量”这一关键词，围绕“十四五”时期经济社会发展重点领域的刑事治理问题深入开展研究，为共同富裕、乡村振兴等国家重大发展提供刑事风险防治的思路与对策，服务保障党和国家中心大局。比如，面对突如其来的疫情，总书记特别强调，疫情防控越是到了最吃劲的时候，越要坚持依法防控，在法治轨道上统筹推进各项防控工作。执法司法机关依法惩治妨害疫情防控的违法犯罪、依法化解涉疫矛盾纠纷、全力服务疫情时期经济发展和民生保障，在此基础上，我们应该如何总结完善应急刑事法治的经验与成果，就是刑法学研究应当关注的重要领域。再如，积极践行“法治是最好的营商环境”，从不同的侧面、不同的案例入手，研究刑事领域法治化营商环境的需求，强化知识产权保护、企业刑事合规、《刑法修正案（十一）》涉企条款适用等问题研究，都是很好的切入点。又如，前不久，我们中国刑法学界的老朋友西原春夫先生，在首届“学术中国”国际高峰论坛的发言中提到，“思考中国走向社会主义现代化，一个非常有益的视角是当人工智能发展到超越人类能力的程度时，人类的经济政治制度将会发生怎样的变化?”他认为，中国无疑是世界上经济政治结构与即将到来的人工智能时代的经济政治结构最为接近的国家。对此，我们刑法学研究应该如何回应?这大抵是刑法学研究面向未来的重大课题，充满了机遇与挑战。

二要紧紧围绕民生福祉开展研究。“治国有常，而利民为本。”习近平总书记在广西考察时曾经深情地说，让人民生活幸福是“国之大者”。刑法学研究要善于从“大”处着眼，“小”处着手，紧盯人民群众日益增长的美好生活需要，研究提出更多解民忧、促民生、护民利的刑事法律政策措施，增强人民群众获得感、幸福感、安全感。要顺应人民群众正义情感，把天理、人情融入对法律、法条的诠释中，避免“不食人间烟火”、就法论法、就事论事，这是为司法办案实现天理国法人情兼顾、“三个效果”统一提供理论指引的必然要求，也是为国家、为人民培养合格法律人才的应尽责任（比如，张军检察长在多个场合讲的一个案例：刘海盗窃案。疫情期间，老人刘某去超市给儿子买吃的，但没有手机进不了超市，在超市门口三次偷盗他人自行车框里的食品、药品，合计食品价值 115 元，药品 571 元，公安以盗窃罪立案侦查，检察院审查起诉，法院判决拘役缓刑 4 个月，罚金 1000 元，导致本就生活困难的刘某一家生活状况雪上加霜。这个案子的办理，司法人员虽然没有违法，但属于典型的机械司法，就案办案，没有司法的温度，没有体现“三个效果”的统一）。要回应人民群众期待，当前人民群众对民主、法治、公平、正义的期待比以往任何时候都要更高、更迫切。发生在老百姓身边的案件，尤其是刑事案件，对我们来讲，或许是习以为常的“芝麻大的事”，但对当事人及其家庭来讲，都是“天大的事”。比如，“醉驾”问题。据统计，2019 年起，醉驾案件已取代盗窃成为排名第一的犯罪类型，在全部刑事案件中占比超过 1/5，每年有超过 30 万人因为“醉驾”入刑，这背后就是 30 万个家庭、数百万人口，可谓“小案件大社情”。关于如何依法处理醉驾案件、理性治理醉驾问题，我们浙江司法机关作了一些努力，也听到一些或赞成或批评的意见建议。在现行立法框架下，如何恰当适用《刑法》第 13 条但书的规定，让司法更具温度、更体现人民立场、更能巩固执政根基，确实应当引起我们深入思考研究。

三要紧紧围绕改革创新开展研究。习近平总书记曾说过，生活从不眷顾因循守旧、满足现状者，而将更多机遇留给勇于和敢于、善于创新的人们。我们刑法学研究既要站上“九层之台”，也要善于打破“瓶瓶罐罐”，围绕改革创新提炼出刑法学新理论，争做新时代刑法学研究的探路者。要加强数字经济刑法保护研究。当今时代，数字经济发展速度之快、辐射范围之广、影响程度之深前所未有，党和国家高度重视数字经济健康发展。如何恰当发挥刑法功能，促进并规范数字经济发展，为国家战略服务，是我们刑法学人应当重点关注的时代课题之一，同时，这方面的研究也一定能为我们开辟新的广阔领域。要加强科技创新刑法保护研究。创新就意味着有所突破，刑法学研究要充分认识科技创新的规律和特点，秉持刑法的谦抑审慎善意，正确界定罪与非罪，为司法实践保护科技创新提供理论支撑。如永康走步机案，张军检察长在工作报告中举过这个例子，浙江检察机关对这个案子作不起诉处理，推动了国家市场监管总局为走步机这一创新产品提供了国家标准，保护了科技创新。要加强网络空间刑法规制研究。深入研究电信网络诈骗、网络跨境赌博、侵犯公民个人信息、帮助信息网络犯罪活动（简称“帮信罪”）等新型网络犯罪，总结规律，研究提炼互联网刑事法律规则、法律制度，形成高质量对策建议，助力司法机关依法打击整治，斩断黑灰产业链条，维护清朗网络空间。

四要紧紧围绕涉外刑事法治开展研究。当前国际形势风云诡谲，霸凌主义、孤立主义、极端主义、恐怖主义等层出不穷，涉外刑事法治问题涉及我国国家主权和安全大局，我们刑法学研究决不能置身事外。一方面，要研究运用法治思维和法治方式有效应对挑战、防范风险，坚决维护我国主权、安全、发展利益，维护我国企业和公民合法权益，为提高涉外工作法治化水平提供刑法学理论支撑。孟晚舟事件是百年未有之大变局的一个集中缩影，该事件反映出来的企业家如何防范国际刑事法律风险、如何应对西方国家所谓的“长臂管辖”等问题，我们刑法学研究者们应当有所贡献。另一方面，要加强国际刑法学研究和对话，善于讲好中国法治故事，更加充分、鲜明地展现故事背后的理论内涵和思想力量，不断提升中国刑法在国际上的话语权和影响力。

四、强化组织协调，为新时代中国刑法学研究做好服务保障

组织建设是基础，制度建设是保障。刑法学研究会要不断加强自身建设，健全工作机制，丰富学术活动，加强人才培养，推动刑法学研究能力水平整体跃升。

一要进一步完善中国刑法学研究会组织建设，发挥好桥梁纽带作用。要带好“头”。充分发挥研究会自身的影响力、吸引力和号召力，特别要发挥好研究会各位副会长、常务理事在各单位、各领域的领导和专家作用，号召、带领各界人士以主人翁的姿态开展刑法学研究。要建好“会”。有计划地扩大研究会规模，做好新老更替与传承，协调刑法理论界和实务界的有效合作。进一步加强中国刑法学研究会同各省、市、区（县、市、区）刑法学研究会的联系，通过各省、市、区刑法学研究会，推动繁荣全国刑法学研究。要用好“网”。完善中国刑法学研究会官方网站和微信公众号平台，合理布局，优化栏目设计，及时更新内容，提升视觉效果。要办好“刊”。规范《刑法评论》会刊、刑法学专业系列学术文库出版的选稿用稿标准，提升用稿质量，发挥好阵地和媒介作用。

二要进一步完善研究会工作机制，发挥好交流平台作用。要完善年

会制。加强理论界与实务界的沟通交流，努力把每年一度的刑法学年会打造成刑法职业共同体相融共促的交流盛会。要完善合作研究机制。充分运用法学院校、科研单位与司法实务部门合作共建的各类平台，常态化开展合作研究，努力形成一批有理论高度和实践深度的合作研究成果。要完善研讨交流机制。不定期召开有学者和司法实务界人士共同参与的小型专题研讨会，研讨交流刑法学前沿理论、司法实践热点难点问题。要进一步加强国际刑法学交流，推动中国刑法思想从“引进来”到“走出去”，更好促进国际传播。

三要进一步加强研究人才培养，发挥好传帮带作用。要传承优秀学术品格。高铭暄、马克昌、王作富、储槐植等老一辈刑法学家筚路蓝缕、开荒拓土，积极参与刑法创制，全力以赴著书立说，呕心沥血教书育人，为中国刑法学发展作出了不可磨灭的贡献。他们是新中国刑法学的开拓者和奠基人，我们后人乘凉要不忘前人栽树。我们要学习老一辈刑法学家们甘为人梯、奖掖后学的育人精神，继承和发扬他们矢志不渝的价值追求和高尚的学术品格。要培养青年研究人才。习近平总书记一再强调，青年兴则国家兴，青年强则国家强。刑法学研究会是培养年轻刑法学研究人才的重要平台，我们要甘为人梯，多把讲台、学术平台、发展机会留给年轻人；要创新学术评价标准、健全评价激励体系，常态化开展优秀成果、优秀人才评选，让更多的年轻人在刑法学研究中脱颖而出。

各位领导、各位理事，同志们、朋友们，征程万里风正劲，重任千钧再奋蹄。引领和繁荣刑法学研究，构建具有中国特色的刑法学理论体系，我们任重道远！让我们新一届理事会凝心聚力，深入学习贯彻党的十九届六中全会精神，全面贯彻习近平法治思想，从党的百年奋斗重大成就和历史经验中汲取信心和动力，积极适应新形势新任务新要求，推动刑法理论和实践与时俱进、再上新台阶，在法治中国建设新征程中展现新担当新作为，以优异成绩迎接党的二十大召开！

最后，预祝本次年会取得圆满成功，祝大家身体健康、工作顺利！

中国刑法学研究会第三届理事会负责人、常务理事、理事名单

一、负责人

会　长

贾　宇　浙江省人民检察院党组书记、检察长、教授

副会长(按姓名拼音音序为序)

高建国　中央军委巡视组原正军职巡视专员

何荣功　武汉大学法学院副院长、教授

黎　宏　清华大学法学院教授

梁根林　北京大学法学院教授

刘仁文　中国社会科学院法学研究所刑法室主任、研究员

刘志伟　北京师范大学刑事法律科学研究院副院长、教授

梅传强　西南政法大学法学院院长、教授

曲新久　中国政法大学刑事司法学院教授

时延安　中国人民大学刑事法律科学研究中心主任、法学院教授

王政勋　西北政法大学刑事法学院教授

于改之　华东政法大学刑事法学院教授、《法学》杂志副主编

张　旭　吉林大学法学院教授

秘书长

周加海　最高人民法院研究室副主任

二、常务理事(按姓名拼音音序为序)

蔡道通　南京师范大学法学院教授

蔡　军　河南大学法学院院长、教授

车　浩　北京大学法学院副院长、教授
陈家林　武汉大学法学院教授
陈　伟　西南政法大学法学院教授
程　红　中南财经政法大学刑事司法学院教授
邓子滨　中国社会科学院法学研究所研究员
董玉庭　齐齐哈尔大学校长、教授
付玉明　西北政法大学刑事法学院教授
高　巍　云南大学法学院党委书记、教授
郭泽强　中南财经政法大学刑事司法学院副院长、教授
韩耀元　中央纪委国家监委办公厅副主任、一级巡视员
韩　轶　中央民族大学法学院院长、教授
黄明儒　湘潭大学法学院教授
黄志红　国家安全部政法局主任
劳东燕　清华大学法学院教授
梁雅丽　北京市京都律师事务所律师
林　维　中国社会科学院大学副校长、教授
李兰英　厦门大学法学院教授
刘艳红　中国政法大学刑事司法学院教授
刘志远　最高人民检察院检察日报社党委书记、社长
卢勤忠　华东政法大学刑事法学院教授
莫开勤　中国人民公安大学法学院教授
聂立泽　中山大学法学院教授
欧阳本祺　东南大学法学院教授
钱叶六　华东师范大学法学院副院长、教授
石经海　西南政法大学法学院教授
舒洪水　西北政法大学反恐怖主义法学院院长、教授
孙万怀　华东政法大学刑事法学院院长、教授
童德华　中南财经政法大学刑事司法学院教授
田宏杰　中国人民大学法学院教授
王爱立　全国人大常委会法工委刑法室主任
王　充　吉林大学法学院副院长、教授

王　新　北京大学法学院教授
王秀梅　北京师范大学刑事法律科学研究院副院长、教授
王志远　中国政法大学刑事司法学院副院长、教授
魏　东　四川大学法学院教授
邢志人　辽宁大学法学院教授
肖中华　中国人民大学法学院教授
徐　岱　吉林大学法学院教授
姚建龙　上海社会科学院法学研究所所长、研究员
阴建峰　北京师范大学法学院副院长、教授
叶良芳　浙江大学光华法学院教授
喻海松　最高人民法院研究室刑事处处长
曾粤兴　北京理工大学法学院教授
张天虹　山西大学法学院教授
张心向　南开大学法学院教授
张永江　新疆维吾尔自治区高级人民法院副院长
朱　玉　甘肃省人民检察院党组书记、检察长

三、**理事**（按姓名拼音音序为序）

柏浪涛　华东师范大学法学院教授
蔡一军　上海政法学院警务学院院长、教授
柴峥涛　浙江省温州市人民检察院检察长
陈长东　天津市高级人民法院刑一庭庭长
陈　航　兰州大学法学院教授
陈　洁　吉林省人民检察院第九检察部主任
陈结淼　安徽大学法学院教授
陈京春　西北政法大学刑事法学院教授
陈庆安　上海社会科学院法学研究所研究员
陈庆瑞　河北省高级人民法院刑二庭庭长
陈伟强　昆明理工大学法学院副院长、教授
陈雄飞　北京德恒律师事务所律师
陈　璇　中国人民大学法学院教授

陈志军　中国人民公安大学法学院教授
杜　宇　复旦大学法学院教授
段启俊　北京德和衡(长沙)律师事务所主任、律师
敦　宁　大连海事大学法学院教授
冯　军　河北政法管理干部学院院长、教授
冯卫国　西北政法大学刑事法学院院长、教授
付立庆　中国人民大学法学院教授
顾敏康　湘潭大学法学院教授
官文生　湖北省高级人民法院刑一庭庭长
郭　洁　西北政法大学刑事法学院教授
韩　哲　北京市世航律师事务所主任、律师
何庆仁　中国社会科学院大学法学院教授
贺志军　湖南工商大学法学院教授
洪　流　新疆维吾尔自治区高级人民法院伊犁分院院长
黄华生　江西财经大学法学院教授
黄伟明　烟台大学法学院教授
黄卫平　最高人民检察院第二检察厅副厅长
黄　星　全国人大常委会法工委刑法室处长
贾济东　北京师范大学刑事法律科学研究院教授
姜　敏　西南政法大学法学院教授
姜　涛　南京师范大学法学院副院长、教授
焦艳鹏　华东政法大学刑事法学院教授
金泽刚　同济大学法学院教授
赖早兴　对外经济贸易大学法学院教授
李邦友　中央财经大学法学院教授
李本灿　山东大学法学院教授
李　川　东南大学法学院教授
李法宝　北京市仁人德赛律师事务所主任、律师
李海滢　吉林大学法学院教授
李　佳　腾讯公司安全法律部总经理
李立丰　吉林大学法学院教授

李　娜　宁波大学法学院教授
李卫红　中国社会科学院大学法学院教授
李　翔　华东政法大学刑事法学院教授
李　杨　河南省新乡市人民检察院党组副书记、副检察长
李永林　内蒙古警察职业学院院长、教授
李运才　贵州师范大学法学院教授
梁　健　浙江省高级人民法院副庭长
梁　曦　陕西省人民检察院副检察长
连　斌　浙江天猫技术有限公司法务总监
廖天虎　西南科技大学法学院教授
蔺　剑　海关总署缉私局(公安部十四局)处长
刘德法　郑州大学法学院教授
刘　军　上海政法学院刑事司法学院教授
刘　霜　天津大学法学院教授
刘士心　南开大学法学院副院长、教授
刘　远　南京师范大学法学院教授
柳忠卫　山东大学法学院教授
龙长海　内蒙古大学法学院教授
楼伯坤　浙江工商大学法学院教授
卢有学　西南政法大学法学院教授
陆诗忠　烟台大学法学院教授
陆咏歌　金博大律师事务所主任、律师
路　军　辽宁大学法学院党委书记、教授
罗　钢　新疆大学法学院教授
罗　翔　中国政法大学刑事司法学院教授
马兰花　青海师范大学法学与社会学学院教授
马松建　郑州大学法学院副院长、教授
马天山　青海检察官学院院长
欧锦雄　广西警察学院法学院教授
潘星丞　华南师范大学法学院教授
彭凤莲　安徽师范大学副校长、教授

彭文华　上海政法学院刑事司法学院院长、教授
皮　勇　同济大学上海国际知识产权学院教授
曲伶俐　山东政法学院刑事法学院教授
任素贤　上海市金山区人民法院副院长
单晓华　大连民族大学文法学院教授
单　勇　南京大学法学院教授
苏彩霞　中南财经政法大学刑事司法学院教授
苏永生　河北大学法学院教授
孙　勇　江苏省人民检察院第四检察部主任
孙运梁　北京航空航天大学法学院教授
唐稷尧　四川师范大学法学院党委书记、教授
唐世月　湖南省司法厅一级巡视员、教授
童伟华　海南大学法学院教授
涂龙科　上海社会科学院法学研究所研究员
汪明亮　复旦大学法学院教授
王剑波　首都经济贸易大学法学院教授
王君祥　河南科技大学法学院教授
王立志　郑州大学法学院教授
王良顺　中南财经政法大学刑事司法学院教授
王明辉　中国刑事警察学院教授
王鹏祥　河南师范大学法学院教授
王水明　华南师范大学法学院教授
王文华　北京外国语大学法学院教授
王　伟　中央纪委国家监委法规室监察法规处处长
王晓霞　浙江省人民检察院研究室主任
王昭武　云南大学法学院教授
魏昌东　上海社会科学院法学研究所研究员
魏汉涛　安徽大学法学院教授
魏　红　贵州大学法学院教授
吴　革　北京市中闻律师事务所主任、律师
吴峤滨　最高人民检察院法律政策研究室处长

吴诗年　山东省高级人民法院刑四庭二级高级法官
吴　莹　广西壮族自治区高级人民法院刑一庭庭长
吴允锋　华东政法大学文伯书院副院长、教授
谢雄伟　广东财经大学研究生院院长、教授
熊永明　南昌大学法学院副院长、教授
徐光华　江西财经大学法学院教授
徐松林　华南理工大学法学院教授
阎二鹏　海南大学法学院副院长、教授
杨崇华　中央纪委国家监委组织部处长
杨国举　宁夏大学法学院教授
姚　诗　湖南大学法学院教授
衣家奇　南京工业大学法政学院院长、教授
于世忠　浙江工业大学法学院教授
余晓敏　浙江省人民检察院第九检察部主任
袁　彬　北京师范大学刑事法律科学研究院教授
袁登明　最高人民法院中国应用法学研究所研究员
原美林　山西大学法学院教授
臧冬斌　河南财经政法大学刑事司法学院院长、教授
翟中东　中央司法警官学院教授
张　波　重庆市高级人民法院刑二庭庭长
张　磊　北京师范大学刑事法律科学研究院教授
张诗美　江西省人民检察院第十检察部主任
张亚平　宁波大学法学院教授
张献聪　国家安全部处长
张宇欢　国家安全部处长
赵天红　中国政法大学刑事司法学院副院长、教授
赵永红　中共中央党校教授
赵　微　宁波大学法学院教授
赵运锋　上海政法学院刑事司法学院教授
郑高键　甘肃政法大学副校长、教授
郑军男　吉林大学法学院教授

郑丽萍　北京航空航天大学法学院教授
周国良　海关总署缉私局法制一处副处长
周洪波　国家检察官学院副院长、教授
周少华　广州大学法学院副院长、教授
周　详　中南财经政法大学刑事司法学院教授
周啸天　山东大学法学院教授
周亦峰　西藏自治区人大常委会副秘书长
周振杰　安徽师范大学法学院院长、教授
周振晓　中国计量大学法学院教授
周遵友　中南民族大学法学院教授
庄　劲　中山大学法学院教授
左坚卫　北京师范大学法学院教授

●中国刑法学研究会第三届理事会名誉会长、顾问名单

名誉会长

高铭暄　中国人民大学荣誉一级教授

赵秉志　北京师范大学刑事法律科学研究院教授

顾　问（按姓名拼音音序为序）

陈泽宪　中国社会科学院法学研究所研究员

陈忠林　重庆大学法学院教授

储槐植　北京大学法学院教授

胡康生　全国人大法律委员会原主任委员

黄京平　中国人民大学法学院教授

李少平　最高人民法院副院长

梁华仁　中国政法大学教授

刘家琛　最高人民法院原副院长

刘宪权　华东政法大学刑事法学院教授

卢建平　北京师范大学法学院教授

莫洪宪　武汉大学法学院教授

齐文远　中南财经政法大学刑事司法学院教授

邱学强　最高人民检察院原党组副书记、副检察长

田文昌　北京京都律师事务所名誉主任

王作富　中国人民大学荣誉一级教授

吴振兴　武汉大学法学院教授

张明楷　清华大学法学院教授

张泗汉　国家法官学院教授

张苏军　中国法学会副会长

朱孝清　最高人民检察院原副检察长

●中国刑法学研究会第三届理事会学术委员会名单